# 바다를 둘러싼 법적 쟁점과 과제 Ⅱ

강우예
김인유
김철수
이용희
정 대
정영석
지상규
한병호

pnc
publishing and culture
피앤씨미디어

# 제2권 머리말

1980년 국립 한국해양대학교에 해사법학부가 설치된 지 어느 덧 40여년이 되어 가고 있다. 해사법학부는 지금까지 우리나라의 해양 분야 법률 전문가를 지속적으로 교육하여 배출하고 있다. 해사법학부의 교수진은 해양의 다양한 법적 문제를 해결할 수 있는 능력을 갖춘 인재를 양성하기 위하여 혼신의 힘을 기울이고 있다. 이와 함께, 해양 관련 법제 분야에서 국내 어느 대학과도 비교할 수 없을 정도로 활발한 학문적 활동을 하고 있으며, 우수한 학문적 성과를 거두어 오고 있다. 특히, 해상법과 해양법의 분야의 연구는 해사법학부가 독보적이라고 할 수 있다.

해사법학부의 교수진은 해양특성화를 기반으로 한 저서의 출판을 오래전부터 기획하고 있었는데, 해사법학부가 국립대학 혁신지원사업(PoINT)에 참여하게 되면서 출판 지원을 받을 수 있게 되었다. 2017년 12월말, 해사법학부의 교수진은 「바다를 둘러싼 법적 쟁점과 과제」라는 제목의 저서를 출간하였는데, 기존에 연구하여 발표했던 논문들을 수정 및 보완하거나 본서의 특징에 맞도록 새로 집필하였다.

올해에도 해사법학부는 국립대학 육성사업으로부터 출판 지원을 받게 되었다. 이번에는 「바다를 둘러싼 법적 쟁점과 과제 II」라는 제목으로 본서를 준비하였다. 본서의 제1편은 「공법적 쟁점과 과제」라는 제목으로 해사법학부의 공법전공 교수들이 집필하였다. 첫째, 한병호 교수는 "미주 지역 국가의 헌법과 바다"라는 논문을 집필하였다. 둘째, 이용희 교수는 "북극 북서항로의 국제법적 지위에 관한 연구"라는 논문과 "이어도 주변수역 자원 관리제도의 현황 및 개선방향"이라는 두 편의 논문을 집필하였다. 셋째, 강우예 교수는 "부작위에 의한 공동정범 성립을 위한 의사 형태－세월호 사건의 대법원 판결에 대한 분석을 중심으로－"라는 논문을 집필하였다.

본서의 제2편은 「사법적 쟁점과 과제」라는 제목으로 해사법학부의 사법전공 교수들이 집필하였다. 선박건조계약, 해상운송계약 및 해운정책 분야의 논문을 중심으로 집필하였다. 첫째, 선박건조계약의 분야에서는 김철수 교수가 "영국법상의 선박소유권과 선박의 매매"라는 논문을 집필하였고, 김인유 교수가 "선박유치권에 관한 연구"라는 논문을 집필하였으며 정대 교수가 "선수금환급보증과 권리남용의 판단기준"이라는 논문을 집필하였다.

둘째, 해상운송계약의 분야에서는 정영석 교수가 "선장의 대리권에 관한 입법주의의 재검토"라는 논문을 집필하였고, 지상규 교수가 "ISM Code 및 ISPS Code상의 감항능력주의의무 규정을 통한 로테르담 규칙의 해석"과 "선박의 위부인정과 관련한 제문제"라는 두 편의 논문을 집필하였다.

셋째, 해운정책 분야에서는 정영석 교수가 "제도적 관점에서 본 BPA의 기능 확대 가능성과 부산항 관리운영시스템의 개선방향"이라는 논문을 집필하였고, 김인유 교수가 "관행어업권에 대한 소고"라는 논문을 집필하였다.

우리 해사법학부는 문재인 대통령께서 1984년 민사소송법 강의를 하셨던 유서 깊은 학부라고 할 수 있다. 이와 함께 해양강국을 견인하는 다양한 법률 전문가를 지속적으로 교육하고 배출하고 있다고 자부할 수 있다. 향후 우리 해사법학부의 교수진은 미래 4차 산업혁명 시대의 해양강국을 선도할 수 있는 법률 전문가를 지속적으로 양성하도록 최선의 교육을 하고자 한다.

해사법학부 교수진의 학문적 성과를 정리한 본서가 바다와 관련한 법제 분야의 연구자와 실무자에게 유익한 학술적 자료가 되고, 나아가 바다에 관한 법제 분야의 연구 활성화에 작은 기여를 할 수 있기를 기대한다.

2018년 12월 1일

공저자 일동 식

# 제2권 추천사

대한민국은 늘 '해양강국'을 꿈꿔왔고, 부산은 '시민이 행복한 동북아해양수도'를 향해 본격적인 항해를 시작하였습니다.

대한민국과 부산의 미래가 '해양'에 있음에도, 지금까지 항만과 같은 SOC 위주의 전통적 개발 사고에 갇혀 '해양'의 성장 잠재력이 훼손되어 왔다는 것은 부인할 수 없는 사실입니다.

이제는 해운·조선·물류 등과 같은 전통적 해양산업과 함께 해양금융, 보험, 해양법률 등 고부가가치 해양서비스산업도 함께 성장시켜 나가야할 과제를 안고 있습니다.

특히, 부산은 '해사법원' 설립·유치로 세계의 해양법률 서비스 시장을 주도하고자하는 큰 포부를 가지고 있지만, 이를 뒷받침할 해양과 관련된 법제도의 학문적 연구와 괄목할 만한 성과는 제대로 알려지지 않고 있다고 생각합니다.

이러한 상황에서 국립 한국해양대학교 해사법학부의 교수진이 「바다를 둘러싼 법적 쟁점과 과제 II」라는 저서를 발간한다는 소식을 듣고 무척 반가웠습니다.

제가 국립 한국해양대학교의 총장으로 재직하고 있을 때도 해사법학부는 해양특성화가 잘 이루어진 대표적인 학부로 명성이 자자했습니다.

또한, 문재인 대통령께서 1984년 민사소송법 강의를 하셨던 유서 깊은 학부이기도 합니다.

우리나라의 해양법과 해사법 분야의 최고의 전문가로 구성된 해사법학부 교수진의 연구 성과가 담긴 「바다를 둘러싼 법적 쟁점과 과제 II」가 대한민국과 부산의 해양 정책 수립의 좋은 길라잡이가 될 수 있기를 기대합니다.

2018년 12월

부산광역시장 오거돈

# 차 례

## 제1편 공법적 쟁점과 과제

### 제1장 헌 법



### 제2장 해양법의 법적 쟁점



### 제3장 형 법



## 제2편 사법적 쟁점과 과제

### 제1장 선박건조계약

## 제 2 장 해상운송계약



## 제 3 장 해운정책 분야

# 제 1 편 공법적 쟁점과 과제

# 제 1 장

# 헌 법

≫ 미주 지역 국가의 헌법과 바다 _ 한병호

# 미주 지역 국가의 헌법과 바다

## – 해양관할권을 중심으로 –

한 병 호

## Ⅰ. 머리말

오랜 역사 속에서 인간의 삶의 기본적 터전은 육지였고, 오늘날에도 그것은 변함이 없다. 그러나 인구의 폭증과 육지 자원의 고갈 위험에 따라 바다의 현실적·잠재적 효용가치가 더욱 증대되고, 과학기술의 발달에 따라 바다를 이용·개발할 수 있는 현실적 가능성도 증가함에 따라, 육지 면적의 두 배가 넘는 바다에 대한 국가적 관심도 일반화되었다.[1] 이제 바다는, 해양수산발전기본법(제2조)에서 밝히고 있듯이, "자원의 보고이고 생활의 터전이며 물류의 통로로서 국가경제와 국민생활에 많은 영향을 미치고 있"다는 인식이 팽배해 있다고 할 수 있다.[2]

바다의 효용가치에 대한 국가적 인식이 확산함에 따라 연안국들이 자국의 해양관할권을 확대하려는 움직임도 확산하였다. 영해의 폭과 관련하여, 18세기에 착탄거리설에 이어 3해리설이 20세기 중반까지 우세했으나, 20세기 중반 이후 영해 폭의 확대를 주장하는 국가가 급속하게 늘어나고,[3] 나아가 영해의 범위를 넘어 접속수역, 어업수역, 대륙붕과 경제수역에 대한 관할권도 주장하

1) 한병호, "헌법과 바다", 김인유 외, 바다를 둘러싼 법적 쟁점과 과제(피앤씨미디어, 2017), 5쪽.

2) 해양의 가치에 관하여는, 홍선기·강문찬, "해양수산의 헌법적 가치에 관한 연구", 법제, 통권 677호(법제처, 2017. 6), 86쪽 이하 참조.

3) Treves, Tullio, "Historical Development of the Law of the Sea", Donald R. Rothwell et al(ed.), *The Oxford Handbook of the Law of the Sea*(Oxford: Oxford University Press, 2015), pp.4~6; 김영구, 현대해양법론(도서출판 아세아사, 1988), 67쪽 이하. 영해의 폭에 관한 각국의 주장은, 1958년 제1차 유엔해양법회의에서는 3해리 43개국, 4~10해리 13개국, 12해리 17개국, 200해리 2개국이었으나, 유엔해양법협약 채택 이후인 1985년에는 3해리 16개국, 4~6해리 5개국, 12해리 92개국, 13~199해리 10개국, 200해리 15개국이었다고 한다(김영구, 앞의 책, 69쪽 이하).

기에 이르렀다.[4] 나라마다 다른 해양관할권 주장으로 해양관할권을 통일적으로 규율하려는 국제적 노력의 결과 1982년 유엔해양법협약이 채택되고,[5] 2018년 3월말 기준으로 168개국이 비준·가입하였다.[6]

한편, 각국은 자국의 해양관할권의 확보를 위해서뿐만 아니라 해양산업의 발전과 해양자원의 보호 등을 위하여 바다에 관하여 국내법으로 규율하고 있는데, 그러한 국내법적 규율은 법령 차원에서의 규율에 머물지 않고 국가의 기본법이자 최고법인 헌법 차원으로까지 고양되기도 한다.[7] 바다에 관한 법적 규율에서는, 바다에 관한 국가관할권의 공간적 범위와 내용, 그리고 국가관할권의 범위에 속하는 바다라는 공간과 거기에 존재하는 해양자원의 보전·관리 및 그러한 해양자원을 개발·이용하는 해양산업 기타 인간 활동이 그 주요 규율대상이 되겠지만,[8] 헌법 차원에서의 규율에서는 국가의 기본법으로서의 간결성의 요청으로, 법령에서처럼 구체적인 내용을 모두 다 규율할 수 없는 입법기술적 제약이 따른다.

아래에서는, 미주 지역의 35개국에서 해양관할권을 중심으로 바다에 관한 헌법 차원에서의 규율이 어떠한가를 비교·분석하고자 한다.[9] 이러한 비교헌법적 고찰은 해양관할권에 관하여 침묵하고 있는 한국헌법에서 헌법개정을 고려하는 경우에 시사점을 제공할 수 있다. 물론 그러한 비교연구가 아시아·유럽·아프리카·대양주의 국가들까지 망라함으로써 완결된다면 좋겠지만, 여기서는 우선 미주 지역 국가에 한정하기로 한다.

4) Treves, Tullio, op cit, pp.10~13.
5) 국제해양법의 법제화 노력 및 유엔해양법협약의 성립과정에 관하여는, Treves, Tullio, op cit, pp.7~22; Churchill, Robin R., "The 1982 United Nations Convention on the Law of the Sea", Donald R. Rothwell et al(ed.), *op cit*, pp.25~27; Donald R. Rothwell and Tim Stephens, *The International Law of the Sea*(Oxford: Hart Publishing, 2010), pp.4~14; 김영구, 앞의 책, 11쪽 이하.
6) http://www.un.org/Depts/los/reference_files/chronological_lists_of_ratifications.htm#The United Nations Convention on the Law of the Sea; http://www.un.org/Depts/los/reference_files/status2018.pdf.
7) 바다에 관한 한국의 법률적 규율과 헌법적 규율에 관해서는, 한병호, 앞의 논문, 9쪽 이하 및 22쪽 이하 참조.
8) 한병호, 앞의 논문, 9쪽. 그러나 이 글에서는, 해양관할권의 범위에 관한 헌법적 규율에 초점을 맞추고 있기 때문에, 해양자원이나 해양활동에 관한 사항은 다루지 않으며, 단지 해양관할권의 설명에 필요한 경우에 한하여 부수적으로만 언급될 뿐이다.
9) 이 연구의 자료로서 사용되는 헌법전(이 글 말미의 ≪부록≫ 참조)은 Comparative Constitutions Project에서 제공하는 영문의 헌법전이다(https://www.constituteproject.org/search?lang=en&status=in_force).

# II. 미주 지역 국가의 구분과 해양관할권 주장

## 1. 미주 지역 국가의 구분과 특성

미주 지역은 동쪽으로 대서양과 서쪽으로 태평양이라는 두 대양 사이에 위치하는 아메리카 대륙과 카리브 해의 크고 작은 섬들로 구성되며, 이 지역에는 유엔 회원국 35개국이 존재한다. 이들 국가는 지리적 위치에 따라, <표 1>에서 보듯이, 북미 2개국, 중미 8개국, 남미 12개국, 카리브지역 13개국으로 구분된다.[10] 미주 지역 국가 중에서 바다와 인접하지 않은 내륙국은 남미 지역의 볼리비아와 파라과이 2개국뿐이고, 나머지 33개국은 모두 바다와 접한 연안국이며, 특히 카리브 지역 13개국은 모두 섬나라(도서국)이다.

〈표 1〉 미주 지역 국가의 구분

| 지역 | 해당 국가 | |
|---|---|---|
| | 앵글로아메리카(15개국) | 라틴아메리카(20개국) |
| 북미 (2개국) | 캐나다·미국 | |
| 중미 (8개국) | 벨리즈 | 멕시코·과테말라·온두라스·엘살바도르·니카라과·코스타리카·파나마 |
| 남미 (12개국) | 가이아나·수리남 | 베네수엘라·콜롬비아·에콰도르·브라질·페루·볼리비아·파라과이·우루과이·아르헨티나·칠레 |
| 카리브 (13개국) | 바하마·자메이카·세인트키츠네비스[11]·앤티가바부다·도미니카·세인트루시아·바베이도스·세인트빈센트그레나딘·그레나다·트리니다드토바고 | 쿠바·아이티·도미니카공화국 |

10) 그 밖에 남미에 기아나(프랑스령)와 포클랜드제도(현재 영국령이지만, 아르헨티나와 영유권 분쟁 중)가 있고, 카리브 지역에는 미국과 유럽 각국(영국·프랑스·네덜란드)의 속령 내지 자치령인 다수의 섬들이 있다.

11) 세인트키츠네비스헌법(제1조)에서는 세인트크리스토퍼네비스(Saint Christopher and Nevis)와 세인트키츠네비스(Saint Kitts and Nevis)를 국호로 병용하고 있다.

미주 지역 국가들은 대체로 언어·역사·문화적으로, 영국의 지배를 받아 영어를 공용어로 하는 앵글로아메리카와 스페인·포르투갈·프랑스의 지배를 받아 이들 국가의 언어를 공용어로 하는 라틴아메리카로 구분하기도 한다. <표 1>에서 보듯이, 북미 2개국, 중미 1개국, 남미 2개국,[12] 카리브 10개국 등 15개국이 앵글로아메리카에 해당하고, 중미 7개국과 남미 10개국 및 카리브 3개국 등 20개국이 라틴아메리카에 해당한다. 앵글로아메리카에 속하는 국가들은 18세기 후반에 독립한 미국과 19세기 중반 영국 자치령을 거쳐 20세기 전반에 독립한 캐나다를 제외하고는 모두 1960년대에서 1980년대에 걸쳐 독립하였으며, 이들은 모두 정치적 안정성이 매우 높은 편이다. 그 반면에 라틴아메리카에 속하는 국가들은 20세기 초에 독립한 쿠바와 파나마를 제외하고는 19세기 전반기에 독립했으며, 오랜 독립국가로서의 역사에도 불구하고 정치적 불안정성이 매우 높은 편이다.[13]

## 2. 미주 지역 국가들의 해양관할권 주장

### (1) 미주 지역 국가의 유엔해양법협약 가입 현황

유엔해양법협약(1982)에 비준·가입한 국가는 2018년 3월 말 현재 168개국이다.[14] 전세계의 유엔회원국 중에서 미가입국은 내륙국 14개국과 연안국 14개국 등 28개국인데, 미주 지역의 미가입국은 5개국으로서 모두 연안국이다.[15]

12) 지리적 위치로는 가이아나·수리남이 라틴아메리카로 분류되기도 하며, 수리남의 공용어는 네덜란드어이다.

13) 앵글로아메리카와 라틴아메리카의 특성에 관해서는, 한병호, "미주지역 국가의 헌법전문에 관한 비교연구", 세계해양발전연구, 제26권(한국해양대 국제대학 세계해양발전연구소, 2017. 2), 154쪽 이하.

14) http://www.un.org/Depts/los/reference_files/chronological_lists_of_ratifications.htm#The United Nations Convention on the Law of the Sea; http://www.un.org/Depts/los/reference_files/status2018.pdf <2018. 11. 30. 검색>. 유엔해양법협약 비준·가입 168개국에는 팔레스타인·쿡제도(Cook Islands)·니우에(Niue) 등 유엔 비회원국 3개국과 유럽연합이 포함되어 있다. 유엔해양법협약 가입국 중에는 28개국의 내륙국이 포함되어 있다.

15) 그 밖에, 연안국이면서 미가입국은 아시아 7개국(북한·캄보디아·이란·이스라엘·아랍에미리트연합·시리아·터키)과 아프리카 2개국(리비아·에리트레아)이다.

미주 지역의 35개국 중에서는 30개국이 비준·가입하였으나, 북미 1개국(미국)과 중미 1개국(엘살바도르) 및 남미 3개국(베네수엘라·콜롬비아·페루) 등 5개국은 비준·가입하지 않은 상태이다. 오히려 내륙국인 볼리비아와 파라과이는 유엔해양법협약에 비준·가입하였다.

### (2) 미주 지역 국가의 해양관할권 주장

일반적으로 연안국들은 유엔해양법협약의 비준·가입 여부를 불문하고 자국의 해양관할권의 범위와 내용을 국내법으로 규율하는데, 유엔해양법협약 비준·가입국은 유엔해양법협약을 수용하는 방식으로 국내법을 규율하는 것이 당연하지만, 미가입국의 경우에도 유엔해양법협약에서 정한 기준을 국제적 추세로 받아들이는 경우가 많다.

유엔해양법협약에서는 연안국의 해양관할권의 범위에 관하여, 영해의 폭은 영해기선으로부터 12해리까지(제3조), 접속수역의 폭은 영해기선으로부터 24해리까지(제33조), 배타적 경제수역의 폭은 영해기선으로부터 200해리까지(제57조), 그리고 대륙붕의 바깥 경계는 대륙변계(continental margin)의 바깥 끝까지 또는 영해기선으로부터 200해리까지(대륙변계의 바깥 끝이 200해리 미만인 경우)(제76조)로 규정하고 있다. 또한 영해기선에 관해서는, 해안의 저조선을 기선으로 하는 통상기선(제5조) 외에, 직선기선(제7조)도 규정하고 있으며, 특히 군도국가의 경우에는 직선 군도기선(제47조)도 인정하고 있다.

우선, 영해기선과 관련하여, 미주 지역에서 직선기선을 채택하는 국가는 북미 1개국(캐나다), 중미 3개국(멕시코·온두라스·코스타리카), 남미 8개국(가이아나·베네수엘라·브라질·아르헨티나·에콰도르·우루과이·칠레·콜롬비아), 카리브 8개국(그레나다·도미니카·도미니카공화국·바베이도스·벨리즈·세인트키츠네비스·아이티·쿠바) 등 20개국이며, 또한 군도 지위를 규정한 국가는 7개국(그레나다·도미니카공화국·바하마·세인트빈센트그레나딘·앤티가바부다·자메이카·트리니다드토바고)으로 모두 카리브의 섬나라들이다.[16)]

16) http://www.un.org/Depts/los/LEGISLATIONANDTREATIES/PDFFILES/table_summary_of_claims.pdf.

〈표 2〉 미주 지역 국가의 해양관할권 주장

| 영해 | 접속수역 | 배타적 경제수역 | 대륙붕 | 해당 국가 |
|---|---|---|---|---|
| 12 | 24 | 200 | CM/200 | 미국·캐나다(북미 2개국); 멕시코·파나마(중미 2개국); 브라질·아르헨티나·우루과이·칠레(남미 4개국); 도미니카공화국·세인트루시아·세인트키츠네비스·앤티가바부다·자메이카·쿠바·트리니다드토바고(카리브 7개국) (총 15개국) |
| 12 | | 200 | CM/200 | 코스타리카(중미); 가이아나·수리남(남미); 바베이도스·바하마(카리브 2개국) (총 5개국) |
| 12 | 24 | 200 | CM | 니카라과(중미) |
| 12 | 24 | 200 | 200(m) | 베네수엘라(남미) |
| 12 | 24 | 200 | | 온두라스(중미); 도미니카·세인트빈센트그레나딘·아이티(카리브 3개국) (총 4개국) |
| 12 | | 200 | | 과테말라(중미); 콜롬비아(남미); 그레나다·벨리즈(카리브 2개국) (총 4개국) |
| 200 | | | 200 | 페루·에콰도르(남미 2개국) |
| 200 | | | | 엘살바도르(남미) |

출처: http://www.un.org/Depts/los/LEGISLATIONANDTREATIES/PDFFILES/table_summary_of_claims.pdf
※ 출처의 원자료(2011. 7. 15. 기준)에 따라 미주 지역 국가만을 발췌하여 재구성함.
※ 밑줄 표시는 원자료의 수정이 필요한 국가이며, 아래 본문의 해당 국가 설명에서 각주로 내용을 언급함.
※ 단위 표시가 없는 각 숫자의 단위는 해리이며, CM은 대륙변계(continental margin)의 약칭임.

다음으로, 해양관할권의 범위에 관하여, 미주 지역에서 영해 12해리, 접속수역 24해리, 배타적 경제수역 200해리를, 그리고 대륙붕의 외측 경계로서 대륙변계 바깥 끝 또는 200해리를 모두 유엔해양법협약에서 정한 대로 국내법령으로 규정한 국가는, <표 2>에서 보듯이,[17] 북미 2개국(미국·캐나다), 중미 2개국(멕시코·파나마), 남미 4개국(브라질·아르헨티나·우루과이·칠레), 카리

17) 원자료(2011. 7. 15. 기준)를 토대로 작성된 <표 2>는 엄밀한 검증을 거쳐 수정·보완사항을 반영하여 완성되어야 하며, 그러한 흠에도 불구하고 설명의 편의를 제공하는 데 큰 지장이 없기 때문에, 출처의 원자료를 그대로 반영한 상태로 둔다. 다만, <표 2>의 출처인 원자료의 수정이 필요한 국가는 밑줄 표시를 했으며, 본문의 해당 국가 설명에서 수정내용을 각주로 언급한다.

브 7개국(도미니카공화국 · 세인트루시아 · 세인트키츠네비스 · 앤티가바부다 · 자메이카 · 쿠바 · 트리니다드토바고) 등 모두 15개국이다. 또한 접속수역에 대한 언급이 없지만 나머지 영해와 배타적 경제수역 및 대륙붕에 관하여 유엔해양법협약과 동일하게 규율하는 국가는 중미 1개국(코스타리카), 남미 2개국(가이아나 · 수리남),[18] 카리브 2개국(바베이도스 · 바하마) 등 5개국이다. 영해 · 접속수역과 배타적 경제수역에 관하여 유엔해양법협약과 동일하게 규율하면서도, 대륙붕을 대륙변계 바깥 끝까지로 정한 국가(니카라과)[19]와 수심 200m로 정한 국가(베네수엘라)[20]도 있고, 대륙붕의 외측 경계를 특정하지 않은 국가도 중미 1개국(온두라스)[21]과 카리브 3개국(도미니카 · 세인트빈센트그레나딘 · 아이티)[22] 등 4개국이다. 그리고 접속수역 · 대륙붕의 범위를 언급하지 않은 채, 영해 12해리와 배타적 경제수역 200해리를 규정한 국가는 중미 1개국(과테말라)과 남미 1개국(콜롬비아)[23] 및 카리브 2개국(그레나다 · 벨리즈)[24] 등 4개국이 있다. 그러나 영해와 대륙붕을 200해리로 정한 국가도 남미 2개국(페루 · 에콰도르)[25]이 있으며, 영해를 200해리로 정한 국가도 남미 1개국(엘살바

18) <표 2>의 출처 자료와는 달리, 수리남의 경우에, 해양수역법(2017)에서 영해 12해리, 접속수역 24해리, 배타적 경제수역 200해리로 규정하고, 대륙붕은 대륙변계 바깥 끝(CM) 또는 200해리까지로 규정하고 있다. 또한 가이아나의 경우에도 해양수역법(2010)에서 영해 12해리, 배타적 경제수역 200해리, 대륙붕 CM/200해리와 더불어, 접속수역 24해리도 규정하고 있다.

19) <표 2>의 출처 자료와는 달리, 니카라과는 해양수역법(2002)에서 대륙붕을 영토의 자연적 연장으로서 최소 200해리에서 최대 350해리까지로 규정하고 있다(제8조).

20) 수심 200m의 대륙붕은 제네바해양법협약인 대륙붕협약(1958)에 따른 것이다.

21) <표 2>의 출처 자료와는 달리, 온두라스는 이미 헌법에서 영해 12해리, 접속수역 24해리, 배타적 경제수역 200해리를 명시하고, 아울러 대륙붕은 대륙변계의 바깥 끝까지 또는 200해리로 명시하고 있으며, 해양수역법(1999)에서도 동일하게 규정하고 있다(제2조~제9조).

22) <표 2>의 출처 자료와는 달리, 세인트빈센트그레나딘의 해양지역법(1983)에서는 대륙붕을 200해리로 규정하고 있다. 그리고 아이티의 경우, 해양경계획정에 관한 법률(1977)에서는 대륙붕의 범위를 그 지역의 자연자원의 개발이 가능한 수심까지로 규정하고 있는데(제8조), 이것은 대륙붕협약(1958)에 따른 것이다.

23) 2013년 유엔사무총장에게 한 구두통첩의 부속서에서, 콜롬비아의 대륙붕은 국제관습법에 따라 대륙변계 바깥 끝 또는 200해리임을 언급했다고 한다(http://www.un.org/ga/search/view_doc.asp?symbol=A/67/852).

24) <표 2>의 출처 자료와는 달리, 그레나다는 영해 · 해양경계법(1989)에서 영해와 배타적 경제수역 외에도 접속수역 24해리와 대륙붕 CM/200해리를 규정하고 있다.

25) 그러나 <표 2>의 출처 자료에서와는 달리, 미가입국이던 에콰도르는 2012. 9. 24. 유엔해양법협약에 가입하였고, 유엔해양법협약 비준 선언문에서는 영해 12해리와 배타적 경제수역 200해리(영해 외측 한계로부터 188해리)를 명시했으며(제2조), 대륙붕의 범위에 관해서는 명확한 언급이 없으나, 갈라파고스 군도에서 350해리까지 확장할 권리를 사용할 것임을 규정하고 있다

도르)[26]이 있다.

이렇게 본다면, 유엔해양법협약 비준·가입국은, 영해·접속수역과 배타적 경제수역 및 대륙붕의 관할범위를 유엔해양법협약의 규정에 따라 모두 규율하거나, 접속수역이나 대륙붕의 관할범위의 규율에 관해서는 어느 하나 또는 둘 다 흠결하더라도 영해와 배타적 경제수역의 관할범위를 유엔해양법협약의 규정에 따라 규율하고 있다.[27] 그리고 유엔해양법협약 미가입국인 미국과 콜롬비아도 유엔해양법협약의 규율 범위에서 벗어나지 않고 있다. 그러나 유엔해양법협약 미가입국 중에서 베네수엘라는 대륙붕의 관할범위를 수심 200m로 하고, 특히 페루는 영해 관할권을 200해리로 규정함으로써 유엔해양법협약을 벗어나 있다.

## Ⅲ. 미주 지역 국가의 헌법과 바다

### 1. 헌법상 영토조항과 해양관할권 개념

한국헌법(제3조)에서는 대한민국의 영토를 한반도와 그 부속도서로 규정하고 있으며, 이러한 헌법상 영토조항은 1948년 헌법제정 이래 계속 유지되어 왔다.[28] 그러나, 반도와 섬으로 구성된 영토의 지리적 특성에 따라 대한민국이 연안국가임이 명백함에도 불구하고, 바다에 관한 주권과 국가관할권을 나타내는 내수·영해를 비롯하여 배타적 경제수역이나 대륙붕이라는 용어는 헌법에

(제5조).

26) <표 2>의 출처 자료와는 달리, 엘살바도르는 개정 민법(2004)에서, 영해를 12해리, 접속수역을 24해리, 배타적 경제수역과 대륙붕을 200해리로 규정하고 있다.

27) 볼리비아·파라과이도 유엔해양법협약 비준·가입국이지만, 이들은 내륙국이므로 연안국의 해양관할권을 규정할 수 없음은 당연하다.

28) 그 밖에 "국토"라는 표현은 제5조 제2항("국토방위의 신성한 의무"), 제120조 제2항("국토와 자원"), 제122조("국민 모두의 생산 및 생활의 기반이 되는 국토")에서 언급되고 있다. 그리고 1954년 개정헌법 제7조의2("영토의 변경을 가져올 국가안위에 관한 중대사항")에서 '영토'가 언급된 바 있으나, 1962년 헌법개정으로 삭제되었다. 또한 1948년 제정 헌법 제30조("국토방위의 의무")에서 "국토"가 언급되었으나, 1962년 개정헌법에서 "국방의 의무"(제34조)로 바뀌었다.

서 언급된 적이 없다. 물론 영공도 언급된 적이 없다. 아래에서는 미주 지역 국가의 헌법상 영토조항과 해양관할권 개념의 언급에 대하여 차례로 살펴본다.

먼저, 헌법상 영토조항과 관련하여,[29)] 미주 지역 국가의 경우에는 헌법에 영토조항이 전혀 없거나 영토조항이 있더라도 영토의 범위나 경계를 특정할 수 있게 하는 규정이 없는 국가는, <표 3>에서 보듯이, 북미 1개국(미국), 남미 5개국(볼리비아·브라질·우루과이·칠레·파라과이),[30)] 카리브 5개국(그레나다·도미니카·세인트루시아·세인트빈센트그레나딘·자메이카) 등 11개국이다.[31)] 북미의 캐나다와 남미의 아르헨티나는 연방구성단위인 주(Province)를 특정하여 언급함으로써 영토의 범위를 간접적으로 추론할 수 있으나, 헌법에서 영토의 범위를 직접적으로 언급하지는 않고 있다.[32)]

그 반면에, 헌법에서 영토의 범위나 경계를 직접적이고 적극적으로 규정하는 국가로는, <표 3>에서 보듯이, 중미 8개국(과테말라·니카라과·멕시코·벨리즈·엘살바도르·온두라스·코스타리카·파나마) 전부, 남미 6개국(가이아나·베네수엘라·수리남·에콰도르·콜롬비아·페루), 카리브 8개국(도미니카공화국·바베이도스·바하마·세인트키츠네비스·아이티·앤티가바부다·쿠바·트리니다드토바고) 등 22개국이다.[33)] 이러한 결과에 따라 헌법에서 영토의 범위·

29) 세계 각국의 헌법상 영토조항에 관해서는, 도회근, “헌법의 영토조항에 관한 비교헌법적 연구”, 법조, 제58권 제11호(법조협회, 2009. 11), 294쪽 이하. 분류 기준 등의 차이로 이 글에서의 분류와는 다소 차이가 있음을 유의하여야 한다.

30) 파라과이헌법 제155조에서는 표제에 ‘영토’가 포함되어 있으나, 영토의 불가양 등을 언급할 뿐이다. 또한 칠레헌법 제3조에서는 기능적·지역적 분권화·탈집중화를 규정하고, 제110조에서 영토를 단계별로 지역 구성단위(region — province — municipality)로 구분하며, 제12조의1(Article 126bis)에서 이스터(Easter) 섬과 후안페르난데스(Juan Fernandez)군도를 특별관할지역(special territories)으로 규정하고 있으나, 영토의 범위에 관해서 포괄적으로 규정하는 조항은 없다. 브라질헌법에서는, 기본적인 국가조직체계(Union — Federated States — Counties)와는 별도로, 주(State)에 소속되지 않으면서 연방(Union)의 관할에 속하는 조직단위로서 연방직할지구(Federal District)와 연방관할지역(Federal Territories)을 규정하고 있는데, 제18조와 제33조에서의 “Federal Territories”와 “Territories”는 (연방)영토가 아니라 그러한 연방관할지역이다. 브라질에는 1988년까지 이러한 연방관할지역이 3개 있었으나, 모두 주(State)로 완전히 승격됨으로써, 지금은 연방관할지역이 없다고 한다(https://en.wikipedia.org/wiki/Federal_territory<2018. 12. 10. 검색>).

31) 이들 중 카리브의 그레나다·자메이카·세인트빈센트그레나딘의 경우에는 헌법에서 ‘영토’(territory)라는 단어가 전혀 사용되지 않는다.

32) 1867년 캐나다헌법 제3조 내지 제7조, 아르헨티나헌법 제46조.

33) 과테말라헌법 제142조; 니카라과헌법 제10조; 멕시코헌법 제42조 이하; 벨리즈헌법 제1조와 [별표 1]; 엘살바도르헌법 제84조; 온두라스헌법 제9조 이하; 코스타리카헌법 제5조; 파나마헌법

〈표 3〉 헌법상 영토조항

| 구분 | 해당 국가 |
|---|---|
| 직접적·적극적 영토조항 없음 (13개국) | 미국·캐나다(북미 2개국); 볼리비아·브라질·아르헨티나·우루과이·칠레·파라과이(남미 6개국); 그레나다·도미니카·세인트루시아·세인트빈센트그레나딘·자메이카(카리브 5개국) |
| 직접적·적극적 영토조항 있음 (22개국) | 과테말라·니카라과·멕시코·벨리즈·엘살바도르·온두라스·코스타리카·파나마(중미 8개국); 가이아나·베네수엘라·수리남·에콰도르·콜롬비아·페루(남미 6개국); 도미니카공화국·바베이도스·바하마·세인트키츠네비스·아이티·앤티가바부다·쿠바·트리니다드토바고(카리브 8개국) |

※ 캐나다·아르헨티나는 연방을 구성하는 주를 거명하여 열거함으로써 간접적으로 영토의 범위를 알 수 있음.

경계에 관하여 직접적·적극적으로 규정하는 영토조항의 유무에 따라 미주 지역 국가들을 구분하면 <표 3>에서 보는 바와 같다.

다음으로, 미주 지역 국가의 헌법에서 해양관할권 개념이 어떻게 언급되고 있는가를 살펴보기로 한다. 유엔해양법협약 상으로 연안국의 일반적인 해양관할권에 속하는 개념으로는, 영해(territorial sea), 내수(internal waters), 접속수역(contiguous zone), 배타적 경제수역(exclusive economic zone), 대륙붕(continental shelf) 등을 들 수 있다. 미주 지역 국가의 헌법전에서 이들 해양관할권 개념을 조사한 결과는 아래 <표 4>에서 보는 바와 같다.[34] 여기서 해양관할권 개념 가운데에서, 영해는 17개국, 대륙붕은 14개국, (배타적) 경제수역은 13개국, 접속수역과 내수는 각각 6개국의 헌법에서 언급되며, 특수개념(해양영토)이 언급된 경우는 1개국이다.

---

제3조<이상 중미 지역>; 가이아나헌법 제2조; 수리남헌법 제2조; 베네수엘라헌법 제10조 이하; 콜롬비아헌법 제101조 이하; 에콰도르헌법 제4조; 페루헌법 제54조<이상 남미 지역>; 도미니카공화국헌법 제9조; 바베이도스헌법 제117조 제2항; 바하마헌법 제137조 제2항; 세인트키츠네비스헌법 제1조; 아이티헌법 제8조; 앤티가바부다헌법 제1조; 쿠바헌법 제11조; 트리니다드토바고헌법 제1조<이상 카리브 지역>. 페루는 영토보다는 해양영토를 주로 규정하고 있다.

34) 영해는 territorial ocean(도미니카공화국)으로도, 배타적 경제수역은 그냥 경제수역(economic zone)(수리남)이나 해양경제수역(maritime economic zone)(쿠바) 또는 해양수역(maritime zone)(과테말라)으로도, 대륙붕은 continental platform(니카라과·도미니카공화국·엘살바도르·코스타리카)으로도, 내수는 internal sea waters나 inland maritime waters(멕시코), interior waters(쿠바) 또는 inland waters(온두라스)로 언급되기도 한다.

〈표 4〉 헌법상 해양관할권 개념 언급

| 구분 | 해당 국가 |
|---|---|
| 영해·경제수역·대륙붕 모두 언급 없음 (17개국) | 미국·캐나다(북미 2개국); 가이아나·볼리비아·아르헨티나·우루과이·칠레·파라과이(남미 6개국); 그레나다·도미니카·바베이도스·바하마·세인트루시아·세인트빈센트그레나딘·세인트키츠네비스·앤티가바부다·자메이카(카리브 9개국) |
| 영해·경제수역·대륙붕 모두 언급(11개국) | 과테말라·니카라과·멕시코·엘살바도르·온두라스·코스타리카(중미 6개국); 베네수엘라·브라질·수리남·콜롬비아(남미 4개국); 도미니카공화국(카리브) |
| 영해·경제수역 언급 (2개국) | 벨리즈(중미); 쿠바(카리브) |
| 영해·대륙붕 언급 (3개국) | 파나마(중미); 에콰도르(남미); 트리니다드토바고(카리브) |
| 영해 언급(1개국) | 아이티(카리브) |
| 특수 개념(1개국) | 페루(남미) |
| 접속수역 언급(6개국) | 과테말라·니카라과·온두라스(중미 3개국); 베네수엘라·콜롬비아(남미 2개국); 도미니카공화국(카리브) |
| 내수 언급(6개국) | 과테말라·니카라과·멕시코·온두라스(중미 4개국); 베네수엘라(남미); 쿠바(카리브) |

※ 밑줄 친 5개국은 유엔해양법협약 미가입국임.
※ 페루헌법에서는 특수 개념으로서 해양영토(maritime dominion)를 사용함.

먼저, 헌법에서 이러한 해양관할권 개념을 전혀 언급하지 않은 국가는, <표 4>에서 보는 바와 같이, 북미 2개국(미국·캐나다)과 남미 6개국(가이아나·볼리비아·아르헨티나·우루과이·칠레·파라과이) 및 카리브 9개국(그레나다·도미니카·바베이도스·바하마·세인트루시아·세인트빈센트그레나딘·세인트키츠네비스·앤티가바부다·자메이카) 등 17개국이다. 여기에는 내륙국 2개국(볼리비아·파라과이)이 당연히 포함되어 있지만, 이 숫자는 미주 지역 35개국 중 거의 절반에 가깝다. 특히, 섬나라인 카리브 지역 13개국 중에서 10개국이 앵글로아메리카에 속하는데, 그 10개국 가운데에서 9개국은 헌법에 해양관할권 개념의 언급이 전혀 없으며, 유일하게 트리니다드토바고만 헌법에 해양관할권 개념이 언급될 뿐이다. 그리고 앞(<표 3>)에서 헌법상 직접적·적극적 영토조항을 두고 있는 것으로 분류된 22개국 중에서는, 5개국(가이아나·바베이도스·바하마·세인트키츠네비스·앤티가바부다)의 헌법에서만 해양관할권 개념의 언급이 없을 뿐이고, 나머지 17개국은 모두 헌법에 해양관할권 개념이 언급되고 있다. 그 반면에, 헌법상 직접적·적극적 영토조항이 없는 것으로 분류된 13개국 중에서는, 브라질헌법에만 해양관할권 개념이 언급될 뿐이고, 나머지 12개국 헌법에는 해양관할권 개념의 언급이 없다.

그 반면에, 헌법에서 해양관할권 개념을 하나라도 언급하고 있는 국가는 모두 18개국이다.[35] 이들 가운데에서 영해와 배타적 경제수역 및 대륙붕을 모두 언급하는 국가는, <표 4>에서 보듯이, 중미 6개국(과테말라·니카라과·멕시코·엘살바도르·온두라스·코스타리카)과 남미 4개국(베네수엘라·브라질·수리남·콜롬비아) 및 카리브 1개국(도미니카공화국) 등 모두 11개국이다.[36] 그리고 배타적 경제수역과 대륙붕 중 어느 하나와 영해를 헌법에 언급한 국가는 중미 2개국(벨리즈·파나마)과 남미 1개국(에콰도르) 및 카리브 2개국(쿠바·트리니다드토바고) 등 모두 5개국이고, 영해만 언급한 국가는 아이티뿐이다. 특이한 것은 페루헌법(제54조)에서 국가의 주권과 관할권을 인정하는 200해리까지의 해양영토 내지 해양영유권(maritime dominion)을 규정하고 있다는 점이다. 이것은 페루의 200해리 영해 주장의 근거가 되고 있는데, 따라서 페루는 영해와 배타적 경제수역 및 대륙붕을 모두 언급한 것과 다름없다.

그리하여 헌법상 해양관할권 개념의 언급이 있는 국가는 모두 18개국인데, 여기에는 중미 지역 8개국이 모두 포함되어 있고, 남미 지역 12개국 중에서 내륙국 2개국(볼리비아·파라과이)과 그 밖의 4개국(가이아나·아르헨티나·우루과이·칠레) 등 6개국을 제외한 나머지 6개국이 포함되어 있다. 그리고 앵글로아메리카 15개국 중에서 헌법상 해양관할권 개념의 언급이 있는 국가는 벨

35) 유엔해양법협약에 따른 해양관할권 개념이 아닌 특수개념(해양영토)을 사용하는 페루도 여기에 포함된다.

36) 엘살바도르헌법(제84조)과 코스타리카헌법(제6조)에서는 200해리까지의 바다에 대한 관할권을 규정하고 있으므로, 배타적 경제수역이라는 개념이 사용되지 않음에도 불구하고, 그 개념이 언급된 것으로 본다. 앞에서 영토조항이 없는 것으로 분류된 브라질은 헌법에서 해양관할권 개념을 누차 사용하고 있다.

리즈(중미)·수리남(남미)·트리니다드토바고(카리브) 등 3개국뿐이고, 나머지 12개국은 헌법에 해양관할권 개념의 언급이 없다. 그 반면에, 라틴아메리카 20개국 중에서 헌법상 해양관할권 개념의 언급이 없는 국가가 내륙국 2개국(볼리비아·파라과이)과 그 밖의 3개국(아르헨티나·우루과이·칠레) 등 남미의 5개국뿐이고, 나머지 15개국은 헌법에서 해양관할권 개념을 언급하고 있다.

## 2. 해양관할권의 범위에 관한 헌법상 규율

앞(<표 4>)에서는 미주 지역 국가의 헌법에서 해양관할권 개념이 언급되고 있는가 여부를 살펴보았는데, 그 결과 해양관할권 개념을 전혀 언급하지 않은 국가에서는 당연히 해양관할권의 범위에 관한 헌법적 규율이 없다. 그 반면에, 헌법에서 해양관할권 개념을 언급하는 국가의 경우에는, 해양관할권의 범위에 관하여 규율하는 경우와 그렇지 않은 경우가 있고, 규율하는 경우에도 그 범위를 직접 명시하는 경우와 법률로 정하거나 국제법에 따르도록 하는 경우가 있다.[37] 이에 따라 해양관할권 개념을 헌법에 언급하는 국가의 경우에 해양관할권의 범위에 관하여 헌법에서 구체적으로 어떻게 규율하고 있는가를 조사한 결과는 아래의 <표 5>에서 보는 바와 같다. 아래에서는, 헌법에서 해양관할권의 범위를 직접 명시한 경우(5개국), 법률로 정하도록 한 경우(9개국), 국제법(조약 등)에 따르도록 한 경우(9개국), 그리고 헌법에 해양관할권의 범위에 관한 언급이 없는 경우로 나누어 살펴보기로 한다.[38]

### (1) 해양관할권의 범위를 헌법에서 직접 명시한 경우

해양관할권의 범위에 관하여 헌법에서 기선으로부터의 거리를 직접 정하여 명시한 국가로는, <표 5>에서 보는 바와 같이, 중미 4개국(온두라스·코스타

37) 해양에 관한 헌법상 규율 대상은 자국의 해양관할권의 범위·내용에 관한 규율만이 아니라, 해양자원과 해양활동에 관한 규율도 포함하기 때문에, 해양관할권 개념을 사용하여 해양자원·해양활동만을 규율하는 경우도 있는데, 이러한 경우에 해양관할권의 범위에 관한 규정은 없다. 해양에 관한 헌법적 규율대상에 관해서는, 한병호, 앞의 논문(각주 1), 20쪽 이하.

38) <표 5>에서 보듯이, 하나의 국가가 여러 유형에 중복하여 해당하게 되는 경우도 있다.

〈표 5〉 해양관할권의 범위에 관한 헌법상 규율

| 국가명 | 영해 | 접속수역 | 배타적 경제수역 | 대륙붕 |
|---|---|---|---|---|
| 온두라스 | 12 | 24 | 200 | 200/대륙변계 |
| 코스타리카 | 12 | | 200 | |
| 엘살바도르 | (200) | | 200 | 200 |
| 페루 | 200 | | (200) | (200) |
| 멕시코 | 국제법/법률 | | 200 | |
| 수리남 | 법률 | | 법률 | 법률 |
| 트리니다드토바고 | 법률 | | | 법률 |
| 벨리즈 | 법률 | | | |
| 도미니카 공화국 | 기본법률 | | 기본법률/협정 | |
| 쿠바 | 법률 | | 법률/국제관례 | |
| 과테말라 | 법률 | 국제법 | 법률/국제관례 | 법률/조약 |
| 베네수엘라 | | 국제법/법률 | 국제법/법률 | 국제법/법률 |
| 콜롬비아 | 국제법/(법률) | 국제법/(법률) | 국제법/(법률) | 국제법/(법률) |
| 니카라과 | 국제법/ICJ | 국제법/ICJ | 국제법/ICJ | 국제법/ICJ |
| 에콰도르 | 조약 | | | 조약 |
| 파나마 | 조약 | | | 조약 |
| 브라질 | | | | |
| 아이티 | | | | |

※ 헌법에서 해양관할권 개념을 전혀 언급하지 않은 국가(17개국)는 이 표에서 제외함.
※ 엘살바도르와 페루는 해양관할권 개념을 명시하지 않거나 특수개념("해양영토")을 사용하여 해석의 여지가 있으므로 여러 칸에 배치함.

리카·엘살바도르·멕시코)과 남미의 페루 등 5개국을 들 수 있는데, 멕시코는 해양관할권 중 일부(경제수역)에 관해서만 명시하고 있다. 여기에는 유엔해양법협약 미가입국인 엘살바도르와 페루가 포함되어 있다.

먼저, 해양관할권의 범위에 관하여 모두 유엔해양법협약에 따라 헌법에 명시한 전형적인 사례로는 온두라스를 들 수 있다. 온두라스헌법에서는, 온두라스 영토가 태평양·대서양·과테말라·엘살바도르·니카라과 사이에 위치하고 있음을 밝히고 과테말라·니카라과·엘살바도르와의 국경조약을 적시하여 구체적으로 규정하면서(제9조), 국경 내의 본토 및 내수와 더불어 열거된 크고 작은 많은 섬들이 온두라스의 영토에 속함을 규정하고(제10조), 그에 이어서 국가의 관할에 속하는 해양관할수역을 거명하면서 그 범위에 관하여 영해는 12해리, 접속수역은 24해리, 배타적 경제수역은 200해리, 대륙붕은 대륙변계의 바깥 끝까지 또는 200해리로 명시하고 있다(제11조).[39] 물론 법률에서도 동일하게 규정하고 있다.[40]

코스타리카의 경우에도, 니카라과·파나마와의 국경조약을 적시하면서 국토가 카리브 해와 태평양 및 니카라과·파나마 사이에 있음을 밝히고(제5조), 이어서 국가의 완전하고 배타적인 주권 행사의 대상으로서 영토의 공역(영공)과 더불어, 12해리 이내의 영수(영해), 그리고 대륙붕과 섬의 기저를 열거하고, 아울러 영해기선으로부터 200해리 범위 이내의 영토 인접 해역에 대하여 그 지역의 수역·토양·하층토에 존재하는 모든 자연자원·부를 보호·보존하고 배타적으로 개발하기 위한 국가의 특별관할권도 규정하고 있다(제6조).[41] 여기서 12해리 영해는 명확하며, 200해리 해역은 배타적 경제수역을 가리키는 것으로 보이지만, 대륙붕의 범위는 언급되지 않고 있다.[42]

39) 온두라스헌법 제11조: “아울러 다음의 것들도 온두라스국가에 속한다. 1. 전체 해안의 최저조선의 기선으로부터 측정된 12해리 거리까지의 영해; 2. 영해의 폭을 측정하는 기선(영해기선)으로부터 측정된 24해리까지 이르는, 영해에 이은 접속수역; 3. 영해기선으로부터 측정된 200해리 거리까지 이르는 배타적 경제수역; 4. 영토의 자연적 연장의 전체 길이를 따라 대륙경계(대륙변계)의 외측 한계까지, 또는 대륙변계의 외측 한계가 200해리에 미달하는 경우에는 영해기선으로부터 200해리까지, 영해 바깥의 해저와 하층토를 포함하는 대륙붕; 5. 태평양에 관해서는 폰세카 만 입구의 폐쇄선으로부터 밖으로 공해까지 종전의 조치를 취한다.” 그리고 제12조에서는 대륙·섬의 영토와 영해, 접속수역, 배타적 경제수역, 대륙붕 상공의 공역과 하층토에 대한 국가의 주권과 관할권 행사도 규정하고 있다. 그 밖에도, 온두라스 ‘영해’ 내의 상선에서 탑승 상태에서 태어난 사람을 온두라스 국적의 선천적 취득사유(출생)의 하나로 규정하면서(제23조) 영해를 언급하고 있다.

40) 온두라스 해양수역법(1999) 제2조, 제5조, 제6조, 제9조.

41) 코스타리카헌법 제6조: “국가는 그 영토 상공의 공역에 대하여, 해안 저조선으로부터 12해리 거리 이내의 영수[영해]에 대하여, 그 대륙붕에 대하여, 그리고 그 섬 기저에 대하여, 국제법 원칙에 따라 완전하고 배타적인 주권을 행사한다. 나아가 국가는 영해기선으로부터 200해리 범위 이내의 영토 인접 해역에 대하여, 국제법 원칙에 따라, 그 지역의 수역·토양·하층토에 존재하는 모든 자연자원·부를 보호·보존하고 배타적으로 개발하기 위하여 특별한 관할권을 행사한다.”

42) 코스타리카의 대륙붕 범위는, 대륙변계 바깥 끝 또는 200해리로 보거나(앞의 <표 2>의 출처

유엔해양법협약 미가입국인 엘살바도르의 경우에는, 엘살바도르가 관할권·주권을 행사하는 공화국의 영토에 포함되는 것으로 대륙영토와 더불어, 섬 영토, 폰세카 만(Fonseca Gulf)의 영수(영해)·공동관리수역, 그리고 상부공역·하층토·대륙붕을 열거하고, 나아가 최저조선으로부터 측정하여 200해리 거리까지의 해양·해저·하층토에 대해서도 국제법 규정에 부합되게 주권과 관할권을 행사한다고 헌법에 규정하고 있다(제84조).[43] 헌법에서 국토의 일부로 대륙붕을 열거하고, 200해리의 해역에 대한 주권과 관할권을 규정한 점에서, 이것이 엘살바도르가 200해리의 영해를 주장한다는 근거가 되어 왔다.[44] 그러나 2004년 개정 민법에서는, 영해를 12해리, 접속수역을 24해리, 배타적 경제수역과 대륙붕을 200해리로 규정함으로써(제574조),[45] 유엔해양법협약을 따르고 있다.

유엔해양법협약 미가입국인 페루의 경우에는, 국토는 토양(육지)과 하층토, 해양영토 및 상부 공역을 포함하고, 해양영토는 200해리에까지 이르는 해안 인접 해양과 그 해저·하층토를 포함하며, 그 해양영토에서 주권과 관할권을 행사하며, 아울러 영토와 200해리까지의 그 인접 해양의 공역에 대하여 주권과 관할권을 행사한다고 규정하면서(제54조),[46] 이러한 주권·관할권은 "법률 및 페루가 비준한 조약에 따라" 국제통항의 자유를 침해함이 없이 행사한다고 규정하고 있다. 이러한 헌법규정은 페루의 영해 200해리 주장의 근거가 되고

자료), 200해리로 보기도 하는데 (http://www.jag.navy.mil/organization/documents/mcrm/CostaRica2017.pdf), 코스타리카의 법령에서는 명시적인 언급을 찾기 어렵다.

43) 엘살바도르헌법 제84조: "엘살바도르가 관할권과 주권을 행사하는 공화국의 영역은 감축할 수 없으며, 대륙영토와 더불어 다음을 포함한다: … 섬 영토; … 폰세카만의 영수[영해]와 공동관리수역; 공역과 하층토 및 해당 섬기저·대륙붕(insular and continental platform); 나아가 엘살바도르는 최저조선으로부터 측정하여 200해리 거리까지 해양·하층토·해저에 대하여 모두 국제법규정에 부합되게 주권과 관할권을 행사한다. …" 제84조에서는 이어서 국경(과테말라·온두라스·니카라과·태평양)도 구체적으로 적시하고 있다.

44) 앞의 <표 2>의 출처 자료에서는 영해 200해리로 나와 있다.

45) http://www.jag.navy.mil/organization/documents/mcrm/el_salvador_2014.pdf에도 이와 같다.

46) 페루헌법 제54조: "공화국의 영역은 불가양이고 불가침이다. 그것은 토양·하층토·해양영토 및 상부 공역을 포함한다. 국가의 해양영토는 법률로 정하는 기선으로부터 측정하여 200해리 거리에까지 이르는, 해안 인접의 바다와 그 해저 및 하층토를 포함한다. 그 해양영토 안에서 국가는 법률과 국가가 비준한 조약에 따라, 국제통항의 자유를 침해함이 없이, 주권과 관할권을 행사한다." 제54조에서는 나아가, "국가는 그 영토와 인접 바다의 200마일까지의 공역에 대하여, 법률과 국가가 비준한 조약에 부합되게, 국제통항의 자유를 침해함이 없이, 주권과 관할권을 행사한다"고 규정하고 있다.

있지만, 해양영토의 범위에 배타적 경제수역과 대륙붕이 포섭됨은 물론이다.[47)]

끝으로, 멕시코의 경우에도, 배타적 경제수역을 영해 밖 200해리까지로 헌법에 명시하고 있다(제27조).[48)] 그러나 영해의 범위는 오히려 국제법과 법률(국내해양법)로 정하도록 하고 있고(제42조), 대륙붕의 범위에 관해서는 언급이 없다.[49)]

### (2) 해양관할권의 범위를 법률로 정하도록 한 경우

헌법에서 해양관할권의 범위에 관하여 직접 명시하지 않고 법률로 정하도록 한 국가로는, <표 5>에서 보는 바와 같이, 중미 3개국(멕시코·벨리즈·과테말라)과 남미 3개국(수리남·베네수엘라·콜롬비아) 및 카리브 3개국(트리니다드토바고·쿠바·도미니카공화국) 등 9개국을 들 수 있다. 여기에는 유엔해양법협약 미가입국인 베네수엘라와 콜롬비아가 포함되어 있다. 또한 이들 가운데에서 국제법의 언급 없이 법률만을 언급한 경우는 벨리즈·수리남·트리니다드토바고의 3개국이다.

먼저, 해양관할권의 범위에 관하여 헌법에서 법률로 정하도록 하는 가장 전형적인 경우로는 수리남을 들 수 있는데, 수리남헌법에서는 수리남은 "그 자체로 정의되어 온 남미대륙 상의 영토"로 구성된다고 하면서, "영해의 범위와 경계, 그리고 인접 대륙붕과 경제수역에 대한 수리남의 권리는 법률로 정한다"고 규정하고 있다(제2조).[50)] 나아가, 이들 사항의 결정은 반드시 법률로 정하도록 규정하고 있기도 한다(제72조). 이에 따라 해양수역법(2017)에서는 영해를 12해리, 접속수역을 24해리, 배타적 경제수역을 200해리, 대륙붕을 대륙

47) http://www.jag.navy.mil/organization/documents/mcrm/Peru2014.pdf에서도 영해·대륙붕과 배타적 경제수역이 모두 200해리로 언급되어 있다.

48) 멕시코헌법 제27조: "… 국가는 영해 밖에 위치한 배타적 경제수역에서 주권적 권리와 관할권을 가진다. 배타적 경제수역은 국가 영해의 바다쪽 끝으로부터 밖으로 200해리까지이다. …"

49) 멕시코 법률에서의 규율에 관해서는 뒤(각주 61의 본문)에서 설명한다.

50) 수리남헌법 제2조 제3항: "영수[영해]의 범위와 경계, 그리고 인접 대륙붕과 경제수역에 대한 수리남의 권리는 법률로 정한다." 제1항과 제2항에서는 수리남의 영토가 남미대륙 상의 수리남 지역이고, 국가가 그 영토에 대하여 행사하는 영토권 내지 주권적 권리를 양도할 수 없다고 규정하고 있다.

변계 바깥 끝 또는 200해리까지로 규정하고 있다(제1조).

트리니다드토바고의 경우에는, 헌법에서 국토를 구성하는 섬과 영해·대륙붕 등을 열거하면서, 영해와 대륙붕의 개념이 이미 시행 중이던 기존의 영해법과 대륙붕법에 따른 것임을 명시하고 있다(제1조).[51] 1969년의 영해법에서는 영해를 12해리로(제3조), 1986년 개정된 대륙붕법에서는 대륙붕을 대륙변계의 바깥 끝 또는 200해리로 규정하고 있고(제2조), 군도수역 및 배타적 경제수역에 관한 법률(1986)에서는 군도국가의 선언(제3조)과 더불어 군도기선을 채택하고(제6조), 접속수역은 24해리로(제2조), 배타적 경제수역은 200해리로 규정하고 있다(제14조).

벨리즈의 경우에는, 헌법에서 독립 직전 식민지 벨리즈에 속하던 영토를 벨리즈 영토로 규정하면서(제1조),[52] 구체적인 사항은 [별표 1]에서 정하도록 하고 있다. 그리고 [별표 1]에서는, 과테말라·멕시코와의 국경과 영해의 외측 한계로 둘러싸인 지역 내의 벨리즈 본토 및 그것에 딸린 크고 작은 섬이 벨리즈의 영토에 포함된다고 하면서, 영해의 외측 한계는 이미 시행 중이거나 앞으로 제정될 법률로 정하도록 규정하고 있다.[53] 이에 따라 벨리즈의 해양수역법(1992)에서는, 영해 12해리(제3조), 배타적 경제수역 200해리로 규정하고 있다(제6조).

도미니카공화국의 경우에, 양도할 수 없는 국토의 구성요소로서 산토도밍고

51) 트리니다드토바고헌법 제1조 제2항: "트리니다드토바고는 트리니다드 섬과 토바고 섬 및 1962. 8. 31. 직전 트리니다드토바고 소속의 모든 영토를 포함하며, 아울러 트리니다드토바고의 영해 밑의 해저·하층토와 대륙붕(여기서 '영해'와 '대륙붕'은 각각 1969년 영해법과 1969년 대륙붕법에서와 같은 의미이다.) 및 법률에 의하여 트리니다드토바고의 영토의 일부로 선언될 그 밖의 지역도 포함한다." 제1항에서는 트리니다드토바고 공화국이 주권·민주 국가임을 규정하고 있다.

52) 벨리즈헌법 제1조 제2항: "벨리즈는 독립일 직전 식민지 벨리즈를 구성한 이 헌법 [별표 1]에 규정된 육역과 해역을 포함한다." 제1항에서는 벨리즈가 카리브 지역 내 중미의 주권·민주 국가임을 규정하고 있다. 또한 제131조에서도 "'벨리즈'는 이 헌법 [별표 1]에 규정된 육역·해역을 의미한다"고 규정하고 있다.

53) 벨리즈헌법 [별표 1] 제1항: "1. 벨리즈의 영토는 과테말라·멕시코와의 국경과 영해의 외측 한계로 둘러싸인 지역 내의 벨리즈 본토 및 관련 섬·산호초를 포함하며, 그 경계는 다음과 같다: (a~b 생략); c. 벨리즈 영해의 외측 한계는 독립일 직전 법률로 규정되거나 아니면 그 이후 법률로 규정될 기선으로부터 측정하여 법률로 정하는 경계로 한다. 아울러 벨리즈 영토는 …를 비롯한 섬·산호초 및 영해 외측 한계 내의 인접 수역도 포함한다." 제1항의 생략된 a와 b에서는 과테말라·멕시코와의 국경에 관하여 국경조약을 적시하면서 규정하고 있고, 제2항에서는 벨리즈 영토에 포함되는 다수의 산호초를 열거하면서, 이렇게 열거된 것에 한정되지 않음도 밝히고 있다.

섬의 동부, 인근 섬들과 자연적 요소의 구성물 및 그 해저 지형과 더불어, 영해와 해당 대양저 및 대양저 지하를 열거하면서, 영해의 범위와 그 기선, 접속수역, 배타적 경제수역, 대륙붕은 해양법상 허용되는 가장 유리한 조건으로 기본법률(organic law)과 해양경계획정에 관한 협정으로 정하도록 규정하고 있다(제9조).[54] 물론 해양경계획정에 관한 인접국과의 마찰이 있는 경우에는 당사국간의 협정으로 해결할 것이지만, 기본적으로는 국내법으로 규율하게 될 것이다. 도미니카공화국의 경우에는, 출석 과반수의 찬성이 아니라 더욱 가중된 다수결(출석 3분의 2의 찬성)로 의결하는 '기본법률'로 정하도록 하고 있다는 점이 특이하다.[55] 이에 따라 군도국선언법(2007)에서는 군도국의 선언(제1조)과 더불어 군도기선을 채택하고(제8조), 영해는 12해리(제9조), 접속수역은 24해리(제13조), 배타적 경제수역은 200해리(제14조)로 규정하고 있다.[56]

쿠바의 경우에는, 헌법에서 국가가 주권을 행사하는 대상으로서, 쿠바 섬을 비롯한 크고 작은 섬(영토)과 내수·영해·영공, 국가의 환경과 자연자원, 해양경제수역의 자연자원과 수역·해저·하층토 등을 열거하면서, 영해의 범위와 해양경제수역의 범위를 법률로 정하도록 규정하고 있다(제11조).[57] 이에 따라 영해법(1977)에서 영해를 12해리로(제1조), 접속수역법(1995)에서 접속수역을 24해리로(제1조), 경제수역설정법(1977)과 멕시코만의 경제수역의 외측 경계에 관한 법률(2009)에서는 경제수역을 200해리로 규정하고 있다(제1조).[58]

54) 도미니카공화국헌법 제9조: "도미니카공화국의 영토는 불가양이다. 그것은 다음의 것으로 구성된다: 1. 산토도밍고 섬의 동부, 인근 섬들과 자연적 요소의 구성물 및 그 해저 지형 …(중략); 2. 영해, 해당 대양저 및 대양저 지하. 영해의 범위와 그 기선, 접속수역, 배타적 경제수역 및 대륙붕은 기본법률 또는 해양경계획정에 관한 협정으로 정하여 규율하고, 해양법상 허용되는 가장 유리한 조건으로 한다; 3. 국가 영토 상공의 공역, 전자기장 층과 그 작용 공간. 이들 공간의 이용에 대해서는 국제법 규범에 따라 법률로 규율한다."

55) 출석 과반수의 찬성으로 의결되는 통상적인 법률(제113조)과는 달리, 기본법률은 출석 3분의 2 이상의 찬성으로 의결되며, 기본법률로 규율해야 할 사항이 헌법에 열거되어 있다(제112조).

56) 대륙붕의 범위에 관해서는 이 법률에서 언급이 없으나, 이미 영해·접속수역과 배타적 경제수역 및 대륙붕에 관한 법률(1977)에서 대륙변계 바깥 끝 또는 200해리로 규정하였다(제7조).

57) 쿠바헌법 제11조: "국가는 다음에 대하여 주권을 행사한다: a. 쿠바섬, … 그 밖의 섬과 인근 산호초, 내수, 법률로 정하는 범위의 영해, 그리고 이들 상공의 공역에 대하여; b. 국토의 환경과 자연자원에 대하여; c. 국제관례에 따라, 법률로 정하는 범위에서 해양경제수역의 생물·무생물의 자연자원과 수역·해저·하층토에 대하여." 또한 해양경제수역 안의 하층토·광물과 생물·무생물의 자연자원이 국유임을 명시하고 있다(제15조).

58) 앞의 <표 2>의 출처 자료에는 쿠바의 대륙붕이 CM/200(대륙변계 바깥 끝 또는 200해리)로 나와 있으나, 관련법령은 확인되지 않고, 다만 멕시코만 동부의 대륙붕이 200해리를 넘는다는 통

과테말라의 경우도 쿠바와 유사하다. 과테말라헌법에서는, 국가주권 행사의 대상으로서, 토양·하층토와 내수·영해 및 영공 등의 국토, 접속수역, 배타적 경제수역과 해저·하층토의 자연자원을 열거하면서, 영해의 범위와 배타적 경제수역의 범위를 법률로 정하도록 규정하고 있다(제142조).[59] 이에 따라 영해와 배타적 경제수역에 관한 법률(1976)에서는 영해를 12해리(제1조), 배타적 경제수역을 200해리로 규정하고 있으나(제3조), 대륙붕의 범위는 설정하지 않고 있다(제5조).

멕시코의 경우에도, 국토의 구성요소로서, 주의 영토, 인근 바다와 태평양의 크고 작은 섬들, 대륙붕과 영해 및 영공을 열거하면서, 영해의 범위를 국제법과 법률로 정하도록 규정하고 있다(제42조).[60] 앞에서 언급했듯이 배타적 경제수역의 범위는 헌법에서 직접 200해리로 명시하면서도(제27조), 오히려 영해의 범위에 관해서는 법률로 정하도록 하고 있고, 대륙붕의 범위에 관해서는 아무런 언급도 하지 않고 있다.[61] 이에 따라 연방해양법(1986)에서는, 영해를 12해리(제25조), 접속수역을 24해리(제43조), 배타적 경제수역을 200해리(제50조), 대륙붕을 대륙변계 바깥 끝 또는 200해리(제62조)로 규정하고 있다.

유엔해양법협약 미가입국인 베네수엘라의 경우에도, 헌법에서 먼저 국토의 범위를 특정하고(제10조), 이어서 완전한 주권의 행사 대상으로서, 대륙과 섬의 영토, 강·호수, 영해·내해(내수) 지역과 그 해저·하층토, 대륙·섬·해양 상공의 공역, 이들 공간의 자원 등을 열거하면서,[62] 접속수역·대륙붕과 배타

---

지문(2009)이 대륙붕경계위원회에 제출되었다.

59) 과테말라헌법 제142조: "국가는 다음에 대하여 완전한 주권을 행사한다: a. 토양·하층토·내수, 법률로 정하는 범위까지의 영해 및 이들 상공의 공역[영공]으로 통합된 국토; b. 국제법에 의하여 인정되는 특정 활동의 수행을 위하여 영해에 인접한 해양의 접속수역; c. 해저·하층토의 자연자원·생물자원을 비롯하여 국제관례에 따라, 법률로 정하는 범위까지 배타적 경제수역을 구성하는 영해의 해안 바깥쪽 수역에 존재하는 자연자원·생물자원."

60) 멕시코헌법 제42조: "국토는 다음으로 구성된다: Ⅰ. 주 소속의 영토; Ⅱ. 인근 바다의 산호초·모래톱을 포함한 섬의 영토; Ⅲ. 태평양 상의 … 섬의 영토; Ⅳ. 대륙붕과 섬·산호초·모래톱의 해저; Ⅴ. 국제법과 국내해양법으로 정하는 범위와 조건 하에서 영해의 수역; Ⅵ. 국제법으로 정하는 범위와 특성을 지닌 국토 상공의 공역."

61) 멕시코헌법에서는 해양관할권 개념이 많이 언급된다. 국유 재산에 관한 제27조와 국토의 구성에 관한 제42조 이외에도, 연방정부의 관할에 관한 제48조, 연방의회의 관할에 관한 제123조에서도 언급된다.

62) 특히 섬에 대해서는 기존의 섬들을 다수 거명할 뿐 아니라, 영해·대륙붕과 배타적 경제수역에서 현재 융기중이거나 장차 출현할 크고 작은 섬들까지 포함시키고, 나아가 인류공동재산이거

적 경제수역으로 구성되는 수역에 대해서는 국제공법과 국내 법률로 정하는 조건·범위에서 국가가 주권과 관할권의 배타적 권리를 행사한다고 규정하고 있다(제11조).[63] 이에 따라 배타적 경제수역법(1978)에서는 배타적 경제수역을 200해리로 규정하고 있다(제2조).[64]

유엔해양법협약 미가입국인 콜롬비아의 경우에도, 헌법에서 국경에 관한 규정을 하고, 이어서 대륙 영토 외에도 군도와 크고 작은 섬과 사구 등이 콜롬비아의 일부임을 밝히면서, 아울러 영해·접속수역·대륙붕과 배타적 경제수역 등도 국제법에 따라 또는 국제규범이 없을 경우 법률에 따라 콜롬비아의 일부임을 규정하고 있다(제101조).[65] 여기서 바다의 규율에 관한 국제법우선 원칙을 볼 수 있으나, 보충적으로는 국내 법률로 규율하도록 하고 있다. 이에 따라 영해와 배타적 경제수역 및 대륙붕 등에 관한 법률(1978)에서는, 영해를 12해리로(1조), 배타적 경제수역을 200해리로 규정하고 있으나(7조), 대륙붕의 범위는 언급하지 않고 있다(제10조).[66]

### (3) 해양관할권의 범위를 국제법(조약)에 따르도록 한 경우

헌법에서 해양관할권의 범위나 내용에 관하여 국제법(조약·국제관례 포함)을 따르도록 하거나 국제법으로 정하도록 한 국가로는, <표 5>에서 보는 바와 같이, 중미 5개국(과테말라·니카라과·멕시코·쿠바·파나마)과 남미 3개국

나 그렇게 될 우주 기타 지역에서의 권리까지 언급하고 있다.

63) 베네수엘라헌법 제11조: "… 접속해양수역·대륙붕과 배타적 경제수역으로 구성되는 수역에 대해서는, 공화국은 국제공법과 국내 법률로 정하는 조건·범위에서 주권과 관할권의 배타적 권리를 행사한다. …" 나아가 영해 밑이나 배타적 경제수역 안 또는 대륙붕에 존재하는 광물과 탄화수소 자연매장물은 국유재산임도 규정하고 있다(제12조).

64) 베네수엘라의 영해·대륙붕·어업보호·영공법(1956)에서 영해를 12해리로 규정한 것으로 나와 있으나 법률에서는 확인되지 않으며, 대륙붕은 수심 200m 또는 해저·하층토의 자원의 개발이 가능한 수심까지로 규정하였다(제4조). 베네수엘라는 제네바해양법협약(1958)의 가입국이기도 하다.

65) 콜롬비아헌법 제101조: "… 대륙영토 이외에도 … 군도 및 거기에 부속한 크고 작은 섬들과 사구도 콜롬비아의 일부이다. 또한 하층토, 영해, 접속수역, 대륙붕, 배타적 경제수역, 공역, 정지위성궤도 영역, 전자기장 층과 그것이 적용되는 공간도, 국제법에 따라 또는 국제 규칙이 없을 경우 콜롬비아 법률에 따라, 콜롬비아의 일부이다."

66) 2013년 유엔사무총장에게 한 구두통첩의 부속서면에서, 콜롬비아의 대륙붕은 국제관습법에 따라 대륙변계 바깥 끝 또는 200해리임을 언급했다(http://www.un.org/ga/search/view_doc.asp?symbol=A/67/852).

(에콰도르·콜롬비아·베네수엘라) 및 카리브 1개국(도미니카공화국) 등 9개국이다.[67] 이 중에서 법률에 대한 언급 없이 국제법만을 언급한 경우는 니카라과·파나마·에콰도르의 3개국이다. 그리고 여기에는 유엔해양법협약 미가입국인 콜롬비아와 베네수엘라가 포함되어 있다.

먼저, 헌법에서 해양관할권에 관하여 국제법에 따르도록 한 대표적인 사례는 니카라과를 들 수 있다. 니카라과의 경우에, 헌법에서 국토의 위치를 규정하면서 카리브해에서의 인접국과의 해양경계에 관하여 규정하고, 이어서 니카라과의 주권·관할권·권리가 미치는 영역으로서, 카리브해·태평양·폰세카만에 위치한 크고 작은 섬·사구·암초와 더불어, 내수·영해·접속수역과 배타적 경제수역 및 대륙붕 등을 열거하면서 국제법의 원칙과 규정 및 국제사법재판소(ICJ)의 판결에 따르도록 규정하고 있다(제10조).[68] 니카라과의 해양수역법(2002)에서는, 영해를 12해리(제3조), 접속수역을 24해리(제5조), 배타적 경제수역을 200해리(제7조)라고 규정하고, 대륙붕에 대해서는 국제법에서 인정되는 바에 따라 해저에서 영토의 자연적 연장으로서 최소 200해리와 최대 350해리라고 규정하고 있다(제8조).

에콰도르의 경우에는, 헌법에서 에콰도르 영토는 자연적·사회적·문화적 차원을 지닌 단일한 지리적·역사적 전체를 구성한다고 하면서, 이 영토에 포함되는 것으로는 본토와 해양공간, 인접 섬, 영해, 갈라파고스제도의 군도, 육지, 해저 대륙붕, 육지의 지하, 본토·섬·해양영토의 상공을 규정하고, 이어서 그 경계는 현재 시행 중인 조약으로 결정되는 경계로 한다고 규정하고 있다(제4조).[69] 에콰도르는 유엔해양법협약 비준선언문(2012)에서 영해 12해리와 배타

67) 이들 9개국은 물론이고 나머지 국가들도 해양경계에 관한 분쟁이 발생하는 경우에 합의에 의한 조약체결이나 국제사법재판소의 판결 또는 중재기관의 중재로 해결하게 된다. 해양경계에 관한 분쟁 해결을 위한 조약이나 판결에 대해서는, 다음 사이트(http://www.jag.navy.mil/organization/code_10_mcrm.htm)에서 해당 국가의 "해양경계"(maritime boundaries) 부분 참조.

68) 니카라과헌법 제10조: "국토는 카리브해·태평양·온두라스·코스타리카 사이에 위치한다. 니카라과는 카리브해에서 온두라스·자메이카·콜롬비아·파나마·코스타리카와의 해양경계를 2007. 10. 8. 및 2012. 11. 19. 국제사법재판소의 판결에 따라 정한다. 니카라과의 주권·관할권·권리는 카리브해·태평양·폰세카만에 위치하는 크고 작은 섬과 산호초·사구·암초에 미치며, 아울러 국제법 원칙과 규정에 따라 그리고 국제사법재판소 판결에 따라 내수·영해·접속수역과 배타적 경제수역 및 대륙붕 그리고 해당 공역에 미친다. … "

69) 에콰도르헌법 제4조: "… 이 영토는 본토와 해양공간, 인접 섬, 영해, 갈라파고스제도의 군도, 육지, 해저 대륙붕, 육지의 지하, 본토·섬·해양영토의 상공을 포함한다. 그 경계는 현재 시행

적 경제수역 200해리(영해 외측 경계로부터 188해리)를 명시했으며(제2조), 대륙붕의 범위에 관해서는 명확한 언급이 없으나, 갈라파고스 군도에서 350해리까지 확장할 권리를 사용할 것임을 규정하고 있다(제5조).[70]

파나마의 경우에는, 헌법에서 파나마의 영토에는 콜롬비아·코스타리카 사이의 지표·영해·해저대륙붕·하층토와 공역이 포함된다고 하면서, 경계는 이들 국가와 파나마가 체결한 국경조약에 따르도록 규정하고 있다(제3조).[71] 유엔해양법협약 비준법률(1996)에서는 영해를 12해리, 접속수역을 24해리, 배타적 경제수역을 200해리, 대륙붕을 대륙변계 바깥 끝 또는 200해리까지로 규정하고 있다.

그리고 해양관할권의 범위나 내용에 관하여 법률과 함께 국제법으로 규율하도록 규정하는 경우도 많다. 도미니카공화국은 영해·기선·접속수역·대륙붕 및 배타적 경제수역의 범위를 "기본법률 또는 해양경계획정에 관한 협정"으로 정하여 규율하도록 규정하고 있고(제9조), 멕시코는 "국제법과 국내해양법으로 정하는 범위와 조건에서 영해 수역"을 국토의 구성요소로 규정하고(제42조), "국제법으로 정하는 범위와 조건에서" 영해 수역과 내수, 그리고 대륙붕과 섬 해저의 모든 자연자원을 국유재산으로 규정하고 있다(제27조). 베네수엘라는 접속수역과 배타적 경제수역 및 대륙붕의 수역에 대하여 "국제법과 국내 법률로 정하는 조건과 범위에서" 주권과 관할권의 배타적 권리를 규정하고(제11조), 콜롬비아는 영해·접속수역·대륙붕과 배타적 경제수역을 국토의 일부로 규정하면서 "국제법에 따라 또는 국제 규정이 없는 경우 콜롬비아 법률에 따라"라고 하여 법률에 대한 국제법우선을 규정하고 있으며(제101조), 과테말라는 "법률 또는 과테말라가 비준한 국제조약으로 정하는 범위와 형태"의 해양수역과 대륙붕을 국유재산으로 규정하고(제121조), "법률로 정하는 범

중인 조약으로 결정된 경계로 한다. …" 그리고 재생불가능한 자연자원과 일반적으로 지하 산물, 광물과 석유 매장물을 국유재산으로 규정하면서, 영해와 해양수역에 위치하는 것들도 포함한다고 규정하고 있다(제408조).

70) 이 선언문에서는 또한 "대륙붕을 포함하여 해양영토 200해리"를 규정함으로써(제4조 제3호), 대륙붕이 최소 200해리임을 시사하고 있다.

71) 파나마헌법 제3조: "파나마공화국의 영토는 이들 국가(콜롬비아·코스타리카)와 파나마가 체결한 국경조약에 따라 콜롬비아·코스타리카 사이의 지표·영해·해저대륙붕·하층토와 공역을 포함한다. …" 또한 영해와 더불어 영해의 해저·하층토 및 해저 대륙붕 등이 국유재산에 속한다고 규정하고 있다(제128조).

위에서 국제관례에 따라" 배타적 경제수역의 자연자원·생물자원에 대한 국가의 완전한 주권을 규정하고 있다(제142조). 쿠바도 해양경제수역의 생물·무생물의 자연자원에 대하여 "법률로 정하는 범위에서 국제관례에 따라" 주권을 행사한다고 규정하고 있다(제11조).

그 밖에, <표 5>에는 나타나지 않지만, 페루는 200해리의 해양영토에서 "법률 및 페루가 비준한 조약에 따라" 국제통항의 자유를 침해함이 없이 주권과 관할권을 행사한다고 규정하고(제54조), 엘살바도르는 200해리의 해양수역(배타적 경제수역)에 대하여 "국제법 규정에 부합되게" 주권과 관할권을 행사한다고 규정하고 있다(제84조). 코스타리카도 영해와 대륙붕에 대하여 "국제법 원칙에 따라" 완전하고 배타적인 주권과 관할권을 행사한다고 규정하고 있다(제6조).

### (4) 해양관할권의 범위에 관한 헌법적 규율이 없는 경우

헌법에서 해양관할권 개념을 언급하면서도 해양관할권의 범위에 관한 규율이 없는 나라는, <표 5>에서 보듯이, 남미의 브라질과 카리브의 아이티 등 2개국이다. 아이티헌법에서는 아이티의 영역을 규정하고 있는데, 여기서 영토에 속하는 섬들을 열거하면서 열거되지 않은 섬들을 특정하기 위하여 "영해의 그 밖의 섬들"이라는 표현을 사용하고 있다(제8조).[72] 그러나 영해에 관한 더 이상의 언급이나 그 밖의 해양관할권 개념의 언급은 없다. 해양경계획정에 관한 법률(1977)에서는, 영해를 12해리(제1조), 접속수역을 영해 밖 12해리(영해기선으로부터 24해리)(제4조), 배타적 경제해양수역을 200해리(제5조)로 규정하고 있으며, 대륙붕은 그 지역의 자연자원의 개발을 가능하게 하는 수심까지로 규정하고 있다(제8조).

브라질헌법에는 명시적인 영토조항이 따로 없으며, 해양관할권 개념은 연방소유 재산의 범위를 규정하면서 언급될 뿐이다. 즉 브라질헌법에서는 대륙붕과 배타적 경제수역의 자연자원 및 영해를 연방 소유재산으로 열거하고 있다

72) 아이티헌법 제8조: "아이티공화국의 영토는 다음을 포함한다: a. 아이티섬의 서부 지역과 고나브(La Gonave) … 등 인근 섬들 및 그 밖에 영해의 섬들; b. 그 경계는 동쪽으로 도미니카공화국, 북쪽으로 대서양, 남쪽·서쪽으로 카리브해·앤틸리스해로 하며; c. 공화국의 육지와 바다 위의 공역."

(제20조).[73] 브라질의 법률(영해·접속수역과 배타적 경제수역 및 대륙붕에 관한 법률)(1993)에서는, 영해는 12해리(제1조), 접속수역은 24해리(제4조), 배타적 경제수역은 200해리(제6조), 대륙붕은 대륙변계 끝까지 또는 200해리로 규정하고 있다(제11조).

그리고 헌법에서 해양관할권 개념을 전혀 사용하지 않는 국가의 경우에는, 헌법상으로 해양관할권의 범위에 관한 규율도 당연히 없다. 그렇다고 해양관할권을 국내법으로 규율하지 않는 것은 아니며, 대부분은 법률로 규율하고 있다. 여기에는 북미 2개국과 남미 6개국 및 카리브 9개국 등 17개국이 해당되는데, 앞(<표 4>)에서 이미 밝혔듯이, 북미 2개국은 캐나다[74]와 유엔해양법협약 미가입국인 미국[75]이고, 남미 6개국은 가이아나[76]·아르헨티나[77]·우루과이[78]·칠레[79]·볼리비아·파라과이인데, 볼리비아와 파라과이는 내륙국이기 때문에 연안국으로서의 해양관할권이 없으며, 따라서 해양관할권 범위에 관한 국내법적 규율도 없다. 그리고 카리브 9개국은 그레나다[80]·도미니카[81]·바베

73) 브라질헌법 제20조: "다음은 연방(Union) 소유 재산을 구성한다: (Ⅰ~Ⅳ 생략); Ⅴ. 대륙붕과 배타적 경제수역의 자연자원; Ⅵ. 영해; (Ⅶ~Ⅺ 생략)". 이어서 같은 조에서 "연방의 직접관리기관뿐 아니라, 주·연방직할지구(Federal District)·도(County)도 그들의 각 영역(관할지역), 대륙붕, 영해, 배타적 경제수역에서의 석유나 천연가스 …의 개발 결과 … 에의 참여가 법률로 정하는 바에 따라 보장된다."는 규정에서도 해양관할권 개념이 언급된다.

74) 캐나다의 해양법(1996): 영해 12해리(제4조); 접속수역 24해리(제10조); 배타적 경제수역 200해리(제13조); 대륙붕 CM/200해리(제17조). 여기서 "CM"은 대륙변계 바깥 끝을, "CM/200해리"는 대륙변계 바깥 끝 또는 200해리를 의미한다(이하 각주에서 같음).

75) 미국은 1983년 대통령포고령으로 배타적 경제수역을 200해리로, 1988년 대통령포고령으로 영해를 12해리로, 1999년 대통령포고령으로 접속수역을 24해리로 정하고 있을 뿐, 법률로 규율하지 않고 있다. 1958년 제네바해양법협약인 대륙붕협약(1958)에도 가입하였다.

76) 가이아나의 해양수역법(2010): 영해 12해리(제3조); 접속수역 24해리(제17조); 대륙붕 CM/200해리(제20조); 배타적 경제수역 200해리(제26조).

77) 아르헨티나의 해양공간법(1991): 영해 12해리(제3조); 접속수역 24해리(제4조); 배타적 경제수역 200해리(제5조); 대륙붕 CM/200해리(제6조).

78) 우루과이의 영해·접속수역과 배타적 경제수역 및 대륙붕 설정 법(1998): 영해 12해리(제1조); 접속수역 24해리(제3조); 배타적 경제수역 200해리(제4조); 대륙붕 CM(제10조).

79) 칠레의 해양공간에 관한 민법 개정법률(1986): 영해 12해리와 접속수역 24해리(제593조); 배타적 경제수역 200해리(제596조). 대륙붕의 범위는 명시하지 않고(제596조), 단지 특정 지역 대륙붕을 350해리까지 확장하는 외무부성명이 있다(1985)(http://www.jag.navy.mil/organization/documents/mcrm/Chile2013.pdf).

80) 그레나다의 영해 및 해양경계법(1989): 영해 12해리(제5조); 접속수역 24해리(제9조); 대륙붕 CM/200해리(제10조); 배타적 경제수역 200해리(제12조).

81) 도미니카의 영해·접속수역과 배타적 경제·어업수역법(1981): 영해 12해리(제3조); 접속수역 24해리(제4조); 배타적 경제수역 200해리(제5조).

이도스[82)] · 바하마[83)] · 세인트루시아[84)] · 세인트빈센트그레나딘[85)] · 세인트키츠네비스[86)] · 앤티가바부다[87)] · 자메이카[88)]이다.

끝으로 언급할 것은 내륙국인 볼리비아의 경우이다. 볼리비아헌법의 제8편의 표제가 "국제관계·경계·통합 및 해양회복"이고, 거기에 포함된 제4장의 표제가 "해양회복"이며, 그 속에 포함된 제267조[89)]와 제268조[90)]에서 해양에 관한 언급을 하고 있는데, 거기서 내륙국으로서의 설움과 해양회복에 대한 강렬한 열망을 엿볼 수 있기 때문이다.

## Ⅳ. 맺음말

이상으로 미주 지역 35개 국가의 헌법에서 해양관할권 개념이 어떻게 다루어지고 있는가를 살펴보았다.

먼저, 미주 지역 국가의 해양관할권 주장과 관련해서는, 1982년 유엔해양법

82) 바베이도스의 영해법(1977): 영해 12해리(제3조). 해양경계·관할권 법(1993): 배타적 경제수역 200해리(제3조). 200해리를 초과하여 대륙붕의 범위를 확장하고자 하는 경우에 필요한 대륙붕경계위원회 서면 제출(2회)이 있었다(http://www.jag.navy.mil/organization/documents/mcrm/Barbados2017.pdf).

83) 바하마의 군도수역·해양관할권법(1993): 영해 12해리(제4조); 배타적 경제수역 200해리(제8조). 이 법률에서 대륙붕에 관한 언급은 없고, 어업자원법(1977)에서는 대륙붕을 수심 200m로 규정한 바 있다.

84) 세인트루시아의 해양지역법(1984): 영해 12해리(제3조); 접속수역 24해리(제6조); 대륙붕 CM/200해리(제7조); 배타적 경제수역 200해리(제8조).

85) 세인트빈센트그레나딘의 해양지역법(1983): 영해 12해리(제5조); 접속수역 24해리(제6조); 배타적 경제수역 200해리(제7조); 대륙붕 200해리(제8조).

86) 세인트키츠네비스의 해양지역법(1984): 영해 12해리(제3조); 접속수역 24해리(제6조); 대륙붕 CM/200해리(제7조); 배타적 경제수역 200해리(제8조).

87) 앤티가바부다의 해양수역법(1986): 영해 12해리(제5조); 접속수역 24해리(제7조); 대륙붕 CM/200해리(제8조); 배타적 경제수역 200해리(제10조).

88) 자메이카의 해양지역법(1996): 영해 12해리(제12조); 접속수역 24해리(제19조); 대륙붕 CM/200해리(제21조). 배타적 경제수역법(1991): 배타적 경제수역 200해리(제3조).

89) 볼리비아헌법 제267조: "1. 볼리비아정부는 태평양과 해양공간에의 접근을 제공하는 영토에 대한 양도할 수도 없고 박탈할 수도 없는 권리를 선언한다. 2. 평화적 수단을 통한 해양분쟁의 효과적인 해결과 그러한 영토에 대한 주권의 완전한 행사는 볼리비아 국가의 항구적이고 불가양의 목표이다."

90) 볼리비아헌법 제268조: "해양이익과 강·호수 및 수운(해운: shipping)의 발전은 국가의 우선사항이며, 그 관리·보호는 법률에 따라 볼리비아 해군(수군: Navy)이 행사한다."

협약을 따르지 않는 국가는 해양영토 200해리를 주장하는 페루와, 1958년 대륙붕협약에 따른 대륙붕의 범위를 주장하는 베네수엘라 등 극소수에 불과하고, 유엔해양법협약 당사국에 속하는 대부분의 국가는 일부 해양관할권의 범위에 관한 명시적인 언급을 피할지언정 유엔해양법협약에 배치되는 주장을 적극적으로 하는 경우는 별로 없다.

다음으로, 해양관할권(특히 영해)의 전제가 되는 헌법상 영토조항과 관련해서는, 미주 지역에서는 헌법에 직접적이고 적극적인 영토조항을 두고 있는 국가가 22개국으로 압도적 다수이고, 13개국에서만 직접적·적극적 영토조항을 헌법에 두고 있지 않으며, 그나마 연방국가 2개국에서는 간접적으로 영토를 표현하고 있다.

셋째로, 해양관할권 개념이 헌법에 언급되는지를 살펴보면, 영해 17개국, 대륙붕 14개국, (배타적) 경제수역 13개국, 접속수역·내수는 각각 6개국의 헌법에서 언급되며, 특수개념(해양영토)이 언급된 경우(1개국)도 있다. 따라서 해양관할권 개념을 헌법에 전혀 언급하지 않는 국가는 17개국이다. 그리고 해양관할권을 헌법에 언급한 국가 중에서는, 영해·대륙붕과 (배타적) 경제수역을 모두 언급한 국가가 11개국이고, 영해와 대륙붕을 언급한 국가가 3개국, 영해와 (배타적) 경제수역을 언급한 국가가 2개국이고, 영해만을 언급한 국가는 1개국이다.

넷째로, 이 글의 핵심주제로서, 해양관할권의 범위에 관한 헌법적 규율과 관련해서는, 해양관할수역의 범위를 그 중 일부에서나마 헌법에 직접 명시한 국가는 5개국(온두라스·코스타리카·엘살바도르·멕시코·페루)이고, 법률로 정하도록 한 국가는 9개국(멕시코·벨리즈·과테말라·수리남·베네수엘라·콜롬비아·트리니다드토바고·쿠바·도미니카공화국)이며, 조약 등 국제법에 따르도록 한 국가는 9개국(과테말라·니카라과·멕시코·쿠바·파나마·에콰도르·콜롬비아·베네수엘라·도미니카공화국)이다(중복 있음). 헌법에서 해양관할권 개념을 언급하면서도 해양관할권의 범위에 관해서는 아무 언급이 없는 국가가 2개국(브라질·아이티)인데, 앞에서 해양관할권 개념 자체를 언급하지 않는 17개국을 합하면, 모두 19개국에서 해양관할권의 범위에 관하여 헌법에 아무런 언급도 하지 않고 있다.

이러한 연구결과는, 앞으로 해양 관련 사항의 신설·보완에 관한 한국헌법의 개정 논의에서 시사점을 제공할 수 있을 것으로 기대된다. 말하자면, 영해를 비롯하여 해양관할권 개념을 헌법에 언급할 것인지, 그 범위에 관해서는 어떻게 규정할 것인지에 관한 논의에서, 미주 지역 국가의 사례를 고려할 수 있을 것이다. 물론, 미주 지역에 관한 이 연구만으로는 불충분하며, 해양관할권에 관한 다른 지역 국가의 헌법에 대한 비교연구의 결과도 함께 고려되어야 할 것이다. 나아가, 해양 관련 사항 전반에 걸친 헌법개정 논의를 위해서는, 해양관할권 외에 해양자원이나 해양활동(특히 해양산업)에 관한 비교헌법적 연구도 필요하다.

≪부록≫ 조사대상 국가별 헌법전

(국명별 가나다순)

| | |
|---|---|
| 북미 | 미국(1789/1992); 캐나다(1867/2011) |
| 중미 | 과테말라헌법(1985/1993); 니카라과(1987/2014); 멕시코(1917/2015); 벨리즈(1981/2011); 엘살바도르(1983/2014); 온두리스(1982/2013); 코스타리카(1949/2015); 파나마(1972/2004) |
| 남미 | 가이아나(1980/2016); 베네수엘라(1999/2009); 볼리비아(2009); 브라질(1988/2017); 수리남(1987/1992); 아르헨티나(1853/1994); 에콰도르(2008/2015); 우루과이(1966/2004); 칠레(1980/2015); 콜롬비아(1991/2015); 파라과이(1992/2011); 페루(1993/2009) |
| 카리브 | 그레나다(1973/1992); 도미니카(1978/2014); 도미니카공화국(2015); 바베이도스(1966/2007); 바하마(1973); 세인트루시아(1978); 세인트빈센트그레나딘(1979); 세인트키츠네비스(1983); 아이티(1987/2012); 앤티가바부다(1981); 자메이카(1962/2015); 쿠바(1976/2002); 트리니다드토바고(1976/2007) |

<헌법전 출처>: https://www.constituteproject.org/search?lang=en

※ 괄호 속의 숫자는 연도를 나타하며, 첫째는 제정·개편 연도를, 둘째는 최종 개정연도를 의미함.

※ 캐나다는 1867년 헌법전과 1982년 헌법전을 포함함.

※ 멕시코는 2016년(4회)과 2017년, 에콰도르는 2018년, 칠레는 2016년과 2017년, 콜롬비아는 2016년과 2017년 및 2018년, 페루는 2015년과 2017년에 각각 개정되었으나 반영되어 있지 않다고 출처 자료에 부기되어 있음.

## 참고문헌

김영구, 현대해양법론, 도서출판 아세아사, 1988.

도회근, "헌법의 영토조항에 관한 비교헌법적 연구", 법조, 제58조 제11호, 법조협회, 2009. 11.

한병호, "미주지역 국가의 헌법전문에 관한 비교연구", 세계해양발전연구 제26권, 한국해양대 국제대학 세계해양발전연구소, 2017. 2.

한병호, "헌법과 바다", 김인유 외, 바다를 둘러싼 법적 쟁점과 과제, 피앤씨미디어, 2017.

홍선기·강문찬, "해양수산의 헌법적 가치에 관한 연구", 법제, 통권 677호, 법제처, 2017. 6.

Donald R. Rothwell and Tim Stephens, The International Law of the Sea, Oxford: Hart Publishing, 2010.

Donald R. Rothwell, Alex G. Oude Elferink, Karen N Scott, Tim Stephens(ed.), The Oxford Handbook of the Law of the Sea, Oxford: Oxford University Press, 2015.

https://www.constituteproject.org/search?lang=en&status=in_force

http://www.jag.navy.mil/organization/code_10_mcrm.htm

http://www.un.org/Depts/los/LEGISLATIONANDTREATIES/PDFFILES/table_summary_of_claims.pdf

http://www.un.org/Depts/los/LEGISLATIONANDTREATIES/regionslist.htm

http://www.un.org/Depts/los/reference_files/chronological_lists_of_ratifications.htm# The United Nations Convention on the Law of the Sea

http://www.un.org/Depts/los/reference_files/status2018.pdf

# 제 2 장

# 해양법의 법적 쟁점

# 북극 북서항로의 국제법적 지위에 관한 연구*

이 용 희

## Ⅰ. 서 론

북극지역이라 함은 경우에 따라서 북위 66° 근처의 원주선을 나타내는 북극권(Arctic Circle), 산림성장한계선, 빙하남하한계선, 영구동토선 등을 지칭하기도 하지만, 가장 일반적으로 7월의 섭씨 10도 등온선이북을 말한다.[1] 이러한 북극지역은 두꺼운 얼음층과 극한적인 기후를 특징으로 하는 지구 최북단의 지역으로, 북극점을 중심으로 하는 북극해와 캐나다, 러시아, 미국, 노르웨이 및 덴마크 등 5개 북극해 연안국의 육지영토 일부로 구성되어 있다.[2] 이중 북극해는 면적 1,405.6만㎢이며, 대부분의 지역이 연중 3~4m의 두꺼운 해빙(sea ice)으로 뒤덮혀 있으며 해안선의 길이는 45,389㎞에 달한다.[3]

최근 빠르게 진행되고 있는 지구온난화의 영향으로 지난 50년간 북극의 겨울철 평균온도는 지표온도의 경우 섭씨 10도에서 15도가 상승하였으며, 북극해 중앙부 해빙의 두께는 30%이상, 북극얼음의 면적은 매 10년간 4%씩 감소하고 있다고 알려지고 있다.[4] 특히 최근에는 이러한 현상이 가속화되고 있는데, 2012년 9월을 기준으로 북극해를 덮고 있는 얼음면적이 사상 최소치를 기록한 것으로 알려지고 있다. 미국 국립빙설자료센터(U.S. National Snow and Ice Data Center: NSIDC)가 발표한 자료에 따르면 2012년 10월 16일 현재 북극

※ 이 논문은 '북극 북서항로의 국제법적 지위에 관한 연구'(경희법학, 제47권 제4호, 2012)의 내용을 바탕으로 추가 수정·보완하여 작성한 것임.

1) 이영준, 정갑용, "북극의 법체제 현황 및 그 전망", 「사회과학논총」, 제12권(1994), 17쪽.

2) 김기순, "북극해의 분쟁과 해양경계획정에 관한 연구", 「국제법학회논총」, 제54권 제3호(2009), 11쪽.

3) www.cia.gov/library/publication/the-world-factbook/goes/xq.html, 2012년 10월 23일 방문.

4) 김기순, 전게논문, 12쪽.

해 얼음 넓이가 342만㎢로 관측되었으며 이는 종전 최소치인 2007년 기록보다도 18%나 감소한 것으로 나타났다.[5)]

이와 같은 지구온난화에 의한 북극해의 급격한 환경 변화는 해양환경 자체뿐만 아니라 그 생태계에 큰 영향을 줄 것으로 우려되는 한편으로, 북극해 해빙이 적어짐으로서 북극해를 통한 태평양과 대서양을 연결하는 새로운 항로의 개발 가능성이 북극 자원 개발에 대한 기대감과 함께 국제사회의 관심사로 등장하고 있다. 특히 2007년에야 비로서 일시적이나마 전체 항로가 완전히 열린 적이 있는 북서항로(Northwest passage)는 대서양과 태평양의 운송거리가 파나마운하를 이용할 때보다 9,000㎞, 케이프 혼을 통과할 때보다는 17,000㎞ 정도 단축되어 물류비용이 크게 줄어들 것으로 전망되고 있다.[6)] 유라시아대륙과 북미대륙 사이의 베링해협을 지나 캐나다를 거쳐 북대서양으로 나가는 북서항로는 흔히 '북극의 파나마운하(Panama Canal of the North)'라고 지칭되고 있다.[7)]

북서항로는 일시적으로 완전히 개방된 적이 있는 2007년부터 2011년까지 5년 기간중 4번의 여름기간동안 9월 초반에 북서항로상의 해빙이 완전히 녹아 쇄빙능력이 없는 선박에게도 항행이 가능한 환경이 조성된 바 있다. 이에 따라 2009년과 2010년동안에는 각각 18척의 선박이 북서항로를 항행하였으며, 2011년에는 그 수가 22척에 이르고 있다. 특히 2012년에는 각각 49피트와 51피트 길이의 쇄빙능력을 갖지 않은 요트를 타고 북서항로를 성공적으로 항행한 사실도 알려지고 있다.[8)] [9)] 현재와 같은 지구온난화로 북서항로의 얼음이 사라진다면 2030년경이면 북극해 항로가 연간 100일정도 운항이 가능할 것이며,[10)]

5) 인터넷 연합뉴스, '9월 지구온도 역대 최고, 올 겨울 혹한 예고', 2012년 10월 23일 방문. 2018년에는 북극해 얼음면적이 1979년 위성관측이래 사상 최저를 기록한 것으로 알려져 있다. 서울경제, "'지구의 에어컨' 북극이 녹으면 무슨 일이 일어날까", 2019. 1. 18 게재.

6) 김경신, "북극의 상업적 이용 전망과 정책 시사점", 「월간 해양수산」, 통권 제285호(2008.6), 28쪽.

7) 김형도, "북극항로의 법적 지위에 관한 연구", 경희대학교 박사학위논문(2011), 15쪽.

8) http://juneauempire.com/state/2012-10-15/group-completes-journey-through-northwest passage (2012년 10월 16일 방문)

9) http://www.sail-world.com/australia/first-ever-italian-boat-conquers-the-northweat passage (2012년 10월 21일 방문). 2018년에는 북서항로를 항행한 횟수가 290회에 이른 것으로 알려지고 있다. R.K. Headland and colleagues, "Transits of the Northwest Passage to end of the 2018 Navigation Season", Scott Polar Research Institute, 1 Dec. 2018, p.1.

10) "2030년이면 북극항로 항행일수 100일 가능", 「해양한국」, 2009. 12, 56쪽.

2050년경에는 북서항로의 통항이 1년 내내 가능할 것으로 예측되고 있다.[11]

이와 같은 북서항로 이용가능성의 현실화와 함께 북서항로의 법적 지위에 대한 논의가 최근 캐나다와 미국학자를 중심으로 재개되고 있다. 캐나다의 경우는 북서항로가 포함되어 있는 캐나다 북극군도(Canadian Arctic Archipelago) 외측에 직선기선을 설정하고 그 기선 내측수역을 내수로 주장하고 있으며, 이와 병행하여 역사적 권원을 전제로 북서항로 전체에 대한 자국 주권을 주장하고 있다. 이러한 캐나다의 태도는 북극 해양환경의 취약성을 고려하여 북서항로에 대한 통제를 강화하겠다는 의도가 그 근간을 이루고 있다. 이러한 캐나다의 주장에 따르면 북서항로에 대한 통항은 전적으로 캐나다의 주권하에 놓이게 되며, 캐나다의 허가없이는 통항이 불가능한 것이 된다. 이러한 캐나다의 주장에 대하여 미국과 유럽연합은 캐나다의 북극군도 외측 직선기선의 설정이 유엔해양법협약에 일치하지 않으며, 역사적 권원 역시도 국제관습법상 요건을 충족하지 못하고 있으므로 인정할 수 없다는 태도를 보이고 있다. 특히, 미국은 자국 함대와 상선대의 원활한 통항로 확보차원에서 북서항로를 국제항행용 해협으로 규정하고 유엔해양법협약상의 통과통항권을 주장하고 있다.

현재까지는 북서항로의 법적 지위에 관한 캐나다의 주장에 대하여 미국과 유럽연합만이 자국의 항행이익을 보호하기 위하여 반대의 입장을 표명하고 있지만, 북서항로가 실질적으로 상업적 항행에 이용될 환경에 도달한다면 잠재적 북서항로 이용국들이 이러한 논쟁에 참여할 가능성이 매우 높다. 우리나라의 경우도 그러한 잠재적 국가에 포함됨은 물론이며, 따라서 동 논쟁에 대비한 이론적 분석이 필요한 실정이다. 그러나 우리나라 학계에서는 북동항로의 이용가능성과 법적 지위에 대해서는 비교적 많은 연구를 진행하여왔으나 상대적으로 북서항로에 대해서는 국제법적 검토를 진행하지 않고 있다.

이러한 현황과 필요성에 따라 이하에서는 북서항로의 개념과 북서항로를 둘러싸고 발생한 국제법적 분쟁의 과정을 살펴보고, 북서항로의 법적 지위를 둘러싼 국제법적 쟁점을 분석해보도록 한다. 또한 동 분석결과를 바탕으로 북서항로의 법적 지위에 따른 국제적 분쟁의 향후 전개방향을 전망하고 우리나라의 대응방향에 대해서 논의해보고자 한다.

11) 김경신, 전게논문, 28쪽.

# Ⅱ. 북서항로의 개관과 법적 지위에 관한 분쟁 경위

## 1. 북서항로의 개관 및 개척과정

북서항로가 위치해 있는 캐나다 북극군도는 캐나다 북극연안을 따라 형성되어 있는 일련의 도서군으로서, 36,563개의 크고 작은 섬으로 구성되어 있으며 삼각형의 구조를 띄고 있다. 가장 북쪽의 꼭지점에 해당하는 Ellesmere 섬으로부터 캐나다 본토 북쪽 연안까지의 길이는 약 1,900㎞이며, 동 꼭지점은 북극점으로부터 900㎞ 남쪽에 위치해 있다. 또한 북극군도 아랫면은 서쪽의 Banks 섬에서부터 동쪽의 Baffin 섬까지 약 2,400㎞에 달하며, 삼각형 형태의 북극군도 면적은 약 2.1백만㎢로서 그린란드크기와 비슷하며 단일군도로서 세계 최대의 형태를 띄고 있다.[12] 36,563개 섬중 94개만이 면적 130㎢을 넘을 뿐 나머지는 매우 작은 섬이거나 암석 등으로 구성되어 있다.

[그림 1] 북서항로도

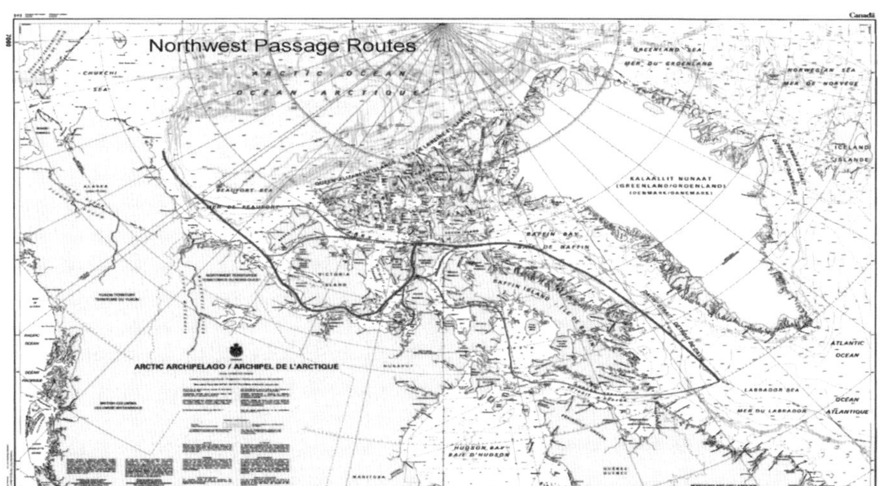


12) Arctic Council, *Arctic Marine Shipping Assessment 2009 Report,* 2009, p.20.

북서항로는 캐나다의 북극군도 사이로 이어지는 대서양과 태평양을 이어주는 일련의 수로로 이루어 졌으며, 동서간의 길이가 약 1,450㎞에 달한다.[13] 북서항로의 큰 틀은 대서양에서 시작하여 Labrador해를 지나 Davis해협이나 Hudson해협으로 진입하면서 시작된다. 항로의 끝은 M'Clure 해협이나 Amundsen만을 지나 Beaufort해, Chukchi해, Bering 해협, Bering해를 차례로 통과하여 태평양으로 진입하게 된다.

이러한 북서항로는 크게 5개의 주된 항로와 5개중 2개 주된 항로의 2개의 변형항로로 구성되어있다. 이 7개의 항로가 모두 항해에 이용가능한 잠재력을 갖고 있지만 깊은 수심을 요구하는 대형선박의 항행은 2개의 항로만이 가능한 것으로 알려져 있다.[14]

한편, 북서항로에 대한 이용의 역사를 살펴보면 1945년 이전에는 조사 또는 탐험의 목적으로 이루어졌으며, 1945년 이후에는 안보와 경제적 이유로 인한 이용이 주를 이루고 있다.[15] 북서항로에 대한 탐험적 항해는 1490년대 이후 유럽의 탐험가에 의해 1800년대까지 수차례에 걸쳐 이루어 졌으며, 이 과정에서 캐나다 북극군도가 발견되기도 하였다. 그러나, 북서항로를 최초로 항해한 것은 1906년 노르웨이 탐험가 Amundsen에 의해 이루어졌다. Amundsen의 항해는 1903년부터 1906년의 기간동안 47톤 크기의 외돛배(sloop)를 이용하여 대서양에서 태평양방향으로 항해를 완성하였다. 이후 1940년부터 1942년에 걸쳐 캐나다의 St. Loch호가 북서항로를 서쪽에서 동쪽으로 최초로 항해하였으며, 1944년에는 역시 같은 캐나다의 St. Loch호가 북서항로를 동쪽에서 서쪽으로 86일동안 한 계절의 기간안에 통과하는 최초의 기록을 남겼다. 캐나다 St. Loch호의 1944년 항해이후 북서항로에 대한 항해는 1970년대까지 산발적으로 이루어졌다.[16]

전술한 바와 같이 제2차 세계대전이 종료한 1945년 이후부터 1969년까지 북서항로는 국가안보적 관점에서 이용되었다. 1954년에 캐나다가 자국 해군의

13) 김형도, 전게논문, 19~20쪽.
14) 이에 대하여 자세한 것은 D. Pharand, *Canada's Arctic waters in international law*, Cambridge University Press, 1988, pp.189~201 참조.
15) *Ibid.*, p.202.
16) Arctic Council, *supra* note 12, p.37.

쇄빙선 Labrador호를 북서항로에 투입하여, 동쪽에서 서쪽으로의 항행을 성공적으로 수행하였다. Labrador호의 북서항로 항행은 캐나다 군함으로서 무장선박의 최초항해였다는 점에서 의미가 있다. 1957년에는 3척의 미국 해군소속 쇄빙선 Storis, Spar 및 Bramble호가 Labrador호의 호위를 받으며 북서항로를 서쪽에서 동쪽으로 항행하였다. 또한 1960년과 1962년에는 미국 해군 핵추진 잠수함 Seadragon호와 Skate호가 각각 북서항로를 동쪽과 서쪽에서 진입하여 항행한 바 있다. 미국 해군 핵추진잠수함의 북서항로 항해는 캐나다와의 방위협정아래서 북서항로의 잠항통항 여부를 확인하기 위한 시험항해이었다. 이 밖에도 비군사적 목적으로는 캐나다 쇄빙선 Macdonald호가 얼음사이에 조난된 미국 쇄빙선 Northwind호를 구조하기 위하여 1967년 9월 북서항로를 항행한 기록이 있다.[17] 1969년 이후의 북서항로 이용은 북극해 유전 개발에 따른 상업적 항해와 해양조사가 주를 이루었다. 통계적으로 살펴볼 때, 1903년 이후 북서항로를 완전히 항해한 실적은 1969년 이전에는 총 10회의 항해가 기록되었으며, 1969년 이후에는 2011년까지 약 158회의 북서항로 항해가 이루어졌다. 특히, 1969년 이후 항해는 주로 캐나다 쇄빙선과 해양과학조사선, 화물선, 유람선 및 탐험용 범선 등에 의해 행하여 진 것으로 알려지고 있다.

## 2. 북서항로의 법적 지위에 관한 분쟁 경위

북서항로의 법적 지위에 관한 국제분쟁은 1969년 미국 유조선 Manhattan호와 1985년 미국 연안경비대 쇄빙감시선 Polar Sea호의 북서항로 항행에 의해 발생하였다고 볼 수 있다.

1968년 알라스카 Prudhoe 만에서 세계최대유전이 발견된 이후, 동 유전으로부터 생산된 원유를 미국동부연안으로 수송하기 위한 최단거리의 수송로가 관심의 대상으로 등장하게 되었으며, 그러한 방안중 하나로 북서항로가 거론되었다. 북서항로의 이용가능성을 타진하기 위해 실시된 것이 미국 Humble Oil 사에 의해 추진된 미국 유조선 Manhattan호의 북서항로 시험항해이다.[18]

17) D. Pharand, *supra* note 14, p.204.

115,000톤의 Manhattan호는 1,005피트의 길이에 148피트의 너비를 가진 유조선으로서 원유를 적재하지 않은 채 1969년 북서항로를 대서양쪽에서 진입하여 알라스카쪽으로 나오는 항로를 채택하여 실행하였다. 이 항해를 돕기 위하여 미국은 연안경비대 쇄빙선 Northwind 호를 파견하였으며, 캐나다는 연안경비대 쇄빙선 Macdonald호를 파견하고 연안경비대 장교 한명을 Manhattan호에 북서항로 항행중에 승선시킨 바 있다.[19] 이 과정에서 캐나다정부는 미국 Manhattan호의 북서항로 항행과 관련하여 미국이 캐나다의 허가를 받아야 한다고 요구하였으나 미국은 이에 응하지 않았다. 미국의 거부사유는 1969년 당시 캐나다가 선포한 영해의 범위는 3해리이였고, 미국은 북서항로중 3해리 이원의 공해대를 항해하였으므로 공해에서의 항행의 자유에 따라 캐나다의 허가가 필요치 않다는 입장이었다.[20]

이와 같은 미국의 태도에 대응하고 북서항로에 대한 통제권을 강화하기 위하여 캐나다는 1970년 i) 영해의 폭을 3해리에서 12해리로 확장하고, ii) 북극수역오염방지법(the Arctic Waters Pollution Prevention Act)을 제정하고, iii) 기존에 포괄적으로 수락하였던 국제사법재판소의 강제관할권중 어업분쟁과 해양환경분쟁에 대해서는 강제관할권을 유보하는 조치를 취하였다.[21] 즉, 캐나다는 1970년 4월 17일 1964년 '영해 및 어업수역법(territorial sea and fishing zone act)'[22]을 개정하여 영해의 폭을 기존 3해리에서 12해리로 확장하였다. 또한 같은 날 북극해양오염방지법을 제정하여 캐나다 본토 및 도서로부터 100해리의 범위를 적용대상으로 하여 캐나다가 해양오염방지를 위한 특별한 조치를 취할 수 있는 법적 기반을 마련하였다.[23] 다만, 동 법의 내용이 당시 국제법상 연안국의 관할권 범위를 뛰어넘는 내용이었으므로 타국과의 국제분쟁 발생시 불리하다는 점을 인식하여 국제사법재판소의 강제관할권 수락을 부분

18) Mahealani Krafft, "The Northwest Passage: Analysis of the Legal Status and Implications of its Potential Use", *Journal of Maritime Law & Commerce*, Vol. 40, No. 4(2009), p.552.

19) Michael Byers/Suzanne Lalonde, "Who controls the Northwest Passage?", *Vanderbilt Journal of Transnational Law*, Vol. 42(2009), pp.1148~49.

20) Mahealani Krafft, *supra* note 18, pp.553~554.

21) *Ibid.*, p.554.

22) 동 법은 1996년 12월 18일 제정된 Oceans Act에 의하여 통합되어 실효되었다.

23) 캐나다는 2009년 6월 11일 동 법을 개정하여, 동 법의 지리적 적용범위를 기존의 100해리에서 200해리로 확대하였다.

적으로 철회한 것이다.[24)25)] 이와 같은 조치를 통하여 캐나다는 북서항로의 주요해협을 자국의 영해에 포함시킴으로서 통제권을 강화하였으며, 더 나아가 여전히 남아있던 항로상의 공해대에 대한 항행에 대해서도 환경적 통제권을 확보하게 되었다. 이와는 별도로 캐나다는 1970년 4월 16일 국제사법재판소의 메인만 해양경계획정사건 심리과정에서 "캐나다는 북극군도 내측의 수역에 대해서 동 수역이 캐나다의 것이라고 간주한다는 입장을 견지해왔다"라는 주장을 하였으나, 이때 동 주장의 근거에 대해서는 언급하지 않았고,[26)] 이에 대한 미국의 대응도 구체적으로 제시되지 않았다. 이후, 캐나다는 1973년 12월 17일자 외교부의 서한(letter)에서 다음과 같이 캐나다 북극군도 내측의 수역이 역사적 권원에 의하여 캐나다의 내수라는 점을 최초로 분명히 밝히었다.[27)]

> 캐나다는 비록 어떠한 조약이나 입법에 의하여 주장하지는 않았지만 역사적 근거(historical basis)에 의하여 캐나다 북극군도의 수역을 캐나다의 내수로 주장한다.

또한 1975년 5월에는 캐나다 외교부장관 MacEachen이 하원 외교 및 국방상임위원회에 출석하여 다음과 같은 발언을 하였다.[28)]

> 캐나다의 북서항로는 국제항행용으로 사용되고 있지 않으며, 북극수역은 캐나다에 의해 내수로 간주되고 있기 때문에 통과통항제도는 북극에 적용되지 않는다.

이러한 캐나다의 내수화 주장에 대하여 미국 국무부는 1970년 이후 문서에서 "우리는 북극수역을 캐나다의 내수라고 주장하는 캐나다의 입장을 수용할 수 없다. 그러한 수용은 전세계적인 미국 해군의 활동을 위하여 필수적인 항행의 자유를 손상시킬 수 있다"는 입장을 밝혔다.[29)]

---

24) Michael Byers/Suzanne Lalonde, *supra* note 19, p.1150.

25) Mahattan호의 북서항로 항행과 관련된 미국과 캐나다의 구체적 외교적 협상과정에 대해서는 John Kirton/Don Munton, "The Manhattan Voyages and Their Aftermath", in Franklyn Griffiths, *Politics of the Northwest Passage*, McGill－Queen's University Press, 1987, pp.67~97 참조.

26) Ted L. McDorman, "The Northweat Passage: International Law, Politics and Cooperation", in Nordquist/Heidar/Moore, *Changes in the Arctic Environment and the Law of the Sea*, Martinus Nijhoff publishers, 2010, pp.231~232.

27) D. Pharand, *supra* note 14, pp.111~112.

28) D. Pharand, "The Arctic Waters and the Northwest Passage: A Final Revisit", *Ocean Development & International Law,* Vol.38(2007), p.11.

29) U.S. Department of State, *Foreign Relations, 1969~1976, Vol. E－1, Documents on Gloval Issues,*

그러나 북서항로의 법적 지위에 대한 본격적인 다툼은 1985년 미국 연안경비대 소속 쇄빙감시선 Polar Sea호의 북서항로 항행로 시작되었다. 1985년 5월 미국이 캐나다에 미국 연안경비대 쇄빙감시선 Polar Sea호의 북서항로 계획을 통지하였다. 이후 미국과 캐나다는 외교서한의 교환을 통하여, 미국은 북서항로의 항행과 관련하여 캐나다에 사전통지 또는 허가를 득하여야 할 이유가 없음을 주장하였고, 캐나다는 북서항로를 포함한 북극군도의 내측수역이 캐나다의 주권이 미치는 내수임을 강조하고 동 항로의 항행시 캐나다의 허가를 얻어야 한다고 주장하였다. 결국 양국은 Polar Sea호의 북서항로 항행이 상호간의 입장을 훼손하지 않는다는 이해에 도달하였으며, Polar Sea호는 1985년 8월 초 캐나다 연안경비대 장교를 탑승시킨 상태에서 북서항로를 동쪽에서 서쪽으로 통항하였다.[30] 그러나, 양국정부의 이해에도 불구하고 캐나다 여론은 정부의 태도를 질타하고 북서항로에 대한 캐나다 주권을 확고히 하기 위한 보다 강력한 조치를 취할 것을 요구하였다.[31]

여론의 요구에 따라 캐나다는 1985년 9월 10일 영해 및 어업수역법에 근거하여 총독령(Order in Council)으로 '영해 지리적 좌표령(Territorial Sea Geographical Co-ordinate-Area 7-Order)'을 채택하고, 캐나다의 북극해에 존재하는 모든 도서와 본토를 포함한 지역(Area 7)에 대한 총 163개의 직선기선 좌표를 설정하고 동 기선 내측수역을 캐나다의 내수로 포함시켰다. 동 조치를 제안하면서 캐나다 외교부장관 Joe Clark는 당일 캐나다 하원에서 북극에서의 캐나다 주권에 대한 주권성명(statement on sovereignty)을 발표하였다. 동 성명은 북극군도에 대한 직선기선 설정의 배경과 그 의미를 설명한 것으로서 특히, 동 기선 설정의 의미를 다음과 같이 주장하였다.

> 캐나다는 북극국가이다. 국제사회도 북극 육지와 섬들이 다른 부분들과 마찬가지로 캐나다의 일부라는 점을 인정하여 왔고, 북극은 캐나다의 일부일 뿐만 아니라 위대한 캐나다인의 일부이다. 정부의 정책은 캐나다의 위대함이 감소되지 않도록 보존하는 것이다. 북극에서의 캐나다 주권은 불가분이다. 그 대상은 육지와 바다

*1969~1972*, http://www.state.gov/r/pa/ho/frus/nixon/e1/53180.htm. Matthew Carnaghan/Allison Goody, *Canadian Arctic Sovereignty*, Library of Parliament, 2006, p.4에서 재인용.

30) Michael Byers/Suzanne Lalonde, *supra* note 19, pp.1156~1158.

31) Mahealani Krafft, *supra* note 18, pp.556~557.

> 및 얼음을 포함한다. 캐나다의 주권은 북극도서의 바다쪽 해안으로부터 방해됨이 없이 확장된다. 북극도서들은 그들 사이의 물에 의해 연결된 것이며 나누어져 있는 것이 아니다. 북극도서들은 얼음에 의해 일년중 대부분이 연결되어 있다. 태곳적부터 캐나다 이누이트족이 마치 육지를 사용하고 점유한 것처럼 얼음을 사용하고 점유하여왔다. 정부의 정책은 캐나다 북극군도의 자연적 일체성을 유지하고 육지와 바다 및 얼음에 대한 캐나다의 주권이 감소되지 않고 분할되지 않도록 보전하는 것이다. 이러한 캐나다의 주권은 이 나라 정부들에 의하여 오랫동안 주장되어 왔다. 그러나 이전의 정부는 북극에서 캐나다의 내수와 영해의 명확한 한계를 설정하고 획선하지 않았다. 그래서 이 정부는 그 일을 하고자 하는 것이다. 캐나다 북극군도의 외연에 직선기선을 설정하는 총독령은 오늘 서명되었고 1986년 1월 1일 발효될 것이다. 이 직선기선들은 캐나다의 역사적 내수의 외측한계를 정하는 것이다.[32)]

위의 성명을 통하여 캐나다는 북극군도 내측수역이 역사적 권원에 근거한 캐나다의 내수이며, 1985년 직선기선 설정을 통하여 그 외측한계를 분명히 한 것이라는 점을 명백히 밝히고 있다. 또한 1987년 5월 21일에는 캐나다 외교부 조약국장이 “캐나다는 북극군도의 역사적 내수에 대한 완전한 주권을 행사할 것을 결정하였으며, 필요하다면 국제사법재판소에 동건에 대한 우리의 입장을 주장할 준비가 되었다. 이러한 캐나다의 내수는 1986년 1월 1일 발효한 직선기선에 의하여 획선되었다”고 발언하였다.

이러한 캐나다의 직선기선 설정과 관련하여 2개국으로부터 반대의 의사표시가 캐나다정부에 전달되었다. 먼저, 영국은 유럽연합을 대표하여 캐나다의 주장을 반대하는 다음과 같은 외교서한을 보냈다.[33)]

> 직선기선의 타 국가에 대한 유효성은 직선기선의 획선이 연안의 일반적 방향으로부터 뚜렷한 정도로 벗어나서는 안된다는 원칙을 포함하여 이 경우에 적용가능한 국제법의 관련원칙에 의해 결정된다. 유럽연합회원국은 순수한 지리적 요소이외의 요소는 특정 환경에서 직선기선을 획선하는 목적에 관련된 것이어야 하지만, 현재의 요소는 캐나다가 설정한 직선기선을 일반적으로 정당화하기 위한 요건을 충족시키지 못하고 있다고 인식한다. 더 나아가, 유럽연합회원국은 총독령에 따라 획정된 기선의 정당성 근거로서 역사적 권원의 유효성을 인정할 수 없다.

32) Franklyn Griffiths, *supra* note 25, pp.270~271.

33) J. A. Roach/R.W. Smith(eds.), *United States Responses to Excessive Maritime Claimes*, Martinus Nijhoff publishers, 1996, p.121.

이러한 영국의 태도는 캐나다가 설정한 직선기선이 국제법상 확립되어 있는 직선기선의 획선원칙에 위배하여 인정하기 어렵다는 점과, 캐나다가 1973년 이후 주장하고 있는 북극군도의 수역에 대한 역사적 권원도 인정하지 않는다는 입장을 명확히 밝힌 것으로 해석된다.

캐나다의 북극군도 직선기선 설정에 대한 또 다른 반대의 의견은 미국에 의하여 제기되었다. 미국은 1986년 1월 31일 국무성 입법 및 정부간 업무담당 차관보 James W. Dyer가 미국 상원의원 Charles Mathias한테 보내는 서한을 통하여 다음과 같이 캐나다의 주장에 대하여 반박하였다.[34)]

> 캐나다정부가 1985년 9월 10일 북극도서(its Arctic islands) 내측의 수역을 내수로 주장하고, 동 주장을 위하여 북극도서주변에 직선기선을 설정하였다. 미국의 입장은 국제법상 캐나다의 주장을 뒷받침하는 어떠한 근거도 없다는 것이다. 미국은 캐나다의 주장을 수용할 경우 북서항로에 대한 완전한 캐나다의 통제를 받아야 하며 그 결과로 국제법상 북서항로에 대한 미국의 항행권이 종료됨으로 캐나다의 주장을 수용할 수 없다.

위와 같은 미국의 태도는 명시적으로 캐나다의 직선기선을 인정하지 않겠다는 것인지, 아니면 북극군도 내측수역을 내수로 간주하는 캐나다의 입장에 반대하는 것인지는 불분명하지만, 캐나다의 입장의 연장선상에서 살펴보면, 역사적 권원에 근거하여 북극도서 내측수역을 내수화하기 위해 직선기선을 설정한 것으로 이해한다면 근본적으로 북극군도 내측수역에 대한 내수화에 반대하는 것으로 해석된다.

실제로 미국은 캐나다가 북서항로의 항행에 대하여 사전허가를 요구하는 것이 국제적 선례가 되어 국제항행용 해협을 비롯한 국제항행에 있어 미국이 향유하고 있는 항행의 자유가 침해되는 것을 두려워한 것이다. 이와 같은 의도는 미국 레이건대통령이 캐나다 멀로니수상에게 보낸 1987년 서한에서도 다음과 같이 나타나 있다.[35)]

> 본인은 아주 솔직하게 북서항로를 통과하는 우리의 선박에게 허가를 요구하는 협

34) *Ibid.,* p.118.
35) Ted L. McDorman, *supra* note 26, pp.238~239.

정에는 동의할 수 없음을 밝힌다. 허가조건을 수용하는 것이 전지구적으로 다른 중요한 지역에서 자유롭게 통항하는 우리의 정당한 권리에 악영향을 미칠 것이기 때문이다.

이와 같은 미국의 우려와 캐나다의 주장이 경합하는 상태에서 양국정부는 1988년 1월 11일 5개의 조문으로 구성된 '북극협력협정(Arctic Cooperation Agreement)'를 체결하였다.

이 협정은 본질적으로 양국 쇄빙선이 상대방 북극수역을 통과할 때 상호 협력할 것을 합의한 문서로서, 북극수역에 대한 항해와 자원 개발이 북극의 독특한 환경과 그 거주민의 안녕에 악영향을 미쳐서는 안된다는 전제하에 양국 쇄빙선의 항해에 관한 이해를 담고 있다. 특히, 동 협정 제3조 하단에서 "미국정부는 캐나다가 내수라고 주장한 수역에서 미국 쇄빙선이 항해하는 경우 캐나다정부의 동의를 얻을 것을 약속한다"는 내용을 포함시키고 있다. 그러나 제4조에서는 "이 협정 또는 이 협정에 의한 어떠한 실행도 미국이나 캐나다가 유지하고 있는 이 수역 또는 다른 수역에 대한 해양법적 입장이나 제3자에 대한 입장에 영향을 미치지 아니한다"고 규정하고 있다.

이러한 협정의 내용은 상호 상반된 모습으로 해석될 여지가 있었다. 제3조에서 캐나다 내수 항해시 캐나다의 동의를 획득하겠다는 것과 이 협정의 내용이 기존에 양국이 가지고 있던 북극군도 내측수역의 법적 지위에 대한 입장을 해하는 것이 아니라는 것은 일견 상반된 것으로 보이는 것이다. 그러나 동 협정의 문맥을 면밀히 살펴보면, 동 협정 제3조의 적용을 받아 북서항로를 항해하는 미국쇄빙선은 북서항로를 항해하며 해양환경에 대한 해양과학조사를 실시하는 쇄빙선으로 국한된다고 볼 수 있다. 제3조의 내용중 '쇄빙선의 항해중 실시되는 조사를 통한 북극해양환경에 대한 양국의 지식 증진 기회', '동 수역 해양환경에 대한 양국의 이해를 증진시키기 위하여 국제법상 일반적 원칙에 따라 과학정보를 생산하고 분배하는 양국 쇄빙선의 항해에 편의를 제공하는데 합의한다'는 문구가 삽입되어 있다. 이와 같은 북극협력협정의 의미에 대한 해석은 2006년 10월 27일 미국대사 David Wilkins가 캐나다 외무부장관에게 보낸 서신중 다음과 같은 내용에서 확인되고 있다.

> 기록에 남기기 위하여, 미국은 캐나다가 북극도서 외곽에 직선기선을 획선한 것과 북서항로를 포함하여 캐나다 북극도서사이의 모든 수역을 캐나다의 내수라고 주장하는 것에 대하여 지지할 수 있는 어떠한 국제법상 근거도 찾을 수 없다.
> 북서항로는 국제항행용해협이다. 따라서, 모든 선박과 항공기는 1982년 유엔해양법협약에 반영된 국제법에 따라 통과통항권을 향유한다. 통과통항의 행사시 해협연안국인 캐나다에 대한 사전통고나 허가를 득할 필요가 없다. 그러나, 해양과학조사와 같이 통과통항권 행사가 아닌 다른 행위는 국제법의 다른 적용가능한 규정에 따라 규율된다.
> 캐나다는 국제법상 연안국의 권리에 따라 캐나다수역에서 행하여지는 해양과학조사는 캐나다의 동의하에서만 행하여질 수 있다고 요구할 수 있다. 따라서, 1988년 1월 11일 북극협력협정에 규정된 바와 같이 미국은 미국쇄빙선이 북서항로 항행시 해양과학조사를 실시하고자 하는 경우 캐나다의 동의를 구할 것이다.
> 북극협력협정은 동 협정 자체 뿐만 아니라 동 협정에 따른 실행이 양국의 법적 견해에 어떠한 영향이 미치지 아니한다고 명시한 바 있다. 따라서, 동 협정은 해양과학조사를 실시하지 않는 미국 쇄빙선의 경우 북서항로 통과전에 캐나다의 동의를 구할 필요가 없다는 미국의 입장에 영향을 미치지 아니한다.

즉, 북극협력협정의 의미에 대해서 미국의 입장은 연안국의 관할해역에서 실시되는 해양과학조사 특히, 국제항행용해협에서의 통과통항시 해양과학조사는 해협연안국의 사전동의를 받아야한다는 유엔해양법협약상의 규정을 인용하여 북서항로 항행시 해양과학조사를 실시하는 미국 쇄빙선의 경우만 동 국제법상 규정에 따라 캐나다의 사전 동의를 구하고자 하는 것이지 다른 일반적인 북서항로 항해는 국제법상 인정되는 국제항행용 해협에서의 통과통항권 행사임으로 캐나다의 사전동의를 요하지 않는다는 것이다. 따라서, 북극협력협정은 북서항로의 법적 지위에 대한 양국의 입장이 서로 다르다는 점을 기록한 '동의하지 않기 위한 합의(agree to disagree)'로 평가된다.[36]

이상과 같은 미국의 북서항로에 대한 입장은 2008년 4월 미국 국무부차관 James Steinberg의 발언과 2009년 1월 9일 '북극지역정책(Arctic Region Policy)'이라고 명명된 '국가안보와 국토안보에 관한 대통령훈령(National Security Presidential Directive and Homeland Security Presidential Directive)'[37]에서도

36) Michael Byers/Suzanne Lalonde, *supra* note 19, p.1160.
37) National Security Presidential Directive 66 and Homeland Security Presidential Directive 25, Jan.

찾아 볼 수 있다. 미국 국무부차관 James Steinberg는 북서항로에 대한 미국의 향후 정책과 관련하여 "미국은 북서항로가 국제항로라는 전통적 견해를 갖고 있으며, 이는 향후 우리가 견지하여야 할 입장이다"고 발언한 바 있다고 한다.[38] 또한 미국대통령 Bush는 위의 훈령 B. 5.에서 "해양의 자유는 국가의 최우선과제이다. 북서항로는 국제항행용 해협이며, 북극해항로(the Northern Sea Route)는 국제항행용해협을 포함하고 있고, 통과통항권이 위의 해협 통항에 적용된다. 북극지역에서의 항해와 상공비행과 관련된 권리와 의무를 보전하는 것은 전략적 해협의 통과를 포함하여 전세계지역에서 이러한 권리를 행사하는 우리들의 능력을 지원하는 것이다"라고 강조하였다. 2013년 Obama 행정부에서도 '북극지역에 대한 국가전략(National Strategy for the Arctic Region)'을 발표하면서, 북극 해빙으로 인한 항행가능성과 국가안보적 고려 차원에서 국제법상 인정되는 모든 선박과 항공기의 항행자유를 거듭 강조하였다.[39]

결론적으로 북서항로의 법적 지위에 관하여 캐나다는 동 항로가 역사적 권원에 의하여 캐나다 내수로 인정되는 캐나다 북극군도 내측수역에 존재하므로 캐나다의 주권하에 놓여 있으며, 어떠한 외국선박도 캐나다의 허가없이는 동 항로를 통항할 수 없다는 입장을 견지하고 있다. 반면에 미국과 유럽연합은 캐나다의 역사적 권원 주장과 북극군도에 대한 직선기선 설정이 국제법에 불일치하는 것이며, 더 나아가 미국은 북서항로가 국제항행용해협이므로 캐나다의 항행에 관한 간섭없이 국제법상 인정되는 통과통항권이 향유될 수 있다는 것이다. 특히, 미국의 입장은 비단 북서항로의 통항권 확보에 초점이 맞추어져 있다기 보다는 미국의 군함과 상선이 전세계적으로 누리고자 하는 항행의 자유가 북서항로에 대한 캐나다의 입장을 수용함으로써 나쁜 선례로서 작용할 것을 우려하는 점이 큰 것으로 이해된다.[40]

9, 2009.

38) A. Doyle, "US to seek new cooperation in thawing Arctic", *Reuters*(2009. 4. 28), at www.reuters.com/article/latestCrisis/idUSLS847809. Ted L. McDorman, *supra* note 26, p.241에서 재인용.

39) Suzanne Lalonde, Ted L. McDorman, *International Law and Politics of the Arctic Ocean*, Brill, 2015, pp.165~166.

40) Michael Byers, *International Law and the Arctic*, Cambridge Univ. Press, 2013, p.141.

## Ⅲ. 북서항로의 법적 지위에 관한 쟁점

북서항로의 법적 지위와 관련하여 캐나다와 미국 및 유럽연합의 분쟁과정에서 나타난 바와 같이 이 분쟁의 쟁점은 첫째, 북서항로를 포함한 북극군도의 내측수역이 역사적 권원에 근거한 캐나다의 내수인가?, 둘째, 1985년 캐나다가 설정한 북극군도 외측 직선기선이 국제법상의 기준에 일치하는 것인가?, 셋째, 북극항로가 국제법상 인정하고 있는 국제항행용 해협의 요건을 충족하고 있는가? 하는 점이다. 그러나, 캐나다의 일련의 주장을 근거로 살펴볼 때 첫 번째 쟁점과 두 번째 쟁점은 명확히 별개의 사안으로 구분되는 것인지 아니면 1985년 직선기선이 역사적 권원에 의한 내수의 외측한계를 설정한 것인지 분명하지 않으나, 이 논문에서는 일단 양자가 별개라는 전제하에 쟁점을 분석해보도록 한다.

### 1. 북극군도 내측수역의 역사적 권원에 근거한 내수 인정 여부

캐나다는 1973년 12월 17일자 외교부의 서한(letter)에서 전술한 바와 같이 캐나다 북극군도 내측의 수역이 역사적 권원에 의하여 캐나다의 내수라는 점을 최초로 분명히 밝힌 바 있으며, 1985년 9월 10일 영해 및 어업수역법에 근거하여 총독령으로 캐나다 북극군도 외측에 직선기선을 설정하면서 발표한 외교부장관 Joe Clark의 '북극에서의 캐나다 주권에 대한 주권 성명'에서도 이를 확인한 바 있다. 또한 2002년에도 외교통상부 관리가 다음과 같은 주장을 통하여 역사적 권원에 의한 내수 주장을 반복하였다.[41)]

> 북서항로를 포함하여 북극수역에 대한 캐나다의 완전한 주권은 역사적 권원에 근거한 것이며, 그러므로 어떠한 통항의 권리도 인정되지 않는다. 캐나다의 이러한 주권 주장을 보다 강화시키는 것은 매우 오래전부터 이누이트족이 동 수역을 뒤덮

41) Hugh M. Kindred(et al.), *International Law Chiefly as Interpreted and Applied in Canada, 7th ed.*, Montgomery Publications, 2006, p.461. Robert Dufresne, *Controversial Canadian Claims over Arctic Waters and Maritime Zone*, Library of Paliament, 2008, p.3에서 재인용.

은 얼음을 지속적으로 이용하고 점유하여 왔다는 것이다.

이와 같은 캐나다의 역사적 권원에 근거한 내수 주장의 인정 여부는 국제법상 역사적 권원의 성립요건에 대한 충족 여부를 통하여 알아볼 수 있을 것이다.

유엔해양법협약상 역사적 권원(historic title)이라는 단어는 제15조 영해 경계획정에 관한 규정과 제298조 제3자에 의한 구속력있는 강제적 분쟁해결제도의 선택적 적용예외에 관한 규정등 두 군데서 사용되고 있으며, 이 밖에도 역사적 만이라는 단어가 제10조와 제298조에서 사용되고 있다. 따라서, 역사적 권원이라는 용어의 법적 존재는 국제법상 인정되고 있는 것으로 판단된다. 그러나, 유엔해양법협약이나 1958년 영해 및 접속수역에 관한 협약에서도 역사적 권원이나 역사적 수역 또는 역사적 만의 성립요건에 대해서는 아무런 기준을 제시하고 있지 않다. 따라서 이 부분에 대해서는 국제관습법의 영역에 맡겨져 있다.[42]

유엔총회는 1959년 12월 7일 결의 1453(XIV)를 통하여 국제법위원회로 하여금 역사적 만을 포함한 역사적 수역에 대한 법적 제도에 대하여 연구를 수행하고 위원회가 적절하다고 생각하는 권고를 작성하도록 요청하였다.[43] 이에 국제법위원회는 1960년에 사무국으로 하여금 역사적 수역에 대한 연구를 수행하고 제1차 유엔해양법회의와 연계하여 사무국이 작성한 비망록상의 예비연구결과를 확대시킬 것을 요청하였다. 동 요청에 따라 사무국은 1962년 국제법위원회에 '역사적 만을 포함한 역사적 수역의 법적 제도(Judical Regime of Historic Waters, including Historic Bays)'라는 연구보고서를 제출하였다.[44] 동 보고서에서는 연안국이 일정해역에 대한 역사적 권원을 획득하였다고 판단되기 위해서는 적어도 1) 권원주장국의 당해해역에 대한 권한 행사(exercise of authority over the area claimed), 2) 상당한 기간동안 권한행사의 지속성(continuity of the exercise of authority), 3) 역사적 권원에 대한 외국의 인정(attitude of foreign states)이라는 요건을 충족하여야 한다고 언급하였다. 권원

42) R.R. Churchill/ A.V. Lowe, *The Law of the Sea, 3rd ed.*, Manchester University Press, 1999, p.43.

43) Nandan, Rosenne, *United Nations Convention on the Law of the Sea 1982 : A Commentary Vol. III*, Maritinus Nijhoff Publishers, 1993, p.118.

44) 이용희, '역사적 만제도와 중국 발해만의 법적 지위에 관한 고찰", 「해사법연구」, 제17권 제1호(2005), 70~77쪽.

주장국의 당해해역에 대한 권한 행사의 경우 이때의 권한은 동 수역을 내수화하는 국가의 의사표시임으로 주권을 의미하는 것이며, 권한의 행사는 국가 또는 그 기관에 의해 명시적으로 행사되어야 하고, 또한 권한의 행사가 실효성이 있어야 한다고 하였다. 또한, 상당한 기간동안 권한행사의 지속성요건과 관련하여 권한행사의 관례화라 함은 동일국가에 의해 동일한 형태의 권한행사가 장시간 반복적으로 이루어지는 것을 의미하며, 다만, 관례의 형성에 필요한 기간의 장기성은 개별 사안에 따른 사법적 판단에 맡겨져야 한다고 언급하였다. 마지막으로, 역사적 권원에 대한 외국의 인정은 역사적 수역의 주장국의 행위에 대한 외국의 태도가 일반적인 묵인(general toleration)의 태도로 볼 수 있는 정도여야 한다는 것이다. 이 밖에도 역사적 권원의 입증책임은 권원 주장국에게 있으며, 입증의 정도가 그것의 충족정도를 판단하는 자를 만족시키지 못하면 그 권원의 주장은 허용되지 않는다고 지적하였다.[45]

비록 위와 같은 유엔사무국이 제시한 기준은 후속조치로서 국제법적 입법노력이 이루어지지 않았으나, 미국의 대법원 판례[46]에서 인용되었으며, 국제사법재판소의 Land, Island and Maritime Frontier 사건에서도 묵시적으로 수용된 바 있다.[47] 따라서, 이 논문에서는 유엔사무국이 제시한 요건에 따라 캐나다의 역사적 권원에 의한 내수 주장의 적합성을 살펴보도록 한다.

첫 번째 요건과 두 번째 요건과 관련하여 살펴보면, 캐나다는 1880년 영국이 북극군도에 대한 주권을 캐나다에게 양도한 시점이전에 영국의 탐험가 Martin Frobisher가 1576년 시작하여 1859년 Franklin이 마무리한 캐나다 북극군도 내측의 수역에 대한 지도 작성 작업의 실적을 역사적 권원 주장의 기본으로 하고 있다.[48] 또한, 1880년 이후 캐나다가 수행한 다양한 북서항로에 대한 수로조사 및 순시활동과 1957년 이후 매년 Distance Early Warning Line 설정을 위해 북서항로를 항행하는 미국 해군 조사선에 대하여 캐나다 해운법(the Canada Shipping Act)의 적용을 면제해달라는 신청을 하도록 요구한 점

45) *Judical Regime of Historic Waters, including Historic Bays,* Study prepared by the Secretariat, U.N. Doc. A/CN.4/143, March 9, 1962. paras. 185, 186~188.

46) *US v. Louisiana*(1968); *US v. Alaska*(1975); *US v. Louisiana*(1985); *US v. Alaska*(2005)

47) R.R. Churchill/ A.V. Lowe, *supra* note 42, p.44.

48) Michael Byers/Suzanne Lalonde, *supra* note 19, p.1154.

등을 주권의 행사에 대한 근거로 제시하고 있다.[49] 이 밖에도 이누이트족이 매우 오래전부터 북서항로상의 도서 뿐만 아니라 군도사이의 얼음을 이용하고 점유하여 왔으며, 이러한 이누이트족의 권리가 캐나다정부에 이관되었다는 점을 또 다른 근거로 제시하고 있다.

그러나 이러한 캐나다의 주장은 법적으로 매우 취약한 점을 내포하고 있다. 먼저, 영국의 탐험대의 행위는 캐나다 북극군도의 발견과 점유에 목적이 있었을 뿐 북서항로를 포함한 북극군도 내측수역의 법적 권리에 대해서는 아무런 관계가 없다는 점이다.[50] 둘째, 이누이트족에 의한 오랜기간동안 북서항로의 이용 및 점유 사실에 대해서도, 얼음에 대한 이용 및 점유가 그 지역에 대한 영유권을 확보하는 것이라는 논리는 국제관습법상 또는 유엔해양법협약상 찾아볼 수 없는 것으로서 법적으로 수용하기 어려운 점이 많다.[51] 보다 결정적인 것은 캐나다정부 스스로가 북극군도 내측수역을 내수로 주장하기 시작한 것이 1973년 이후이며, 그 이전에는 1970년 국내법 개정을 통하여 캐나다 영해를 3해리에서 12해리로 확장하면서, 동 확장효과를 통하여 북서항로의 입구에 해당하는 해협에 대한 통제권을 강화하였다고 인식한 태도를 통해 볼 때 1970년까지도 캐나다는 북극군도 내측수역을 내수가 아닌 영해로 보고 있었음을 알 수 있다. 더욱이 1969년 Manhattan호의 북서항로 항해와 그 이후 이루어진 1985년 Polar Sea호의 항해 및 후속적인 미국 상선과 군함의 항해에 대하여 캐나다가 항해에 관한 허가를 실질적으로 행사하지 못한 점도 캐나다 주장의 약점으로 판단된다. 이상의 근거를 바탕으로 살펴볼 때, 캐나다의 역사적 권원에 의한 내수 주장은 첫 번째 요건과 두 번째 요건을 모두 충족시키지 못하고 있음을 알 수 있다.

더 나아가, 역사적 권원 주장에 대한 타국의 인정요건과 관련하여서도, 앞에서 살펴본 바와 같이 캐나다의 역사적 권원에 의한 내수 주장에 대하여 미국과 유럽연합이 반대의사를 표명하였으며, 특히 미국은 북서항로에 대한 가장 강력한 이해당사국으로서 명백한 반대의 입장을 지속적으로 유지하고 있

49) D. Pharand, *supra* note 28, p.9.

50) *Ibid.*, pp.9~10.

51) James Kraska, "The Law of the Sea Convention and the Northwest Passage", *The International Journal of Marine and Coastal Law*, Vol. 22, No. 2(2007), p.271.

으므로 이 요건 역시도 충족되었다고 볼 수 없다.

따라서, 캐나다가 북서항로를 포함하는 북극군도 내측수역을 역사적 권원에 근거하여 내수로 주장하는 것은 국제법상 인정하기 어렵다고 볼 수 있다. 캐나다도 유엔해양법협약에 비준한 2003년 11월 7일 유엔해양법협약 제298조 제1항에 따라서 역사적 만이나 역사적 권원에 대한 분쟁에 대해서는 유엔해양법협약상 규정된 구속력있는 결정을 수반하는 강제적 분쟁해결절차의 적용을 배제한다는 선언을 하였는 바, 이 또한 역사적 권원에 근거한 북서항로의 법적 지위에 대한 자국의 입장이 완전하지 않다는 점을 부분적으로 인식한 것이라고 생각된다.[52)]

## 2. 북극군도 외측 직선기선의 국제법 일치성 여부

캐나다가 북극군도 내측수역의 법적 지위를 내수로 주장하는 또 다른 논거는 동 수역이 1985년 설정된 직선기선 내측수역이며, 직선기선 내측수역의 법적 지위는 내수이므로 북서항로를 포함한 동 수역이 캐나다의 주권이 미치는 내수라는 것이다. 전술한 바와 같이 캐나다는 1985년 총독령을 통하여 캐나다의 북극해에 존재하는 모든 도서와 본토를 포함한 지역(Area 7)에 대한 총 163개의 직선기선 좌표를 설정하고 동 기선 내측수역을 캐나다의 내수로 법적으로 포함시켰다. 직선기선중 가장 긴 것이 99.5해리에 달하고, 동쪽의 퀘벡주 끝단에서 출발하여 Hudson해협을 가로질러 Baffin 섬과 연결하고 이후 북극군도 끝단을 연결하여 미국 알라스카주와의 접경부분 육지연안까지를 연결하고 있다.

직선기선제도는 1951년 영국과 노르웨이간 어업분쟁사건에서 국제사법재판소가 노르웨이가 자국 연안에 사용한 직선기선제도를 국제관습법상 인정된 제도라는 판결을 한 이후 국제법상 제도로 수용되었다. 그 이후 1958년 영해 및 접속수역에 관한 협약 제4조와 유엔해양법협약 제7조에서 공히 직선기선제도를 수용하고 있다.

52) Robert Dufresne, *supra* note 41, p.3.

[그림 2] 캐나다 북극 직선기선

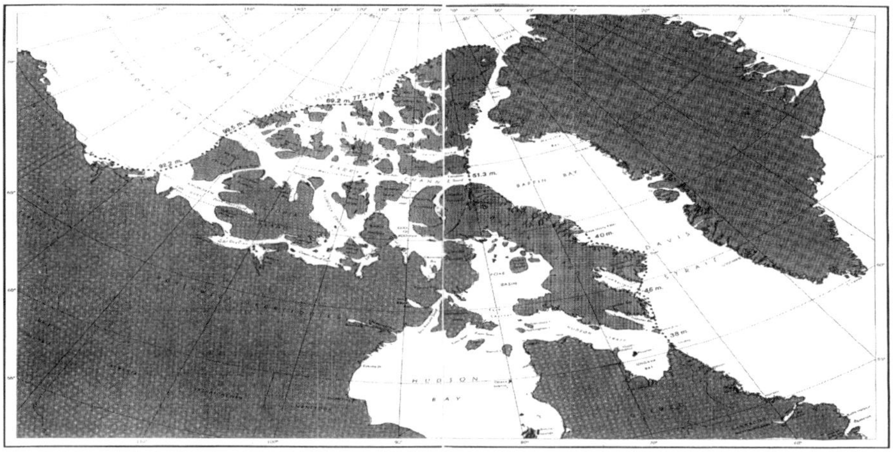


출처: D. Pharand, *Canada's Arctic Waters in international law*, Cambridge University Press, 1988, pp.156~157 참조.

직선기선의 획선은 연안국의 일방적 행위에 의하여 설정되지만, 직선기선에 의해 획선되는 수역은 국제적 성격을 띄게 됨으로 동 직선기선의 유효성은 타국과의 관계에서 결정되게 된다.[53] 따라서 일방의 직선기선 설정이 협약의 기준과 일치하는 지 여부에 따라 그 유효성이 판단된다고 볼 수 있다. 유엔해양법협약상 정하고 있는 기준은 크게 지리적 기준과 획선의 기능적 기준으로 나뉜다. 먼저, 지리적 기준은 "해안선이 깊게 굴곡지거나 잘려 들어간 지역 또는 해안을 따라 아주 가까이 섬이 흩어져 있는 지역"이다. 획선의 기능적 기준은 "직선기선을 해안의 일반적 방향으로부터 현저히 벗어나지 말 것과 직선기선 안에 있는 해역이 내수제도에 의하여 규율될 수 있을 만큼 육지와 충분히 밀접하게 관련될 것"이다. 이상의 요건을 충족하여야만 협약에 따른 직선기선의 설정이라고 볼 수 있을 것이다.

첫 번째 요건을 살펴볼 때, 캐나다 북극군도의 경우에는 외형상 해안선이 깊게 굴곡지거나 잘려들어가 있으며 해안을 따라 섬이 흩어져 있는 지역으로 볼 수 있을 것이다.

그러나 협약 규정상 명시된 바와 같이 해안을 따라 아주 가까이에 섬이 흩

53) D. Pharand, *supra* note 28, p.17.

어져 있는 가라는 점에 대해서는 많은 문제점을 내포하고 있다. 국제사법재판소의 영국과 노르웨이간 어업분쟁사건판결에서는 노르웨이 연안이 바다와 육지를 뚜렷하게 구분하기 어렵다는 점을 인정한 바 있으나, 캐나다 북극군도의 경우에는 군도 내의 섬과 섬이 뚜렷하게 구분되는 경향을 보이고 있다. 또한 캐나다 본토 연안으로부터 북극군도의 최북단 섬까지의 거리가 1,900㎞에 달하고 있다. 이러한 상황을 살펴볼 때 캐나다 북극군도 전체에 걸쳐 직선기선을 설정한 것은 지리적 요건에 일치하지 않는 것으로 보여진다.

두 번째 요건과 관련하여 살펴보면, 직선기선의 방향과 캐나다 연안의 일반적 방향을 비교해 보아야 할 것이다. 즉, 직선기선은 해안의 일반적 방향으로부터 상당한 정도로 일탈하여서는 안된다.

비록 국제법상 어느 정도의 일탈이 상당한 것이냐 또는 해안선의 일반적 방향을 어떻게 설정하는 것인가에 대해서는 합의된 기준이 없지만 위의 그림 2에서 보는 바와 같이 캐나다의 북극 직선기선은 위도를 따라 거의 평행하게 뻗어있는 캐나다 본토 연안의 일반적 방향과는 전혀 다른 방향으로 진행되었음을 알 수 있다. 이 점에 있어서도 캐나다의 북극 직선기선이 국제법상의 기준에 합치한다고 보기에는 많은 문제점이 있어 보인다.

세 번째 요건은 직선기선으로 인하여 내수로 포함된 수역이 내수제도에 의하여 규율될 수 있을 만큼 육지와 충분히 밀접하게 관련되어 있으며, 특히 오랜 관행에 의하여 그 지역에 특유한 경제적 이익이 있어야 한다는 것이다. 이 점에 있어서 캐나다는 동 지역에 거주하는 이누이트족이 매우 오래전부터 동 지역의 육역과 수역 및 얼음을 이용하고 점유하여 왔다는 사실을 강조하고 있다. 비록 이 지역의 이누이트족이 자치적 성격으로 존재하지만 캐나다의 주권하에 있음을 부인하기 어려우며, 동 지역에서 생활해 온 이누이트족의 역사적 사실과 현재의 생활상에 비추어 볼 때 이 세 번째 요건은 국제법상의 기준을 충족하고 있는 것으로 보인다.

이상의 분석을 통해서 볼 때, 캐나다의 1985년 북극군도 직선기선은 국제법의 기준을 완전히 충족시키지 못하고 있는 것으로 보인다.[54] 그러나 직선기선

54) Mahealani Krafft, *supra* note 18, p.562.

에 관한 국가관행에 비추어 볼 때 국제법상 기준이 엄격하게 적용되고 있지 않다는 점을 감안할 때, 캐나다 북극 직선기선의 유효성은 국제법상 많은 논쟁의 여지를 남겨 두고 있다고 볼 수 있다.

한편, 캐나다의 북극군도 외측 직선기선이 국제법상 일치하는 것이라면, 그 내측수역은 유엔해양법협약 제8조 제1항에 근거하여 캐나다의 내수가 된다. 내수에 대해서는 전적으로 연안국의 주권이 적용됨으로 외국은 연안국의 동의없이는 타국의 내수를 항행할 수 없으며, 따라서 북서항로의 경우에도 캐나다의 허가없이는 항행이 불가능해지게 된다. 그러나 유엔해양법협약 제8조 제2항에서는 "제7조에 규정된 방법에 따라 직선기선을 설정함으로써 종전에 내수가 아니었던 수역이 내수에 포함되는 경우, 이 협약에 규정된 무해통항권이 그 수역에 계속 인정된다"고 규정하고 있다. 동 규정에 따르면 캐나다의 직선기선이 1985년에 설정되었고, 그 이전에 북서항로를 내수로 주장한 법적 근거를 찾기 어려움으로 북서항로의 경우 무해통항권이 인정된다고 볼 수 있다. 이 점에 대해서 일부학자는 캐나다가 직선기선을 설정한 1985년 당시 캐나다는 유엔해양법협약의 당사국이 아니었으며, 유엔해양법협약 제8조 제2항은 이전의 국제관습법을 재규정한 것이 아니고 새롭게 제도를 만든 것이므로 이 조항상 의무에 캐나다는 구속되지 않는다는 입장을 보이고 있다.[55] 이러한 해석에 따르면 북서항로의 경우에는 무해통항권이 인정되지 않으며 캐나다의 허가없이는 외국선박이 항행할 수 없다는 의미로 보인다. 그러나 이러한 주장은 많은 문제점을 내포하고 있다. 먼저, 유엔해양법협약 당사국이 되기 전에 행한 유엔해양법협약과 일치하지 않는 국가의 행위를 인정한다면 동 협약의 제정을 통하여 전세계 해양에 공히 적용되는 해양법질서를 확립하고자 하였던 동 협약의 제정정신을 정면으로 부인하게 되는 것이다.[56] 또한, 캐나다가 유엔해양법협약의 당사국이 된 시점부터 캐나다는 유엔해양법협약 전체 규정을 준수하여야할 당사국으로서의 의무가 발생하는 바, 유엔해양법협약상 예외를 인정하지 않는 상황에서 제8조 제2항의 적용을 배제하는 것은 당사국의 의무

55) Donald McRae, "Arctic Sovereignty? What is at Stake?", *Behind the Headlines*, Vol. 64(2007), pp.13~14. Robert Dufresne, *supra* note 41, p.5에서 재인용.

56) James Kraska, *supra* note 51, p.272.

를 부인하게 되는 것이다. 따라서, 캐나다가 설정한 1985년 직선기선이 국제법상 일치한다는 전제하에 모든 국가는 북서항로에서 최소한 무해통항권을 행사할 수 있을 것으로 생각된다.

## 3. 북서항로가 국제항행용 해협인가 여부

북서항로의 국제법상 지위에 관하여 미국은 동 항로가 국제항행용 해협이라는 점을 지속적으로 강조하고, 동 수역에서 국제법상 인정되는 통과통항권은 자국 군함과 상선 등이 향유한다고 주장하고 있다. 그러나 캐나다의 학자들은 미국의 주장과는 반대로 북서항로가 국제항행용 해협의 요건을 갖추지 못하고 있다고 주장하고 있다.

일반적으로 해협은 "두개의 커다란 수괴를 연결하는 좁은 자연적 수로"라고 설명되는 것으로서,[57] 이러한 해협중 국제항행에 사용되는 해협을 국제항행용 해협이라고 한다. 즉, 국제항행용 해협은 두가지 요건, 즉, 지리적 요건으로서 공해나 배타적 경제수역의 일부와 공해나 배타적 경제수역의 다른 일부를 연결하는 것이어야 한다. 두 번째는 기능적 요건으로서 위와 같은 지리적 요건을 갖춘 해협이 '국제항행에 이용되는 것(are used for international navigation)'이어야 한다는 것이다. 이 두 요건을 충족하여야만 국제항행용 해협이라고 할 것이다.

이와 같은 국제항행용 해협에 대한 개념은 Corfu Channel Case에 대한 1949년 국제사법재판소의 판결상 처음으로 다루어 진 바 있다.[58] 그러나 유엔해양법협약이 체결되기 이전시점까지 국제항행용 해협의 통항제도는 비교적 간단히 처리되어 왔다. 영해 및 접속수역에 관한 협약에서는 제16조 제4항에서 "공해의 한 부분과 공해의 다른 한 부분 또는 외국의 영해간에 국제항행에 사용되는 해협을 통과하는 외국선박은 정지되지 않는 무해통항권을 향유한다"고 규정하였다. 즉, 국제항행용 해협의 경우 정지되지 않는 무해통항권을 인

57) 김찬규, "영해제도에 관한 연구", 「경희법학」, 제10권 제1호(1973), 28쪽.
58) 이원갑, "유엔해양법협약상 통과통항제도의 적용범위에 관한 연구", 「전환기의 국제관계법」, 법문사, 1992, 244~245쪽.

정한 것이다. 그러나 이와 같은 상황은 유엔해양법협약의 채택으로 인하여 영해의 폭이 최대 12해리까지 확장됨으로서 그동안 공해대가 존재하였던 국제항행용 해협이 연안국의 영해로 편입됨에 따라 이전에 인정되어오던 공해대의 자유통항권이 무해통항권으로 전환되게 되는 상황이 발생함으로서 새로운 국제항행용 해협제도의 설정이 필요하게 되었던 것이다.[59] 따라서 유엔해양법협약에 따르면 공해 또는 배타적 경제수역의 일부분과 공해 또는 배타적 경제수역의 다른 부분간의 국제항행에 사용되는 해협의 경우에는 통과통항권이 적용된다.[60]

그러나, 영해 및 접속수역에 관한 협약과 유엔해양법협약은 국제항행용 해협의 지리적 요건과 기능적 요건에 대해서만 단순히 규정하였을 뿐 기능적 요건에 해당하는 '국제항행에 이용되는 것'에 대해서는 구체적 기준을 제시하고 있지 않다. 국제사법재판소는 Corfu Channel Case의 판결에서, Corfu Channel이 지리적 요건을 충족하고 있는 것은 인정하지만 동 해협은 공해의 두 부분을 연결하는데 필요한 항로(necessary route)가 아니며 단지 부차적인 중요성(secondary importance)을 가질 뿐이고 동시에 대부분 지역교통에 이용되고 있으므로 동 해협이 국제항행용 해협이 아니라는 알바니아의 주장을 수용하지 않았다. 재판소는 "국제항행용 해협의 결정적 기준은 공해의 두 부분을 연결하는 지리적 상황과 국제항행에 이용되고 있다는 사실이다. 이 해협이 공해의 두 부분을 연결하는데 필요한 항로가 아니라는 것은 결정적 기준이 아니다. '국제 해사교통에 유용한 항로(a useful route for international maritime traffic)'면 된다"고 판결한 바 있다.[61] 즉, 국제사법재판소도 기능적 요건에 관련하여 항로를 통항하는 선박의 국적이나 척 수는 결정적 요건이 되지 않음을 명백히 하고 있다. 그러나 일부학자는 국제사법재판소가 통행량에 대해서는 결정적 기준이 아니라고 언급하면서도, 동 판결에서 영국측 대리인이 재판소에 제출한 1936년 4월 1일부터 1937년 12월 31일까지 동 해협을 통과한 선박에 대한

59) 이용희/박성욱/권문상, "무해통항제도와 통과통항제도의 비교연구", 「Strategy 21」, 제11호(2003), 111쪽.

60) 유엔해양법협약 제37조.

61) ICJ, *Reports of Judgements, Advisory Opinions and Orders – The Corfu Channel Case*, 1949, p.28.

통계 정보를 인용한 것[62]은 별도의 기준을 염두에 둔 것이라는 해석을 하기도 한다.[63]

이와 같은 국제항행용해협의 국제법적 요건을 중심으로 북서항로를 살펴보면, 지리적 요건측면에서는 북서항로가 국제항행용 해협의 요건을 충족하고 있는 것으로 판단된다. 동쪽으로는 캐나다와 덴마크의 배타적 경제수역에 포함되는 Labrador해와 서쪽의 미국 배타적 경제수역에 해당하는 Beaufort해를 북서항로가 연결하고 있으므로, 배타적 경제수역 또는 공해의 일부와 배타적 경제수역 또는 공해의 다른 일부를 연결하는 것이어야 한다는 지리적 요건은 충족하고 있는 것으로 보인다. 다음으로 기능적 요건과 관련하여, 캐나다측은 북서항로가 Corfu Channel처럼 국제해사교통에 유용한 항로가 되었던 역사가 없다는 점을 들어 동 항로가 국제항행용 해협이 될 수 없다고 주장한다. 더 나아가, 북극해 얼음이 녹을 경우 미래에는 동 항로가 국제해사교통의 목적으로 사용될 가능성이 존재하므로 북서항로가 국제항행용 해협이라는 미국의 주장에 대하여 국제항행용 해협은 '실제의 이용(actual use)'에 따라 결정되는 것이지 '잠재적 이용(potential use)'에 의해 결정되는 것이 아니라는 점을 주장하고 있다. 따라서, 현시점에서 북서항로가 국제해사교통에 유용한 항로가 아니므로 국제항행용 해협이 될 수 없으며, 외국의 통항권도 인정되지 않는다는 입장이다.[64] 이에 반하여 미국은 잠재적 이용도 국제항행용 해협으로 인정할 수 있는 정당한 근거라고 주장하고 있다.[65] 생각건대, 미국의 주장과 같이 잠재적 이용가능성만을 기준으로 북서항로를 국제항행용 해협이라고 보기는 어려울 것이다. 그러나 2007년 이후 해빙이 녹아 비록 짧은 기간이지만 통항이 가능해졌고 실제로 항행이 이루어지고 있음을 생각한다면 이미 북서항로는 기능적 요건을 충분히 충족한 것이라고 볼 수 있다. 또한 유엔해양법협약 해석상 통항의 횟수에 대한 일정한 기준을 제시하고 있지 않으므로, 비록 적은 수라 하더라고 북서항로가 과거와 현재 국제교통로로서의 역할을 수행하였다면

62) *Ibid.*, p.29.

63) Donald Rothwell, "The Canadian–U.S. Northwest Passage Dispute: A Reassessment", *Cornell International Law Journal*, Vol.26, No. 2(1993), p.354.

64) Elizabeth B. Elliot–Meisel, *Arctic Diplomacy–Canada and the United States in the Northwest Passage*, Peter Lang, 1997, p.126.

65) *Ibid.*

이미 국제항행용 해협으로서의 요건을 충족하였다고 보는 것이 적절한 것으로 판단된다.

한편, 북서항로가 국제항행용 해협이라면 어떠한 통항제도가 적용되는 지는 또 다른 과제가 될 것이다. 유엔해양법협약은 국제항행용 해협에서의 통항제도에 대하여 해협의 지리적 상황, 제도적 상황에 따라 매우 다양하게 규정하고 있다. 먼저, 공해 또는 배타적 경제수역의 일부분과 공해 또는 배타적 경제수역의 다른 부분간의 국제항행에 사용되는 해협으로서 그 해협의 수역이 연안국의 영해에 해당하는 경우에는 통과통항권이 적용된다.[66] 둘째, 해협연안국의 본토와 섬에 의해 형성된 해협으로서 섬의 외측 공해 또는 배타적 경제수역에 항행상 및 수로상 유사편의항로가 있는 해협의 경우에는 통과통항제도가 적용되지 않고 정지되지 않는 무해통항제도가 적용된다[67]. 셋째, 항행 또는 수로상의 특성에 있어서 유사한 편의를 가진 공해 통과항로 또는 배타적 경제수역 통과항로가 국제항행에 사용되는 해협의 중간부분에 있는 해협의 경우에는 공해 및 배타적 경제수역부분에 대해서는 자유통항권이 적용되며, 동 해협의 영해부분은 무해통항권이 적용된다고 해석된다[68]. 넷째, 국제항행용 해협에 공해 통과항로 또는 배타적 경제수역 통과항로가 있으나 항행 또는 수로상의 유사편의성이 없는 해협의 경우에는 협약의 해석상 논의의 여지가 있으나 영해부분에 대하여 통과통항권이 적용된다고 보아야 하지만 항공기의 통과통항권은 인정되지 않아야 한다고 할 것이다. 다만, 항행 또는 수로상의 유사편의성에 대해서는 구체적이고 엄격한 기준의 적용이 필요하다고 생각된다. 다섯째, 공해 또는 배타적 경제수역의 한 부분과 외국의 영해를 연결하는 국제항행에 사용되는 해협의 경우에는 정지되지 않는 무해통항권이 적용된다.[69] 여섯째, 통항이 전체적·부분적으로 장기간 유지되어온 국제협약에 의해 규율되는 협약의 경우에는 협약상 해협통항제도가 적용되지 않고 당해 국제협약상 합의된 통항방법이 적용된다.[70] 일곱째, 통항이 오래되지 않은 국제협

66) 유엔해양법협약 제37조.
67) 유엔해양법협약 제38조 제1항 후단 및 제45조.
68) 유엔해양법협약 제36조.
69) 유엔해양법협약 제45조.
70) 유엔해양법협약 제35조 (c)호.

약에 의해 규율되는 해협의 경우에는 당해 국제협약에서 규정하는 통항방법의 내용이 협약에서 규정하는 통항방법과 같거나 더 완화된 것일 때에는 유엔해양법협약 제311조의 취지에 따라 당해 국제협약이 규정하는 통항방법이 적용된다고 볼 수 있다.[71]

이상의 통항방법이 중요한 것은 북서항로가 단지 하나의 해협으로 구성된 것이 아니며, 다양한 해협의 연속에 의해 구성되어 있고 그 해협마다 다양한 지리적 조건을 갖고 있기 때문이다. 특히, 해협의 폭에 따라 해협이 전부 캐나다의 영해에 포함되는 경우와 해협의 중간에 배타적 경제수역이 존재하는 경우가 혼재하고 있다. 따라서, 북서항로의 통항은 통과통항제도와 정지되지 않는 무해통항제도가 혼재되어 적용될 것으로 생각된다.

한편, 유엔해양법협약은 통과통항의 개념을 "공해 또는 배타적 경제수역의 일부분과 공해 또는 배타적 경제수역의 다른 부분간의 해협을 오직 계속적으로 신속하게 통과할 목적만으로 항행 및 상공비행의 자유를 행사"함을 의미한다고 규정하고 있다.[72] 그러나 부단 신속한 통과의 요구는 해협연안국의 입항조건에 따라서 해협연안국에 출입항하거나 회항을 목적으로 하는 해협 통항을 배제하지 아니하고 있다.[73] 통과통항권은 항해의 자유와 상공비행의 자유로 크게 나눌 수 있다. 즉, 선박의 항행권과 항공기의 상공비행권인데, 무해통항권이 선박에게만 인정된 것과 달리 통과통항권은 항공기의 상공비행도 허용하고 있는 것이다. 한편, 선박의 통항권과 관련하여 문제가 되고 있는 것은 국제해협에서 통과통항중인 잠수함의 통항방법이다. 무해통항권의 관련규정에서는 잠수함이 영해 내에서 부상해서 기국의 국기를 게양하고 항해하여야 한다고 규정하고 있는 것에 반하여 통과통항권과 관련하여서는 이에 대한 명시적 언급없어 해석상 논란이 있다. 잠항통과를 긍정하는 입장은 선박의 통과통항권의 내용이 공해에서와 같은 자유항행의 내용과 일치함으로 잠수함이 잠항통과가 인정된다는 점, 잠수함의 잠항이 정상적인 항행방법이라는 점 등을 논거로 제시하고 있으며, 이를 부정하는 입장은 선박의 통과통항권은 신속

71) 이용희/박성욱/권문상, 전게논문, 112~113쪽.
72) 유엔해양법협약 제38조 제2항 전단.
73) 유엔해양법협약 제38조 제2항 후단.

한 통과를 목적으로 한정하는 항행의 자유라는 점, 협약의 해석상 잠항통과를 인정하는 논거를 찾을 수 없다는 점, 잠항통과가 잠수함의 정상적 통항방법이라고 일률적으로 말할 수 없다는 점, 국제항행용 해협중 영해부분에서는 잠항통과가 인정될 수 없다는 점 등을 논거로 들고 있다.[74)]

## Ⅳ. 결 론

지구온난화는 최근 급격히 북극 해빙의 감소를 가져왔고, 이로 인하여 오랫동안 북극의 다년빙에 막혀 주로 탐험의 대상으로만 여겨지던 북서항로가 이제는 상업적 이용 가능성이 있는 항로로서 국제적으로 거론되고 있다. 북서항로 이용 가능성의 현실화는 연중 대부분 해빙에 가로막혀 항로의 상업적 이용 가능성이 매우 낮은 까닭에 수면하에 잠복하여 있던 북서항로의 법적 지위에 관한 국제분쟁을 다시 국제사회의 관심사로 등장시키고 있다.

캐나다는 미국의 알라스카원유의 수송로로 북서항로의 이용 가능성을 타진하던 1960년대 후반부터 북서항로를 포함하고 있는 캐나다 북극군도 내측 전체 수역을 역사적 권원에 근거한 내수로 주장하기 시작하였다. 이러한 주장에 더하여 1985년에는 캐나다 북극군도 외측에 광범위한 직선기선을 설정하였다. 이와 같은 일련의 조치를 통하여 캐나다는 북극군도 내측 전체 수역을 자국의 내수로 포함시키고 이곳에 대한 완전한 주권 행사를 주장함으로서 북서항로를 이용하고자 하는 타국 선박의 통항을 근본적으로 통제하고자 한 것이다. 이러한 캐나다의 일방적 주장에 대하여 미국과 유럽연합은 캐나다가 주장하는 역사적 권원이나 직선기선 설정이 국제법상 근거를 찾기 어려우며 국제법에 일치하지 않는다는 비판과 함께 캐나다 북극군도 내측수역의 내수화에 반대하는 입장을 분명히 하였다. 더욱이 미국은 동 수역에 포함되어 있는 북서항로는 국제법상 인정되는 국제항행용 해협에 해당하므로 캐나다의 허가나 캐나다에 대한 사전통보절차없이 자국 항공기와 선박이 통과통항권을 행사할

74) 이에 대하여 자세한 것은 김영구, 「한국과 바다의 국제법」, 21세기 북스, 2004, 239~243쪽 참조.

수 있다고 주장하고 있다.

먼저, 캐나다의 역사적 권원에 의한 내수주장을 살펴보면, 유엔사무국의 연구보고서와 동 보고서 이후 미국과 국제사법재판소의 판례상 수용되고 있는 역사적 수역의 요건을 캐나다가 충족시키지 못하고 있는 것으로 보인다. 즉, 오랜 기간동안 동 수역을 내수화하여 주권을 행사하였어야 하지만 캐나다가 동 수역에 대한 내수 주장은 1973년에야 본격적으로 시작되었으므로 오랫동안 내수로 인식하고 주권을 행사하였다고 보기 어렵다. 더욱이 캐나다의 주장에 대하여 미국과 유럽연합이 즉시 반대의 의사표시를 하였으므로 역사적 수역에 대한 타국의 승인을 획득하지 못한 것으로 판단된다. 따라서, 캐나다의 역사적 권원에 의한 내수 주장은 국제법상 설득력이 매우 약해 보인다.

다음으로, 북극군도 외측에 설정한 직선기선의 적법성과 관련하여 살펴보면, 유엔해양법협약상 규정하고 있는 직선기선 설정시 지리적 요건과 획선에 따른 기능적 요건을 완전히 충족시키고 있다고 보기 어렵다. 해안선에 매우 가까운 거리에 도서가 존재하여야 함에도 불구하고 최외곽도서가 연안에서 1,900㎞나 떨어져 있으며, 직선기선의 방향도 해안선의 일반적 방향에서 일탈한 것으로 보인다. 따라서, 직선기선 설정도 국제법상 일치하는 방법으로 되었다고 보기 어려우나, 직선기선에 대한 각국의 관행이 매우 다양한 모습으로 이루어지고 있는 관계로 다툼의 여지가 있는 것으로 보인다.

마지막으로, 국제항행용 해협의 요건충족 여부에 대하여 살펴보면, 북서항로가 서쪽의 미국 알라스카 북쪽의 배타적 경제수역과 동쪽의 캐나다와 덴마크의 배타적 경제수역을 연결하고 있다는 점에서 지리적 요건은 충족하고 있는 것으로 보인다. 또한 기능적 요건측면에서도 비록 그 수가 아직은 미미하지만 국제교통의 통로로서 이용된 실적이 있으며, 최근에 그 수가 늘어나고 있음을 생각할 때 국제항행에 유용한 통로라는 기능적 요건도 충족되고 있는 것으로 보인다. 따라서, 북서항로를 국제항행용 해협으로 보는 것이 적절할 것으로 판단된다.

그러나 이러한 법적 해석에도 불구하고 캐나다가 동 수역에 대한 역사적 권원에 의한 내수 주장을 스스로 포기하지 않는 한 북서항로의 법적 지위에 관한 분쟁은 쉽게 해결될 것으로 보지 않는다. 비록 캐나다가 유엔해양법협약의 당사국으로서 동 협약상 규정된 구속력있는 결정을 수반하는 강제적 분쟁해결절차의 적용을 받는다 하더라도, 캐나다가 동 협약 비준시 역사적 권원에 관한 분쟁에 대해서는 동 분쟁해결절차의 적용을 배제하는 선언을 하였으므로 북서항로의 법적 지위에 대한 분쟁을 유엔해양법협약상 강제적 분쟁해결절차를 통하여 해결하는 것은 캐나다의 입장이 바뀌지 않는 한 어렵다고 판단된다. 다만, 동 협약 제298조 제1항 (a)호 (i) 후단의 규정에 따라 강제조정에 회부하여 분쟁해결을 도모할 수는 있으나 강제조정의 결과가 당사국을 구속하지 않으므로 법적 해결보다는 정치·외교적 압박수단으로 밖에는 기능하기 어려울 것이다.

동 분쟁의 향후 전개는 북서항로에 대한 항행빈도에 따라 달라 질 수 있을 것으로 보인다. 북서항로가 지리적으로 개방되고 많은 국가가 동 항로를 많이 이용하게 된다면 동 항로가 국제화(internationalization)되게 되고, 이 과정에서 자연스럽게 동 항로의 국제항행용해협화에 대한 국제적 협상이 진행될 수 있을 것이다.[75] 물론 이 과정에서 캐나다가 동 항로에 대한 주권의 적용을 강화하여 외국 선박의 이용을 통제해 나가고 그 실적을 축적한다면 오히려 캐나다의 입장이 강화되는 상황이 조성될 것이다. 특히, 유엔해양법협약 제234조에 근거한 결빙해역에 대한 국내법상 통제가 그 주된 수단이 될 것으로 예상된다.

따라서, 북서항로의 잠재적 이용국인 우리나라의 경우에는 유엔해양법협약 당사국으로서 해양법의 해석과 적용에 관하여 캐나다와 동일한 지위를 갖고 있으므로 향후 전개될 동 분쟁의 전개사항을 면밀하게 살펴보아야 할 것이다. 동 항로의 상업적 이용이 보다 현실화되면 캐나다와의 양자협정을 통하여 통항에 관한 편의를 확보하는 한편으로, 동 항로의 잠재적 이용국과 협력을 강화하여 국제항행용해협화를 국제적 논의사항으로 지속적으로 제시할 필요가 있다. 또한, 캐나다의 북극해양오염방지법의 입법태도와 적용상의 제반조치에 대한 분석을 지속적으로 할 필요가 있으며, 캐나다와 유사한 처지에 놓여있는 북동항로 연안국인 러시아의 입법태도와 국내법 조치를 동시에 비교하여 분석해 나가야 할 것이다.

75) Robert Dufresne, *supra* note 39, p.9.

## 참고문헌

김경신, "북극의 상업적 이용 전망과 정책 시사점", 「월간 해양수산」, 통권 제285호, 2008. 6.

김기순, "북극해의 분쟁과 해양경계획정에 관한 연구", 「국제법학회논총」, 제54권 제3호, 2009.

김영구, 「한국과 바다의 국제법」, 21세기 북스, 2004.

김찬규, "영해제도에 관한 연구", 「경희법학」, 제10권 제1호, 1973.

김현수, 「국제해양법」, 연경문화사, 2007.

김형도, "북극항로의 법적 지위에 관한 연구", 경희대학교 박사학위논문, 2011.

이영준, 정갑용, "북극의 법체제 현황 및 그 전망", 「사회과학논총」, 제12권, 1994.

이용희, "역사적 만제도와 중국 발해만의 법적 지위에 관한 고찰", 「해사법연구」, 제17권 제1호, 2005.

이용희/박성욱/권문상, "무해통항제도와 통과통항제도의 비교연구", 「Strategy 21」, 제11호, 2003.

이원갑, "유엔해양법협약상 통과통항제도의 적용범위에 관한 연구", 「전환기의 국제관계법」, 법문사, 1992.

조정현, "북극문제의 현황 및 전망", 「주요국제문제분석」, 외교안보연구원, 2010. 6. 1.

한국해양수산개발원, 「북극해 활용전략연구」, 정책연구보고서, 2010. 12.

Arctic Council, *Arctic Marine Shipping Assessment 2009 Report*, 2009.

Brown, E.D., *The International Law of the Sea*, Vol. I, Dartmouth Publishing Company, 1994.

Byers, Michael, *International Law and the Arctic*, Cambridge Univ. Press, 2013.

Byers, Michael/Lalonde, Suzanne, "Who controls the Northwest Passage?", *Vanderbilt Journal of Transnational Law*, Vol. 42, 2009.

Carnaghan, Matthew/Goody, Allison, *Canadian Arctic Sovereignty*, Library of Parliament, 2006.

Churchill, R.R./ Lowe, A.V., *The Law of the Sea, 3rd ed.*, Manchester University Press, 1999.

Dufresne, Robert, *Controversial Canadian Claims over Arctic Waters and Maritime*

*Zone*, Library of Paliament, 2008.

Elliot－Meisel, Elizabeth B., *Arctic Diplomacy－Canada and the United States in the Northwest Passage*, Peter Lang, 1997.

Griffiths, Franklyn, *Politics of the Northwest Passage*, McGill－Queen's University Press, 1987.

Johnston, Douglas M., "The Northwest Passage Revisited", *Ocean Development & International Law*, Vol. 33, 2002.

Kirton, John/ Munton, Don, "The Manhattan Voyages and Their Aftermath", in Franklyn Griffiths, *Politics of the Northwest Passage*, McGill－Queen's University Press, 1987.

Krafft, Mahealani, "The Northwest Passage: Analysis of the Legal Status and Implications of its Potential Use", *Journal of Maritime Law & Commerce*, Vol. 40, No. 4, 2009.

Kraska, James, "The Law of the Sea Convention and the Northwest Passage", *The International Journal of Marine and Coastal Law*, Vol. 22, No. 2, 2007.

Lalonde, Suzanne, McDorman, Ted L., *International Law Politics of the Arctic Ocean*, Brill, 2015.

McDorman, Ted L., "The Northweat Passage: International Law, Politics and Cooperation", in Nordquist/Heidar/Moore, *Changes in the Arctic Environment and the Law of the Sea*, Martinus Nijhoff publishers, 2010.

Nandan/Rosenne, *United Nations Convention on the Law of the Sea 1982 : A Commentary Vol. III*, Maritinus Nijhoff Publishers, 1993.

Pharand, D., *Canada's Arctic Waters in international law*, Cambridge University Press, 1988.

_______, "The Arctic Waters and the Northwest Passage: A Final Revisit", *Ocean Development & International Law*, Vol.38, 2007.

Roach, J. A./Smith, R.W.(eds.), *United States Responses to Excessive Maritime Claimes*, Martinus Nijhoff publishers, 1996.

Rothwell, Donald, "The Canadian－U.S. Northwest Passage Dispute: A Reassessment", *Cornell International Law Journal*, Vol.26, No. 2, 1993.

"2030년이면 북극항로 항행일수 100일 가능", 「해양한국」, 2009. 12, 56쪽.

인터넷 연합뉴스, '9월 지구온도 역대 최고, 올 겨울 혹한 예고', 2012년 10월 23일 방문.

ICJ, *Reports of Judgements, Advisory Opinions and Orders – The Corfu Channel Case*, 1949

http://www.sail-world.com/australia/first-ever-italian-boat-conquers-the-northweat passage.

http://juneauempire.com/state/2012-10-15/group-completes-journey-through-northwest passage.

http://www.cia.gov/library/publication/the-world-factbook/goes/xq.html.

# 이어도 주변수역 자원 관리제도의 현황 및 개선방향*

이 용 희

## Ⅰ. 서 론

제2차 세계대전 이후 식민지로부터 독립한 개발도상국들의 새로운 해양질서 형성의 요구를 수용하여 1982년 채택된 유엔해양법협약은 넓은 공해자유이용의 시대에서 넓은 해양관할권을 연안국에게 인정하는 해양분할이용의 시대를 이끌어 내었다. 특히 동 협약을 통하여 인정된 200해리 배타적 경제수역제도 및 육지 자연연장원칙에 입각하여 최대 350해리 또는 2,500m 등심선으로부터 100해리까지 외측한계가 확대된 대륙붕제도는 새로운 시대를 주도하는 핵심적 역할을 수행하여오고 있다. 다만, 이와 같은 새로운 제도의 실행은 필연적으로 인접국 또는 대향국간 확장된 해양관할권을 결정하기 위한 해양경계획정의 문제를 발생시켰고, 그 과도기적 단계에서 관할권 중복주장수역에서의 일방적 활동으로 인한 분쟁이 빈번히 발생하여 국제해양질서의 가장 큰 현안으로 자리매김하고 있다. 이와 같은 문제는 반폐쇄해로 둘러싸인 우리나라에게도 대향국인 일본 및 중국과 외교상 주요현안으로 다루어지고 있는 실정이다.

1996년에 한·중·일 3국이 공히 배타적 경제수역제도를 선포한 이후 진행된 해양경계획정의 문제는 오랜 시간이 지났음에도 불구하고 커다란 진전을 보지 못하고 있으며, 후술하는 바와 같이 잠정적 조치로서 한·일간, 한·중간,

* 이 논문은 '이어도 주변수역 자원 관리제도의 현황 및 개선방향'(경희법학, 제44권 제3호, 2009)의 내용을 바탕으로 추가 수정·보완하여 작성한 것임.

중·일간 잠정적 성격의 어업협정을 1998년, 2000년, 1997년 각각 체결하였다.[1] 또한 2006년에는 중·일간에 동중국해 해양가스자원의 공동개발 합의가 이루어진 바 있다. 그러나 위와 같은 노력에도 불구하고 3국간에는 관할권 중복주장수역에서의 해양 이용 및 자원 관리행위와 관련하여 많은 문제점을 노출시키고 있으며, 그 중 하나의 문제가 이어도 주변수역의 자원 이용 및 보존에 관한 것이다.

이어도는 제주도 마라도로부터 남쪽으로 약 81해리에 위치하고 있으나, 유엔해양법협약상 수중암초인 이어도는 섬의 지위를 갖지 못하므로 자체적인 해양관할권을 보유할 수 없으며, 이어도 상부에 건설된 이어도 과학기지도 인공구조물로서 해양관할권 주장의 기점으로 사용될 수 없다.[2] 이와 같이 이어도와 이어도 상부에 설치된 이어도 해양과학기지는 국제해양법상 그 지위가 분명하지만, 수중암초인 이어도가 포함된 주변수역 및 대륙붕의 경우에는 그 법적 지위와 이용 및 보존에 관한 조치의 한계가 분명하지 못한 형편이다. 이는 유엔해양법협약상 배타적 경제수역 및 대륙붕의 외측한계 인정 범위를 연안국에게 최소 200해리까지 인정하고, 양안간 거리가 이에 미치지 못하는 경우에는 당사국간의 합의에 의하여 우선적으로 경계를 획정하도록 하고 있을 뿐 분명한 경계획정의 기준 및 방법을 제시하지 못하고 있기 때문이다.[3] 즉, 이어도가 위치한 수역의 한국과 중국간 거리가 400해리 미만인 상태에서 양국이 배타적 경제수역과 대륙붕에 대한 관할권을 주장함으로서 해양관할권 중복주장수역이 발생하였다. 양국간 해양경계획정에 관한 여러 차례의 협상에도 불구하고 커다란 진전을 보이고 있지 못한 형편이며, 그 주요한 이유 중 하나로서 해양경계획정원칙에 대한 의견의 불일치가 존재한다. 따라서 이어도 주변수역은 관할권 중복주장수역으로서 남겨져 있으며, 한·중 어업협정으로 경계획정 전 잠정약정을 체결하였으나 실제적으로는 생물자원 보존조치의 사각

1) 신 한·일 어업협정은 1998년 11월 28일 서명되고 1999년 1월 22일 발효하였으며, 한·중 어업협정은 2000년 8월 3일 서명되고 2001년 6월 30일 발효하였고, 중·일 어업협정은 1997년 11월 11일 서명되고 2000년 6월 1일 발효하였다.

2) 김부찬, "이어도 및 이어도 주변수역의 해양법적 지위", 「법과 정책」, 제13집 제2호(2007), 6~10쪽; 김병렬, "이어도의 해양법상 지위와 개발 필요성", 「영토해양연구」, 제8권(2015), 44쪽.

3) Sun Pyo Kim, *Maritime Delimitation and Interim Arrangements in North East Asia* (Martinus Nijhoff Publishers, 2004), p.9.

지대가 되고 있으며, 광물자원의 경우에는 월경천연석유 및 가스자원의 부존 가능성이 제기됨에 따라 경계획정과 더불어 추가적인 고려사항이 발생하고 있는 형편이다. 특히, 중국의 이어도에 대한 권리 주장의 권원이 이어도 주변 대륙붕에 대한 중국의 주권적 권리에 있음을 고려 할 때 이어도 주변수역의 자원 개발 및 관리에 관한 사항이 더욱 주목된다.

이에 본 논문에서는 위와 같은 문제점을 인식하고 생물자원 및 광물자원의 보고로 알려지고 있는 이어도 주변수역의 자원 이용 및 보존에 관한 제도의 실태를 파악하고, 관할권 주장이 중복된 수역에서 해양경계획정이 확정되기 전 연안국이 동 수역의 자원 이용과 보존과 관련하여 취할 수 있는 국제해양법적 조치의 범위를 분석하여 이어도 주변수역 생물자원 및 광물자원 특히 월경성 자원의 개발 및 관리를 위한 현행제도의 개선방향을 제시해 보고자 한다.

## II. 이어도 주변수역에 대한 한·중 관할권 주장 및 관할권 중복수역에서의 활동 규범

### 1. 이어도 주변수역의 법적 지위와 한·중 양국의 관할권 주장

이어도 주변수역은 우리나라의 남해에 위치해 있지만 국제적 시각에서 보면 동중국해에 포함되어 있다. 국제수로기구의 정의에 의하면, 동중국해의 북쪽 한계는 중국 장강입구 북쪽의 江蘇해안에서 북위 33도 17분을 따라 제주도 서단까지, 이어서 제주도 동단에서 직선으로 일본 五道열도(Goto Retto) 중의 福江島(Fukue Jima)까지 이르고, 九州島 서안을 따라 남하하여 大隅제도, 土噶喇군도, 奄美군도, 오끼나와군도를 거쳐 先島군도에 이른다. 한편, 남쪽 한계는 先島군도 중 與那國島에서 직선으로 대만 동북부의 三貂角까지, 여기서 다시 대만 동북해안을 타고 富貴角에 이르고, 마지막으로 富貴角에서 직선으로 중국 복건성의 海壇島까지를 연결한 곳을 말한다.[4)]

4) International Hydrographic Bureau, *Limits of Oceans and Seas, Special publication No. 3. 3rd ed.*

동중국해의 면적은 약 70여만 평방km에 이르고, 평균수심은 약 1,000m에 달한다. 이 동중국해는 한국, 일본, 중국이 연안국으로서, 풍부한 석유자원과 생물자원을 포함하고 있는 자원의 보고이자 해양전략의 요충지로서 평가되고 있다.[5] 그러나 양안의 폭이 400해리에 이르지 못하여 공해대가 존재함이 없이 한국과 중국 및 일본의 배타적 경제수역 및 대륙붕으로 구성되며, 3국간의 관할권 중복이 발생하여 해양경계획정의 대상이 되고 있다. 특히, 동 지역은 자원적 측면이나 안보적 측면에서 요충지인 까닭에 해양경계획정에 있어 3국간의 이해관계가 첨예하게 대립되어 있다. 한국과 중국간에는 배타적 경제수역과 대륙붕의 경계획정문제 뿐만 아니라 최근에는 이와 관련하여 이어도의 귀속에 대한 다툼이 벌어진 바 있다.[6] 중국과 일본간에는 조어대(일본명으로는 첨각열도)의 영유권분쟁이 존재하며, 최근에는 유전과 가스전 개발을 둘러싸고 심각한 대립을 보이고 있다. 한국과 일본간에는 배타적 경제수역에 대한 경계획정문제가 있으며, 공동개발구역의 개발에 관한 문제가 주요 요소로 대두되고 있는 지역이다. 특히 최근에는 한국과 중국이 각각 유엔해양법협약 제76조에 따라 동중국해 대륙붕에 대하여 육지자연연장원칙에 입각한 200해리 이원으로의 대륙붕 한계를 가설정하고 이를 대륙붕한계위원회에 제출함으로서 3국간 대륙붕 한계에 대한 다툼의 열기가 매우 고조되어 있기도 하다.[7]

이 밖에도 비록 해양질서와는 무관하지만 중국이 2013년 11월 23일에 이어도 상공을 자국의 방공식별구역으로 포함시키는 발표를 한 바 있으며, 이에 대응하여 우리나라도 동년 12월 8일 이어도 상공까지를 방공식별구역에 추가

(Monte－Carlo, 1953), p.31.

5) 양희철/박성욱/박세헌, “동중국해 중·일 유전 개발 분쟁을 통해 본 양국의 해양경계획정에 대한 입장 연구”, 「Ocean & Polar Research」, Vol. 28, No. 2 (2006), 176쪽.

6) 김부찬, 전게논문, 3쪽.

7) 우리나라와 중국은 2009년 5월 11일 200해리 이원 대륙붕 외측한계에 관한 예비정보(Preliminary Information)를 제출하였으며, 향후 실수역에 대한 조사가 완료된 후 최종적인 문서를 제출하겠다는 의사를 유엔사무총장에게 전달한 바 있다. 이후 우리나라는 2012년 12월 26일, 중국은 2012년 12월 14일 각각 정식 신청서를 제출하였다. 그러나 일본이 우리나라와 중국의 신청이 대륙붕 경계획정분쟁이 존재하는 지역에 해당하며, 일본이 동 신청에 사전동의하지 않았으므로 대륙붕 한계위원회가 동 신청을 심의하지 말 것을 요청하는 문서를 2013년 1월 11일과 2012년 12월 28일 각각 제출하였다. 이에 위원회는 2013년 7월 15일부터 8월 30일까지 개최된 제32차 회의에서 우리나라와 중국의 신청에 대해 다루고, 신청 순서에 따라 양국의 신청서를 심의할 때까지 추가적인 논의를 하지 않기로 결정하였다. CLCS/80, 24 Sep. 2013, pp.12~15.

로 포함시켰다. 이에 따라, 이어도 상공은 기존의 일본 방공식별구역과 우리나라와 중국의 확장된 방공식별구역이 중첩되는 복잡한 양상을 보이고 있다.

이와 같이 주변국간에 복잡한 이해관계가 얽혀있는 이어도 주변수역을 규율하는 공통적인 국제적 규범은 유엔해양법협약이다. 해양에 관한 보편적인 국제법질서로 자리매김하고 있는 유엔해양법협약을 우리나라는 1996년 1월 29일에, 중국은 1996년 6월 7일에  각각 비준하여 협약당사국이 되었다. 이에 따라 우리나라와 중국 모두 이어도 주변수역을 규율함에 있어서 양국이 달리 합의하지 않는 한 단일의 국제법규범을 준수하게 된 것이다.

유엔해양법협약에 의거하여 우리나라는 1996년 8월 8일『배타적 경제수역법』을 제정하고, 동 법 제2조 제1항에서 영해기선으로부터 200해리에 이르는 수역 중 대한민국 영해를 제외한 수역을 대한민국의 배타적 경제수역으로 정하였다. 또한 제2조 제2항에서 대향하거나 인접한 국가와의 배타적 경제수역 경계는 국제법에 기초하여 합의에 의해 결정한다고 규정하는 동시에, 제5조 제2항에서 배타적 경제수역에 대한 우리나라의 권리는 관련국과 별도의 합의가 없는 한 우리나라와 관계국간의 중간선까지 행사한다고 규정하고 있다. 이러한 입법태도에 비추어 볼 때 마라도로부터 81해리에 위치해 있고, 이어도와 동 상부수역에 2003년 건설된 이어도 해양과학기지가 모두 유엔해양법협약 제121조의 해석상 독자적인 해양관할권을 가질 수 있는 섬의 지위를 갖지 못하기 때문에,[8] 주변국과 해양경계획정을 하거나 유엔해양법협약 제74조 제3항 및 제83조 제3항에 근거하여 해양경계획정 전 잠정약정을 체결하지 않는 한 이어도 주변수역은 우리나라가 배타적 경제수역에 관한 유엔해양법협약상의 주권적 권리와 관할권을 행사할 수 있는 수역에 해당한다. 따라서, 동 수역에는 배타적 경제수역의 이용 및 보존에 관련된 국내입법, 예를 들어 배타적 경제수역 및 대륙붕에 관한 법률, 배타적 경제수역에서의 외국인어업 등에 대한 주권적 권리의 행사에 관한 법률, 해양과학조사법, 해양환경관리법, 해양환경 보전 및 활용에 관한 법률, 수산업법, 어업자원보호법, 공유수면 관리 및

8) 다만, 해양과학조사 목적으로 설치된 해양구조물인 이어도 과학기지는 유엔해양법협약 제60조에 의거하여 구조물 외연의 각 점으로부터 500m를 초과하지 않는 범위에서 안전수역을 설치할 수 있을 뿐이다.

매립에 관한 법률 등이 적용되게 된다. 이와는 별도로, 이어도 주변대륙붕의 경우에는 1970년 1월 1일 제정된 해저광물자원개발법이 적용되게 되는 바, 동법에 따르면 이어도 주변수역의 대륙붕은 제4광구에 위치하게 된다. 또한, 전술한 『배타적 경제수역법』을 개정한 2017년 『배타적 경제수역 및 대륙붕에 관한 법률』 제2조와 제3조에 따른 우리나라의 대륙붕에 해당한다.

한편, 중국도 1996년 5월 16일 유엔해양법협약을 비준함과 동시에 배타적 경제수역의 설치를 선언하였으며, 동 선언 후 2년이 경과된 1998년 6월 26일 『배타적 경제수역 및 대륙붕에 관한 법률』을 제정하였다.[9] 동 법 제3조와 제4조를 통하여 중국은 유엔해양법협약상 연안국에게 인정하고 있는 배타적 경제수역과 대륙붕에 대한 주권적 권리와 관할권을 규정하면서, 제2조에서 자국 배타적 경제수역 및 대륙붕의 범위를 설정하고 있다. 배타적 경제수역의 경우에는 영해측정 기선으로 부터 200해리의 수역 중 영해 외측의 수역을 범위로 설정하였으며, 대륙붕의 경우에는 중국 육지영토의 전부가 중국 영해이원으로 자연 연장되어 대륙변계 외연까지 뻗어 나간 해저구역의 해저와 그 하층토까지 이며, 만약 대륙변계 외연까지의 거리가 200해리에 미치지 못하는 경우에는 200해리까지를 자국의 대륙붕으로 한다고 규정하였다. 이러한 범위 설정과 더불어 인접 또는 대향국이 배타적 경제수역과 대륙붕이 중첩된다고 주장하는 경우에는 국제법 기초 위에서 공평원칙에 따라 합의를 하여 경계선을 정한다고 규정하고 있다.

이와 같은 양국의 배타적 경제수역 및 대륙붕에 대한 입법태도 및 적용을 살펴 볼 때, 전술한 바와 같이 마라도 남단으로부터 88해리에 위치하고 중국으로부터 약 133해리에 위치한 이어도 주변수역은 우리나라뿐만 아니라 중국의 해양관할권 주장대상에 포함되며, 관할권 중복주장수역에 위치하게 된 것이다. 이에 대한 우리나라의 입장은 비록 이어도 주변수역이 해양경계획정의 대상수역에 포함되지만 가상의 중간선을 기준으로 할 때 이어도가 중국보다 우리나라 쪽에 훨씬 더 가깝게 위치하고 있으므로 경계획정 이전이라도 중간선원칙에 의하면 그 주변수역이 우리나라 배타적 경제수역에 속하게 되며, 그

9) Zou Keyuan, *China's Marine Legal System and the Law of the Sea* (Martinus Nijhoff Publishers, 2005), p.93.

주변대륙붕도 우리나라의 대륙붕에 속한다는 입장을 확고히 하고 있다.[10] 반면에 중국은 경계획정의 적용원칙으로 배타적 경제수역의 경우에는 형평의 원칙, 대륙붕의 경우에는 육지의 자연연장원칙을 선호함으로서,[11] 동 입장에 기초하여 이어도 주변수역이 자국의 해양관할권에 포함된다고 주장하고 있는 것이다.[12]

따라서, 이어도 주변수역은 사실상 한·중 양국의 해양관할권 중복주장수역에 해당하며 현재 이와 같은 관할권 중복주장을 해결하기 위한 경계획정회담이 양국 외교당국간에 진행되어오고 있다. 그러나, 해양경계획정의 경우 경험적으로 장기간이 소요됨을 고려할 때 경계획정이 되기 전까지 이어도 주변수역의 자원 개발 및 보전 활동을 위한 조치가 마련되어야 하며, 이를 위해서는 관할권 중복주장수역에서 연안국이 일방적으로 취할 수 있는 조치의 범위에 대한 국제법적 검토가 필요하다.

## 2. 관할권 중복주장수역에서의 활동에 관한 국제규범

유엔해양법협약 제74조 제3항 및 제83조 제3항은 경계획정분쟁이 발생하고 있는 배타적 경제수역 및 대륙붕의 관할권 중복주장수역에서 연안국이 이행하여야 할 상호 연계된 두 가지 의무를 다음과 같이 규정하고 있다.

> "3. 제1항의 합의에 이르는 동안 관계국은 '이해 및 상호협력의 정신으로(in a spirit of understanding and co-operation)' 그 과도기동안 최종적 합의에의 도달을 위태롭게 하거나 방해하지 아니하면서 실제적 성격의 잠정약정을 체결하도록 '모든 노력을 다하여야 한다(shall make every effort)'. 그 약정은 최종적 경계획정을 방해하지 아니한다."

첫 번째 의무는 당사국이 최종경계획정에 도달할 때까지 실제적 성격의 잠정약정을 체결하기 위하여 모든 노력을 다하여야 한다는 의무이다. 두 번째

10) 김부찬, 전게논문, 12쪽.
11) Zou Keyuan, *op. cit.*, p.102.
12) *Ibid.*, p.101.

의무는 최종경계획정에 도달할 때까지 최종합의를 위태롭게 하거나 방해하지 않도록 모든 노력을 다하여야 할 의무이다.

### (1) 실제적인 잠정약정 체결을 위한 노력의무

이 의무는 경계획정이 이루어지는 기간이 경험적으로 장기간이라는 점을 고려하여 경계획정에 이르는 기간동안 중복주장수역을 잠정적으로 이용할 수 있도록 여건을 조성하기 위한 잠정제도(interim regimes)와 실질적인 조치(practical measures)의 마련을 촉진하기 위한 것이다.[13] 즉, 중복주장수역에서의 경제적 개발활동이 경계획정에 관한 최종합의에 이르는 것에 영향을 주지 않는다면 동 수역에서의 경제적 개발이 중단될 필요성이 없다는 것을 묵시적으로 인정한 것으로 보인다. 이러한 의무에 따라 체결되는 잠정약정은 유엔해양법협약 전문에 언급되어 있는 '해양자원의 형평하고 효과적인 이용(the equatable and efficient utilisation of the resources of the seas and oceans)'이라는 목적에 일치하는 것이라고 볼 수 있다.[14]

이 의무의 구체적인 내용을 살펴보면, 해석상 명백하게 제시되고 있지는 않지만 당사국에게 '성실교섭의무(obligation to negotiate in good faith)'를 부과하고 있는 것으로 보인다. 실제로, '이해 및 상호협력의 정신으로(in a spirit of understanding and co-operation)' 라는 문구를 삽입한 것은 당사국으로 하여금 잠정약정 체결을 위한 협상에 임함에 있어 상호간에 양보의 정신을 가지고 접근할 것을 요구한 것으로 해석된다.[15] 이와 같은 접근이 가능한 것은 동 잠정약정의 본질이 일시적인 것이고 또한 최종경계획정에 영향을 미치지 아니한다는데 있다.

실질적인 잠정약정 체결을 위한 노력 의무의 내용으로서는 '교섭개시의무

13) Satya N. Nandan/Shabtai Rosenne, *United Nations Convention on the Law of the Sea 1982: A Commentary*, Vol. II, (Martinus Nijhoff Publishers, 1993), p.815.

14) Thomas A. Mensah, "Joint Development Zones as an Alternative Dispute Settlement Approach in Maritime Boundary Delimitation", in Lagonie, Vignes, *Maritime Delimitation* (Martinus Nijhoff Publishers, 2006), p.143.

15) *Guyana/Surinam Arbitration, Award*(17 Sep., 2007), para.461.

(obligation to enter into negotiation)'와 '성실교섭의무(obligation to negotiate in good faith)' 등 2개의 의무가 포함되어 있는 것으로 해석되고 있다.[16] 그러나 북해대륙붕사건 판결에서도 적시한 바와 같이 이 성실교섭의무가 합의에 도달할 의무를 포함하고 있는 것으로는 해석되지 않는다.[17] 성실교섭의무의 위반 여부를 판단하기 위한 기준은 분명히 제시되어 있지 않지만, 교섭국이 교섭에 응하지 않거나, 교섭을 지연시키거나, 당초 주장을 전혀 변경하려 하지 않거나 하는 경우에는 동 의무의 위반으로 지적할 수 있을 것이다.[18]

### (2) 최종합의를 위태롭게 하거나 방해하지 않을 의무

해양경계획정에 대한 합의에 이르는 과정에서 최종합의를 위태롭게 하거나 방해하지 않도록 모든 노력을 다하여야 하는 의무는 해양을 이용함에 있어서 국가간의 평화와 우호관계를 증진하고 분쟁을 평화적으로 해결하고자 하는 유엔해양법협약의 목적을 달성하기 위하여 필요한 사항으로 이해된다.[19] 그러나 이 의무를 이해함에 있어 전제가 되어야 하는 가장 중요한 것은 동 의무가 중복주장수역에서 모든 활동을 배제하는 것을 의도하는 것이 아니며, 최종합의에 영향을 미치지 않는 한 해양경계획정 대상수역에서의 당사국 활동은 허용되는 것으로 보아야 한다는 것이다.[20]

그러나 구체적으로 어떠한 활동이 최종합의에 영향을 미치는 것인지에 대해서는 유엔해양법협약상 언급이 없으므로, 이에 대해서는 국제판례에 나타난 사항을 바탕으로 이해할 수밖에 없다.

국제판례를 통하여 논의의 대상이 된 활동은 대륙붕에 대한 조사 또는 탐사 활동이다. 국제사법재판소는 그리스와 터키간 에게해사건에서 그리스가 재판소로 하여금 최종판결이 내려질 때까지 터키가 자국의 동의없이 분쟁수역에서

16) 森田章夫, "係争海域における活動の國際法上の評價", 山本草二 編, 「海上保安法制」, (三省堂, 2009), 389쪽.
17) *North Sea Continental Shelf*, Judgement, I.C.J. Reports (1969), para.87; Dispute concerning delimitation of the Maritime Boundary between Ghana and CÔTE DÎVOIRE in Atlantic Ocean, Judgement, ITLOS (2017), para. 604.
18) 森田章夫, 前揭論文, 390쪽.
19) Guyana/Surinam, *Arbitration*, para.465.
20) Satya N. Nandan/Shabtai Rosenne, *op. cit.*, p.815.

모든 탐사활동이나 과학조사를 삼가 하도록 결정하여 줄 것을 요청한 바 있다. 이 요청은 터키가 분쟁수역 대륙붕에 대하여 탄성파탐사(seismic survey)를 실시하는 것을 제지할 목적으로 제기된 것이다. 이에 대하여 재판소는 다음과 같이 3가지 이유를 들어 잠정조치에 대한 그리스의 요청을 받아들이지 않았다.[21)]

첫째, 탄성파탐사가 해저 및 하층토에 대한 물리적 손상을 야기할 위험이 없다.

둘째, 탄성파탐사가 일시적인 성격(transitory character)을 가지고 있으며 시설물의 설치를 포함하고 있지 않다.

셋째, 분쟁수역 대륙붕 자원을 실제적으로 소유하거나 기타 이용행위가 탄성파탐사에 수반되지 않았다.

재판소는 위의 3가지 요소를 고려할 때 터키가 행하는 탄성파탐사가 그리스가 주장하는 것과 같은 그리스의 권리에 회복불가능한 침해를 야기할 위험이 없다고 판단하고 그리스의 요청을 기각한 것이다.

이와 같은 국제사법재판소의 태도는 가이아나와 수리남간 해양경계획정에 관한 국제중재재판소의 판정에서도 그대로 수용되고 있다. 동 재판소는 판정에서 분쟁당사국이 타방당사국의 권리에 영구적으로 영향을 주는 방법으로 일방적 행위(unilateral activity)를 하는 것은 허용되지 않는다고 확인하였다. 또한 동시에 경계획정분쟁을 해결하는 과정이 전통적으로 많은 시간을 필요로 하는 것이므로, 분쟁기간동안 분쟁수역에서 경제적 개발을 추진하고자 하는 분쟁당사국의 이익을 과도하게 제약해서는 안된다고 언급하였다. 따라서 '최종합의를 위태롭게 하거나 방해하지 않도록 모든 노력을 다하여야 하는 의무'를 해석함에 있어서 위의 두 가지 이익간의 세밀한 균형이 고려되어야 하며, 특정행위가 최종합의를 위태롭게 하거나 방해하는 것인 지 여부를 판단하는 기준으로서 당해활동이 해양환경에 영구적인 물리적 영향을 주는 가 여부를 채택하였다. 또한 재판소는 위와 같은 판단기준이 국제법에 적합한 것이라고 판정하였다.[22)]

21) *Aegean Sea*, Interim Protection, Order, I.C.J. Reports 1976, paras.30~31.

22) Guyana/Surinam, *Arbitration*, para.470. 한편 국제해양법재판소 특별재판부는 가나와 코트디브아르간 해양경계획정사건에 대한 2017년 판결에서 가나의 굴착행위가 제83조 제3항의 의무를 위반하였다는 주장에 대하여 굴착행위의 시점과 지리적 위치를 이유로 의무위반에 해당하지

이러한 국제판례의 태도 이외에도 분쟁수역에 대한 당사국의 일방적 행위 허용성 여부에 대한 학자들의 의견도 발견할 수 있다. 먼저, 과학조사의 허용성 여부에 대해서는 위의 국제판례와 같이 일정조건을 충족시키는 과학조사는 금지되지 않는다는데 의견의 일치를 보이고 있으며, 동 행위가 허용된다는 추가적인 근거로서 유엔해양법협약 제241조를 들고 있다.[23] 제241조는 해양과학조사가 해양환경이나 그 자원에 대한 어떠한 주장의 법적 근거로 사용될 수 없다고 규정하고 있다. 대륙붕 광물자원에 대한 탐사에 관해서도 탐사목적의 굴착은 금지되는 것이지만, 예외적 상황에서 분쟁을 악화시키는 것이 아니라면 탄성파탐사와 같은 일시적 성격의 탐사활동은 금지되는 행위에 포함되지 않는다고 주장하는 학자도 있다.[24] 그러나, 분쟁수역에서 일방당사국이 해양과학조사를 실시하는 경우 타방당사국이 동 조사가 자국의 권리를 침해한다는 반론을 제기할 가능성은 배제할 수 없다. 따라서, 양국간 이 점에 대한 분쟁을 방지하기 위해서는 사전에 분쟁수역에서의 해양과학조사에 관한 약정을 체결하는 등의 조치가 선행되는 것이 바람직하다고 할 것이다.[25]

한편, 광물자원의 개발활동에 대해서는 찬반학설이 대립되고 있다. 금지설을 주장하는 다수의 학자는 일방적 개발행위가 제83조 제3항에서 규정하고 있는 "최종적 합의에의 도달을 위태롭게 하거나 방해하지 아니할 의무"에 포함된다고 해석한다.[26] 다른 학자는 법의 일반원칙으로서 신의성실의 원칙으로부터 파생된 성실교섭의무, 국가실행, 국제관습법을 일방적 개발행위의 금지근거로 제시하고 있다.[27]

이에 반하여 금지되지 않는다는 설을 주장하는 학자들이 제시하는 논거는 첫째, 제83조 제3항에서 규정하고 있는 "최종적 합의에의 도달을 위태롭게 하거나 방해하지 아니할 의무"에 일방적 개발행위가 포함되지 않으며, 최종적인

않는다는 입장을 보인 바 있다(paras.606~634).

23) 森田章夫, 前掲論文, 391쪽.

24) Lagoni, "Interim Measure pending Maritime Delimitation Agreement", *American Journal of International Law*, Vol.128(1984), pp.345~368.

25) Sun Pyo Kim, *op. cit.*, pp.67~72; 김민철, "중첩수역에서의 해양과학조사", 「서울국제법연구」, 제22권 제2호(2015), 157~166쪽.

26) Robin Churchill/Geir Ulfstein, *Marine Management in Disputed Areas* (Routledge, 1992), pp.85~88.

27) Sun Pyo Kim, *op. cit.*, p.59.

경계획정을 손상시키지 않는 한 금지되지 않는다고 주장한다.[28] 이러한 주장의 논거로서 유엔해양법협약 기초과정에서 탐사·개발을 완전히 부정하고 경제활동의 모라토리움을 도입하자는 파푸아 뉴기니의 제안이 수용되지 않았다는 점을 제시한다.[29]

그러나 국제법상 대륙붕 월경천연자원에 대한 일방당사국의 일방적 개발에 대한 태도를 살펴볼 때 '선점에 의한 권리취득의 규칙(rule of capture)'[30]이 적용되지 않는다고 생각한다. 1974년 12월 12일 유엔총회에서 결의 3281로 채택한 '국가의 경제적 권리와 의무에 관한 헌장(the Charter of Economic Rights and Duties of State)'은 이러한 점을 분명히 하고 있다. 동 헌장 제3조에서는 "복수의 국가에 의하여 공유되고 있는 천연자원을 개발함에 있어서 각국은 타국의 정당한 이익에 손해를 발생시킴이 없이 그 자원의 최적이용(optimal use)을 성취할 수 있도록 정보체계와 사전협의 토대에서 협력하여야 한다"고 규정하였다. 이는 일방의 개발활동이 타방에 손해를 끼치어서는 안된다는 점을 강조한 것이다. 또한 제30조에서는 "모든 국가는 그들의 관할하에서 또는 통제하에서 행하여지는 활동이 타국 환경에 피해를 발생시키지 않도록 보장할 책임을 갖는다"고 규정하였다. 이와 같은 취지의 원칙은 유엔환경계획(United Nations Environment Plan)이 1978년 5월 19일 채택한 '둘 이상 국가에 의해 공유되는 천연자원의 보전 및 조화로운 이용을 위한 국가들의 지침으로서의 활동원칙초안(the draft principles of conduct in the field of the environment for the guidance of State in the conservation and harmonious utilization of natural resources shared by two or more State)'[31]의 제3원칙, 1997년 5월 21일 유엔총회에서 채택된 '국제수로의 비항행적 이용법에 관한 협약(Convention on the Law of Non-navigational Uses of International Watercourses)' 제5조 및 제7조,

28) Satya N. Nandan/Shabtai Rosenne, *op. cit.*, pp.815, 984.

29) Lagoni, *op. cit.*, p.352.

30) 동 원칙은 영국의 보통법으로서, 육상에 부존된 석유, 지하수 등의 개발과 관련하여 발전된 것으로서, 자기 토지내의 석유 및 가스자원을 개발함으로서 인접토지소유자의 토지하부에 존재하는 석유 또는 가스자원을 고갈시킨다 하더라도 석유 및 가스자원을 굴착하여 그 자원을 최초로 취득한 자가 소유권을 획득할 수 있다는 것이다. 이에 대하여 자세한 것은 강보석, "월경천연자원 개발의 법규", 「해사법연구」, 제18권 제2호 (2006), 218쪽 참조.

31) http://www.undp.org(검색일자 2009년 10월 12일).

국제법위원회가 2006년 작성한 '월경지하대수층에 관한 협약초안(draft articles on the law of transboundary aquifers)' 제4조에서 반복되어 언급되고 있다. 이와 같은 국제문서의 해석상 일방의 무분별한 개발활동이 타방에 피해를 발생시키지 않도록 하여야 한다는 점을 강조한 것으로서 월경천연자원 보유국의 자원주권이 무제한적으로 인정되지 않음을 규정한 것으로 평가된다. 즉, 비록 일방적 개발이 국제법상 금지되지는 않았지만 일방적 개발이 "최종적 합의에의 도달을 위태롭게 하거나 방해된다면 제74조 제3항 및 제83조 제3항의 의해 금지되는 것으로 해석될 여지가 있다.

결론적으로 중복주장수역에서 연안국 일방이 취하는 행위는 금지규칙이 적용되는 경우와 허용규칙이 적용되는 예가 동시에 존재한다고 볼 수 있다. 구체적인 예로서는 에게해사건에서 확인된 바와 같이 구조물을 사용하는 탐사 및 개발, 현실적으로 자원을 획득하거나 이용하는 행위, 해양환경에 물리적 변경을 가져오는 활동 등이 금지되는 행위의 종류에 해당될 것으로 생각되며, 해양환경에 물리적 변경을 가져오지 않는 음향탐사와 같은 조사나 탐사의 행위 등은 허용되는 것으로 해석된다. 다만, 이와 같은 일방분쟁당사국의 일방적 행위가 비록 경우에 따라 협약상 허용된다고 하여도 동 행위에 대하여 아무런 조치를 취하지 아니하면 묵인(acquiescence)에 해당하는 것으로 해석될 여지가 있으므로 타방 당사국이 이러한 일방적 행위에 대한 대항력을 확보하기 위하여 항의 등의 조치를 취하는 것은 별개의 사안으로 생각한다.

## Ⅲ. 이어도 주변수역 어업자원 관리제도의 현황과 개선방향

### 1. 한·중 어업협정과 이어도 주변수역의 지위

우리나라와 중국은 각각 배타적 경제수역을 선포하여 운용하고 있지만 양국간에는 해양경계획정에 대한 합의에 이르지 못하고 있으므로 양국의 배타적 경제수역중 관할권 중복주장수역이 존재하고 있음은 전술한 바와 같다.

이와 같은 경계미확정지역에서의 양국간 어업문제를 평화적으로 규율하기 위하여 양국이 채택한 어업제도가 『대한민국 정부와 중화인민공화국 정부간의 어업에 관한 협정(이하에서 '한·중 어업협정'이라 함)』이다.32) 전문과 16개 조문의 본문 및 2개 부속서로 구성된 동 협정은 유엔해양법협약의 관련규정에 따라 i) 해양생물자원의 보존과 합리적인 이용을 도모하고, ii) 해상에서의 정상적인 조업질서를 유지하며, iii) 어업분야에서의 상호협력을 강화·증진할 목적으로 채택되었으며, 실질적으로 공통규범이 부재한 황해와 동중국해 어업질서를 규율하기 위한 것이 주된 목적이었다.33)

이 협정은 양국의 배타적 경제수역에 적용하며, 배타적 경제수역에서의 어업문제만을 특별히 다루는 것으로서 유엔해양법협약 제74조 제3항에 따른 잠정약정의 성격을 갖는 것으로 보인다.34) 즉, 한·중 양국간 배타적 경제수역에 대한 경계획정이 완료되는 시점까지 잠정적으로 양국간 배타적 경제수역에서의 어업에 관한 사항만을 다룬 것이다. 이러한 성격은 동 협정 제14조에서 "이 협정의 어떠한 규정도 해양법상의 제반 사안에 관한 각 체약당사자의 입장을 저해하는 것으로 해석되어서는 아니된다"고 규정하여 분명히 밝히고 있다.

양국간 배타적 경제수역에서의 어업에 관한 문제를 규율하기 위하여 동 협약은 배타적 경제수역으로서 배타적 어업수역, 잠정조치수역, 과도수역 및 현행어업질서 유지수역 등 4개의 어업에 관한 법적 공간을 설정하고 있다. 먼저, 배타적 경제수역으로서 배타적 어업수역은 협정수역에서 잠정조치수역, 과도수역 및 현행어업질서 유지수역을 제외한 수역을 말한다. 동 수역은 한국과 중국 각각의 배타적 경제수역에 속하며, 양국은 협정 제2조 내지 제5조에 규정된 바와 같이 어업에 관한 권리를 행사할 수 있다. 동 규정의 내용은 유엔해양법협약상 연안국에게 부여된 어업에 관한 주권적 권리의 내용과 일치하는 내용으로 구성되어 있다. 동 수역에서 조업하고자 하는 타방당사국의 어선은

32) 한·중 어업협정은 1993년 이후 19차례의 협상회의를 거쳐 2000년 8월 3일 서명되었으며 2001년 6월 30일에 발효되었다.

33) 권문상/이용희/박성욱, "한·중·일 EEZ 어업관리체제 및 새로운 어업협정에 관한 고찰", 「국제법학회논총」, 제44권 제1호, (1999), 11쪽.

34) 김찬규/노명준/이창위, "한일어업협정 및 한중어업협정 체결 이후 동북아 어업질서 운영방안", 「국제법학회논총」, 제44권 제1호, (1999), 82~85쪽; 김부찬, 전게논문, 12~13쪽; Sun Pyo Kim, *op. cit.*, p.267.

일방당사국의 허가를 받아야만 하고,[35] 일방당사국은 매년 타방 당사국 국민 및 어선에게 허용하는 어획가능어종, 어획할당량, 조업기간, 조업구역 및 기타 조업조건을 결정하여 타방당사국에 통보하여야 한다.[36] 일방당사국은 자국 국민 및 어선이 타방당사국의 수역에서 조업하는 경우 당해국가의 관계법령 및 보존조치 등을 준수하도록 필요한 조치를 취하여야 하고, 양 당사국은 해양생물자원 보존조치 등 어업에 관한 기타 조건을 지체없이 타방당사국에 통보하여야 할 의무를 부담한다.[37] 또한, 일방당사국은 자국 수역에서 자국의 관계법령이나 기타 조건을 위반한 타방당사국의 국민 및 어선에 대하여 집행관할권을 행사할 수 있다.[38]

잠정조치수역(Provisional Measure Zone)은 기국주의 원칙을 존중하여 한·중 양국이 각각 자국어선에 대한 조업허가를 실시하며, 자국 어선에 대해서만 관련 국내법령 및 집행관할권을 행사하는 수역이다. 동 수역에서의 해양생물자원 공동보존조치 및 양적인 관리조치는 한·중 어업공동위원회의 결정에 따라 양당사국이 취하게 된다.[39] 또한 동 수역 내에서 타방당사국의 국민 및 어선이 한·중 어업공동위원회의 결정을 위반하는 것을 발견하는 경우 이를 해당 국민 및 어선에 대하여 주의를 환기시키고 그 사실 및 정황을 타방당사국에게 통보할 수 있다. 이때 통보를 받은 당사국은 조치 결과를 통보국에게 알려주어야 할 의무를 부담한다.[40]

과도수역(Transitional Zones)은 협정 발효 후 4년 후에 한·중 양국의 배타적 경제수역으로 전환되어 당해 연안국의 배타적 어업권이 행사되는 한시적 수역으로서 설정되었다.[41] 동 수역에서의 어업자원에 관한 조치 및 관리조치는 잠정조치수역과 동일하게 적용된다.[42] 이밖에도 동 수역에서는 잠정조치

35) 한·중 어업협정 제2조.
36) 상게협정 제3조.
37) 상게협정 제4조.
38) 상게협정 제5조.
39) 상게협정 제7조 제2항.
40) 상게협정 제7조 제3항.
41) 과도수역은 협정 발효 후 4년 경과시점인 2005년 6월 30일자로 한·중 양국의 배타적 경제수역으로 각각 귀속되어 더 이상 존재하지 않으며, 동 수역은 협정 제2조 내지 제5조의 적용을 받는다.
42) 한·중 어업협정 제8조 제2항.

수역과는 달리 공동승선, 정선, 승선검색 등을 포함한 공동감독조치를 취할 수 있도록 하여 엄격한 공동관리수역의 성격을 갖는다고 할 수 있다.[43]

마지막으로 현행어업질서유지수역(Zone Where Current Fishing Patterns are to be Maintained)은 양국의 배타적 경제수역 중 잠정조치수역의 북쪽 한계선인 북위 37도 북방수역과 잠정조치수역과 한국측 과도수역 남쪽한계선인 북위 32도 11분과 중국측 과도수역 남쪽한계선인 북위 31도 50분 남방수역을 지칭한다. 다만, 이 수역에서도 양국의 양해각서에 의해 제외된 2개의 구역이 있는 바, 하나는 잠정조치수역 북방수역에 위치한 한국측의 특정금지구역(Special Prohibition Zone)이고 다른 하나는 중국측 양쯔강 하구에 위치한 구역이다. 이 구역에서의 어업질서는 해당 연안국의 관련법령 및 생물자원 보존조치가 적용되며 타방당사국의 국민과 어선은 이를 존중하여야 한다.[44] 그러나 이러한 2개 구역을 제외한 현행어업질서유지수역은 동 수역에서의 어업행위에 대한 관리는 전적으로 기국에 부여되어 있다. 수역의 명칭상 사용되고 있는 현행어업질서란 자유로운 어업활동을 의미하는 것이며,[45] 협정의 일방당사국은 별도의 합의가 없는 한 타방당사국의 국민 및 어선에 대하여 자국의 관련법령을 적용할 수 없다.[46]

이와 같은 한·중 어업협정의 규정에 비추어 이어도 주변수역은 현행어업질서유지수역에 위치해 있으며,[47] 동 수역에서는 상대방의 단속을 받지 아니하고 자유롭게 어로활동을 할 수 있도록 개방되어 있기 때문에 이어도 주변 어장의 어족자원 관리에 많은 문제점이 노정되고 있다. 특히, 한·중 어업협정이 발효되어 우리나라 주변어장에서 조업하던 수많은 중국어선이 이어도 주변수역에 집중적으로 조업을 시도할 것으로 예상되기 때문에 더욱 어업자원의 관리에 대한 우려가 증대되고 있다.[48] 실질적으로도 우리나라와 중국 모두 협정 제12조에 따른 과학적 연구 및 자료 교환을 수행하고 있지 아니하며, 정부차

43) 김부찬, 전게논문, 14쪽.
44) Sun Pyo Kim, *op. cit.*, p.270.
45) *Ibid.*, pp.270~272.
46) 한·중 어업협정 제9조.
47) 최종화, 「현대 국제해양법」, 제6전정판(두남, 2008), 352쪽.
48) 김부찬, 전게논문, 17쪽.

[그림 1] 한·중·일 어업협정 수역도

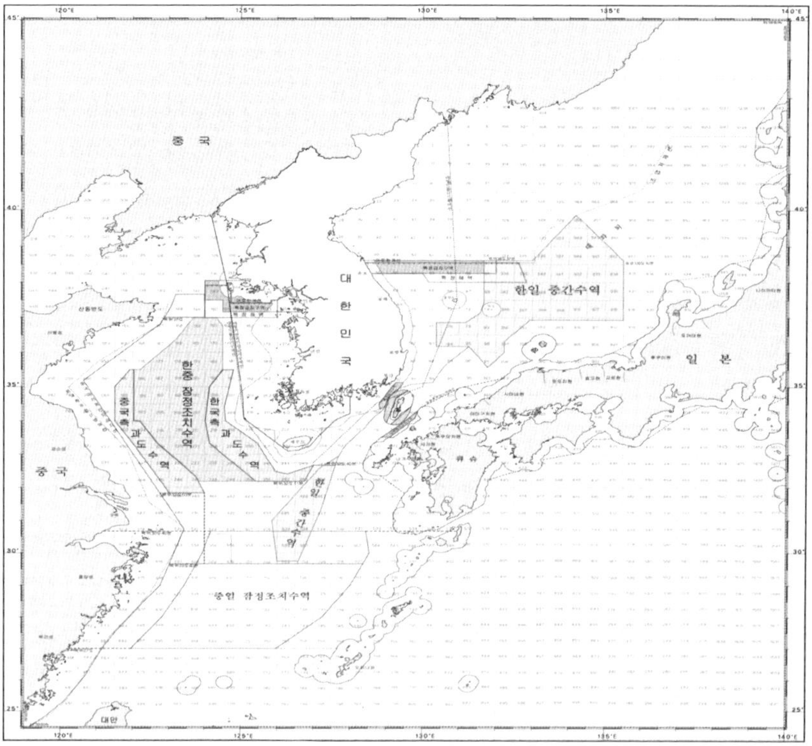


원에서 동 수역의 어획실적에 대한 통계조차 생산하지 못하고 있는 실정이다. 이러한 상태로 이어도 주변수역의 어업자원에 관한 관리를 방치한다면 우리나라 주변의 대표적인 황금어장[49]이 자원 고갈로 소멸될 위기에 처해질 것으로 예상된다. 따라서 이어도 주변수역의 생물자원 관리에 관한 새로운 제도의 형성이 요구되고 있으며, 그 기반이 될 수 있는 법적 근거를 확보하는 것이 필요하다고 생각한다.

49) 이어도 주변수역은 동중국해에서 북상하는 쿠로시오 해류와 남하하는 황해의 한류, 그리고 중국 대륙의 연안수가 서로 접촉하고 합류함으로써 꽁치, 조기, 멸치, 도미, 북어 등 어종이 풍부하게 서식하고 있어서 동중국해의 주요어장을 이루고 있는 지역이다. 이어도 주변수역의 수산업적 가치에 관해서는 노홍길, “Socotra 암초 주변수역의 수산학적 특성”, 「해양정책연구」, 제6권 제2호(1991), 475~492쪽 참조.

## 2. 현행어업질서 유지수역의 어업자원 관리

이어도 주변수역이 비록 한·중 어업협정상 현행어업질서 유지수역에 포함되어 있으며, 양국 국민 및 어선에게 타방 당사국의 아무런 제약없이 자유로운 어업이 보장되었다고 하여도 동 수역의 본질은 우리나라 또는 중국의 배타적 경제수역에 속하는 수역이라는 점은 분명하다. 또한 동 수역은 어업에 관해서 특히 중국과의 관계에 대해서만 한·중 어업협정을 따를 뿐 다른 제3국의 국민이나 어선에 대해서는 여전히 우리나라의 관계법령이 적용되는 수역에 포함된다. 우리나라 『배타적 경제수역 및 대륙붕에 관한 법률』 제5조 제2항에서 규정된 바와 같이 배타적 경제수역에 대한 우리나라의 권리는 관련국과 별도의 합의가 없는 한 우리나라와 관계국간의 중간선까지 행사한다고 하고 있으므로 최종적인 경계획정에 이르기 전까지 우리나라는 이어도 주변수역에 관한 권리를 행사하고 의무를 이행하여야만 한다. 이와 같은 법해석의 결과는 중복주장수역에 관하여 중국에게도 동일하게 적용된다고 볼 수 있다. 이러한 측면에서, 배타적 경제수역의 생물자원에 관한 연안국의 의무, 특히 생물자원의 보존에 관련된 사항을 면밀히 살펴보는 것은 의미가 있다고 생각한다.

유엔해양법협약은 연안국에게 200해리 배타적 경제수역 범위에서 생물자원의 탐사, 개발, 보전 및 관리를 목적으로 하는 주권적 권리(sovereign right)를 부여하고 있다.[50] 이와 동시에 동 협약은 배타적 경제수역에서의 무생물자원에 대한 주권적 권리와는 다르게 생물자원의 주권적 권리 행사에 대하여 몇 가지 의무를 연안국에게 부여하고 있다. 그 첫 번째가 동 협약 제61조에서 규정하고 있는 배타적 경제수역 생물자원의 보전의무이고, 두 번째는 협약 제62조에서 규정하고 있는 잉여량에 대한 타국의 입어 허용을 포함한 생물자원의 최적이용의무이다. 세 번째는 주변국과의 월경해양생물어족(transboundary stocks) 및 공해 어업국과의 경계왕래성어족(straddling stocks) 보전 및 개발에 관한 협력의무이다. 이러한 의무들을 이어도 주변수역에 관계하여 살펴보면 동중국

50) 유엔해양법협약 제56조 제1항.

해에는 공해가 존재하지 않는다는 점을 고려할 때, 경계왕래성어족(straddling stocks) 보전 및 개발에 관한 협력의무를 제외한 나머지 의무들이 한국과 중국에 공히 적용된다고 볼 수 있다. 동 의무의 구체적 사항을 개별적으로 살펴보면 다음과 같다.

첫째, 연안국의 배타적 경제수역 생물자원 보전의무의 핵심은 연안국으로 하여금 생물자원의 최적이용목표를 달성하기 위하여 허용어획량을 설정하는 것이다. 허용어획량의 설정 대상은 개별단위의 어종에 국한되는 것이 아니라 배타적 경제수역 생물자원 전체를 포함하는 것으로 해석된다.[51] 이 허용어획량을 설정함에 있어서 연안국은 자국이 이용가능한 최선의 과학적 증거를 고려하여야 하고, 남획되지 않도록 적절한 보존 및 관리조치를 취할 것을 요구받고 있다.[52] 이 조치의 형식에 대해서는 분명히 제시되고 있지 않지만 입법적 또는 규범적 조치를 의미하며, 동 조치들이 실질적으로 집행됨으로서 생물자원의 보전효과를 확보하는 것으로 해석되고 있다.[53] 또한 동 조치는 관련된 환경적 및 경제적 요소를 고려하여 최대 지속가능한 어획량(Maximum Sustainable Yield: MSY)을 충족시키는 것이어야 한다고 규정하고 있다.[54] 이 밖에도 위의 조치를 취함에 있어 연관 또는 종속어종에 대한 고려를 요구하고 있다. 이상과 같은 조치를 취함에 있어 연안국은 권한있는 다양한 수준의 지역 국제기구와 협력하여야 하며, 동 기구들을 통하여 과학적 정보, 어획량, 어업활동 통계 등을 관련국가에 배포하고 교환할 것을 의무화하고 있다.[55] 비록 이와 같은 의무가 연안국의 재량행위에 속하여 그 이행여부에 대한 분쟁해결에 취약한 점을 보이고 있지만,[56] 배타적 경제수역에 대한 연안국의 생물자원 보전조치의 목적과 기준을 분명히 규정하고 있음을 확인할 수 있다.

생물자원의 최적이용의무는 위의 의무를 통하여 정하여진 MSY의 범위 내에서 최적이용을 달성하기 위한 연안국의 의무를 구체화하고 있다.[57] 그 내용

51) Satya N. Nandan/Shabtai Rosenne, *op. cit.*, p.609.
52) 유엔해양법협약 제62조 제2항.
53) Satya N. Nandan/Shabtai Rosenne, *op. cit.*, p.610.
54) 유엔해양법협약 제62조 제3항.
55) 상게협약 제62조 제2항 후단 및 제5항.
56) E.D. Brown, *The International Law of the Sea*, Vol. I (Dartmouth Publishing Company, 1994), pp.222~223.

으로서는 자국의 어획능력 결정, 잉여량의 산정 및 타국 입어의 허용, 생물자원 보전과 관련하여 연안국이 입법하여야 할 내용 및 타국 국민 어선의 동 법령 준수의무가 제시되고 있다.

위와 같은 일방적인 연안국의 생물자원 보전의무이외에 주변국과의 월경 해양생물자원 보존의무를 규정하고 있는 것이 유엔해양법협약 제63조 제1항이다. 동 의무는 복수 국가의 해양경계에 걸쳐 서식하는 경계왕래성어종을 개발하고 보전하는 것을 조정하고 보장하는데 필요한 조치를 위하여 관련 연안국들이 합의하는데 노력할 의무를 부과한 것이다. 동 의무의 본질은 조치의 합의를 위하여 관련 연안국이 협상을 개시하고 성실하게 협상에 임할 의무만을 부과한 것이지 합의하여야할 의무를 부과한 것은 아니라고 해석된다.[58] 또한 동 의무는 독립된 의무라기보다는 앞서 살펴본 2개의 생물자원 보전에 대한 일반적 의무를 보충하는 성격을 가지는 것으로서 이해된다. 동 의무를 이행함에 있어 관련 연안국은 직접 또는 적절한 소지역이나 지역수산기구를 통하도록 요구받고 있다. 이 의무와 연계하여 주목되는 규정은 유엔해양법협약 제123조에서 규정하고 있는 폐쇄해 또는 반폐쇄해[59] 연안국간의 협력의무이다. 동 의무에 따르면, 폐쇄해 또는 반폐쇄해의 연안국은 유엔해양법협약에서 규정하고 있는 자국의 권리와 의무를 이행함에 있어서 해양생물자원의 관리·보존·탐사·개발을 조정하기 위하여 상호 협력하여야 한다. 또한 이 의무를 이행하는 수단으로서는 관련 연안국간 직접 교섭하거나 적절한 지역기구를 통하여 노력할 것을 규정하고 있다. 이와 같은 규정의 취지는 관련 연안국간 경제적 이해관계가 깊은 경계왕래성 어종에 대한 어느 일방연안국의 조치만으로는 자원 관리상 그 실효를 거두기가 어렵기 때문에 공통의 이익을 갖고 있는 국가간에 협력을 통하여 조치를 마련하도록 노력할 것을 요구하고 있는 것이다.[60] 이 의무의 성질도 관련 연안국간에 협력할 것을 요구하였을 뿐

57) *Ibid.*, p.223.

58) *Ibid.*, p.227; Satya N. Nandan/Shabtai Rosenne, *op. cit.*, p.646.

59) 폐쇄해 또는 반폐쇄해란 두 나라 이상의 해안으로 둘러싸이고 좁은 출구에 의하여 다른 바다나 대양에 연결되거나, 또는 전체나 그 대부분이 2개국 이상 연안국의 영해와 배타적 경제수역으로 이루어진 만, 내만 또는 바다를 말한다(유엔해양법협약 제122조). 그러나 협약의 적용상 폐쇄해와 반폐쇄해는 동일하게 취급되고 있으므로 양자의 구별 실익은 크지 않은 것으로 생각된다.

60) 최종화, 전게서, 341쪽.

합의에 도달할 의무를 부과한 것은 아니라고 해석되므로, 관련 연안국은 교섭을 개시하고 성실하게 교섭을 이행하면 의무를 충족하는 것으로 이해된다.

## 3. 소결론

배타적 경제수역 생물자원의 보전에 관한 유엔해양법협약상 연안국의 의무를 살펴보았을 때 이어도 주변수역의 생물자원 보전을 위하여 우리나라가 의무 이행을 해태하고 있거나 양국 모두 협력의무를 이행하지 않고 있는 것으로 생각된다. 비록 한국과 중국간에는 유엔해양법협약 제74조 제3항의 취지에 따라 배타적 경제수역에 관한 경계획정이 완료되는 기간까지 잠정적으로 어업에 관한 잠정약정을 체결하였지만, 실질적인 생물자원 보전조치의 지리적 대상범위가 양국의 배타적 경제수역 전체를 포괄하고 있지 않기 때문에 이에 누락된 이어도 주변수역을 포함하는 현행어업질서 유지수역에 대한 유엔해양법협약 당사국으로서의 의무 이행이 여전히 요구되고 있는 실정이다. 특히, 월경생물자원의 남획을 방지하고 이를 보존하기 위해서는 관련국가간의 협력이 유일한 해결수단으로 보이지만[61] 이에 대한 노력이 현재 이어도 주변수역에서 이루어지지 않고 있다.

따라서, 동 수역의 해양생물자원 보존 및 관리에 관한 추가적인 조치가 마련되어야 한다. 실질적으로 추가적인 조치를 현시점에서 취하거나 협상을 개시할 법적 근거도 국내법과 국제법의 해석상 존재한다고 생각한다.

먼저 고려할 수 있는 조치로서는, 동 수역에 대한 자원량 조사 및 어업실태조사 등 과학적인 생물자원 관리를 위한 기초적 정보를 수집하고 축적하는 것이다. 이어도 주변수역의 경우에는 현행법상 우리나라 단독으로 동 조치를 수행하여도 앞서 살펴본 분쟁수역에서의 일방적 활동 허용범위에 비추어 국제법적 문제가 발생할 것으로 생각하지 않는다. 또한 동 조사의 범위는 중국과의 협의아래 공동으로 또는 단독으로 현행어업질서유지수역 전체에 대하여

61) Guifang Xue, *China and International Fisheries Law and Policy* (Martinus Nijhoff Publishers, 2005), p.202.

수행할 수 있을 것으로 생각한다.

다음으로 고려할 수 있는 것이, 위와 같은 조사를 통하여 획득된 자료를 바탕으로 특정 어종에 대한 허용어획량을 산정하고, 남획 등으로 인하여 고갈될 위기에 처한 어종을 도출하여 동 어종에 대한 어업행위의 조정 및 구체적인 보전조치를 중국측에 제시하고 협상에 임할 것을 요구하는 것이다. 이는 한·중 어업질서의 틀 속에서도 충분히 이행가능할 것으로 생각한다. 전술한 바와 같이 동 협정 제12조에서 협정수역 전체를 대상으로 해양생물자원의 보존과 합리적 이용에 관한 과학적 연구(필요한 자료 교환을 포함한다)를 위하여 협력을 강화한다고 규정하고 있을 뿐만 아니라 양국 모두 유엔해양법협약 당사국이므로 배타적 경제수역의 생물자원 보존 및 관리에 관한 위의 일반적 의무를 공통적으로 부담하고 이행하여야 하기 때문이다.

## Ⅳ. 이어도 주변수역 광물자원 개발제도의 현황 및 개선방향

### 1. 이어도 주변 대륙붕의 법적 지위 및 중국과의 쟁점

우리나라는 1952년 1월 18일에 '대한민국 인접해양의 주권에 대한 대통령의 선언(Republic of Korea Presidential Proclamation of Sovereignty Over Adjacent Seas)'을 통하여 평화선을 설정하고, 동 수역 대륙붕과 그 자원에 대한 주권을 주장하였다. 비록 동 선언의 주목적이 우리나라 주변수역에서 일본 어업활동을 배제하는 것이었지만 명확히 대륙붕에 대한 권리의 주장도 명기하고 있다. 즉, 동 선언 제1항에서 "1. 대한민국정부는 국가의 영토인 한반도 및 부속도서의 해안에 인접한 海棚의 상하에 旣知되고 또는 장래에 발견될 모든 자연자원 광물 및 수산물을 가장 이롭게 보호·보존 및 이용하기 위하여 其深度 여하를 불문하고 인접해붕에 대한 국가주권을 보전하며 또 행사한다"고 규정함으로서 대륙붕 자원에 대한 주권을 주장한 것이다. 동 선언을 통하여 획선된 평화선의 범위 안에 이어도 주변수역이 포함됨은 물론이다. 따라서, 일차적으로 이어도 주변수역의 대륙붕은 1952년 대통령 선언에 의거하여 우리나라의 관할수역에 포함되었다.

이어서 우리나라는 1970년 1월 1일 해저광물자원개발법을 제정하여 우리나라 주변 대륙붕에 존재하는 석유 및 가스자원에 대한 탐사 및 개발에 관한 권리를 선언하였다. 이어서 같은 해 5월 30일에 동 법 시행령을 입법하여, 동 시행령 제3조의 별표에 의거하여 7개의 해저광구를 설정하였다. 이중 북위 32도 07분 32초, 동경 125도 10분 58초에 위치한 이어도와 그 주변 대륙붕은 제4광구[62]에 위치하게 되었다. 그러나, 이러한 우리나라의 일방적인 해저광구 설정은 일본 및 대만의 대륙붕 광구와 중복을 발생시켰으며, 이를 해소하기 위한 노력의 결과로 우리나라와 일본간에는 1974년 2개의 협정을 체결하여 한·일간 북부대륙붕 경계를 확정하고, 남부대륙붕 공동개발구역 설정을 합의한 바 있다. 이 밖에도 우리나라는 전술한 바와 같이 2017년 「배타적 경제수역법」을 개정하여 「배타적 경제수역 및 대륙붕에 관한 법률」을 제정하고, 유엔해양법협약상 대륙붕의 지리적 범위와 권리·의무 및 경제획정에 대한 규정을 추가하였다.

한편, 중국의 대륙붕에 대한 주장은 1970년대에 제기되었으나 구체성을 갖지는 못하였으며, 동중국해에서의 대륙붕 자원 탐사는 1981년에 개시되었다.[63] 다만, 1970년 한국과 일본 및 대만의 대륙붕 광구 주장에 대응하여 대륙붕에 대한 자국의 권리를 주장하였을 뿐이다.[64] 중국은 1982년 2월에 '외국기업과의 협력을 통한 외해석유자원 개발규칙'을 제정하였으며, 1992년에는 동중국해에 두 개의 광구를 설정하였는데 이를 각각 北鑛區(Northern Acreage)와 南鑛區(Southern Acreage)라 부른다.[65] 이중 중국의 북광구가 우리나라 대륙

62) 제4광구의 위치는 다음과 같다.
  1. 북위 33도 20분 12초와 동경 125도 59분 53초의 교점.
  2. 북위 33도 20분 12초와 동경 123도 13분 54초의 교점.
  3. 북위 33도 14분 12초와 동경 123도 13분 54초의 교점.
  4. 북위 31도 56분 12초와 동경 124도 31분 53초의 교점.
  5. 북위 30도 31분 13초와 동경 125도 53분 53초의 교점.
  6. 북위 30도 31분 13초와 동경 125도 59분 53초의 교점.

63) Sun Pyo Kim, *op. cit.*, p.186.

64) *Ibid.*, p.185.

65) *Ibid.*, p.186.

붕 해저광구 제4광구와 2곳에서 중복되기 때문에 한·중간에도 대륙붕 분쟁이 발생하고 있다.[66)]

중복되는 부분은 중국 북광구의 6번 좌표점(동경 125도, 북위 31도 30분)과 8번 좌표점(동경 125도 20분, 북위 31도 10분)이 우리나라 제4광구 외측선과 만나는 부분으로서,[67)] 중복되는 면적은 각각 9.9 평방km와 15.76 평방km로 알려지고 있다.[68)] 우리나라 전문가들은 이 부근이 우리나라 대륙붕 해저광구 중 석유부존 가능성이 제일 높다고 보고 있기 때문에,[69)] 더욱 제4광구와 중국의 북광구간 중복이 관심을 끌고 있다.

중국과 우리나라간의 대륙붕에 대한 첨예한 입장 대립은 지난 2004년 우리나라의 대륙붕 제2광구에 대한 탐사활동과 관련하여서도 발생한 바 있다. 우리나라는 2004년 7월 초 한국석유공사 등이 제2광구일대 대륙붕 300 평방km에 대한 석유 탐사작업을 실시한다고 발표하였다. 이에 대하여 2004년 7월 15일 중국 관영 신화통신의 자매지인 國際先驅導報가 “한국이 중국의 동의없이 서해 대륙붕에서 석유탐사를 진행해 중국의 해양주권 및 권익에 피해를 줬다”고 보도한 바 있다.[70)] 또한 중국은 동 사건과 관련하여 “서해 2광구에서 원유를 생산하면 400km 떨어진 중국 산동반도 앞 펑라이(蓬萊)유전의 원유가 한국측으로 흘러갈 수 있다”며 6차례에 걸쳐 항의한 바 있다.[71)] 이는 소위 빨대이론을 거론하며 월경석유자원 개발에 대한 관련 당사국간 협상 필요성 및 일방적 개발의 부당성을 지적한 것으로 해석된다. 실제적으로 2004년 탐사지역은 우리 대륙붕 제2광구의 외측한계로부터 우리나라 연안쪽으로 40km 이상 들어온 지역으로서 명백히 우리나라의 관할수역에 해당함에도 불구하고 중국이 이를 문제 삼은 것이다. 이와 같은 제2광구 탐사에 대한 중국의 입장은 1973년과 2001년에도 발생한 바 있다. 즉, 1973년 3월 제2광구 조광권자인 미국 걸프사가 시추작업을 하다가 유정을 발견하였다는 소식이 알려지자 중국

66) 박병구, 「한중일 석유전쟁」 (한스미디어, 2006), 144쪽.
67) Seong Ho Jhe, “Some Delimitation Issues in the Maritime Areas Surrounding the Korean Peninsula”, 「해양정책연구」, 제11권 제1호(1996), 119쪽.
68) Sun Pyo Kim, *op. cit.*, p.187.
69) 인터넷 한겨레, “한·중·일 대륙붕 갈등 심화”, (2004년 8월 23일).
70) 인터넷 동아일보, “우리 땅 우리혼 영토분쟁 현장을 가다 – 대륙붕을 지켜라”, (2004년 9월 9일).
71) 양희철/박성욱/박세헌, 전게논문, 185쪽.

의 군함이 시추선 1마일까지 접근해 3일 동안 무력시위를 한 바 있으며, 2001년에도 한국석유공사의 탐사선이 제2광구에서 탐사를 하던 중 중국 해군함정의 경고와 방해로 탐사를 중지한 사례가 있다.[72]

이상에서와 같이 한국과 중국간 대륙붕 관할권 중복주장의 문제는 현재 진행되고 있는 양국간 배타적 경제수역 및 대륙붕의 경계획정협상의 결과로 해소될 수 있지만, 제2광구와 이어도 주변 대륙붕이 속해있는 제4광구의 경우 중국과의 경계에 걸쳐 석유 및 가스자원이 존재할 가능성이 있다. 이러한 월경천연자원[73]의 문제 해결은 단순히 해양경계선을 획선하여 해결하는 차원을 넘어 별도의 해결책이 요구되는 것으로 인식되고 있다. 이하에서는 우리나라와 중국간 대륙붕 월경자원의 해결방안에 대하여 유엔해양법협약상의 관련 규정, 국제판례의 태도 및 중국의 국가실행을 분석하여 우리의 대응방향을 모색하도록 한다.

## 2. 월경해저석유 및 가스자원의 처리에 관한 국제법의 태도

월경해저석유 및 가스자원의 존재는 해양경계획정에 심대한 영향을 미치며, 경계획정에 대한 합의를 촉진하거나 지연시키는 효과를 가져오며, 심지어는 경계획정 자체를 연기하거나 포기하고 공동개발체제로 전환하게 하기도 한다.[74] 특히 동 자원의 처리에 많은 법적 관심이 집중되는 이유는 동 자원의 부존특성에 기인한다. 동 자원은 액체와 기체상태로써 유동성을 지니고 있고, 그 물리적 특성상 전체 표면에 똑같은 압력이 존재하는 경우 안정된 상태를 유지하지만, 어느 한쪽으로 압력의 변화가 발생하는 경우 전체 표면이 동일한

72) 상게논문. 한편, 2014년 채택된 제2차 해저광물자원개발 기본계획에 따르면 한·중 양국 국영석유회사간 서해지역 공동탐사에 합의하였으나 중국정부의 승인 여부가 불투명하며, 공동탐사구역 설정상 이견으로 추가협의가 필요한 것으로 기술되어 있다.

73) '월경천연자원(transboundary natural resources)' 또는 공유천연자원(shared natural resources)이란 어떤 천연자원이 국가간의 경계에 걸쳐 부존되어 있음으로 해서 전체적으로 한 국가의 배타적인 통제하에 있지 않고 지리적으로 인접한 국가들이 부분적으로 그 자원을 소유하는 것으로서, '모든 국가의 공통자원(common property of all state)'에도 해당되지 않는 것을 말한다.

74) Charles Robson, "Transboundary Petroleum Reservoirs: Legal Issues and Solution", in Blake, Gerald H.(eds.), *The Peaceful Management of Transboundary Resources* (Kluwer Law International, 2003), p.3.

압력을 받는 수준까지 이동한다. 이것이 바로 물은 항상 수평을 유지하려고 한다는 현상을 설명하는 것이다.[75] 따라서, 월경석유 및 가스자원의 경우 경계선 일방에서의 개발이 타방 관할권 하에 위치하고 있는 석유 및 가스자원에 영향을 미칠 수 있다는 점이다. 이러한 점에서 월경석유 및 가스자원의 개발을 둘러싸고 양국이 각각 보유하고 있는 자원에 대한 국제법상 권리의 충돌이 발생하게 된다. 특히 대륙붕 석유 및 가스자원의 경우에는 육상의 월경석유 및 가스자원과 달리 국가간의 해양경계가 확정된 경우와 그러하지 않은 경우로 나누어지기 때문에 더욱 복잡한 문제를 발생시키고 있다.

### (1) 유엔해양법협약상 월경석유 및 가스자원 처리 관련 규정 분석

유엔해양법협약은 비록 해양의 이용과 관련된 종합적인 내용을 담고 있지만, 국가간 해양경계에 걸쳐 부존된 월경석유 및 가스자원의 처리에 대해서는 아무런 언급을 하고 있지 않다. 단지 배타적 경제수역에 존재하는 월경해양생물자원과 연안국 대륙붕과 인류공동유산인 심해저에 걸쳐 존재하는 월경심해저자원에 대해서만 별도의 규정을 두고 있다.[76]

월경해양생물자원의 처리에 관하여, 유엔해양법협약은 전술한 바와 같이 제63조에서 동일어족이나 연관된 어종이 2개국이상의 배타적 경제수역에 출현하는 경우 관련국가간 직접 또는 적절한 소지역기구나 지역기구를 통하여 그러한 어족의 보존과 개발을 조정하고 보장하는데 필요한 적절한 조치에 합의하도록 노력하여야 한다는 의무를 부과하고 있다.

한편, 동 협약은 연안국의 대륙붕 외측한계와 심해저에 걸쳐 존재하는 심해저자원의 개발에 관해서는 명문의 규정을 두고 있다.[77] 제142조 제1항에서는 연안국의 국가관할권 한계에 걸쳐 존재하는 심해저자원의 광상에 대한 심해저활동[78]은 이러한 광상이 그 관할권에 걸쳐 존재하는 '모든 연안국의 권리와

75) 이용희, "국제법상 월경자원의 처리에 관한 고찰 – 해저석유 및 가스자원을 중심으로", 「Ocean & Polar Research」, 제29권 제2호(2007), 168쪽.

76) 상게논문, 171쪽.

77) 유엔해양법협약 제142조.

78) 심해저활동이란 심해저자원을 탐사하고 개발하는 모든 활동을 말한다(상게협약 제1조 제1항

정당한 이익을 적절히 고려하여(with due regard to the rights and legitimate interests of any coastal state)' 수행되어야 한다고 규정하고 있다. 또한 제2항에서는 연안국의 권리와 이익의 침해를 방지하기 위하여 관련국간에 사전통고(prior notification)를 포함한 협의를 지속적으로 추진하여야 하며, 심해저에서의 활동으로 인하여 국가관할권 내측에 부존된 자원이 개발되는 경우에는 관련연안국의 사전동의(prior consent)를 받아야 한다고 요구하고 있다.

이와 같은 연안국 대륙붕과 심해저간에 존재하는 월경천연자원의 개발제도는 인접 또는 대향국간 해양경계에 걸쳐 존재하는 월경천연자원의 개발제도를 설정함에 있어서 중요한 모델로서 고려할 수 있을 것으로 생각한다.[79]

(2) 월경해저석유 및 가스자원 처리에 관한 국제판례의 태도

1969년 독일과 네덜란드 및 덴마크를 당사자로 하는 북해대륙붕사건에 대한 판결에서 국제사법재판소는 대륙붕 경계획정상의 월경자원 처리에 관한 사항을 언급한 바 있다. 판결주문에서 재판소는 교섭과정에서 고려하여야 할 요소로서 천연자원의 존재를 언급하였다. 또한 경계획정의 원칙에 따른 경우에도 당사국간 중복이 발생할 수 있으며, 그런 경우에는 형평의 원칙에 의거 합의에 의해 획정하여야 하며, 합의에 이르지 못한 중복구역은 동일하게 배분하되 당사국들이 동 지역을 공동관할, 사용 또는 개발을 결정하는 경우에는 그에 따른다고 판시한 바 있다.[80] 이러한 판결주문과 관련하여 재판소는 판결문에서 중복된 지역의 분할에 대해 합의에 실패한 경우에는 공동개발을 통한 해결이 '광상의 단일성(unity of deposits)'을 보존해야 할 필요성이 있을 때 특히 적합하다고 언급하였다.[81]

1980년 아이슬랜드와 노르웨이간 Jan Mayen사건에 대한 조정사건에서 조정위원회는 분쟁대상지역의 석유자원 부존잠재성을 고려하여 전문가회의를 개

제3호).

79) David M. Ong, "Joint Development of Common Offshore Oil and Gas Deposits: "Mere" State Practice or Customary International Law?", *American Journal of International Law*, Vol.93 (1999), p.800.

80) *North Sea Continental Shelf*, *op. cit.*, paras.83~101.

81) *Ibid.*, para.99.

최하고 그 결과를 참고하였다. 조정위원회는 사실관계에 대한 조사과정을 거친 후 아이슬랜드가 석유수입국이라는 점, 아이슬랜드 대륙붕의 석유부존 가능성이 매우 낮다는 점, 분쟁지역의 해저능선지역이 석유부존 가능성이 높다는 점을 고려하여 석유생산의 가능성이 있는 모든 지역을 대상으로 하는 상세한 공동개발협정을 체결할 것을 권고하였다.[82]

1982년 튀니지와 리비아간 대륙붕경계획정사건에서 임시재판관 Evensen은 반대의견을 통하여 월경천연자원의 개발에 대하여 언급한 바 있다. Evensen은 이 사건의 기저에 깔려있는 가장 중요한 양국의 관심사는 석유개발에 있음을 지적하고, 석유의 잠재성이 관련되어 있는 한 양국간 경계선을 획정하는 것은 순수한 도박과 같은 것으로서 동 경계선에 의해 석유광상의 중요한 부분이 한 국가에 치우쳐 획정될 수도 있음을 우려하였다. 따라서 이러한 경우에는 중복지역의 제한된 부분에 대하여 공동개발, 공동이용 또는 공동관할에 관한 약정을 체결하는 것도 또 다른 형태의 형평한 해결책이 될 수 있음을 주장하였다.[83]

이상에 살펴본 바와 같이 일련의 국제재판에서 제시된 법률적 판결 또는 주장들은 대륙붕 경계획정시 중복지역에 존재하는 해저석유 및 가스자원의 처리를 위하여 공동개발의 형태를 통한 당사국간 협력방식을 경계획정시 법적으로 적용가능한 대안으로 점차 고려하고 있음을 알 수 있다. 또한 양국간 협력의 의무가 요구되는 대상이 경계에 걸쳐 존재하는 석유 및 가스자원 뿐만 아니라 중복지역에 존재하는 광상에 대해서도 공통적으로 적용되고 있음을 살펴 볼 수 있다.

### (3) 월경해저석유 및 가스자원 처리에 관한 우리나라와 중국의 사례분석

월경해저석유 및 가스자원의 처리에 대해서는 우리나라와 중국 모두 선례를 갖고 있다. 특히 중국의 경우에는 2000년대에 들어와 체결된 것으로서, 월경해저석유 및 가스자원에 대한 중국의 태도를 분석하고 우리나라의 대응방

82) Charney, Alexander, *International Maritime Boundary*, Vol. II (Martinus Nijhoff Publishers, 1993), pp.1757~1759.

83) *Tunisia/Libya Continental Shelf Case*, ICJ Reports(1982), p.306.

향을 수립하는데 유익할 것으로 판단된다.

1) 우리나라의 사례분석

우리나라는 대륙붕 중복주장지역에 대하여 일본과 공동개발협정을 체결한 사례가 있다. 전술한 바와 같이 우리나라는 1970년 1월 1일 해저광물자원개발법을 제정하고 7개의 해저광구를 설정한 바 있다. 당시 우리나라는 일본과 연계되는 동중국해의 대륙붕광구에 대하여 오키나와해구가 우리나라와 일본간의 대륙붕을 단절시키는 효과를 발생시키므로 우리나라 육지의 자연연장이 오키나와해구까지 연장된다는 입장에 따라 해저광구를 설정하였다.[84] 반면에 일본은 오키나와해구가 우리나라와 일본의 대륙붕을 양분하는 특별한 사정이 아니므로 동 지역에 있어서는 중간선원칙이 적용되어야 한다는 입장에 따라 대륙붕 광구를 설정하였다.[85]

대륙붕에 대한 한·일 양국의 중복주장을 해소하기 위한 외교적 노력이 전개되었으나, 경계획정에 대한 문제를 일단 보류하고 석유 및 가스자원의 탐사 및 개발을 공동으로 실시하는 협정을 체결하였다. 이것이 1974년 1월 30일에 서명되고 1978년 6월 22일에 발효된『대한민국과 일본국간의 양국에 인접한 대륙붕 남부구역 공동개발에 관한 협정(이하에서 '공동개발협정'이라 함)』이다. 이 협정의 법적 성질은 제83조 제3항에서 언급하고 있는 잠정약정의 성격을 갖고 있는 것으로서, 이는 동 협정 제28조에서 "본 협정의 어느 규정도 공동개발구역의 전부나 어느 부분에 대한 주권적 권리의 문제를 결정하는 것으로 볼 수 없으며, 대륙붕 경계획정에 관한 각 당사국의 입장을 침해하는 것으로 볼 수 없다"고 규정함으로서 잠정약정으로서의 성질을 분명히 밝히고 있다.

공동개발협정은 일방 당사국이 3년 전에 서면통고하면 발효 후 50년 경과시 또는 그 후 언제라도 종료시킬 수 있는 바, 기본적으로 50년의 유효기간을 가지며 그 후에는 양국의 일방적 의사표시에 의해 종료될 수 있는 유연한 형태

84) 김현수, 「국제해양법」(연경문화사, 2007), 151~152쪽. 이와 같은 우리나라의 입장은 2009년 5월 11일 대륙붕한계위원회에 제출된 「대륙붕 외측한계에 관한 예비정보(Preliminary Information regarding the Outer Limits of the Continental Shelf)」에서도 나타나 있다.

85) 상게서, 152쪽.

를 지니고 있다.[86] 자원의 개발방식은 공동개발구역을 소구역으로 구분하고, 각 소구역을 양 당사국의 조광권자가 탐사 및 채취하도록 하고 있으며, 양국 조광권자가 합의하여 운영자를 결정하고 동 운영자가 해당 소구역을 담당하도록 하고 있다.[87] 개발이익의 분배 및 비용의 부담은 동등하게 분배하는 방식을 채택하고 있다.[88]

한편, 월경천연자원의 경우에는 동 자원을 채취할 수 있는 조광권자 및 기타인이 협의를 통하여 동 구조 또는 광상을 가장 효율적으로 채취하는 방법에 대하여 합의에 도달하도록 노력할 의무를 부과하고 있다.[89] 또한 채취된 자원과 비용은 생산가능 매장량의 비율에 따라 분배하도록 규정하고 있다.[90]

2) 중국의 사례분석

중국은 베트남과 2000년 12월 25일『중국정부와 베트남정부의 통킹만 영해·배타적 경제수역 및 대륙붕 경계획정에 관한 협정(Agreement on Demarcation of Waters, Exclusive Economic Zone and Continental Shelves in the Gulf of Tonkin)』을 체결하였다.[91] 동 협정은 중국이 주변국과 최초로 체결한 해양경계협정으로서 향후 중국이 협상할 타국과의 해양경계협정에 좋은 모델이 될 것으로 생각되고 있다.[92]

양국은 동 협정 제7조에서 협정 체결후 발견될 수 있는 대륙붕 광물자원에 대한 규정을 두고 있는 바, "이 협정 제2조에 규정된 경계선에 걸쳐 석유, 가스 또는 기타광물광상의 단일한 지구물리구조가 있는 경우, 당사국은 우호적인 협의를 통하여 최고로 효과적인 방법으로 그 구조 또는 광상을 개발하고 그 개발로부터 발생하는 수익의 동등배분에 관한 합의에 이르도록 하여야 한

86) 공동개발협정 제31조 제2항 및 제3항.
87) 상계협정 제3조 제1항 및 제6조 제1항.
88) 상계협정 제9조.
89) 상계협정 제23조 제1항.
90) 상계협정 제23조 제3항.
91) 동 협정은 구체적 어업문제에 대한 합의지연으로 인하여 2004년 6월 30일에 발효되었다. 양희철/박성욱/정현수, "통킹만 경계획정을 통해본 중국의 해양경계획정 정책 및 우리나라의 대응방안 연구",「Ocean & Polar Research」, 제29권 제3호(2007), 246쪽.
92) Zou Keyuan, "The Sino-Vietnamese Agreement on Maritime Boundary Delimitation in the Gulf of Tonkin", *Ocean Development & International Law*, Vol.36(2005), p.19.

다"고 규정하고 있다.[93] 이러한 규정방식은 월경자원의 부존에 대한 확인없이 경계획정을 체결하고 사후 발견될 자원에 대한 처리방식을 공동개발방식으로 정한 형태로 볼 수 있으나, 공동개발방식에 대해서는 구체화함이 없이 향후 협력의 과제로 남겨두고 있다.[94]

한편, 중국은 최근까지 동중국해의 석유 및 가스자원 개발문제를 둘러싸고 일본과 심각한 대립을 보여 왔다. 양국간 분쟁은 西湖수역을 중심으로 발생하고 있는 바, 동 수역은 엄청난 양의 천연가스가 매장되어 있는 지역으로서, 春曉, 天外天, 殘雪, 斷橋 및 平湖 등의 유전이 위치해 있다.[95] 특히 이중에서 春曉, 斷橋 및 平湖 유전이 중국과 일본간 분쟁의 핵심적 지역으로 부상하고 있다.

[그림 2] 중국과 베트남간 통킹만 해양경계획정도

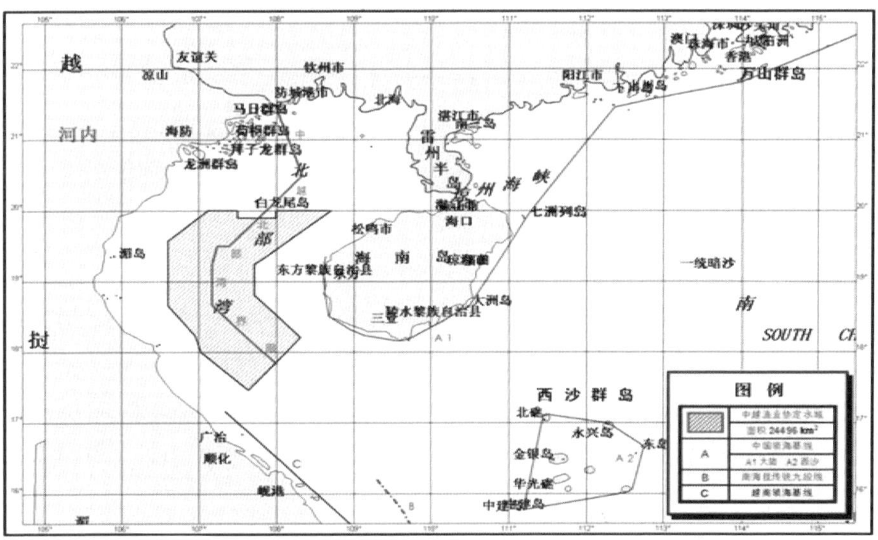


출처: www.dlpd.com/dljx/ReadNews.asp?NewsID=1345 - 30k(2001년 3월 8일)

93) "In case that any single geophysical structure of oil and gas or mineral deposits should straddle the demarcation line as provided in Article 2 of this Agreement, the Parties shall, through friendly consultation, reach an agreement on the development of the structure or deposit in a most effective way as well as on equal sharing of the profits resulting from the development."

94) Zou Keyuan, "The Sino−Vietnamese Agreement on Maritime Boundary Delimitation in the Gulf of Tonkin", p.17.

95) 양희철/박성욱/박세헌, 전게논문, 177쪽.

중국측은 동 지역에서 가스전을 개발하면서, 동 지역은 일본이 주장하는 중간선원칙에 따라 획정한다고 가정하여도 해당 가스전 개발지역이 중국측에 위치해 있으며, 오히려 일본측이 개발을 승인한 지역[96]이 중국 개발구역에 인접해 있음으로서 양국의 분쟁원인이 되고 있다고 주장하였다.[97] 반면에 일본측은 중국의 유전개발지역이 자국이 주장하는 배타적 경제수역에 포함됨으로 자국의 주권적 권리를 침해하는 것이며, 중간선의 중국측 수역에 위치한 유전의 개발도 빨대이론에 따라 일본의 자원에 피해를 발생시킬 수 있다고 주장하였다.

위와 같은 양국의 입장 대립은 무력시위에 이르는 극한상황까지 치달았으나 2004년부터 이를 해결하기 위한 협상이 개시되었으며, 2008년 6월 18일 『중·일 동중국해 자원공동개발 합의』를 채택하기에 이르렀다. 합의의 내용은 크게 3가지로 요약할 수 있다.

첫째, 총 7개의 좌표점[98]을 연결한 공동개발수역을 설정하고, 쌍방이 공동탐사를 수행하며, 가급적 빠른 시일 내에 양자협정을 타결하도록 노력한다.

둘째, 중국이 기 개발 중인 春曉유전(일본명 시라카바)에 대하여 일본 법인이 중국 국내법에 해당하는 『중국 해양석유자원 대외합작개발조례』 에 따라 출자하여 그 비율에 따라 배분한다.

셋째, 동중국해 기타수역의 공동개발을 위해 지속적으로 협상을 추진한다.

동 합의의 내용을 살펴보면, 공동개발수역은 중국의 龍井유전 남부에 위치하고 있으며, 동 수역의 상부지역은 한·일 공동개발구역과 중복을 피하기 위하여 매우 인접하게 설정하였고, 일본이 주장하는 가상 중간선에 걸쳐 있으며

96) 일본은 2005년 7월 14일 제국석유회사가 신청한 동중국해내의 석유천연가스 시험개발을 허가하였으며, 동 지역은 중국의 春曉와 斷橋 유전의 남측에 위치하며 3개 광구로 이루어 졌다.

97) "Japan－China Oil Dispute Escalates", *The Washington Post*, (Oct. 22, 2005). 양희철/박성욱/박세현, 전게논문, 177쪽에서 재인용.

98) 1. 북위 29도 31분, 동경 125도 53분 30초.
2. 북위 29도 49분, 동경 125도 53분 30초.
3. 북위 30도 04분, 동경 126도 03분 45초.
4. 북위 30도 00분, 동경 126도 10분 23초.
5. 북위 30도 00분, 동경 126도 20분 00초.
6. 북위 29도 55분, 동경 126도 26분 00초.
7. 북위 29도 31초, 동경 126도 00초.

그 면적은 약 2,600 평방km에 이르는 것으로 알려지고 있다.[99] 한편, 春曉유전의 경우에는 공동개발방식이 아닌 합작투자방식을 채택하고 있는 바 이는 통상적으로 월경자원에 대해 적용하는 공동개발과는 구분되는 방식이다.[100] 마지막으로, 추가적인 지역에 대한 공동개발 협상의 가능성을 열어 두고 있으므로 공동개발이 다른 유전으로 확장될 가능성이 있다.

이와 같은 합의의 성격은 유엔해양법협약 제74조 제3항과 제83조 제3항에 의거한 잠정약정으로서, 양국간 배타적 경제수역 및 대륙붕에 대한 경계획정이 완료되는 시점까지 중복수역의 이용과 관련된 마찰을 해소하기 위한 실질적 성격의 잠정조치로 이해된다. 이와 같은 해석은 중국측이 합의를 공식발표하면서 "이번 합의는 해양경계선 확정 전에 과도단계로, 양국의 법률 입장에 손해를 주지 않는 상황 하에 이루어 진 것이며 중국의 기존 주장과 입장에는 변함이 없다"고 언급한데서 확인할 수 있다.[101]

[그림 3] 중국과 일본간 동중국해 가스전 공동개발 합의지역

출처: 인터넷 연합뉴스, 2008년 6월 16일.

99) 김경신, "중·일 동중국해 가스전 공동개발의 의미와 시사점", 「해양수산동향」, 제1275권 (2008), 2쪽.

100) 일부논문에서는 이를 공동개발방식으로 표현하고 있으나, 이는 합작투자로 이해하는 것이 중국법의 취지에 적합한 것으로 생각된다. 김경신, 전게논문, 2쪽; 홍종완/심어진, "동중국해에서의 한·중·일 대륙붕 중첩주장수역에서의 공동개발에 관한 고찰", 「서울국제법연구」, 제16권 제1호(2009), 290쪽.

101) 김경신, 전게논문, 4쪽.

마지막으로 중국과 일본간 공동개발 합의의 배경으로는 중국이 지향하고 있는 인접국과의 해양영토문제에 있어 '해양영토분쟁과 경제협력 관계의 분리', '논쟁 유보 및 공동개발원칙'에 충실한 결과로 보이며, 일본도 정치와 경제를 분리하여 인접국과의 갈등관계를 해소하고자 하는 전략에 따른 것으로 평가된다.[102)]

## 3. 소결론

월경천연자원에 대한 유엔해양법협약의 규정과 국제판례 및 중국과 우리나라의 사례를 분석해 본 결과, 이어도 주변수역이 포함된 우리나라 대륙붕 제4광구와 중국측 북광구와의 중복문제 및 월경천연자원의 처리문제와 관련하여 몇 가지 결론을 도출할 수 있다.

첫째, 월경천연자원의 처리에 관해서는 명시적인 국제조약은 존재하지 않으며, 국제관습법에 따라 동 문제를 해결하여야 할 것으로 판단된다. 국제관습법상 제시되고 있는 가장 기본적인 의무는 협의의 의무로서, 관련국이 동 자원의 효율적 이용을 위하여 협의를 개시하고 성실히 협의에 임할 의무를 부담한다는 것이다.

둘째, 유엔해양법협약 제74조 제3항 및 제83조 제3항의 해석상 분쟁지역의 대륙붕 천연자원은 일방이 이에 대하여 해양환경을 훼손하지 않는 범위에서는 탄성파탐사 등의 일방적 행위를 할 수 있으나 자원을 개발하는 등의 행위는 할 수 없는 것으로 해석된다.

셋째, 분쟁지역의 대륙붕 자원은 통상적으로 경계획정에 커다란 변수로 작용하며, 장기적인 협상을 회피하기 위하여 공동개발방식을 채택하는 경향이 뚜렷하게 등장하고 있으며, 국제판례와 국가실행이 이를 뒷받침하고 있다는 것이다.

넷째, 중국의 경우에는 베트남 및 일본과의 사례에서 살펴 본 바와 같이, 미발견된 자원에 대해서는 우선 경계획정을 실시하고 사후 발견된 자원에 대해

102) 상게논문, 2~3쪽.

서는 공동개발방식을 채택하되 그 구체적 내용은 차후의 협상대상으로 유보하며, 이미 발견된 자원의 대해서는 '해양영토분쟁과 경제협력 관계의 분리', '논쟁 유보 및 공동개발'정책에 따라서 잠정약정의 형태로 공동탐사 내지는 공동개발방식을 채택한다는 점이다. 우리나라도 일본과의 경우에서 살펴본 바와 같이 중복수역에 대해서는 잠정적으로 공동개발방식을 채택한 선례가 있으며, 또한 2009년 2월 25일 통과된 『제1차 해저광물자원개발 기본계획』에서 '중국과의 경계획정이 조기 타결이 어려우므로 외교부 등과 협의하여 경제적 측면에서 전략적으로 접근하는 정책'을 채택하고 우리나라 제2광구와 중국의 11/34 광구지역을 공동개발구역으로 설정하는 방안을 검토하도록 결정한 바 있다.[103) ]즉, 한·중 양국간에는 외교적 분쟁을 가급적 회피하고 경제적 개발을 우선하는 정책이 공통적으로 채택되고 있다.

이상의 결론에 기초하여 이어도 주변수역 대륙붕 자원과 관련된 중국과의 문제를 해결하는 방안으로서는 2가지를 예측할 수 있다. 첫째, 제4광구와 북광구간에 광구의 중복문제는 존재하지만 동 수역에 석유 또는 가스자원이 부존한다는 사실을 확인하지 못하였다면 현재 진행 중인 해양경계획정협상을 통하여 경계선을 획선하고, 사후 발견되는 자원에 대한 공동개발규정을 삽입하는 방식을 상정할 수 있다. 둘째는 경계획정협상 중에 제4광구와 북광구에 걸쳐 존재하는 석유 또는 가스전을 발견한 경우 경계획정협상과는 별도로 중복주장수역을 포함하는 공동개발구역의 설정을 포함한 잠정약정을 체결하고 우선적 개발에 착수하는 방식과 경계획정협상 자체를 유보하고 해당자원에 대한 공동개발협정을 체결하는 방식을 고려할 수 있다.

이와 같은 방식중 어느 것을 채택하는 것과는 상관없이 우리나라가 우선적으로 추진하여야 하는 것은 제4광구에 대한 석유 및 가스자원의 부존가능성에 대한 집중적인 탐사활동이다. 분쟁수역에서 해양환경을 훼손하지 않는 범위에서의 탐사활동은 금지되지 않는 것으로 일반적으로 해석되고 있음을 고려할 때 적극적으로 탄성파탐사 등의 방법을 통하여 자원의 존재 여부 및 월경자원

103) 지식경제부, 「제1차 해저광물자원개발 기본계획」(2009.2.25.), 22쪽. 각주 72)에서 기술한 바와 같이 한·중 양국 국영석유회사간에 서해지역 공동탐사 합의가 있었으나 중국 정부의 승인 여부가 불투명하고, 공동탐사구역 설정에 대한 추가 논의가 필요한 상태인 것으로 알려지고 있다.

가능성에 대하여 확인하는 활동이 전개되어야 할 것이다. 전술한 바와 같이 제2광구 탐사에 대한 중국의 항의는 우리나라의 활동에 대한 침묵이 우리나라의 권원에 대한 묵인으로 해석되는 것을 경계한 행동으로 해석되는 바, 중국의 항의에 위축되어 합법적인 우리의 탐사활동을 자제하거나 삼가하는 태도는 지양하여야 할 것이다.

## V. 결 론

이어도 주변수역에 대한 해양질서는 우리나라와 중국 모두 유엔해양법협약 당사국이므로 단일의 국제법규범이 적용되고 있으며, 양국의 배타적 경제수역 및 대륙붕에 관한 국내입법도 동 협약과 일치하게 제정되어 있는 것으로 생각된다. 따라서, 이어도 주변수역의 생물자원 및 광물자원의 이용 및 보존에 관한 가장 기본적 질서는 유엔해양법협약으로서 동 협약 관련규정의 해석과 적용을 통하여 우리나라의 향후 행동방향을 설정하여야 할 것으로 판단된다.

먼저, 한·중 양국의 관할권 중복주장수역에 해당되는 이어도 주변수역에서 양국은 해양경계획정에 관한 협상이 종료되는 시점까지 최종협상을 위태롭게 하지 않고 방해하지 않는 범위에서 동 수역을 경제적으로 이용하는 것이 국제법상 허용되는 것으로 분석된다. 양국은 이를 위하여 협상을 개시하고 성실하게 협상에 임할 의무를 부여받고 있으며, 다른 한편으로는 합의없이 일방당사자가 일정범위의 행위를 일방적으로 수행할 수 있는 권리가 인정되고 있다는 점도 국제판례를 통하여 확인되고 있다. 다만, 이와 같은 일방분쟁당사국의 일방적 행위가 경우에 따라 유엔해양법협약상의 의무를 위반하는 것은 아니라 할지라도 동 행위에 대하여 타방당사자가 아무런 조치를 취하지 아니하면 묵인(acquiescence)에 해당하는 것으로 해석될 여지가 있으므로 타방 당사국은 이러한 일방적 행위에 대한 대항력을 확보하기 위하여 항의 등의 조치를 취하는 것은 별도의 고려사항으로 판단된다.

한편, 이어도 주변수역의 생물자원 보전과 관련하여, 동 수역이 현행 한·중

어업협정상 현행어업질서 유지수역에 해당되어 어업에 관한 모든 사항이 한·중 양국에 전적으로 일임되고 있으나 생물자원 보존에 관한 실질적 조치가 취하여지고 있지 않다. 비록 한국과 중국간에는 유엔해양법협약 제74조 제3항의 취지에 따라 배타적 경제수역에 관한 경계획정이 완료되는 기간까지 어업에 관한 잠정약정을 체결하였지만, 현행어업질서유지수역에 대한 생물자원 보존조치를 취하고 있지 않는 것은 유엔해양법협약 제61조 및 제62조에 규정된 연안국의 배타적 경제수역 생물자원 보존에 관한 일반적 의무뿐만 아니라 제63조 제1항에서 정하고 있는 월경생물자원의 보존을 위한 협의의무를 해태하고 있는 것으로 보인다. 더욱이 동 협약 제123조 (a)호에서 규정하고 있는 반폐쇄해 연안국간의 해양생물자원 관리·보존·탐사 및 이용 조정을 위한 협력의무도 위반하고 있는 것으로 해석된다. 따라서 우리나라는 동 수역의 해양생물자원 보존 및 관리에 관한 추가적인 조치를 조속히 마련하여 동 수역의 남획으로 인한 어업자원 고갈을 방지하여야 할 것이다.

먼저 고려할 수 있는 조치로서는 동 수역에 대한 자원량 조사 및 어업실태조사 등 과학적인 생물자원 관리를 위한 기초적 정보를 수집하고 축적하는 것으로서, 이는 앞서 살펴본 관할권 중복주장수역에서의 일방적 활동 허용범위에 비추어 국제법적 문제가 발생할 것으로 생각하지 않는다. 다음으로 고려할 수 있는 것이, 조사를 통하여 획득된 자료를 바탕으로 특정 어종에 대한 허용어획량을 산정하고, 남획 등으로 인하여 고갈될 위기에 처한 어종을 도출하여 동 어종에 대한 어업행위의 조정 및 구체적인 보전조치를 중국측에 제시하고 협상에 임할 것을 요구하는 것이다. 이는 협정수역 전체를 대상으로 해양생물자원의 보존과 합리적 이용에 관한 과학적 연구(필요한 자료 교환을 포함한다)를 위하여 협력을 강화하여야 한다고 규정하고 있는 한·중 어업협정 제12조의 취지에 부합하는 것이며, 유엔해양법협약상 배타적 경제수역의 생물자원 보존 및 관리에 일반적 의무를 공통적으로 부담하고 이행하는 것이기 때문에 가능할 것으로 판단된다.

마지막으로, 이어도 주변 대륙붕의 자원 개발과 관련하여 동 지역이 우리나라와 중국의 대륙붕 광구 중복이 실질적으로 발생한 지역일 뿐만 아니라 일본과 중국간 동중국해 해저석유 및 가스전 개발과 관련된 분쟁의 원인을 살펴

볼 때 양국 대륙붕 경계에 걸쳐 석유 또는 가스자원이 부존해 있을 가능성을 배제할 수 없을 것으로 보인다. 따라서, 이에 대해서는 월경천연자원의 처리에 관한 국제법 태도를 고려하여 대륙붕 경계획정전략을 수립하여 시행하는 것이 필요하다고 생각한다. 먼저 고려할 사항은 월경천연자원의 처리에 관한 명시적인 국제조약은 존재하지 않으므로 국제관습법에 따라 동 문제를 해결하여야 하며, 국제관습법상 제시되고 있는 가장 기본적인 의무는 협의의 의무로서 관련국이 동 자원의 효율적 이용을 위하여 협의를 개시하고 성실히 협의에 임할 의무를 부담한다는 것이다. 둘째, 유엔해양법협약 제74조 제3항 및 제83조 제3항의 해석상 분쟁지역의 대륙붕 천연자원은 일방이 이에 대하여 해양환경을 훼손하지 않는 범위에서는 탄성파탐사 등의 일방적 행위를 할 수 있으나 자원을 개발하는 등의 행위는 할 수 없는 것으로 해석된다는 것이다. 셋째, 분쟁지역의 대륙붕 자원은 통상적으로 경계획정에 커다란 변수로 작용하며, 장기적인 협상을 회피하기 위하여 공동개발방식을 채택하는 경향이 뚜렷하게 등장하고 있으며, 국제판례와 국가실행이 이를 뒷받침하고 있다는 것이다. 넷째, 한·중 양국간에는 대륙붕 자원 개발과 관련된 외교적 분쟁을 가급적 회피하고 경제적 개발을 우선하는 정책이 공통적으로 채택되고 있다.

이상의 고려요소를 감안할 때 우리나라가 이어도 주변 대륙붕 자원과 관련된 중국과의 문제를 해결하는 방안으로서는 두 가지를 제시할 수 있다. 첫째, 제4광구와 북광구간에 광구의 중복문제는 존재하지만 동 수역에 석유 또는 가스자원이 부존한다는 사실을 확인하지 못하였다면 현재 진행 중인 해양경계획정협상을 통하여 경계선을 획선하고, 사후 발견되는 자원에 대한 공동개발규정을 삽입하는 방식을 상정할 수 있다. 둘째는 경계 협상 중에 제4광구와 북광구에 걸쳐 존재하는 석유 또는 가스전을 발견한 경우 경계획정협상과는 별도로 중복주장수역을 포함하는 공동개발구역의 설정을 포함한 잠정약정을 체결하고 우선적 개발에 착수하는 방식과 경계획정협상 자체를 유보하고 해당자원에 대한 공동개발협정을 체결하는 방식을 고려할 수 있다. 이와는 별도로 제4광구에 대한 석유 및 가스자원의 부존가능성에 대한 집중적인 탐사활동이 시급히 필요한 것으로 판단된다.

## 참고문헌

권문상/이용희/박성욱, "한·중·일 EEZ 어업관리체제 및 새로운 어업협정에 관한 고찰", 「국제법학회논총」, 제44권 제1호, 1999.

김경신, "중·일 동중국해 가스전 공동개발의 의미와 시사점", 「해양수산동향」, 제1275권, 2008.

김민철, "중첩수역에서의 해양과학조사", 「서울국제법연구」, 제22권 제2호, 2015.

김병렬, "이어도의 해양법상 지위와 개발 필요성", 「영토해양연구」, 제8권, 2015.

김부찬, "이어도 및 이어도 주변수역의 해양법적 지위", 「법과 정책」, 제13집 제2호, 2007.

김찬규/노명준/이창위, "한일어업협정 및 한중어업협정 체결 이후 동북아 어업질서 운영방안", 「국제법학회논총」, 제44권 제1호, 1999.

김현수, 「국제해양법」, 연경문화사, 2007.

노홍길, "Socotra 암초 주변수역의 수산학적 특성", 「해양정책연구」, 제6권 제2호, 1991.

박병구, 「한중일 석유전쟁」, 한스미디어, 2006.

양희철/박성욱/박세헌, "동중국해 중·일 유전 개발 분쟁을 통해 본 양국의 해양경계획정에 대한 입장 연구", 「Ocean & Polar Research」, 제28권 제2호, 2006.

양희철/박성욱/정현수, "통킹만 경계획정을 통해본 중국의 해양경계획정 정책 및 우리나라의 대응방안 연구", 「Ocean & Polar Research」, 제29권 제3호, 2007.

이용희, "국제법상 월경자원의 처리에 관한 고찰 - 해저석유 및 가스자원을 중심으로", 「Ocean & Polar Research」, 제29권 제2호, 2007.

제성호, "Some Delimitation Issues in the Maritime Areas Surrounding the Korean Peninsula", 「해양정책연구」, 제11권 제1호, 1996.

지식경제부, 「제1차 해저광물자원개발 기본계획」, 2009.

최종화, 「현대 국제해양법」, 제6전정판, 두남, 2008.

홍종완/심어진, "동중국해에서의 한·중·일 대륙붕 중첩주장수역에서의 공동개발에 관한 고찰", 「서울국제법연구」, 제16권 제1호, 2009.

Brown, E.D., *The International Law of the Sea*, Vol. I, Dartmouth Publishing Company, 1994.

Cameron, Peter D., "The Rules of engagement : developing cross-border petroleum deposits in the North Sea and the Caribbean", *International and Comparative Law Quarterly*, Vol. 55, 2006.

Charles, Robson, "Transboundary Petroleum Reservoirs: Legal Issues and Solution", Blake, Gerald H.(eds.), *The Peaceful Management of Transboundary Resources*, Kluwer Law International, 2003.

Charney, Jonathan I., Alexander, Lewis M., *International Maritime Boundaries*, Vol. II, Martinus Nijhoff Publishers, 1993.

Churchill, Robin, Ulfstein, Geir, *Marine Management in Disputed Areas*, Routledge, 1992.

International Hydrographic Bureau, *Limits of Oceans and Seas*, Special publication No. 3. 3rd. ed. Monte-Carlo, 1953.

Kim, Sun Pyo, *Maritime Delimitation and Interim Arrangements in North East Asia*, Martinus Nijhoff Publishers, 2004.

Lagoni, "Interim Measure pending Maritime Delimitation Agreement", *American Journal of International Law*, Vol. 128, 1984.

Mensah, Thomas A., "Joint Development Zones as an Alternative Dispute Settlement Approach in Maritime Boundary Delimitation", in Lagonie, Vignes, *Maritime Delimitation*, Martinus Nijhoff Publishers, 2006.

Nandan, Satya N., Rosenne, Shabtai, *United Nations Convention on the Law of the Sea 1982: A Commentary*, Vol.II, Martinus Nijhoff Publishers, 1993.

Ong, David M., "Joint Development of Common Offshore Oil and Gas Deposits: "Mere" State Practice or Customary International Law?", *American Journal of International Law*, Vol. 93, 1999.

Robson, Charles, "Transboundary Petroleum Reservoirs: Legal Issues and Solution", in Blake, Gerald H.(eds.), *The Peaceful Management of Transboundary Resources*, Kluwer Law International, 2003.

Székely, Alberto, "The International Law of Submarine Transboundary Hydrocarbon Resources: Legal Limits to Behavior and Experiences for the Gulf of Mexico", *Natural Resources Journal*, Vol. 26, 1986.

Xue, Guifang, *China and International Fisheries Law and Policy*, Martinus Nijhoff Publishers, 2005.

Zou Keyuan, "The Sino－Vietnamese Agreement on Maritime Boundary Delimitation in the Gulf of Tonkin", *Ocean Development & International Law*, Vol.36, 2005.

______, *China's Marine Legal System and the Law of the Sea*, Martinus Nijhoff Publishers, 2005.

森田章夫, "係争海域における活動の國際法上の評價", 山本草二 編,「海上保安法制」, 三省堂, 2009.

인터넷 동아일보, "우리 땅 우리혼 영토분쟁 현장을 가다－대륙붕을 지켜라", 2004년 9월 9일.

인터넷 한겨레, "한－중－일 대륙붕 갈등 심화", 2004년 8월 23일.

*Aegean Sea*, Interim Protection, Order, I.C.J. Reports 1976.

Dispute concerning delimitation of the Maritime Boundary between Ghana and CÔTE DÎVOIRE in Atlantic Ocean, Judgement, ITLOS, 2017.

*Guyana/Surinam Arbitration*, Award, 17 Sep., 2007.

*North Sea Continental Shelf*, Judgement, I.C.J. Reports, 1969.

*Tunisia/Libya Continental Shelf Case*, ICJ Reports, 1982.

"Japan－China Oil Dispute Escalates", *The Washington Post*, Oct. 22, 2005.

http://www.un.org/Depts/los/LEGISLATIONANDTREATIES/index.htm

# 제 3 장

# 형 법

≫ 부작위에 의한 공동정범 성립을 위한 의사 형태 _ 강우예

# 부작위에 의한 공동정범 성립을 위한 의사 형태

## -세월호 사건의 대법원 판결에 대한 분석을 중심으로-

강 우 예

【대상판결1】 대법원 2015. 11. 12. 선고 2015도6809 전원합의체 판결

[판결요지]

(1) … 부진정 부작위범의 고의는 반드시 구성요건적 결과발생에 대한 목적이나 계획적인 범행 의도가 있어야 하는 것은 아니고 법익침해의 결과발생을 방지할 법적 작위의무를 가지고 있는 사람이 의무를 이행함으로써 결과발생을 쉽게 방지할 수 있었음을 예견하고도 결과발생을 용인하고 이를 방관한 채 의무를 이행하지 아니한다는 인식을 하면 족하며, 이러한 작위의무자의 예견 또는 인식 등은 확정적인 경우는 물론 불확정적인 경우이더라도 미필적 고의로 인정될 수 있다. 이때 작위의무자에게 이러한 고의가 있었는지는 작위의무자의 진술에만 의존할 것이 아니라, 작위의무의 발생근거, 법익침해의 태양과 위험성, 작위의무자의 법익침해에 대한 사태지배의 정도, 요구되는 작위의무의 내용과 이행의 용이성, 부작위에 이르게 된 동기와 경위, 부작위의 형태와 결과발생 사이의 상관관계 등을 종합적으로 고려하여 작위의무자의 심리상태를 추인하여야 한다.

(3) 피고인 2, 피고인3이 간부 선원들로서 선장을 보좌하여 승객 등을 구조하여야 할 지위에 있음에도 별다른 구조조치를 취하지 아니한 채 사태를 방관하여 결과적으로 선내 대기 중이던 승객 등이 탈출에 실패하여 사망에 이르게 한 잘못은 있으나, 그러한 부작위를 작위에 의한 살인의 실행행위와 동일하게 평가하기 어렵고, 또한 살인의 미필적 고의로 피고인 갑의 부작위에 의한 살인행위에 공모 가담하였다고 단정하기도 어려우므로, 피고인 을, 병에 대해

부작위에 의한 살인의 고의를 인정하기 어렵다고 한 원심의 조치는 정당하다고 한 사례.

[판시내용]

피고인 2, 피고인 3, 피고인 9는 비록 간부 선원이기는 하나 나머지 선원들과 마찬가지로 선박침몰과 같은 비상상황 발생 시 각자 비상임무를 수행할 현장에 투입되어 선장의 퇴선명령이나 퇴선을 위한 유보갑판으로의 대피명령 등에 대비하다가 선장의 실행지휘에 따라 승객들의 이동과 탈출을 도와주는 임무를 수행하는 자로서, 그 임무의 내용이나 중요도가 선장의 지휘 내용이나 구체적인 현장상황에 따라 수시로 변동될 수 있을 뿐 아니라 퇴선유도 등과 같이 경우에 따라서는 승객이나 다른 승무원에 의해서도 비교적 쉽게 대체 가능하다. 따라서 승객 등의 퇴선을 위한 선장의 아무런 지휘·명령이 없는 상태에서 피고인 2, 피고인 3, 피고인 9가 단순히 비상임무 현장에 미리 가서 추가 지시에 대비하지 아니한 채 선장과 함께 조타실에 있었다거나 혹은 기관부 선원들과 함께 3층 선실 복도에서 대기하였다는 사정만으로, 선장과 마찬가지로 선내 대기 중인 승객 등의 사망 결과나 그에 이르는 사태의 핵심적 경과를 계획적으로 조종하거나 저지·촉진하는 등 사태를 지배하는 지위에 있었다고 보기 어렵다.

[반대의견]

이 사건에서 피고인 2, 피고인 3은 비록 승객들에게 필요한 퇴선명령을 하지 않을 것과 승객 등을 그대로 방치한 채 먼저 퇴선하는 것 등에 관하여 피고인 1과 명시적으로 의견을 나누고 의사 합치에 이르는 등 모의를 한 것은 아니지만, 각자 자신의 의무의 존재와 불이행 사실 및 다른 피고인들의 불이행 사실까지도 모두 인식하였고 이와 같이 아무도 의무를 이행하지 않은 데에서 더 나아가 공동 퇴선에 의하여 향후의 이행 가능성까지 차단함으로 인하여 피해자들의 사망이라는 결과가 발생할 수 있다는 점을 모두 인식하고도 이를 용인하고 선장의 무책임한 행위에 편승하여 함께 퇴선행위를 하였으므로, 순차적 또는 암묵적으로 공동 가공에 의한 구성요건 실현 의사의 결합이 이루어졌다고 충분히 인정할 수 있다.

【대상판결2】 대법원 2008. 3. 27. 선고 2008도89 판결

[판결요지]

부작위범 사이의 공동정범은 다수의 부작위범에게 공통된 의무가 부여되어 있고 그 의무를 공통으로 이행할 수 있을 때에만 성립한다.

【참조판결1】 대법원 2004. 6. 24. 선고 2002도995 판결

(1) 살인죄에 있어서의 고의는 반드시 살해의 목적이나 계획적인 살해의 의도가 있어야 하는 것은 아니고 자기의 행위로 인하여 타인의 사망의 결과를 발생시킬 만한 가능 또는 위험이 있음을 인식하거나 예견하면 족한 것이고 그 인식 또는 예견은 확정적인 것은 물론 불확정적인 것이더라도 소위 미필적 고의로서 살인의 범의가 인정되는 것인바(대법원 2003. 4. 25. 선고 2003도949 판결 등 참조), 기록에 의하면, 피해자는 경막하 출혈상을 입고 9시간 동안 두개골 절제술 및 혈종 제거수술을 받은 후 중환자실로 옮겨져 인공호흡기를 부착한 상태로 계속 합병증 및 후유증에 대한 치료를 받고 있었는데 그로부터 불과 하루 남짓이 경과한 상태에서 피해자에게서 인공호흡기를 제거하는 등 치료를 중단하는 경우 종국에는 사망할 가능성 내지 위험성이 있음이 예견되었고, 피고인들 또한, 담당 전문의와 주치의로서 이러한 사실을 인식하고 있었는바, 이러한 점에 비추어 보면 피고인들이 비록 원심공동피고인의 요청에 의하여 마지 못해 치료를 중단하였다고 하더라도 그 당시 피해자의 사망이라는 결과 발생에 대한 미필적 인식 내지 예견마저 없었다고 보기는 어려우므로, 피고인들에게 정범의 고의가 없다고 본 원심의 판단은 잘못된 것이다.

(2) 그러나 다른 한편, 형법 제30조의 공동정범이 성립하기 위하여는 주관적 요건인 공동가공의 의사와 객관적 요건으로서 그 공동의사에 기한 기능적 행위지배를 통하여 범죄를 실행하였을 것이 필요하고, 여기서 공동가공의 의사란 타인의 범행을 인식하면서도 이를 제지함이 없이 용인하는 것만으로는 부족하고 공동의 의사로 특정한 범죄행위를 하기 위하여 일체가 되어 서로 다른 사람의 행위를 이용하여 자기의 의사를 실행에 옮기는 것을 내용으로 하는

것이어야 하는바(대법원 2003. 3. 28. 선고 2002도7477 판결 등 참조), 기록에 의하여 드러난 사정들, 즉, 피고인들이 원심공동피고인의 퇴원 조치 요구를 극구 거절하고, 나아가 꼭 퇴원을 하고 싶으면 차라리 피해자를 데리고 몰래 도망치라고까지 말하였던 점, 퇴원 당시 피해자는 인공호흡 조절수보다 자가 호흡수가 많았으므로 일단 자발호흡이 가능하였던 것으로 보이고, 수축기 혈압도 150/80으로 당장의 생명유지에 지장은 없었던 것으로 보이는 점, 피해자의 동맥혈 가스 분석 등에 기초한 폐의 환기기능을 고려할 때 인공호흡기의 제거나 산소 공급의 중단이 즉각적인 호흡기능의 정지를 유발할 가능성이 적었을 것으로 보이는 점 등에 비추어 보면, 피고인들은 피해자의 처 원심공동피고인의 간청에 못 이겨 피해자의 퇴원에 필요한 조치를 취하기는 하였으나, 당시 인공호흡장치의 제거만으로 즉시 사망의 결과가 발생할 것으로 생각하지는 아니하였던 것으로 보이고(피해자가 실제로 인공호흡장치를 제거한지 5분 정도 후에 사망하였다는 것만으로 그러한 결과가 사전에 당연히 예견되는 것이었다고 단정하기는 어렵다), 결국 피고인들의 이 사건 범행은, 피해자의 담당 의사로서 피해자의 퇴원을 허용하는 행위를 통하여 피해자의 생사를, 민법상 부양의무자요 제1차적 보증인의 지위에 있는 원심공동피고인의 추후 의무 이행 여부에 맡긴 데 불과한 것이라 하겠고, 그 후 피해자의 사망이라는 결과나 그에 이르는 사태의 핵심적 경과를 피고인들이 계획적으로 조종하거나 저지·촉진하는 등으로 지배하고 있었다고 보기는 어렵다. 따라서 피고인들에게는 앞에서 본 공동정범의 객관적 요건인 이른바 기능적 행위지배가 흠결되어 있다고 보는 것이 옳다.

【참조판결2】 대법원 2007. 7. 27. 선고 2006도3137 판결

2인 이상이 범죄에 공동 가공하는 공범관계에서 공모는 법률상 어떤 정형을 요구하는 것이 아니고 2인 이상이 공모하여 어느 범죄에 공동가공하여 그 범죄를 실현하려는 의사의 결합만 있으면 되는 것으로서, 비록 전체의 모의과정이 없었다고 하더라도 수인 사이에 순차적으로 또는 암묵적으로 상통하여 그 의사의 결합이 이루어지면 공모관계가 성립하고, 이러한 공모가 이루어진 이상

실행행위에 직접 관여하지 아니한 자라도 다른 공모자의 행위에 대하여 공동정범으로서의 형사책임을 진다(대법원 2003. 1. 24. 선고 2002도6103 판결 참조).

원심은, 그 채용증거를 종합하여 판시와 같은 사실들과 사정들을 인정한 다음, 판시 집회에 주도적으로 관여한 위 피고인들로서는 집회 직후 회사 진입과정에서 이를 저지하는 경찰과의 물리적 충돌과 그에 따른 상해 등이 뒤따를 것을 충분히 인식하고서도 그러한 결과의 발생을 용인하고자 하는 미필적 고의가 있었다고 할 것이고, 그러한 폭력행위를 직접 실행한 자들과의 사이에 순차적 또는 암묵적인 의사의 연락도 있었다고 판단하였는바, 위 법리와 기록에 비추어 살펴보면, 원심에서의 증거의 취사선택과 사실인정 및 판단은 정당하여 수긍할 수 있고, 거기에 상고이유로 주장하는 바와 같은 공모관계의 성립에 관한 법리오해 내지 채증법칙 위반으로 인한 사실오인 등의 위법이 있다고 할 수 없다.

## Ⅰ. 문제의 제기

본 글의 대상판결1에서 부작위에 의한 공동정범의 의사 형태를 다루는 측면은 몇 가지 의문을 불러일으킨다. 우선, 대법원은 부작위범의 고의 또한 미필적 고의를 포함한다고 제시했다. 이를 바탕으로 선장인 피고인1에 대하여 살인의 고의를 인정했다. 반면, 선원인 피고인2와 피고인3에 대해서는 피고인1의 살인 행위에 공모했는지와 관련하여 미필적 고의가 없었다고 판시했다. 여기서, 대상판결1의 다수의견이 피고인2와 피고인3이 피고인1의 살인 행위에 대한 공동정범으로 가공했다고 판단하지 않은 이유가 "사태의 핵심 경과를 계획적으로 조종하거나 저지·촉진하는 등 지배하는 지위에 있었다고 보기 어렵"기 때문이라고 기술한 부분을 주목할 필요가 있다. 피고인2와 피고인3에게 미필적 고의 판단과 별도로 사태에 대한 계획적 조종을 통한 지배를 검토하는 것은 어떠한 의미가 있는가? "사태의 핵심 경과를 계획적으로 조종하거나 저지·촉진하는 등 지배하는 지위"는 부작위 공동정범의 행위지배를 판단하는 기준이외에 고의 판단의 자료로 볼 수는 없는가? 만일, 부작위 공동정범의 행위지배를 판단하는 표지로 사용된 계획적 조정이나 저지·촉진은 고의와는 어떻게 구분되는가? 이 공동정범의 행위지배 판단의 요건이 구성요건적 고의에 영향을 줄 가능성이 없다고 볼 수 있는가? 혹시, 부작위의 공동정범에 있어서는 공동가공을 위한 적극적 의사가 작위범의 경우 보다 행위지배 판단에 더 핵심적인 역할을 한다고 볼 여지는 없는가? 대상판결1에 있어 다른 객관적 상황이 동일하다는 전제하에 선원들이 선장과 적극적 의사 연락을 한 후 승객구조 의무를 이행하지 않은 채 선박탈출을 한 경우를 가정해 본다면 선원들에게 행위지배가 있었던 것으로 볼 수 있지 않은가.

대상판결1의 반대의견은 피고인2와 피고인3이 "피해자들의 사망이라는 결과가 발생할 수 있다는 점을 인식하고 용인"하였다고 하여 미필적 고의를 인정하고 있다. 나아가, 피고인2와 피고인3은 피고인1과 "순차적 또는 암묵적으로 공동 가공에 의한 구성요건 실현 의사의 결합"이 이루어졌다고 보았다. 즉, 반대의견은 피고인2와 피고인3이 피고인1의 행위와 결부된 공동정범이 되기 위하여 대법원 다수의견과 같은 별도의 강화된 의사를 요구하지 않고 있다. 대상판결1의 반대의견뿐만 아니라 다수의견에서도 선원들에게 승객들이 사망할 수 있다는 데 대한 인식은 분명히 있었다고 보았다. 나아가, 반대의견과 같이 선장에 대한 미필적 고의를 인정한 이상 선원들 또한 암묵적으로 선장의 승객구조 포기를 용인했다고 보는 것이 더 자연스럽다. 동일한 상황에서 동일한 위험에 처하여 승객구조를 함께 방기하고 탈출한 선장과 선원들이 의무와 사태지배의 정도가 다르다고 하여 각기 다른 형태의 고의를 가졌다는 것은 받아들이기 힘들다. 사실, 세월호 사건의 반대의견은 피고인2와 피고인3에게 구성요건적 결과발생에 대한 별도의 강화된 의사를 요구하지 않는다는 면에서 통상의 고의론과 종래의 공모공동정범론에서 크게 벗어나지 않았다고 볼 수 있다.

대상판결1의 다수의견과 반대의견의 이러한 차이는 우연이 아니며 종래 대법원에서 판결로 제시한 두 가지 상반된 접근법을 각기 채택한 결과이다. 대법원은 소위 보라매 병원 사건인 참조판결1에서 작위의 공동정범에 대해서도 살인의 고의는 미필적 고의를 포함하는 것이라고 판시했지만, 공동정범의 객관적 요건인 기능적 행위지배가 성립하기 위해서는 “사태의 핵심적 경과를 피고인들이 계획적으로 조종하거나 저지·촉진하는 등으로 지배”해야 한다고 보았다. 여기서 한 발 더 나아가, 대법원은 공동정범 성립을 위한 “공동가공의 의사란 타인의 범행을 인식하면서도 이를 제지함이 없이 용인하는 것만으로는 부족”하다고 판시한 바 있다. 즉, 공동정범에서는 미필적 고의 이상의 “다른 사람의 행위를 이용하여 자기의 의사를 실행에 옮기는 것을 내용”으로 하는 의사가 있어야 한다고 본 것이다. 반면, 대법원은 참조판결2에서 주거침입과 관련하여 순차적 또는 암묵적인 의사연락 하에 실행된 구성요건적 결과에 대한 미필적 고의만으로 공동정범이 성립한다고 판시한 바 있다. 참조판결2에서는 대법원이 행위지배 판단을 위하여 타인을 이용하여 자신의 의사를 실행에 옮기는 형태의 의사로서의 계획적인 조정, 저지 및 촉진을 언급하지 않았다.

우리 법실무와 학계에서 부작위의 공동정범 관련 법리는 미완의 영역이라고 볼 수 있다. 특히 근래 학계의 소수견해가 부작위의 공동정범의 객관적 형상에 대하여 가하고 있는 비판적 시각은 날카로운 에너지를 뿜어내고 있다. 무엇보다, 미필적 고의라는 개념은 부작위의 공동정범의 분명한 형상을 포착하는 것을 더욱 어렵게 하고 있다. 이 부작위의 공동정범이라는 특별한 영역과 미필적 고의라는 특수한 형태의 주관적 요건이 중첩되어 발생시킬 수 있는 개념의 혼돈에 주목할 필요가 있다. 사실, 미필적 고의에 의지적 요소를 약화시키거나 생략하고자 하는 접근법이 끊임없이 나타나고 있다. 이뿐만 아니라, 미필적 고의는 확정적 고의의 인식과 의지라는 개념적 요소를 단순히 공유하는 개념이 아니라 소극적 태도라는 이질적인 형태를 지닌다는 견해 또한 설득력이 있어 보인다. 그러면, 타인이 발생시킨 위험을 단순 수용하거나 무시하는 소극적인 태도를 보였다는 것만으로 결과발생에 이르는 사태를 공동으로 지배한 것이라 볼 수 있는가? 만일 아니라면, 타인의 행위를 이용하여 자신의 의사를 계획적으로 조종하여 관철시킨다는 측면을 어떠한 범주로 포섭해야 하는가? 주관적 구성요건으로서의 고의인가? 아니면, 객관적 구성요건에 포함된 주관적 표지인가? 만일, 부작위의 공동정범에 있어 행위지배의 의사가 있는 경우 미필적 고의가 그대로 유지될 수 있는가? 나아가, 객관적 구성요건과 주관적 구성요건이 완전히 양분되는 데서 벗어나 객관적 구성요건요소를 평가하는 데 주관적 측면이 고려될 가능성이 있는가? 이 부분이 범죄체계론의 정형적 구조 때문에 불가능하다면 부작위의 공동정범 개념은 미궁에 빠질 수 밖에 없는 것으로 보인다.

## II. 부작위범의 공동정범의 성립에 관한 논의

### 1. 개요

우리나라의 상당수의 학술논문들은 부작위에 의한 공동정범의 객관적 요건의 분석에 많은 에너지를 투여하고 있다.[1] 이러한 논문들에 있어 주관적 구성요건인 고의는 객관적 구성요건적 사실에 대한 인식과 의욕으로서 다소 수동적인 의미를 지니는 것으로 이해되었기 때문에 논의의 대상에서 벗어나 있는 듯하다. 또한, 부작위에 의한 공범의 경우에도 객관적 요건과 표지가 주관적 요건을 논하는 데 선행된다는 접근법을 택하는 것으로 보인다. 따라서, 작위행위에 의한 공동정범에 있어 '실행행위의 분담에 의한 지배' 표지와 상응한 것으로 인정할 수 있는 부작위에 의한 공동정범의 객관적 형상이 무엇인지가 관심사항이 되었다.

1) 김성룡, "의무범과 정범표지, 부작위범의 공동정범 표지로서 기능적 행위지배?", 형사법의 신동향 통권 제52호, 대검찰청, 2016; 이용식, "부작위 상호간에 있어서 정범과 공범의 구별 및 공동정범의 성립가능성", 서울대학교 법학 제52권 제1호, 서울대학교 법학연구소, 2011; 류부곤, "부작위범의 공동정범?", 형사법연구 제22권 제3호, 한국형사법학회, 2010; 김성룡, "부작위범 사이의 공동정범", 형사판례연구 [17], 한국형사판례연구회, 박영사, 2009; 이정원, "부작위에 의한 사기죄에서의 기망행위와 공동정범? －대법원 2006. 2. 23. 2005도8645－", 비교형사법연구 제8권 제1호, 한국비교형사법학회, 2006; 전지연, "부작위범에서 정범과 공범의 구별", 형사판례연구 [13], 한국형사판례연구회, 박영사, 2005; 원형식, "의무범에 있어서 정범과 공범의 구별", 형사법연구 제19호, 한국형사법학회, 2003; 김성룡, "다수인의 공동의 의사결정에서의 형법해석학적 문제점", 비교형사법연구 제4권 제1호, 한국비교형사법학회, 2002; 이정원, "부진정부작위범에서의 정범과 공범", 비교형사법연구 제2권 제2호, 한국비교형사법학회, 2000; 전지연, "부작위에 의한 참가", 형사법연구 제5호, 한국형사법학회, 1992. 반면, 대상판결1을 분석함에 있어 행위자의 주관적 측면에 대해 초점을 맞춘 논지를 지닌 논문으로, 김태명, "부작위에 의한 살인죄의 공동정범의 성립요건", 형사판례연구 [24], 한국형사판례연구회, 박영사, 2016.

부작위에 의한 공동정범의 성립 문제는 부작위에 의한 방조범 성립 문제와 함께 논해진다. 일반적으로, 작위범의 경우와 마찬가지로 부작위의 공동정범과 부작위의 방조범은 대소 간에 차이가 나는 것으로 보고 있다. 따라서, 무엇보다 부작위의 정범과 부작위의 방조범을 가르는 차이가 어떠한 개념요소에 기초하는지를 밝히는 부분이 논의의 출발점이 되어야 한다. 나아가, 2인 이상의 자가 부작위를 행하여 전체 범죄에 대하여 공동으로 정범의 책임을 져야 하는 것은 어떤 경우인지를 분명히 해야 한다.

부작위의 정범성과 관련해서는 기본적으로 의무범설과 행위지배설이 대립하고 있다. 이외에 상응성설 또한 상당한 설득력을 지니는 것으로 보인다. 특히, 의무범설에 있어 부작위범의 독자성을 강조하는 소수설은 부작위 공동정범의 법형상을 부인하는 결론으로 나아간다.[2] 이에 대하여 다수설[3]과 판례[4]는 공동의 작위의무와 의무이행가능성이 있을 때 부작위로 인한 구성요건적 결과가 발생하면 부작위의 공동정범이 성립한다고 보고 있다.

## 2. 부작위범의 정범성

### (1) 의무범설

부작위에 기초한 정범의 성립 형태와 관련된 논의는 대체로 작위의무를 중심으로 이루어지고 있다. 작위의무를 중심으로 한 부작위의 정범의 형상을 포착하는 방식은 부작위가 인과관계에 현실적인 작용을 하는 작위범의 경우와 본질적으로 구분되는 면을 부각시킨다. 의무범설에 따르면, 부작위범에서는 결과회피의무를 중심으로 정범의 성립여부를 판단할 수 있다고 본다.[5] 의무

2) 아래 “부작위의 공동정범 부정설” 부분 참조.

3) 김성돈, 형법총론 제5판, 성균관대학교 출판부, 2017, 613쪽; 배종대, 형법총론 제13판, 홍문사, 2017, 535쪽; 오영근, 형법총론 제3판 박영사, 2017, 175쪽; 이재상·장영민·강동범, 형법총론 제9판, 박영사, 2017, 140쪽; 천진호, 형법총론, 준커뮤니케이션즈, 2016, 819~820쪽; 김일수·서보학, 형법총론 제12판, 박영사, 2014, 464쪽; 신동운, 신판례백선 형법총론 제2판, 경세원, 2011, 602~603쪽; 정성근·박광민, 형법총론 제4판, 삼지원, 2009, 476쪽; 박미숙, “부작위와 공범”, 비교형사법연구 제5권 제1호, 한국비교형사법학회, 2003, 145~146쪽.

4) 대법원 2008. 3. 27. 선고 2008도89 판결. 대상판결2에 해당하는 판결임.

범설에서는 부작위의 정범성 판단에 있어 작위의무 개념이 행위지배 개념을 대체한다. 김성룡 교수는 실행행위 분담이 없다는 이유로 공모공동정범을 강력하게 반대하는 학계 다수의 견해가 실행행위의 물리적 기여가 없는 부작위범에 대하여 범행지배를 너무 쉽게 인정한다고 지적하며 의무범설을 지지하고 있다.[6] 이렇게 되면, 부작위범은 작위범과 공통분모 없이 완전히 별개의 개념으로 구분된다. 부작위는 그 자체 고유한 구조적 특수성을 존중받아야 하며 별도의 기준으로 판단하여야 한다는 것이다.[7] 즉, 부작위는 작위와 동등한 수준에서 논할 수 있는 형상과 기준을 잃게 된다. 본질적으로, 부작위범을 지탱하고 있는 의무범 개념은 지배범 개념과는 날카로운 대립관계를 이루고 있다.[8] 여기서, 부작위의 작위와의 동가치성은 완전히 이질적인 개념간의 무정형적인 비교라는 의미로 귀결될 것이다.

의무론의 입장에서는 부작위범의 형상은 부작위에 의한 의무위반이므로 일면 의무의 내용과 종류, 즉 보증인지위의 형태에 따라 정범성 여부를 판단하고자 시도한다. 만일, 부작위범의 의무의 형태를 명확히 할 수 있다면 공동정범의 공동의 형상도 의무범설에 기초하여 제시할 수 있는 가능성이 높아진다. 전지연 교수는 헤르쯔베르크(Herzberg)가 의무범의 의무를 감독보증의무와 보호보증의무를 구분한 것을 소개한다. 우선, 감독보증의무자는 작위이자 지배범의 경우에도 적용될 수 있는 개념으로 정범과 공범 모두 해당할 수 있다. 가령, 감독보증의무자는 작위행위를 통해 실현하는 것도 가능한데 그 경우 법익침해는 감독의무를 위반한 부작위로 보는 접근법을 지녔다. 통상의 지배범의 원리에 따르는 감독보증의무자는 작위행위자와의 관계에서 방조범으로 처벌된다. 반면, 보호보증의무자는 보호대상이 되는 법익에 대한 침해 일체로부터 보호하는 의무를 지닌다. 이 경우, 보호보증인의 보호의무 위반은 모두 정

5) 전지연, "부작위범에서 정범과 공범의 구별", 앞의 각주 1)의 논문, 131쪽. 전지연 교수는 결과회피의무가 존재함에도 부작위 정범이 성립되지 않고 부작위에 의한 공범이 성립되는 경우로 일신전속적 의무범을 포함한 자수범 등의 경우를 소개하고 있다. 전지연, 위의 논문, 118쪽.

6) 김성룡, "의무범과 정범표지, 부작위범의 공동정범 표지로서 기능적 행위지배?", 앞의 각주 1)의 논문, 250쪽.

7) 전지연, "부작위에 의한 참가", 형사법연구 제5호, 한국형사법학회, 1992, 64쪽.

8) 김일수·서보학, 위의 책 참조; 원형식, "의무범에 있어서 정범과 공범의 구별", 앞의 각주 1)의 논문, 221쪽 참조; 김성룡, "의무범과 정범표지, 부작위범의 공동정범 표지로서 기능적 행위지배?", 위의 논문 참조.

범으로 동등하게 평가된다.[9] 그러나, 우선 부작위범의 보증인을 감독보증인과 보호보증인으로 분명하게 구분하는 것이 매우 어렵다. 또한, 이와 같이 구분하는 접근법은 정범과 공범을 적절히 가르는 방법이 될 수 없다. 왜냐하면, 정범과 공범의 구별은 불법의 질과 양에서 대소의 차이가 나야 하는데 감독보증인과 보호보증인 개념은 작위의무자 간의 불법의 정도의 차이를 제시하는 데 적절한 개념이라고 보기 힘들기 때문이다. 즉, 감독보증인이나 보호보증인 개념에 기초해서는 작위의무의 위반여부에 따라 부작위범의 성립만을 판단할 수 있을 뿐이어서 불법의 경중을 판단하는 기준이 되기 어려운 것이다. 나아가, 보호보증인이 항상 정범이 된다는 것도 쉽사리 받아들이기 힘들다.[10] 보호보증인이라고 할지라도 정범인 작위행위자에 가공하여 부수적·주변적 역할을 한 자의 경우 방조범으로 보아야 한다. 이뿐만 아니라, 감독보증인 개념에서 범행지배의 부존재로 정범과 공범을 가르는 방식은 결국 지배범과 차이가 없다.[11] 게다가, 이러한 접근법은 부작위범에 고유한 정범과 공범 개념을 별도로 설정하는 것이어서 작위범을 중심으로 공범론을 일원적으로 규정하고 있는 우리 형법체계에 부합하지 않는다. 무엇보다, 의무의 종류와 내용을 바탕으로 부작위범의 형상을 구분하는 방식은 부작위의 공동정범의 사태지배 및 공동성 여부를 판단하는 데는 더욱 무력하다.

### (2) 행위지배설

행위지배설은 부작위도 작위와 마찬가지로 범행지배 여부를 바탕으로 하여

9) 전지연, "부작위범에서 정범과 공범의 구별", 앞의 각주 1)의 논문, 119~120쪽. 이외에도, 이용식 교수는 부세(Busse)가 감독보증인에게는 작위범과 마찬가지로 범행지배를 기준으로 사용하고 보호보증인은 원칙적으로 정범이 될 수 있다고 한 주장과 야콥스(Jakobs)가 지배범적인 성격을 지니는 조직범위의 형성에 책임을 지는 조직관할에 의한 의무(Pflichten kraft Organisationszustaendigkeit)와 의무범적 성격을 지니는 연대성보장에 책임을 지는 제도관할에 의한 의무(Pflichten kraft institutioneller Zustaendigkeit) 개념을 제시한 바를 소개하고 있다. 이용식, "부작위에 의한 정범과 공범의 구별", 265쪽. 이러한, 의무의 종류를 구분 한 것이 불법의 경중을 바탕으로 한 정범과 공범을 가르는 기준으로 제시되는 것은 큰 설득력이 없어 보인다.

10) 이용식, "부작위에 의한 정범과 공범의 구별", 서울대학교 법학 제40권 제2호, 서울대학교 법학연구소, 1999, 264쪽.

11) 전지연, "부작위범에서 정범과 공범의 구별", 위의 논문, 121~122쪽.

정범성을 판단한다. 본래, 범행지배는 개시된 인과의 경과에 대한 부작위범의 장악이라는 부분이 주된 형상이다.[12)] 다만, 부작위범은 작위와는 달리 잠재적으로 행위지배 상태에 놓이게 되므로 인과과정에 대한 물리적 개입이 없다는 차이가 있다. 그럼에도, 행위지배설에서는 작위의무를 지는 보증인의 법익침해의 직접성을 판단하기 위해서 의무내용은 어디까지나 행위지배 개념을 중심으로 고려된다.[13)] 나아가, 부작위범에 있어 작위의무의 위반과 구성요건적 결과 간에 아무것도 없는 무존재의 진공상태가 아니라 여러 가지 상황적·가치판적 요인들이 나타날 수 있다는 점을 유의할 필요가 있다. 의무범론에 기초한다고 하더라도 부작위범의 결과회피의무 이행의 전제조건으로서의 결과회피가능성을 판단하기 위하여 사건의 진행 정황을 고려하게 되면, 단지 의무형상만이 정범성을 판단할 수 있는 선험적 기준이라 보는 것은 무리가 있다. 넓게 보아, 다수인이 관여한 작위범의 경우에도 개별행위자의 범행기여는 근본적으로 행위상황에 대한 가치판단을 완전히 제외하고 논해질 수 없다. 사실, 타인의 집밖에서 망을 보는 작위행위는 그 자체로는 아무런 의미가 없지만 다른 행위자의 주거침입과 절도행위와 결부되어 있다고 평가될 수 있을 때 비로소 범죄의 형상을 획득하게 된다. 즉, 결과발생과 연관된 부작위의 상호의존성이 사태의 중심형상[14)]으로 평가될 수 있는 경우에 부작위의 공동정범이 성립할 수 있다. 상술하면, 전체 범행계획에 비추어 복수의 부작위가 결합되었을 때 비로소 가벌성 판단에 완전한 의미를 획득한다고 평가되거나 결과발생에 보다 효과적인 기여를 했다고 볼 수 있는 경우 공동정범이 성립한다고 해야 한다. 이러한 판단을 위해서 의무의 기본 형태, 상황에 비춘 의무의 보다 구체적인 내용과 결과발생가능성,[15)] 결과저지의 직접성과 용이성,[16)] 범행계획

12) 이용식 교수는 "형법적 결과의 발생이 오로지 부작위범에게 달려 있는 경우에 범행지배가 긍정된다"는 킬바인(Kielwein)의 견해(Keilwein, Unterlassung und Teilnahme, GA 1955, S. 227)와 "행위자와 사태 사이의 직접적이고도 밀접한 관련성"이 곧 범행지배라고 본 부세(Busse, Taeterschaft und Teilnahme bei Unterlassungsdelikten, 1974, S. 259f)를 인용하고 있다. 이용식, "부작위에 의한 정범과 공범의 구별", 위의 논문, 258쪽.

13) 이용식 교수는 행위지배와 의무내용을 함께 고려해야 한다고 기술하고 있다. 이용식, "부작위 상호간에 있어서 정범과 공범의 구별 및 공동정범의 성립가능성", 앞의 각주 1)의 논문, 161쪽.

14) 정범성 판단에 있어 중심형상이라는 용어는 이용식 교수의 논문에서 나타난다. 이용식, "부작위에 의한 정범과 공범의 구별", 앞의 각주 10)의 논문, 281쪽 참조.

15) 행위지배의 판단을 위하여 의무의 구체적 형태 그리고 결과저지의 직접성 및 간접성을 고려해

의 수준 및 상호연락 형태 및 기타 정황이 모두 종합적으로 고려되어야 한다.

의무범설에서는 지배범설이 구체적 척도로 작용하기 어려운 추상적인 개념을 사용하고 있다고 비판한다.[17] 그러나, 지배범설이 일도양단식의 명확한 기준을 제시하지 않는다고 행위지배 판단을 위하여 제시한 개념요소들이 무용하다고 치부할 수만은 없다. 부작위범의 정범성립을 위해 사전에 제시하는 기준이 구체적이지 않다는 문제점은 의무범설에서도 마찬가지라고 할 수 있다. 단지 보증인 의무가 있는 경우 의무위반행위가 있었는지만을 평가하게 된다면 의무범설은 구체적인 사실관계에 따라 범행기여도의 차등을 구분하는 데는 매우 무력해진다. 즉, 대체로 부작위에 의한 추상적인 의무위반만이 주된 형상으로 남아있게 된다. 이는 형식적으로는 명확해 보이지만 사건별로 다수인이 기여한 바에 대한 실질적인 평가를 기할 수 없게 되는 단점이 있다. 사실, 의무범설의 진영인 록신은 지배범설이 포착하고자 하는 상황구체성을 의무의 구체화로 대신할 수 있다고 언급한 바 있다.[18] 그처럼, 의무 개념이 개별 사건별로 구체화될 수 있다면 지배범설에 따라 상황에 대한 규범적 판단을 하는 것에 매우 근접할 수 있을 것이다. 그렇다고 하더라도, 지배범설은 그 성질상 의무범설 보다 고려할 수 있는 대상범위가 넓어지는 면이 있다는 점을 유의할 필요가 있다. 결론적으로, 지배범설이 물리적 인과과정의 장악 여부라는 작위범의 기준을 그대로 적용하는 것을 지양하고 행위자의 주관적 측면, 객관적 상황 및 의무에 대한 구체화 등을 종합적으로 고려하게 되면 다수인이 관

야 한다는 견해로, 이창섭, "해양사고와 선원의 형사책임에 관한 몇가지 검토", 비교형사법연구 제18권 제1호, 한국비교형사법학회, 2016, 144쪽; 그에 반하여, 결과방지가능성은 부작위범의 성립요건일 뿐 정범과 공범을 가르는 기준이 될 수 없다는 견해로, 전지연, "부작위에 의한 참가", 앞의 각주 7)의 논문, 69쪽; 이용식, "부작위에 의한 정범과 공범의 구별", 위의 논문, 259쪽.

16) 대법원 2015. 11. 12. 선고 2015도6809 전원합의체 판결.

17) 대표적으로, 김성룡, "의무범과 정범표지, 부작위범의 공동정범 표지로서 기능적 행위지배?", 앞의 각주1)의 논문, 255쪽. 김성룡 교수는 작위범의 범행지배 개념 또한 모호하여 기준으로 작동하기 힘들다고 비판하고 있다. 김성룡, "존재론적 공동정범표지", 비교형사법연구 제17권 제2호, 한국비교형사법학회, 2015, 73쪽. 그러나, 법적 개념 중에는 다양한 사실관계에 비추어 규범적인 의미의 지향성 정도의 역할에 그치는 것이 있다는 것을 인정하여야 한다. 우리 형법규정의 정당한 이유, 상당성, 음란, 위험 그리고 본 논문에서 기술하는 지배 또는 상응성과 같은 관념이 이에 해당한다고 볼 수 있다.

18) 김성룡, "의무범과 정범표지, 부작위범의 공동정범 표지로서 기능적 행위지배?", 앞의 각주 1)의 논문, 252쪽.

여한 부작위의 범죄형태를 보다 효과적으로 설명할 수 있게 된다.

행위지배설에 기초한 독일과 우리나라의 다수 견해는 부작위범이 작위범과 경합하였을 경우 원칙적으로 부작위의 방조범이 성립한다고 본다. 즉, 부작위는 인과과정에 물리적으로 개입하지 않아 결과발생을 소극적으로 촉진한 것에 지나지 않으며 작위와의 관계에서 방조범이 적합하다는 것이다.[19] 다만, 행위지배설에 기초한다고 하더라도 작위범이 범행경과를 더 이상 지배할 수 없는 시점부터는 부작위범이 범행지배할 수 있는 가능성이 발생한다고 본다. 이와 관련하여 작위범이 부작위범의 직접적 결과도달을 차단한다는 관점이 나타났다.[20] 우리 대법원은 다수인이 관여한 범죄에 있어 작위와 부작위가 동시에 결부된 사건들에 대하여 대부분 작위 정범과 부작위 방조범으로 판단했다.[21]

그러나, 작위범의 범행경과의 개입가능성과는 무관하게 부작위범에게 정범의 지위를 부여하는 경우도 존재한다. 사실, 우리 대법원은 참조판결1인 보라매 병원 사건에서 부작위와 작위가 결부되었지만 부작위 정범에 작위의 방조범이 가공했다고 보았다. 보라매 병원 사건에서는 전체적인 사태의 진행에 비추어 비난가능성의 경중을 주된 형상으로 하여 정범은 부작위로 범해졌다고 포착했고 실제 사망에 직접적 원인인 호흡기 등의 의료기기를 환자로부터 분리한 행위를 한 의사에 대해서는 작위였지만 방조범만을 인정했다. 이처럼, 작위범과 부작위범이 경합하는 경우 작위범이 정범이 되고 부작위범이 방조범이 된다는 것이 절대적 명제가 되지는 않는다. 또한, 작위범이 부작위범의 직접적 사태 경과의 지배와 결과도달을 항상 차단한다고 할 수 없다. 작위범이 개입을 중단한 경우에만 부작위범의 정범적 지위 부여가 고려될 수 있다고 보는 것인데 이는 적절하지 못하다. 부작위범의 정범성립과 관련하여 작위개

19) 예를 들어, 박상기, "부작위에 의한 공범", 고시연구 1997/2, 35쪽; 신양균, "부작위에 의한 방조", 형사판례연구 [6], 한국형사판례연구회, 박영사, 1998, 145쪽.

20) Gallas, Beitraege zur Verberchenslehre, 1968, S. 188; 이용식, "부작위범에 의한 정범과 공범의 구별", 앞의 각주 10)의 논문, 270쪽 재인용.

21) 대법원 1984. 11. 27. 선고 84도1906 판결(은행지점장이 부하직원의 배임행위를 보고도 방치한 부작위의 방조); 대법원 1996. 9. 6. 선고 95도2551 판결(입찰업무 담당 공무원이 입찰보증금 횡령 사실을 알고도 방치한 부작위의 방조); 대법원 1997. 3. 14. 선고 96도1639 판결(백화점 직원이 입점점포의 위조상표를 부착한 상품을 판매하고 있다는 사실을 알고도 방치한 부작위의 방조).

입 여부에만 초점을 맞추면 부작위범의 정범성립은 순전히 부차적·우연적 요인에 의하여 결정될 수 있다는 부당함이 있다. 특히, 고의 없는 작위행위자에 결부된 부작위가 일반적으로 종속적이라는 것은 받아들이기 힘들다. 부작위범의 불법의 악성이 작위범 보다 더한 경우도 얼마든지 존재할 수 있다.[22] 부작위범의 정범의 형상을 주로 행위자의 주관적 측면에 초점을 맞춘 보라매 병원 사건의 경우 고의 작위 행위자와의 경합에서도 부작위의 정범성이 인정된 좋은 예이다.

### (3) 상응설

의무범의 의무형상만이 부작위범의 정범성과 공동성을 판단하는 기준으로 사용되는 것은 적절하지 않다. 의무범설에 있어 의무형상은 의무의 존부와 이에 대한 일도양단식의 위반 여부만을 판단하는 기준으로만 사용될 가능성이 높다. 이에, 의무범의 의무형상과 행위 시의 상황을 종합적으로 판단할 수 있게 하는 상응설이 부작위범의 정범성과 공범성을 판단하는 유력한 기준으로 제시되었다. 상응설의 동가치성은 부진정부작위범의 성립기준일뿐만 아니라 정범과 공범을 가르는 기준이 된다.[23] 상응설에 따르면, 부작위범은 작위범과 비교하여 일반적으로 부수적이며 주변적인 형상을 지니는 것으로 평가되지만 예외적으로 중심형상으로서의 역할이 있는 것으로 평가되는 경우들이 있다.

상응설에서는 부작위범의 불법의 정도는 사안의 구체적인 상황에 따라서 종합적으로 평가될 수밖에 없다고 본다.[24] 사전적(*ex ante*) 기준에 기초하여

22) 이용식, “부작위에 의한 정범과 공범의 구분”, 앞의 각주 10)의 논문, 271~272쪽.

23) 이용식, 위의 논문, 281쪽.

24) 이용식, 위의 논문, 281쪽; 문채규, “부작위범에 있어서 상응성 요건의 허와 실”, 비교형사법연구 제11권 제1호, 한국비교형사법학회, 2009, 189쪽(“작위의무가 있다고 하더라도 부진정부작위범이 성립하기 위하여는 각 부작위가 다시 구체적 사정을 고려하여 작위에 의한 구성요건실현과 동가치로 평가되어, 당해 부작위가 실행행위로서의 정형성을 가지는 경우에 비로소 부진정부작위범이 성립된다”). 그러나, 부작위범에 있어 상응성 개념이 실제 가벌성 판단을 위한 기준으로 작용하기 힘들며 독일과 달리 우리 법규정에는 상응성 개념이 존재하지 않기 때문에 보증인의무 위반만으로 부작위범의 가벌성 요건이 충족된다는 견해로, 김성룡, “부진정부작위범의 한국적 해석으로서 단일정범개념”, 비교형사법연구 제5권 제1호, 한국비교형사법학회, 2003, 107쪽; 김성룡, “묵시적 기망·부작위를 통한 기망 및 부작위의 상응성”, 형사법연구 제23호, 한국형사법학회, 2005, 41쪽. 동 견해는 매우 배타적으로 의무형상만을 부작위범의 요건으로 인정

부작위가 작위보다 불법의 정도가 적다고 획일적으로 단정할 수 없다. 따라서, 일정한 의무를 지는 보증인의 부작위가 중심형상인지 여부는 사건의 구체적 타당성을 바탕으로 규범적으로 판단될 수밖에 없다. 이 경우, 상응설은 부작위범의 객관적 측면뿐만 아니라 주관적 측면까지 고려하여 평가하는 성질이 있다고 보아야 한다.[25] 따라서, 상응설에 기초하여 행위정형의 동가치성을 논하게 되면 불법 요건과 표지 및 행위상황 전체를 고려할 수 있다. 다만, 상응설은 본질적으로 무정형적인 성질을 지니고 있으므로 타 정형적인 요건이 존재하는 경우에는 보충적으로 활용될 수 있는 접근법으로 보아야 한다.

상응설의 동가치성은 불명확성에 노출되어 있는 부작위 공동정범의 공동의 행위지배의 성격을 적절하게 설명할 수 있는 개념이다.[26] 즉, 상응설은 작위의 공동정범과 같은 현실적 행위 분담이 없는 상태에서 부작위, 부작위행위자의 내적 상태, 부작위 전후의 상황 등을 고려하여 복수의 행위자에 의한 공동의 지배가 있었는지 여부를 판단하는 접근법을 적절히 정당화할 수 있다. 대상판결의 다수의견에서도 부작위의 동가치성은 작위의무 및 행위지배의 성질과 강도를 뒷받침하는 개념으로 사용되고 있다. 대상판결의 다수의견에서는 선장의 부작위를 계획적으로 조종하는 지위에 이르러야 선원들의 부작위에 동가치성을 인정할 수 있다고 보았다.[27] 이뿐만 아니라 대상판결의 반대의견에서도 작위에 의한 살인의 실행행위와의 동가치성을 판단할 때 부작위범의 주관적 측면인 고의의 수준이 고려대상이 되었다.[28] 여기서, 상응성 개념은 지배범설에 대한 보충적 성격을 지녔다고 보아야 한다. 상응설의 보충적 성격

하며 결국 부작위의 공동정범을 부인하는 방향으로 나아간다.

25) 이와는 상반되게, 전지연 교수는 상응설이 주관설을 포함한다는 점에서 비판적인 시각을 지니고 있다. 전지연, "부작위범에서 정범과 공범의 구별", 앞의 각주 1)의 논문, 128~29쪽.

26) 부작위범의 작위에 비춘 상응성 개념이 불법 내지 책임의 동가치성에 관한 것이라는 내용으로, 문채규, "부작위범에 있어서 상응성 요건의 허와 실", 앞의 각주 24)의 논문, 참조.

27) 같은 취지로, 임정호, "부진정 부작위범의 보증인 의무의 한계 -대법원 2015. 11. 12. 선고 2015도6809 판결에 있어서 살인죄 적용범위를 중심으로-", 형사법연구 제28권 제1호, 한국형사법학회, 2016, 232쪽.

28) "피고인 2, 피고인 3은 구조정이 도착한 이후에 승객 등에게 퇴선하라는 아무런 명령·조치도 없이 선내에 그대로 방치한 채 선장 및 다른 갑판부 선원들과 함께 먼저 퇴선함으로써, 그 후 승객 등이 사망할 가능성이 크지만 사망해도 어쩔 수 없다는 의사, 즉 결과발생을 인식·용인하였고, 이러한 위 피고인들의 부작위는 작위에 의한 살인의 실행행위와 동일하게 평가할 수 있다" 대법원 2015. 11. 12. 선고 2015도6809 전원합의체 판결 (반대의견) 참조.

을 강조하게 되면 상응설이 실제 기준이 없다고 하는 비판[29]을 상쇄할 수 있을 것이다.

## 3. 부작위의 공동행위성

### (1) 부작위의 공동정범 부정설

의무범설의 일부 견해는 부작위 공동정범의 성립이 가능하지 않다는 결론에 도달한다.[30] 즉, 부작위에 의한 행위지배가 불가능하다면 부작위범에 의한 형법 제30조의 공동정범이 성립할 수 없다는 것이다. 이정원 교수는 부작위범은 의무위반 자체로 결과발생에 인과성이 인정될 수 있으므로 단독정범만이 가능하다고 본다.[31] 예를 들어, 사기죄에 보증인 지위 있는 자는 각자의 의무불이행에 의하여 부작위의 정범으로 처벌된다고 본다.[32] 이러한 입장에서는 다수의 부작위범이 참가한 형태는 형법 제30조 내지 제34조의 공범론으로 논할 수 없으며 단일한 정범으로서만 파악이 가능한 별도의 참가 형태라고 보고 있다. 김성룡 교수는 우리 형법 제18조와 제30조로부터 부작위범이 공동으로 결과발생을 방지해야 할 의무가 도출될 수 없으므로 부작위범의 공동정범 관념을 인정할 수 없다고 주장했다.[33] 그렇게 되면, 다수인이 부작위의 형태로 가공한 모든 경우에 대하여 개별적인 인과관계를 검토하는 동시범으로 규율할 수밖에 없게 된다. 의무가 동시에 존재한다는 것을 넘어 2인 이상의 부작위가 불가분으로 연관이 되어 결과를 발생시키는 법형상을 설정하는 것은 매우 어렵다. 공통된 의무가 있다고 하더라도 자신의 작위의무 이외에 상대의

29) 전지연, “부작위범에서 정범과 공범의 구별”, 앞의 각주 1)의 논문, 129쪽.

30) 독일에서도 부작위의 행위지배가 불가능하여 공동정범이 성립할 수 없다는 견해는 소수견해이다. 이에 대하여, 이용식, “부작위 상호간에 있어서 정범과 공범의 구별 및 공동정범의 성립가능성”, 앞의 각주 1)의 논문, 151~152쪽 참조.

31) 이정원, 형법총론, 2012, 신론사, 460쪽.

32) 이정원, “부작위에 의한 사기죄에서의 기망행위와 공동정범?”, 앞의 각주 1)의 논문, 346쪽.

33) 김성룡, “부진정부작위범의 정범표지 – 보증인의 부작위 –”, 형사판례연구 [12], 한국형사판례연구회, 박영사, 2004, 92쪽; 김성룡, “부진정부작위범의 한국적 해석으로서 단일정범개념”, 앞의 각주 24)의 논문, 133쪽.

작위를 끌어내야 하는 작위의무는 매우 희귀한 형태이다. 부작위 공동정범의 주된 객관적 불법요소는 의무위반이라는 점에 비추어 부작위의 공동정범 부정설은 매우 예리한 문제제기를 하고 있다고 보여진다.

### (2) 부작위의 공동정범 인정설

우리 대법원은 부작위에 의한 공동정범은 공통된 의무가 부여되고 그 의무를 공통으로 이행할 수 있을 때 성립한다고 판시한 바 있다.[34] 다만, 부작위에 의하여 형법 제30조의 공동으로 죄를 범한 경우가 어떤 형태인지 대해서는 상세한 논증을 하지 않았다. 사실, 부작위는 실행행위의 분담이 없으므로 공동성의 지표를 다른 곳에서 찾아야 한다. 김일수 교수는 부작위 공동정범의 객관적 형상은 의무의 공동으로 보고 있다. 여기에, 주관적 의사연락이 발견되면 형법 제30조의 공동의 죄를 범한 경우로 평가할 수 있다는 것이다.[35] 그러나, 부작위 상호간의 불법 형태의 중대성 내지 의미의 차이를 단지 의사의 연락에서 찾는 것은 거의 동어 반복과 같은 접근법이라고 보는 비판론이 존재한다.[36] 이는 주관적인 의사연락이 불법을 공동정범으로 확장하는 요인이 되기 위해서는 객관적 불법지표로서의 공동성이 이미 확보되어 있어야 한다는 것으로 이해된다.

그렇다고 하여, 의무범설에 기초한 단일정범설의 설득력이 높은 것은 아니다. 설령, 부작위라고 하더라도 2인 이상이 상호 의존하여 결과를 발생시키는 의무위반이라는 관념을 부인하는 것은 매우 부자연스럽다. 2인 이상의 자에게 작위의무가 있음에도 모두 부작위한 경우 각 의무자에게 전체 범죄구성요건의 책임을 지울 수 있다면 형법 제30조의 공동정범이 성립한다고 보아야 한다.[37] 공동정범의 성립은 2인 이상이 개입한 행위가 합산되어 결과가 발생했

34) 대법원 2008. 3. 27. 선고 2008도89 판결. 대상판결2에 해당한다.
35) 김일수·서보학, 앞의 각주 3)의 책, 464쪽.
36) 이용식, "부작위 상호간에 있어서 정범과 공범의 구별 및 공동정범의 성립가능성", 앞의 각주1)의 논문, 185쪽 이하.
37) 같은 취지로, 이창섭, "해양사고와 선원의 형사책임에 관한 몇 가지 검토", 앞의 각주 15)의 논문, 140~141쪽.

다는 측면에 관한 것 일뿐만 아니라 2인 이상이 개입한 행위가 결과발생에 관여한 전체로서 평가될 수 있는가의 문제라는 점을 염두에 두어야 한다.[38] 예를 들어 아버지와 어머니가 공모 하에 자녀에게 식사를 제공하지 않은 경우 각기 의무이행을 하지 않는 것보다 의사연락 하에 부작위하는 경우가 자녀의 생명과 신체에 보다 효과적으로 위험을 발생시킬 수 있을 것이다. 이 같은 접근법은 아버지와 어머니의 의무가 상호간에 작위를 끌어내야 할 의무와 같은 객관적 측면에서의 상호성이 인정이 되지 않는다고 하더라도 공동정범이 성립할 수 있다는 논거를 제시할 수 있다. 또한, 개별 행위자의 의무위반이 있는 경우 정범성이 당연이 인정된다고 보게 되면 부작위범에 있어 공동정범을 인정할 실익뿐만 아니라 방조범을 논할 가치가 없어지게 된다.[39] 사실, 부작위가 작위의 정범과 결부되면 대체로 방조범이 성립한다는 것은 학설이나 판례에서 큰 이견이 없다. 부작위 방조범을 인정한다면 결과발생의 주된 기여를 한 자로서의 정범이 타인의 정범적 행위와 결부될 수 있다고 보는 것이 더 설득력이 있다.

유사한 맥락에서, 부작위에 의한 공동정범의 형태를 형식적 공동정범과 실질적 공동정범으로 구분하여, 일방의 작위로 결과발생방지가 가능했던 경우를 형식적 공동정범[40]으로 정의하는 접근법이 있다. 형식적 공동정범은 굳이 공동정범으로 볼 실익이 없으며 단독정범으로도 충분히 가벌성을 인정할 수 있다는 것이다.[41] 그러나, 단지 공동의 결과발생방지 가능성만을 가지고 공동정범 인정의 실익을 따질 것은 아니다. 형식적 공동정범이라도 복수의 행위자의 행위 전체를 결과와 연관하여 평가할 수 있는 경우가 있다는 면에서 동시범이

38) 이용식, “부작위 상호간에 있어서 정범과 공범의 구별 및 공동정범의 성립가능성”, 위의 논문, 172쪽.

39) 이용식, “부작위 상호간에 있어서 정범과 공범의 구별 및 공동정범의 성립가능성”, 위의 논문, 174쪽.

40) 김성룡, “부작위범 사이의 공동정범”, 앞의 각주1)의 논문, 49쪽(형식적 공동정범에 해당하는 예를 들고 있는 것으로 “부와 모가 공동으로 자기 아들을 굶겨 아사시킨 경우, 여러 간수자가 공동으로 부작위하여 수형자들을 도주하게 한 경우, 두 명의 재산관리인이 합의하여 그들에게 위탁된 재산의 보존에 필요한 조치를 하지 아니한 경우, 어느 등산단체의 안내인 두 사람이 상의하여 그 단체를 위험한 장소에 방치하고 떠난 경우”들이 있다).

41) 김성룡, “부작위범 사이의 공동정범”, 위의 논문, 50쪽; 김성룡, “다수인의 공동의 의사결정에서의 형법해석학적 문제점”, 앞의 각주 1)의 논문, 144쪽, 168쪽; 류부곤, “부작위범의 공동정범?”, 앞의 각주 1)의 논문, 157쪽; 전지연, “부작위에 의한 참가”, 앞의 각주 7)의 논문, 79쪽.

나 단독정범과는 차이가 난다.[42] 사실, 형식적 공동정범의 경우에도 상호 의사연락 하에 결과를 발생시켰다면 단독정범으로 평가하는 것보다 결과발생의 효율성과 위험이 더 높다고 볼 수 있다. 그러면, 형식적 공동정범의 경우 범죄의 형태 및 비난의 정도에서 차이가 난다고 볼 수 있기 때문에 부작위의 공동정범으로 인정할 실익이 있다.

두 번째로, 복수의 보증인 의무 있는 자들이 단독으로는 결과를 발생시키지 못하며 객관적으로도 필히 다른 자의 공동행위가 필요한 실질적 공동정범의 경우에 공동정범 관념을 인정할 것인지를 검토할 필요가 있다. 실질적 공동정범은 결과발생의 가능성이 공동으로 부작위한 경우에만 현실화될 수 있으므로 부작위범의 기본적 구성요건인 결과방지가능성[43]이 개별 행위자의 입장에서는 확보되지 않는다는 성질을 지니고 있다.[44] 실질적 공동정범의 경우 행위자들이 함께 행위를 한 경우에 비로소 결과의 발생을 방지할 수 있다는 점[45]에서 부작위의 공동성을 인정하기가 일면 용이한 형태라고 볼 수 있다. 그러면, 실질적 공동정범의 경우 타 행위자의 작위까지 이끌어내어야 하는 상호간의 의무를 추가적으로 논할 수 있으므로 부작위 공동정범의 객관적 형상이 존재하는 전형적인 경우라고 할 수 있는가? 사실, 범죄구성요건에 반드시 2인이 함께 실현하도록 하는 부작위의 필요적 공범을 가정해 본다고 하더라도 그 경우 타인의 행위의 작위를 끌어낼 의무가 있다고 쉽게 결론짓기 힘들다. 나아가, 임의적 공범의 경우에도 매우 특수한 상황이 아니면 반드시 작위의무자가 배타적으로 타작위의무자에게만 작위를 끌어내어야 할 필요 또는 더 나아가

42) 유사한 취지로, 이용식, "부작위 상호간에 있어서 정범과 공범의 구별 및 공동정범의 성립 가능성", 앞의 각주 1)의 논문, 175쪽.

43) 전지연, "부작위범에서 정범과 공범의 구별", 앞의 각주 1)의 논문, 100쪽.

44) 김성룡, "부작위범 사이의 공동정범", 위의 논문, 52쪽 이하(실질적 공동정범의 예로 "두 사람이 각자 다른 열쇠를 가지고 있고 이 두 개의 열쇠가 없으면 문을 열 수 없는 창고에 피해자가 갇혀 있음을 알고도 두 사람 모두가 이를 방치함으로써 피해자가 질식사한 경우, 아들이 쓰러진 나무 밑에 깔렸고 그 나무는 부모가 공동으로 들어야 비로소 움직일 수 있는 무거운 것이었지만 두 사람이 의논하여 아들을 구조하지 않은 경우"를 제시하고 있다); 김성룡, "다수인의 공동의 의사결정에서의 형법해석학적 문제점", 앞의 각주 1)의 논문, 145쪽 이하, 168쪽.

45) 단독으로 결과방지가능성이 없다는 이유로 실질적 공동정범에 해당할 수 있는 경우는 단독정범의 성립이 불가능하다고 보는 견해로, 김성룡, 부작위범 사이의 공동정범, 앞의 각주 1)의 논문, 51~52쪽; 이용식, "부작위 상호간에 있어서 정범과 공범의 구별 및 공동정범의 성립가능성", 위의 논문, 186쪽.

서 의무가 있다고 볼 수는 없다. 혹, 2인 이상의 보증인이 결과발생 방지를 위하여 보증인 이외에 어떠한 제3자에게 도움을 청하는 것이 불가능한 경우를 상정해 볼 수 있으나, 이는 매우 예외적인 경우에 지나지 않는다. 부작위에 의해 의무를 공동으로 이행하지 않는 경우는 소위 실질적 공동정범 개념이 포섭하는 것보다 훨씬 더 폭넓다고 볼 수 있다. 쟁점은 복수의 행위자가 부작위를 한 때 개별 부작위행위자에게 전체범죄의 책임을 물을 수 있는 경우가 무엇인지에 있어야 한다.

부작위범의 공동성에 관한 객관적 형상을 찾으려는 노력은 각 보증인이 자신의 작위의무 이외에 다른 보증인의 작위의무를 하도록 행할 의무라는 관념에 접근하는 것으로 이어졌다.[46] 이 관점에 따르면, 부작위범의 공동성은 보증인의 합의를 통해서가 아니라 순수하게 객관적, 사회적, 규범적 관점에서 결정되는 것이다. 또한, 다른 보증인의 작위에 개입해야 하는 의무는 2인 이상의 보증인 상호 간에 존재해야 한다.[47] 이처럼 타 보증인의 작위의무에 개입할 의무는 다른 보증인을 작위하게 할 의무에 더하여 다른 보증인의 의무이행에 배려해야 할 의무로 확장되었다.[48] 나아가, 각 보증인이 결과발생 방지에 협력할 필요성이 있는 경우라는 일종의 협력 의무가 발생한다고까지 주장되었다.[49] 이러한 주장은 부작위의 공동정범의 개념을 설정하는 데 있어 객관적 의무형상에 지나치게 몰두한 산물로 보인다. 우선, 부작위 공동정범의 성립을 위하여 상호간의 작위의무 이행의 보증의무라는 개념으로 애써 작위의무를 확장하고 있지만 결국 다른 구조방법은 불가능한 경우[50]라는 전제를 제시함으로서 다시 그 적용범위를 축소하고 있다는 부분이 눈에 띈다. 이는 보증인 간의 상호 작위의무라는 개념이 적용될 사례는 극히 예외적인 경우를 가리킨

46) 이용식, "부작위 상호간에 있어서 정범과 공범의 구별 및 공동정범의 성립가능성", 앞의 각주 1)의 논문, 180쪽("예컨대 2인의 공무원이 공동으로 수용자를 감시하는 임무를 가지고 있는 사례, 2인의 재산관리의무자에게 물건의 보관이 공동으로 위임되어 있는 사례, 2인의 안내인이 여행단체를 공동으로 안내하는 의무를 가지고 있는 사례에서와 같이, 다른 보증인의 협력이 필요한 경우에 다른 보증인의 의무이행에도 배려해야 하는 의무를 서로 상호적으로 가지고 있을 때 공동의 결과방지의무가 인정된다").
47) 이용식, "부작위 상호간에 있어서 정범과 공범의 구별 및 공동정범의 성립가능성", 위의 논문, 184쪽.
48) 이용식, "부작위 상호간에 있어서 정범과 공범의 구별 및 공동정범의 성립가능성", 위의 논문, 181쪽.
49) 이용식, "부작위 상호간에 있어서 정범과 공범의 구별 및 공동정범의 성립가능성", 위의 논문, 185쪽.
50) 이용식, "부작위 상호간에 있어서 정범과 공범의 구별 및 공동정범의 성립가능성", 위의 논문, 181쪽.

다는 것을 고백하는 것이다. 나아가, 타인의 작위까지 보증할 의무라는 이중의 의무의 설정은 이해하기 어렵다. 보증인 의무 있는 자는 자신이 결과발생을 방지할 의무가 있는 것과 동시에 넓게 보아 누구라도 구조에 대한 협조를 요청하는 경우 보증인은 결과방지를 위해 협조해야 할 필요성이 있다. 반드시, 다른 보증의무 있는 자의 협조요청에만 응할 의무가 있는 것은 아니므로 보증인 간의 상호협조의무 관념을 공동정범의 지표로 포착하는 것은 무리가 있다. 나아가, 일반적으로 보증인은 다른 보증인에게 작위하게 할 강제력이 없으므로 공동의 결과방지의무, 즉 이중의 작위의무는 형식 개념적인 구성물일 뿐이다. 또한, 개별 보증인의 타 보증인의 의무이행에 대한 배려와 협력의 필요성을 자신의 결과발생방지 의무와 동등한 것으로 보는 것은 의무개념의 지나친 확장이다. 사실, 모든 부작위 범죄는 의무가 존재하는 자들 사이에 협력을 하면 결과발생이 용이하게 되므로 협력의 필요성이 모두 인정된다고 볼 수도 있다. 이러한 이중의 의무형상은 부작위에 의한 공동정범의 성립에 있어 의무 개념만이 배타적으로 활용되어서는 안 되며 행위지배가 주요한 지표로 활용되어야 한다는 애초의 접근법으로부터 멀어지는 결과를 가져왔다. 설령 2인 이상의 보증인 전부의 부작위가 결합되어야 결과가 발생할 수 있는 경우라고 하더라도 각각의 부작위가 의미하는 만큼의 책임을 지우면 충분하며 별도로 타 보증인의 작위를 이끌어낼 작위의무 개념을 개발해 낼 필요는 없어 보인다.[51)]

이처럼, 부작위의 공동정범의 형상을 객관적인 측면에만 초점을 맞추어 포착하려고 하면 무리가 발생할 수 있다. 반드시 상호간에 불가결하게 연관된 공동의 작위의무가 있는 경우만을 공동정범으로 포착할 것이 아니라 작위의무가 있되 결과발생에 공동으로 기여했다고 평가할 수 있는 경우를 공동정범으로 보면 된다. 비록 개별 행위자의 입장에서는 각자 부작위를 한 것이지만 결과발생과 연관하여 전체범죄에 대한 책임을 지울 수 있는 경우라고 하면 동시범이나 단독정범의 범주를 벗어난다. 부작위의 결과발생에 대한 공동 기여는 여러 가지 사항을 종합하여 판단할 수 있다. 전체 범행계획에 비춘 공동의 의무위반이 결과발생에 대한 주요하고 지배적인 역할을 했다는 사실을 인정

51) 유사한 취지로, 이창섭, "해양사고와 선원의 형사책임에 관한 몇 가지 검토", 앞의 각주 15)의 논문, 141~142쪽.

할 수 있으면 공동정범을 성립시킬 수 있는 것으로 보아야 한다. 무엇보다, 부작위의 행위지배는 어디까지나 행위자의 주관적 표상을 전제로 개념화할 수 있는 문제로 보인다.

대상판결1에 있어 선장의 의무와 지위가 다른 선원들을 압도할만큼 배타적이고 절대적이라는 논증에 집중하는 대법원 다수의견에 대해서도 의심의 눈초리를 던질 수밖에 없다.[52] 대상판결1의 다수의견은 지나칠 정도로 선장을 정점으로 한 하향식의 집단주의적인 색채를 띄는 의무형상을 포착하려 노력하고 있다. 물론 행위당시 선장과 선원들의 의무이행은 상호간에 결부되어 있고 선장의 지위와 권한이 상위에 있는 것이지만, 간부선원인 피고인2와 피고인3 또한 승객들에 대한 보증인 의무를 지는 것은 부인할 수 없어 보인다. 논의의 초점은 피고인2와 피고인3이 지는 보증인 의무의 내용과 성격, 행위당시의 상황과 대처방식, 주관적 태도, 그리고 의사연락에 비추어 보았을 때 피고인2와 피고인3이 선장과 함께 사태를 지배한 상태에서 부작위한 것으로 평가할 수 있을 것인가에 놓여져야 한다.

## Ⅲ. 부작위에 의한 공동정범의 의사

### 1. 부작위 공동정범의 의사에 대한 두 가지 관점

#### (1) 목적적 행위론

목적적 행위론에 기초하면 부작위에 있어 고의가 부정되는 결론으로 나아갈 수 있다. 즉, 부작위는 현실적 인과관계를 조종하는 목적성이 결여되어 있으므로 목적조종적 의사활동인 고의가 성립할 수 없다는 것이다. 또한, 부작위의 경우는 분업과 이를 위한 공동의 범행결의도 있을 수 없다고 본다. 사실,

52) 임정호, "부진정 부작위범의 보증인 의무의 한계 －대법원 2015. 11. 12. 선고 2015도6809 판결에 있어서 살인죄 적용범위를 중심으로－", 앞의 각주 27)의 논문, 241쪽.

인과과정에 대한 목적조종적 개입이라는 목적적 행위론의 전형적 시각에 비추어 보면 부작위범은 개념적으로 받아들이기 힘들다.[53]

### (2) 사회적 행위론

사회적 행위론에서는 목적적 행위론과 같은 현실적 인과관계에 목적조종적인 개입이 행위의 필수적인 요소로 보지 않는다. 부작위라도 결과발생에 사회적인 의미를 부여할 수 있으면 행위성이 충분한 것으로 본다. 우리 대법원은 다수의 행위자에게 공통의 의무가 부여되어 있고 그 의무를 공통으로 이행할 수 있을 경우 부작위의 공동정범이 성립한다고 판시했다.[54] 현재 쟁점은 범죄에 대한 공동의 책임을 지울 수 있는 공동의 의무위반이 있었다고 평가할 수 있는 사태가 무엇인지에 관한 것이다. 이 문제에 답하기 위해서는 부작위의 공동정범의 객관적 의무형상뿐만 아니라 주관적 의사 형태를 고려할 필요가 있다. 여기서, 목적적 행위론은 부작위범 개념에 부딪히며 완전히 폐기된 것이 아니라 그 존재가치를 다시금 드러내는 것으로 보인다.

## 2. 부작위의 공동정범의 의사 형태

### (1) 구성요건적 결과발생에 대한 고의

#### 1) 미필적 고의

원칙적으로 부작위에 의한 공동정범의 고의는 부작위에 의한 공동정범의 객관적 표지에 해당하는 사실에 대한 인식과 의욕으로 볼 수 있다. 이 경우, 부작위에 의한 공동정범의 고의에 미필적 고의가 포함된다는 것은 너무도 당연하게 보인다. 부작위의 경우에도 객관적 요건이 한편에 존재하고 이에 상응하는 주관적 요건이 다른 편에 설정되어야 전형적인 범죄체계론에 부합하는

53) 이를 비판적 시각으로 정리한 논문으로, 이용식, "부작위 상호간에 있어서 정범과 공범의 구별 및 공동정범의 성립가능성", 앞의 각주 1)의 논문, 170쪽 참조.
54) 신동운, 앞의 각주 3)의 책, 603쪽 참조.

형태라고 볼 수 있다.

여기서, 미필적 고의 개념이 구성요건적 결과에 대한 목적적 조정의사라는 고의의 전형성에서 상당히 멀리 나가있는 것에 주목할 필요가 있다. 이러한 견지에서, 최근 미필적 고의의 의적 요소를 부인하는 학계의 의견들이 나타나고 있다. 즉, 가능성설이나 개연성설에 따르면 행위자에 결과발생에 대한 의욕이 없다고 하더라도 위험에 대한 인식만으로 미필적 고의가 성립한다고 보는 것이다.[55] 우리 대법원의 일부 판례가 개연성이나 가능성만으로 고의를 인정한 경우가 상당수 존재한다는 지적도 있다.[56] 사실, 우리 대법원 판결에 의욕이나 의사와 관련된 용어가 등장하지 않고 인식과 예견 개념만을 제시한 다음 미필적 고의를 논하는 예는 상당히 많다.[57] 이는 미필적 고의에 있어 의사요소의 존재가치가 의미 없을 정도로 매우 희미해지는 경우가 있다는 것을 의미한다. 나아가, 미필적 고의는 확정적 고의의 의사라고 볼 수 없는 소극적 태도로서 상당히 다른 형태의 개념으로 이해되어야 한다는 설득력 있는 주장 또한 나타났다.[58]

그런데, 대상판결1의 다수의견에서 공동정범의 성립을 위하여 요구한 의사는 소극적 태도를 훨씬 넘어선 형태였다. 사실, 대상판결1의 다수의견은 피고인2와 피고인3이 간부선원으로서 "사태를 방관"하여 승객들을 사망에 이르게 한 잘못이 있다고 보았다. 나아가, 대상판결에서 다수의견은 피고인1뿐만 아니라 피고인2와 피고인3에게 "개별적·구체적인 구호의무를 이행함으로써 사망의 결과를 쉽게 방지할 수 있음에도 그에 이르는 사태의 핵심적 경과를 그

55) 박상식, "세월호 선장에 대한 미필적 고의의 적용 여부에 관한 연구", 법학연구 제22권 제4호, 경상대학교 법학연구소, 2014, 120쪽 이하; 성낙현, "살인죄에 있어서의 대법원의 고의 개념", 비교형사법연구 제4권 제1호, 한국비교형사법학회, 2002, 391쪽 이하 참조.

56) 장영민, "미필적 고의에 관한 약간의 고찰", 형사판례연구 [23], 한국형사판례연구회, 박영사, 2015, 81쪽; 김용욱, "미필적 고의와 과실의 구분에 관한 연구", 비교형사법연구 제3권 제2호, 한국비교형사법학회, 2001, 91쪽.

57) 대법원 1982. 12. 28. 선고 82도2525 판결; 대법원 1983. 9. 13. 선고 83도1594 판결; 대법원 1986. 9. 9. 선고 86도1313 판결; 대법원 1987. 7. 21. 선고 87도1091 판결; 대법원 1988. 6. 14. 선고 88도692 판결; 대법원 1991. 10. 22. 선고 91도2174 판결; 대법원 1994. 3. 22. 선고 93도3612 판결; 대법원 1994. 12. 22. 선고 94도2511 판결; 대법원 2000. 8. 18. 선고 2000도2231 판결; 대법원 2001. 3. 9. 선고 2000도5590 판결; 대법원 2002. 2. 8. 선고 2001도6425 판결; 대법원 2002. 10. 25. 선고 2002도4089 판결.

58) 장영민, "미필적 고의에 관한 약간의 고찰". 위의 논문, 67~68쪽.

대로 방관하여 사망의 결과를 초래하였다면, 그 부작위는 작위에 의한 살인행위와 동등한 형법적 가치"가 있다고 적시했다. 승객들의 사망에 대한 피고인2와 피고인3은 적극적이며 목적조종적 활동은 아니지만 소극적·방관자적 태도를 보여주었다는 것은 적어도 미필적 고의로 해석할 수 있는 여지가 있었다. 그러나, 대상판결1의 다수의견은 피고인2와 피고인3이 "사태의 핵심적 경과를 계획적으로 조종"할 지위에 있지 않았다는 점을 부작위범 불성립의 근거로 제시하고 있다.[59] 이와 같이, 피고인2와 피고인3의 부작위범 성립을 위하여 계획적으로 조종하는 지위를 요구한다는 것은 미필적 고의보다는 높은 수준의 의사가 입증되어야 한다는 것을 적시한 것에 다름 아니다. 또한,"선장의 지시에 불응하고 상황판단에 혼란을 주거나 다른 승무원의 구조활동을 방해 또는 제지"[60]했는지 여부는 사실 역시 미필적 고의 보다는 강도 높은 수준의 의사의 판단을 위해 활용되어야 할 정황적 요소로 보인다. 이와 같은 점들을 고려해 보면 피고인2와 피고인3에게 비록 확정적 고의는 없지만 소극적 태도로서의 미필적 고의가 인정된다는 하는 것이 논리적으로 훨씬 더 자연스럽다. 그러나, 대상판결1에서 대법원은 일체 고의가 없다고 판시해 버렸다.

오히려, 대상판결1의 반대의견에서 피고인2와 피고인3에게 미필적 고의가 성립한다고 본 부분이 일면 더 설득력이 있어 보인다. 피고인2와 피고인3이 세월호의 상황과 무선교신 등을 통하여 퇴선조치 필요성을 인식했으며 당시 상황에 비추어 승객의 피해가능성에 대하여 충분히 파악하고 있었다. 반대의

59) 박경규 박사는 "소수의견도 사태지배의 정도 또는 피고인의 지위를 미필적 고의를 판단하는 결정적 기준으로 보고 있다는 점에서 다수의견과 동일한 문제성을 지니고 있다"고 지적했다. 박경규, "세월호 판결의 논증상의 문제점: 미필적 고의와 범죄참가형태를 중심으로", 법학논고 제53권, 경북대학교 법학연구원, 2016, 174쪽. 사실, 부작위범에 있어서는 의무형태와 지배상태와 같은 간접적 사항이 고의 판단에 영향을 미칠 가능성이 높다는 점은 대상판결의 판결요지에 표현되어 있다. 즉 대법원은 "고의가 있었는지는 … 작위의무의 발생근거 … 사태의 지배의 정도 … 작위의무의 내용 … "을 고려한다고 판시했다. 그러나, 사태지배의 정도는 특히 부작위에서는 상황에 대한 정보를 취득하고 사태변경의 의사결정할 수 있는 상태를 의미하므로 고의 판단에 활용할 수 있는 간접적 정황으로 볼 수도 있다. 나아가 대상판결은 다수의견과 다수의견에 대한 보충의견을 통하여 고의 판단과 행위지배 판단을 개념적으로 분명히 구분하고 있다. 문제는 박경규 박사가 지적하는 대로 대상판결이 "다른 사람을 이용하여 자기의 의사를 실행에 옮기는" 행위지배의 의사의 수준으로 사실상 고의 판단을 하지 않았나 하는 혐의를 지우기 힘들다는 것이다. 이에 대하여 아래 각주 69)에 해당하는 부분 참조.

60) 대법원 2015. 11. 12. 선고 2015도6809 전원합의체 판결.

견은 그러한 상황에서 먼저 퇴선하여 승객이 사망해도 어쩔 수 없다는 의사, 즉 미필적 고의의 용인이 발견된다고 보았다. 이는 행위자가 행위상황에 대하여 쉽게 알 수 있었음에도 구성요건적 결과 발생에 무관심한 태도를 취한 것에 대해 미필적 고의를 인정한 대법원의 종래의 입장과 대체로 일치하는 것이다.[61] 다만, 이러한 반대의견의 접근법은 조직체계상 부수적·주변적인 의무를 수행하는 자의 방관자적 태도는 주된 보증인의 부작위와 결부되어 대체로 구성요건적 결과발생에 대한 공동정범 책임의 근거가 될 수 있다는 결론으로 귀결될 수밖에 없다는 점을 유의해야 한다.

2) 확정적 고의

앞서 논한 것처럼, 대법원이 대상판결1에서 "사태의 핵심적 경과를 계획적으로 조종하거나 저지·촉진하는 등 사태를 지배"[62]하는 경우에만 정범성이 인정될 수 있다고 하여 높은 수준의 의사를 요구했다. 그러면, 대법원이 피고인2와 피고인3에 있어 부작위에 의한 살인이 성립하기 위해서는 승객의 사망이라는 구성요건적 결과발생에 대한 확정적 고의 수준의 의사가 요구된다고 본 것인가? 만일, 피고인2와 피고인3에 대하여 확정적 고의를 인정하려면 승객들의 사망을 소극적으로 받아들이는 태도가 아니라 적극적 의욕이 발견되어야 한다. 하지만, 대상판결1의 사실관계를 피고인2와 피고인3에 대하여 아무리 불리하게 해석한다고 하더라도 살인의 확정적 고의가 존재한다고 보기는 힘들다.

여기서 피고인2와 피고인3의 살인에 대한 의사는 피고인1의 부작위 행위와의 관계를 제외하고 논할 수 없다는 점을 주의해야 한다. 우선, 부작위의 공동정범은 구성요건적 결과를 의욕한 사실이 발견되어야 성립할 수 있다. 이뿐만 아니라, 부작위 공동정범은 공동의 행위지배에 기초하여 구성요건을 실현한다는 의사가 있어야 성립할 수 있다.

61) 이 같은 취지로, 최호진, "세월호 선장과 간부선원의 형사책임에 대한 대법원 판결 법리분석과 비판", 아주법학 제9권 제4호, 아주대학교 법학연구소, 2016 참조.

62) 대법원 2015. 11. 12. 선고 2015도6809 전원합의체 판결.

### (2) 공동의 행위지배 의사

앞서 살핀 대로, 부작위에 의한 공동정범에 있어 행위를 분담하여 공동으로 지배한다는 형상을 객관적인 측면에서만 포착하는 것은 매우 어렵게 보인다. 대상판결1의 반대의견과 같이 피고인2와 피고인3의 의무형상이 아무리 정범에 가깝다고 논증할 수 있다고 하더라도 이는 공동정범이 아니라 피고인2와 피고인3의 각자의 개별적인 책임의 수위를 높이는 것에 가깝다. 즉, 피고인2와 피고인3이 피고인1과 불가분하게 결합되어 공동으로 결과를 발생시켰다고 보기 위해서는 보증인 의무이외에 별도의 요소가 필요하다. 우선, 다른 사람의 부작위를 이용하여 자신의 의사를 실현시키고자 하는 의사가 필요하다. 이러한 공동정범의 상호이용 의사는 통상의 주관적 구성요건으로서의 고의와 구분된다.[63] 본 글에서는 부작위에 의한 공동정범의 불법형태의 열쇠는 주관적 표지에서 찾아보아야 한다는 접근법을 택하고자 한다. 이 경우, 부작위의 공동정범에서는 주관적 의사가 객관적 구성요건적 사실에 대한 수동적 반영이라기보다는 공동의 행위지배의 형상에 도달했는지를 판단하는 데 있어 결정적 요소가 될 수 있다.

사실, 대법원은 작위의 공동정범에 있어서도 이 문제를 완전히 해소하지는 못했다. 우선 대법원은 참조판결1에서 볼 수 있듯이 작위의 공동정범 성립에 필요한 의사는 미필적 형태만으로는 부족하다고 명시한 바 있다. 즉, 공동가공의 의사란 “타인의 범행을 인식하고 이를 제지함이 없이 용인하는 것만으로는 부족하고” “특정한 범죄행위를 하기 위하여 일체가 되어 서로 다른 사람의 행위를 이용하여 자기의 의사를 실행에 옮기는 것을 내용으로 하는 것”[64]이라고 했다. 이는 확실히 소극적으로 수용하는 태도의 정도를 벗어난 수준이다. 그러나, 다른 한편으로 대법원은 참조판결2에서와 같이 작위의 공동정범에 있

63) 이 부분은 대상판결의 다수의견에 대한 보충의견에서 보다 선명해 진다. 대법원 2015. 11. 12. 선고 2015도6809 전원합의체 판결 보충의견(“피고인들에게 살인의 고의가 인정되지 않을 뿐만 아니라, 반대의견이 제시하고 있는 사정을 고려하더라도 그러한 사정만으로 부작위에 의한 살인행위에서 공동 가공의 의사에 기한 상호 이용 관계가 있다고 보기는 어려우므로, 위 피고인들이 피고인1과 살인죄의 공동정범의 책임을 진다고 할 수 없다”).

64) 대법원 2004. 6. 24. 선고 2002도995 판결.

어 공동의 의사연락의 수위는 구성요건적 결과발생을 "용인하고자 하는 미필적 고의"하에 "전체의 모의과정이 없었다고 하더라도 수인 사이에 순차적으로 또는 암묵적으로 상통하여 그 의사의 결합이" 있으면 충분하다고 한다. 대상판결1의 다수의견은 참조판결1과 유사한 입장을 취한 것으로 보이고 대상판결1의 반대의견은 참조판결2와 유사한 입장을 취한 것이라고 볼 수 있다. 그러면, 공동정범의 의사 형태에 관한 대법원의 진정한 입장은 어떤 것이라고 보아야 하는가? 사실 대법원은 오랫동안 공모는 특별한 정형이 있어야 인정되는 것은 아니며 "전체의 모의과정이 없다고 하더라도 수인 사이에 순차적으로 또는 암묵적으로 상통하여 그 의사의 결합이 이루어지면 공모관계가 성립"한다고 보아왔다.

참조판결1에서 대법원은 고의 판단과 공동가공의 의사를 위한 판단을 구분하고 있다.[65] 상술하자면, 참조판결1에서 대법원은 정범의 고의를 부인한 원심의 판단을 파기하고 미필적 고의를 인정하고 있지만 범행지배가 없었다고 별도로 판단하고 있다.[66] 다만, 동 판결에서 두 가지 상이한 범주의 의사간의 상호관계는 분명하게 제시되지 않았다. 앞서 살핀 바와 같이 참조판결1과 참조판결2에서는 공동의 범행지배 의사를 각기 상당히 다른 기준으로 판단했다는 점을 유의해야 한다. 무엇보다 형법 제13조의 고의는 범죄형태를 막론하고 미필적 고의까지 의미한다고 보아야 한다. 이와는 별개로, 전체범행에 비추어 주관적 측면과 객관적 측면을 고려했을 때 형법 제30조의 행위지배가 있었던 것으로 볼 수 있는지를 평가할 수 있다. 즉, 참조판결1에 있어 담당전문의와 주치의에게 고의는 인정되나 "사태의 핵심적 경과를 계획적으로 조종하거나 저지·촉진하는 등으로 지배하고 있었다"고 보기는 어려워 기능적 행위지배가 없었다고 판단된다는 것이다. 사실, 대상판결1 또한 판결이유 부분에서는 참

65) 반면, 동 판례가 정범의사와 고의를 구분하지 않고 있다는 시각으로, 손동권, "정범과 공범, 작위범과 부작위범의 구별", 인권과 정의 제346호, 대한변호사협회, 2005, 107~108쪽. 그러나, 참조판례1에서 대법원은 공동가공의 의사를 고의와 분명히 구분하여 제시하고 있다. 즉, 참조판례1에서 대법원은 원심판결에서 정범고의란 명칭으로 정범의사와 고의를 구분하지 않은 것을 비판하고 공동지배의사와 고의를 별도의 요건으로 포착하여 논하고 있다.

66) 참조판결1의 원심은 담당 전문의와 주치의에 대한 정범의 고의를 인정하지 않았지만 방조범의 미필적 고의는 인정하고 있다. 즉, 범죄형태에 따라 인정될 수 있는 고의가 달라질 수 있는 것처럼 기술했다. 서울고등법원 2002. 2. 7. 선고 98노1310 판결.

조판결1과 같이 고의 판단과 행위지배 판단을 분리하고 있지만, 판결요지에서는 피고인2와 피고인3이"살인의 미필적 고의로 … 공모 가담하였다고 단정하기 어려우므로 … 부작위에 의한 살인의 고의를 인정하기도 어렵다"[67]고 기술하여 의문의 여지를 남기고 있다. 즉, 대상판결1이 고의와 행위지배 의사 판단을 분명히 구분하고 있는지에 대해 상당한 의심을 남기고 있는 것이다. 부작위범에 있어 고의와 행위지배라는 두 가지 개념에 대한 판단이 섞이게 되면, 미필적 고의 판단이 지나치게 정황적이고 배경적인 사항을 고려하는 것으로 대체될 가능성이 높아지게 된다. 대상판결1의 다수의견의 논증 중에서 고의 판단을 부작위범의 보증인 의무와 동가치성 판단과 동치시켰다는 부분이 비판의 대상이 되기도 했다.[68] 대상판결1은 고의 판단과 사태지배 및 의무형상에 대한 판단을 상당히 섞어 놓았다는 인상을 주고 있다.[69]

대상판결1은 피고인2와 피고인3의 행위지배 여부에 대한 판단을 두 가지 단계로 나누고 있기는 하다. 첫 번째로 피고인2와 피고인3은 피고인1의 "포괄적이고 절대적인" 지시권한에 따라야 하는 자로서, "임무의 내용이나 중요도가 선장의 지휘 내용이나 구체적인 현장상황에 따라 수시로 변동될 수 있을 뿐 아니라 퇴선유도 등과 같이 경우에 따라서는 승객이나 다른 승무원에 의해서도 비교적 쉽게 대체 가능"하므로, "사태의 핵심적 경과를 계획적으로 조종하거나 저지·촉진하는 등 사태를 지배하는 지위"에 있었다고 보기 어렵다고 기술했다. 두 번째로 당시 세월호의 상황이 피고인2와 피고인3이"선장의 전문적인 판단과 지휘명령체계를 무시하면서까지 결과책임이 따를 수 있는 퇴선조치를 독단적으로 강행해야 할 만큼 비정상적인 상황이 전개되고 있음을 쉽게

67) 대법원 2015. 11. 12. 선고 2015도6809 판결.

68) 임정호, "부진정 부작위범의 보증인 의무의 한계 – 대법원 2015. 11. 12. 선고 2015도6809 판결에 있어서 살인죄 적용범위를 중심으로–", 앞의 각주 27)의 논문, 230쪽.

69) 박경규, "세월호 판결의 논증상의 문제점: 미필적 고의와 범죄참가형태를 중심으로", 앞의 각주 59)의 논문, 179쪽. 대법원이 대상판결에서 고의의 의사와 공동가공의 의사를 엄격하게 구분하여 논하고 있는지는 매우 의심스럽다. 대상판결에서 "주관적 요소인 고의나 공동의 가공 의사"를 같은 선상에서 논하고 있는 단서를 몇 군데서 확인할 수 있다. 우선 판결요지에 나타난 미필적 고의 용어는 공모 가담이라는 공동정범 여부를 판단하는 문장에 포함시켜 기술하고 있다. 또한, 대상판결에서는 적어도 살인의 고의를 판단하는 부분에서는 미필적 고의 이외에 행위지배 의사를 별도로 논하고 있으나 유기의 고의를 논할 시에는 고의와 공동가공 의사를 특별히 구분하지 않고 있다는 점의 눈에 띈다.

인식할 수 있었다고 단정할 수 없다"고 기술했다. 즉, 대상판결1은 나름 피고인2와 피고인3의 행위지배를 판단하기 위한 객관적 상황과 주관적 의사를 나누어 논증하고 있다. 하지만, 대상판결1이 피고인2와 피고인3에게 피고인1의 행위와 결부된 기능적 행위지배 의사가 있었는지라는 쟁점에 대해서는 명시적인 언급이 없다는 점은 아쉬움으로 남는다. 분명히 대상판결1의 중요한 쟁점은 상호 협력하여 승객들을 구조할 의무가 있는 피고인1, 피고인2, 피고인3이 전체범행계획을 공유하고 사태를 함께 지배한 부작위의 공동정범으로 평가될 수 있는지에 관한 것이기 때문이다.

부작위의 공동정범이 성립은 사태지배를 위한 목적조종적 의사연락이 있을 경우 인정될 가능성이 높다고 보아야 한다. 즉, 타인의 부작위까지 책임지기 위해서는 부작위의 공동정범은 타인의 부작위를 이용하여 결과를 발생시킨다는 지배의사를 지니는 경우에 주로 성립한다고 보아야 할 것이다. 암묵적·순차적인 의사연락이 소극적인 태도로서의 미필적 인식에 의하여 이루어진 경우 개별 부작위 행위자가 타인의 행위까지 포함한 전체 범행에 대하여 책임을 지도록 하는 것은 설득력이 떨어지므로 매우 예외적으로만 인정될 필요가 있다. 작위의 현실적 기여분이 없는 것을 상쇄할 만큼의 부작위에 있어 상응하는 표지가 발견되어야 한다. 더욱이, 대상판결1의 피고인2와 피고인3과 같이 피고인1에 비하여 부수적·종속적 의무를 지는 경우 별도의 지표가 발견되지 않으면 피고인1의 부작위까지 정범의 수준에서 공동으로 책임지라고 하는 것은 적절하지 못하다. 공동정범의 본래 형상인 공동의 행위지배는 피고인2와 피고인3의 소극적 태도로서의 부작위 의사에서 발견하기 힘들다고 보아야 한다.[70)]

부작위에 의한 공동정범의 행위지배를 판단하는 주관적 지표는 타 객관적 지표들과 종합적으로 고려된다고 보는 것이 합리적이다.[71)] 부작위의 공동정범의 행위지배의 형상은 작위의무의 내용, 부작위 상황 및 의사와 같은 요소

70) 본고의 논지와는 상반되게 부작위범의 경우 "작위의무자 모두가 소극적으로 에너지의 투입을 억제하는 것으로" 충분하기 때문에 "사태의 핵심적 경과를 계획적으로 조종하거나 저지·촉진하는 등 사태를 지배하는 지위"에 있어야 할 필요가 없다고 보는 견해로, 김태명, "부작위에 의한 살인죄의 공동정범의 성립요건", 앞의 각주 1)의 논문, 88~89쪽.

71) 독일의 판례도 이와 유사한 입장을 취하고 있다는 소개에 대하여 박경규, "세월호 판결의 논증상의 문제점: 미필적 고의와 범죄참가형태를 중심으로", 앞의 각주 59)의 논문, 175쪽 참조.

들을 고려하여 판단할 수 있다. 대상판결의 다수의견이든 반대의견이든 행위지배를 판단하는 데 필요한 사항들을 미필적 고의를 평가하기 위해서도 중복해서 사용했지만, 오히려 반대로 행위지배를 판단하기 위해, 의사의 수준, 의무 형태, 부작위 상황과 같은 것들이 종합적으로 고려될 수 있다.

## Ⅳ. 결 론

피고인2와 피고인3의 살인죄의 공동정범 성립과 관련한 대상판결1의 결론은 수긍할만하지만 그 논증에 있어 이해하기 어려운 부분이 있다. 대상판결1의 피고인2와 피고인3에게 과연 승객들의 사망을 용인하는 소극적 태도조차 없다고 볼 수 있는가? 참조판결1에서 대법원이 담당 전문의와 주치의가 피해자의 사망을 원치 않는다는 것을 보여주는 정황[72]이 있었음에도 불구하고 명백히 사망의 위험성이 예견되는 상태에서 퇴원시킨 것은 미필적 고의를 인정할 수 있다고 본 접근법이 대상판결에서는 왜 완전히 사라졌는지 이해하기 힘들다. 오히려, 대상판결1의 반대의견에서 피고인2와 피고인3에 대하여 미필적 고의가 인정되며 암묵적·순차적으로 공모한 것으로 보아야 한다고 주장한 것이 종래의 대법원의 입장과 보다 잘 부합하는 것으로 보인다.

부작위의 공동정범 성립과 관련하여 대상판결1의 피고인2와 피고인3이 가졌던 소극적 의사를 두 가지 범주로 평가할 수 있다. 우선, 구성요건적 고의의 존부에 대해 판단해야 한다. 이 경우 당연히 미필적 고의의 성립 여부 또한 평

72) "피고인들이 원심공동피고인의 퇴원 조치 요구를 극구 거절하고, 나아가 꼭 퇴원을 하고 싶으면 차라리 피해자를 데리고 몰래 도망치라고까지 말하였던 점, 퇴원 당시 피해자는 인공호흡조절수보다 자가호흡수가 많았으므로 일단 자발호흡이 가능하였던 것으로 보이고, 수축기 혈압도 150/80으로 당장의 생명유지에 지장은 없었던 것으로 보이는 점, 피해자의 동맥혈 가스분석 등에 기초한 폐의 환기기능을 고려할 때 인공호흡기의 제거나 산소 공급의 중단이 즉각적인 호흡기능의 정지를 유발할 가능성이 적었을 것으로 보이는 점" 등은 피해자를 사망시킬 의사가 없다는 것을 입증할 자료임에도 불구하고 소극적 태도로서의 미필적 고의는 있었다고 보았다. 다만, 이와 같은 사실자료에 비추어 볼 때 "사태의 핵심적 경과를 피고인들이 계획적으로 조종하거나 저지·촉진하는 등으로 지배하고 있었다고 보기는 어렵다"고 판시했다. 대법원 2004. 6. 24. 선고 2002도995 판결.

가대상에 포함되어야 한다. 두 번째는 공동정범의 행위지배의 판단을 위하여 피고인2와 피고인3이 부담한 작위의무, 의무이행가능성, 의무이행의 직접성과 용이성, 공동의 의사연락, 기타 정황들이 고려될 수 있을 것이다. 공동정범의 책임을 묻기 위해서는 피고인1과 공유한 의사연락이 "사태의 핵심적 경과를 계획적으로 조종하거나 저지·촉진하는 등으로 지배"할 수 있는 수준에 이르러야 한다. 또한, 공동정범에 해당하는 지배이기 위해서는 피고인2와 피고인3이 피고인1의 행위로 인한 결과발생까지 공동으로 책임을 질 수 있는 정도에 이르러야 한다. 피고인2와 피고인3은 간부선원이었지만 선장의 지시와 명령에 따르는 자로서 부수적이고 종속적인 역할을 하고 있었기 때문에 사태지배를 위해서는 피고인1과 보다 높은 강도의 의사연락을 비롯한 기능적 행위지배를 충족시킨다고 볼 수 있는 사실들이 발견되었어야 했다. 물론, 작위의 공동정범의 경우에도 행위지배를 판단하기 위해서 높은 수준의 의사연락이 필요할 수도 있지만, 실행행위의 분담이 없어 행위기여를 평가하기 곤란한 부작위의 경우 행위지배를 판단하기 위한 의사 연락은 특별한 경우가 아니면 "사태의 핵심적 경과를 계획적으로 조종"하는 정도의 객관적·주관적 지표가 만족되어야 한다고 보아야 한다. 이 부작위의 공동정범에 있어 행위지배 의사는 행위지배 판단을 위한 기타 객관적 요소와 함께 고려되어야 한다. 이렇게 되면, 부작위 공동정범의 행위지배의 의사는 객관적 범죄형상에 대한 단순한 반영으로서의 인식을 넘어 범죄형상을 적극적으로 규정하는 역할을 할 수 있다.

이러한 접근법 하에서는 대상판결1에서 피고인2와 피고인3에 대하여 살인의 미필적 고의가 없었다고 판단하여 살인죄의 방조범의 고의조차 없다고 한 부분은 재고될 여지가 있다. 피고인1에게 미필적 고의를 인정한 이상 피고인2와 피고인3에 대하여 승객 살인죄의 미필적 고의조차 없었다고 한 부분은 설득력이 떨어진다. 대상판결1에서 다수의견이 피고인1과 비교하여 피고인2와 피고인3의 경우 작위의 의무와 사태지배의 강도가 현저히 떨어지는 점에 주된 무게를 두어 미필적 고의를 부인했을 수 있다는 의심을 떨치기 힘들다. 그러면, 대상판결1의 다수 의견이 미필적 고의 판단을 행위지배 판단과 애써 구분하려고 했던 노력이 무위로 돌아가게 된다.

## 참고문헌

김성돈, 형법총론 제5판, 성균관대학교 출판부, 2017.

김성룡, "의무범과 정범표지, 부작위범의 공동정범 표지로서 기능적 행위지배?", 형사법의 신동향 통권 제52호, 대검찰청, 2016.

______, "존재론적 공동정범표지", 비교형사법연구 제17권 제2호, 2015.

______, "부작위범 사이의 공동정범", 형사판례연구 [17], 한국형사판례연구회, 박영사, 2009.

______, "묵시적 기망·부작위를 통한 기망 및 부작위의 상응성", 형사법연구 제23호, 한국형사법학회, 2005.

______, "부진정부작위범의 정범표지 －보증인의 부작위－", 형사판례연구 [12], 한국형사판례연구회, 박영사, 2004.

______, "부진정부작위범의 한국적 해석으로서 단일정범개념", 비교형사법연구 제5권 제1호, 한국비교형사법학회, 2003.

______, "다수인의 공동의 의사결정에서의 형법해석학적 문제점", 비교형사법연구 제4권 제1호, 한국비교형사법학회, 2002.

김용욱, "미필적 고의와 과실의 구분에 관한 연구", 비교형사법연구 제3권 제2호, 한국비교형사법학회, 2001.

김일수·서보학, 형법총론 제12판, 박영사, 2014.

김태명, "부작위에 의한 살인죄의 공동정범의 성립요건", 형사판례연구 [24], 한국형사판례연구회, 박영사, 2016.

문채규, "부작위범에 있어서 상응성 요건의 허와 실", 비교형사법연구 제11권 제1호, 한국비교형사법학회, 2009.

류부곤, "부작위범의 공동정범?", 형사법연구 제22권 제3호, 한국형사법학회, 2010.

박경규, "세월호 판결의 논증상의 문제점: 미필적 고의와 범죄참가형태를 중심으로", 법학논고 제53권, 경북대학교 법학연구원, 2016.

박미숙, "부작위와 공범", 비교형사법연구 제5권 제1호, 한국비교형사법학회, 2003.

박상기, "부작위에 의한 공범", 고시연구 1997/2.

박상식, "세월호 선장에 대한 미필적 고의의 적용 여부에 관한 연구", 법학연구 제22권 제4호, 경상대학교 법학연구소, 2014.

배종대, 형법총론 제13판, 홍문사, 2017.

성낙현, "살인죄에 있어서의 대법원의 고의 개념", 비교형사법연구 제4권 제1호, 한국비교형사법학회, 2002.

신동운, 신판례백선 형법총론 제2판, 경세원, 2011.

신양균, "부작위에 의한 방조", 형사판례연구 [6], 한국형사판례연구회, 박영사, 1998.

오영근, 형법총론 제3판, 박영사, 2017.

원형식, "의무범에 있어서 정범과 공범의 구별", 형사법연구 제19호, 한국형사법학회, 2003.

이용식, "부작위 상호간에 있어서 정범과 공범의 구별 및 공동정범의 성립가능성", 서울대학교 법학 제52권 제1호, 서울대학교 법학연구소, 2011.

이재상·장영민·강동범, 형법총론 제9판, 박영사, 2017.

이정원, 형법총론, 2012, 신론사

______, "부작위에 의한 사기죄에서의 기망행위와 공동정범? －대법원 2006. 2. 23. 2005도8645－", 비교형사법연구 제8권 제1호, 한국비교형사법학회, 2006.

______, "부진정부작위범에서의 정범과 공범", 비교형사법연구 제2권 제2호, 한국비교형사법학회, 2000.

이창섭, "해양사고와 선원의 형사책임에 관한 몇가지 검토", 비교형사법연구 제18권 제1호, 한국비교형사법학회, 2016.

임정호, "부진정 부작위범의 보증인 의무의 한계 -대법원 2015. 11. 12. 선고 2015도6809 판결에 있어서 살인죄 적용범위를 중심으로－", 형사법연구 제28권 제1호, 한국형사법학회, 2016.

장영민, "미필적 고의에 관한 약간의 고찰", 형사판례연구 [23], 한국형사판례연구회, 박영사, 2015.

전지연, "부작위범에서 정범과 공범의 구별", 형사판례연구 [13], 한국형사판례연구회, 박영사, 2005.

______, "부작위에 의한 참가", 형사법연구 제5호, 한국형사법학회, 1992.

정성근·박광민, 형법총론 제4판, 삼지원, 2009.

천진호, 형법총론, 준커뮤니케이션즈, 2016.

최호진, "세월호 선장과 간부선원의 형사책임에 대한 대법원 판결 법리분석과 비판", 아주법학 제9권 제4호, 아주대학교 법학연구소, 2016.

# 제 2 편 사법적 쟁점과 과제

# 제 1 장

# 선박건조계약

# 선박유치권에 관한 연구*

김 인 유

## Ⅰ. 서 론

선박이라 함은 수상 또는 수중에서 항행용으로 사용하거나 사용될 수 있는 배의 종류를 말하며 기선, 범선, 부선으로 구분하고 있다(선박법 제1조의2). 한편 해상법에서는 해상법의 적용대상이 되는 선박을 규정하고 있는데, 즉 "이 법에서 선박이란 상행위 그 밖의 영리를 목적으로 항해에 사용하는 선박" 이라고 규정하여(상법 제740조), 상행위 기타 영리 목적의 선박이어야 하고, 항해를 목적으로 하는 항해선이어야 하며, 단정 또는 주로 노 또는 상앗대로 운전하는 선박이 아니어야 한다. 이러한 선박은 동산이지만, 그 경제적 의의가 부동산과 비슷하므로 법률상 부동산과 같이 다루어지고 있다. 현행 상법은 제5편 제1장 제5절 선박담보에서 선박우선특권과 선박저당권에 관한 규정을 두고 있다. 특히 선박저당권에 관한 제787조에서는 등기한 선박은 저당권의 목적으로 할 수 있고, 선박의 저당권에는 민법의 저당권에 관한 규정을 준용한다는 규정을 두고 있지만, 선박유치권에 대해서는 아무런 규정이 없다. 따라서 일반법인 민법상 유치권을 적용할 수밖에 없고, 또한 그렇게 적용해 왔다. 그런데 민법상 유치권, 특히 부동산 유치권의 경우 많은 문제점이 발생하여 그 개선방안에 관한 논의가 지속되어 왔고, 최근에는 개정시안까지 나온 상황이다. 즉 민법 개정시안 제320조 제1항에서는 유치권의 목적물에서 물건을 동산으로 수정함으로써 부동산을 유치권의 목적물에서 제외하고 있다. 따라서 원칙적으로는 부동산유치권을 폐지하되, 그 대안으로써 "비용출자자 등의 저당권설정청구권"을 신설하자는 것이 주된 내용이다.

* 이 논문은 한국해법회지 제35권 제1호(2013.4)에 게재된 논문을 수정·보완하여 작성한 것임.

민법상 부동산 유치권에 대한 논의는 그 문제점을 중심으로 매우 활발하게 진행되어 왔지만, 상법상 선박유치권에 대해서는 논의자체를 찾아보기 힘들 정도이다. 등기선의 경우 부동산에 준한 처리를 하여 준부동산이라고도 하지만, 부동산과 선박(20톤 이상의 선박)은 등기할 수 있다는 점에서는 동일하지만, 이동성이라는 특성으로 외국과의 관계도 고려하지 않으면 안되는 등 부동산과는 많은 차이점이 있다. 그럼에도 불구하고 민법상의 부동산 유치권을 폐지하고 그 대안으로 비용출자자 등의 저당권설정청구권제도가 신설되어 시행된다면 등기선박의 경우도 이러한 개정된 유치권에 따를 수밖에 없게 되는데, 이렇게 된다면 선박을 수리하거나 재건조한 수리조선업자는 선박유치권을 행사할 수 없게 되어 수리대금채권을 회수하는데 어려운 점이 발생할 여지가 많다. 더구나 외국적선을 수리 및 재건조한 경우에 외국적선의 등기부에 저당권설정청구권에 따른 저당권등기를 할 수 없는 점 등의 문제점이 발생하게 된다. 이와 같이 특수한 분야인 선박유치권에 대한 논의는 전혀 없는 상태에서 민법학자들을 중심으로 한 부동산 유치권 개선책으로써 제안된 것이 비용출자자 등의 저당권설정청구권제도이다.

전술한 바와 같이 상법 중 해상편에는 선박유치권에 관한 아무런 규정이 없으므로, 통상 민법상의 부동산 유치권을 적용하고 있지만, 민법상 부동산 유치권이 폐지된다면 부동산에 준하는 20톤 이상의 등기선의 경우에도 선박유치권[1])을 행사할 수 없게 된다.[2])

이러한 문제의식하에 이 연구는 선박유치권의 경우에도 부동산 유치권에서 발생하는 문제점들이 똑같이 재현되는지를 고찰하면서 그 문제점이 선박유치권을 폐지할 정도로 심각한지를 검토한다. 그리고 외국과의 관계를 고려한 국제협약상 선박유치권이 어떻게 취급되는지를 고찰한 후 이러한 고찰을 토대로 선박유치권의 폐지여부를 검토한다. 만약 선박유치권을 폐지하게 된다면 그 대안으로서 논의되고 있는 "비용출자자 등의 저당권설정청구권"제도가 선박유치권에도 타당한지의 여부를 검토해야 한다. 그리고 선박의 특수성을 감

1) 이 연구에서 "선박유치권"의 대상이 되는 선박은 등기를 통한 공시방법이 부여되어 부동산으로 취급되는 20톤 이상의 선박을 전제한다.

2) 물론 등기선박이 아닌 선박은 당연히 유치권의 대상이다. 민법개정시안 또한 기존의 유치권의 대상 중 부동산만을 제외하는 것이고 동산에 대해서는 종전과 다르지 않음을 규정하고 있다.

안하여 선박유치권을 종전처럼 인정해야 한다면 상법전에 선박유치권 규정을 신설하든지, 아니면 민법상 유치권 규정의 개정을 통해 선박유치권의 근거규정을 마련해야 한다. 소외분야의 특수성을 자칫 간과하고 입법이 진행된다면 시행착오 및 시행상의 혼란을 초래하게 될 것이므로 특수한 분야의 논의가 필요한 이유이다. 이하에서는 먼저 선박유치권의 의의 및 효력을 논하고, 선박유치권의 문제점들을 고찰한다. 그리고 선박유치권의 개선방안을 제시하는 순으로 논의를 전개하고자 한다.

## II. 선박유치권의 의의 및 효력

### 1. 선박유치권의 의의

선박유치권이라 함은 타인의 선박을 점유한 자가 그 선박으로부터 생긴 채권을 가지는 경우에 그 채권의 변제를 받을 때까지 그 선박을 유치할 수 있는 권리이다. 상법에는 명문의 규정이 없으나, 일반법인 민법 제320조 제1항에 의해 당연히 인정되는 법정담보물권이다. 예컨대 선박을 수선한 선박수선업자는 선박 수리대금을 지급받을 때까지 그 선박의 인도를 거절할 수 있는 것이다. 이와 같이 선박의 수선을 부탁한 자는 수선비 등을 지급하지 않고는 선박을 인도받지 못하므로 선박수선을 부탁한 자로 하여금 수선채무의 이행을 간접적으로 강제하는데 그 의의가 있다. 민법이 이를 법정담보물권으로 구성하고 있는 이유는 타인의 물건의 점유자가 그 물건으로부터 생긴 채권을 가지는 경우에 그 채권의 변제를 받기 전이라도 먼저 그 물건의 점유를 상대방에게 이전해야 한다면 채권의 추심이 어렵게 되어 당사자간의 공평의 원칙에 반하기 때문이라는 점에 그 근거를 두고 있다.[3)]

3) 곽윤직, 물권법, 박영사, 2002, 282쪽; 이영준, 물권법, 박영사, 2002, 692쪽; 송덕수, 민법강의, 박영사, 2012, 783~784쪽; 松井宏興, 擔保物權法, 成文堂, 2008, 142面; 道垣內弘人, 擔保物權法, 有斐閣, 2008, 11面; 松尾 弘·古積三健郎, 物權·擔保物權法, 弘文堂, 2008, 254面; 奧田昌道·鎌

## 2. 선박유치권의 법적 성질 및 성립요건

### (1) 선박유치권의 법적 성질

1) 선박의 소유권이 누구에게 귀속하든지 불문하고 채권의 변제를 받을 때까지 선박을 유치할 수 있다. 따라서 채무자나 선박의 양수인, 경락인에게도 유치권을 주장하여 선박을 유치할 수 있다. 이는 우선변제권이 없는 선박유치권에 실질적으로 우선변제를 인정하는 결과가 된다.

2) 유치권은 동산 뿐만 아니라 부동산에 대해서도 성립하므로 선박유치권의 경우에도 선박등기는 그 요건이 아니다. 선박의 점유가 공시의 기능을 하기 때문이다.

3) 선박유치권도 담보물권이므로 담보물권의 통유성, 즉 부종성, 수반성, 불가분성을 갖는다. 따라서 채권이 발생하지 않거나 소멸하는 때에는 선박유치권도 소멸하며, 피담보채권이 이전하면 선박유치권도 이전한다. 그리고 선박유치권에는 불가분성이 있으므로 선박유치권자는 채권 전부의 변제를 받을 때까지 유치물 전부에 대하여 그 권리를 행사할 수 있다. 다만 선박유치권은 목적물을 유치하는 것이 본질적인 권리이고 목적물의 교환가치를 목적으로 하는 것이 아니기 때문에 물상대위성은 없다.

4) 선박유치권자는 선박의 점유를 잃게 되면 선박유치권은 소멸하며, 추급권이 없는 것이 원칙이다. 이 점에서 추급권이 인정되는 선박우선특권과는 구별된다(상법 제785조).

### (2) 선박유치권의 성립요건

선박유치권이 성립하기 위해서는 첫째, 타인의 선박을 점유하고 있어야 한

田 薫, 民法3 擔保物權, 悠悠社, 2006, 12面.

다. 여기서 타인이란 채무자만을 의미하는 것이 아니고 제3자라도 상관없다. 둘째, 채권은 유치권의 목적물에 관하여 생긴 것이어야 한다. 즉 채권과 목적물과의 견련관계가 있어야 한다. 목적물에 관하여 생긴 채권이 무엇을 의미하느냐에 관해서는 논란이 있으나[4] 적어도 채권이 목적물 자체로부터 생긴 경우에는 견련성을 인정하고 있다. 구체적으로는 선박에 지출한 선박 수리비용 상환청구권, 선박으로부터 받은 손해의 상환청구권 등을 들 수 있다.

견련관계와 관련하여 우리 상법에는 명문의 규정이 없으나, 1993년 선박우선특권·저당권에 관한 국제협약 제7조는 다음과 같은 자의 점유하에 있는 선박에 대해서는 국내법으로 유치권을 부여할 수 있다고 규정하고 있다. 즉 (a) 선박건조 채권의 확보를 위한 조선업자 (b) 점유기간 동안에 실행된 선박의 수선, 재건조채권을 위한 선박수선업자. 셋째, 채권의 변제기가 도래하고 있어야 하며, 점유가 불법행위에 기인한 것이 아니어야 한다. 따라서 예컨대 타인의 선박을 절취하거나 횡령한 자가 그 선박을 수선해도 수선비채권에 대하여 선박유치권은 성립하지 않는다. 이러한 선박유치권의 목적이 될 수 있는 것은 선박 및 그 속구들이다.

## 3. 선박유치권의 효력

### (1) 선박의 유치

선박유치권자는 자신의 채권의 변제를 받을 때까지 목적물을 유치할 수 있다. 부동산에 대한 강제집행과 관련하여 민사집행법 제91조 제5항은 “매수인은 유치권자에게 그 유치권으로 담보하는 채권을 변제할 책임이 있다”고 규정하고 있다. 따라서 등기된 선박의 경우에는 경락인이 유치물인 선박에 관한 채권을 변제하지 않으면 선박을 인도받지 못한다.

4) 곽윤직, 전게서, 285쪽; 이영준, 전게서, 697쪽.

### (2) 경매권과 우선변제권

선박유치권자에게는 우선변제권을 인정하지 않는다. 그러나 선박유치권자는 목적물을 경매할 수 있고(민법 제322조 제1항 참조) 때로는 목적물인 선박으로써 직접 변제에 충당할 수도 있다(민법 제322조 제2항 참조). 그리고 선박이 다른 채권자나 담보물권자에 의하여 경매 또는 강제집행되어도 유치권자는 그 경락인에 대하여도 변제를 받을 때까지는 그 목적물의 인도를 거절할 수 있기 때문에 사실상으로는 우선변제를 받게 된다.[5]

## 4. 선박수리비 채권과 관련한 문제[6]

### (1) 선박수리비 채권이 선박우선특권에 해당하는 경우

상법 제777조 제1항 제1호가 "최후 입항 후의 선박 및 속구의 보존비" 등에 대하여 선박우선특권을 부여하는 것은 이러한 비용은 그 지출이 없으면 다른 채권자들도 선박 경매대금으로부터 변제를 받기가 불가능하게 될 것이라는 점에 비추어 경매에 관한 비용에 준하는 성질을 가지기 때문이다. 따라서 "최후 입항 후"라는 의미에는 목적하는 항해가 종료되어 돌아온 항 뿐만 아니라 선박이 항해 도중 경매 또는 양도처분으로 항해가 중지되어 경매되는 경우도 포함된다 할 것이다. 동조 제1항 제1호의 적용은 최후 입항 후의 수리비에 한정되므로, 입출항 일자가 명백하지 않으면 해양항만청 등에 사실 조회하여 최후 입항일자를 확인하여야 한다.

실무상 선박수리업자가 수리비채권에 기하여 경매신청을 해 온 경우에는 그 채권이 상법 제777조 제1항 제1호 소정의 "최후 입항 후의 선박과 그 속구

---

5) 이기수, 보험법·해상법학, 박영사, 2000, 545쪽; 송상현·김현, 해상법원론, 박영사, 2008, 242~243쪽; 정영석, 해상법원론, 텍스트북스, 2009, 540~541쪽; 최기원, 해상법, 박영사, 2002, 321쪽; 곽윤직, 전게서, 288쪽; 이영준, 전게서, 713쪽; 内田貴, 民法Ⅲ 債權總論·擔保物權, 東京大學出版會, 2005, 502面; William Tetley, *Maritime Liens and Claims*(London : Business Law Communications), 1985, p.42.

6) 김동옥 외 2인, "선박집행", 「선박집행실무」, 부산지방법원, 2002, 80~81쪽.

의 보존비"로서 선박우선특권이 인정될 여지가 있고, 신청인의 주장이 선박우선특권있는 채권임을 주장하는 것인지 명확하지 아니한 경우가 있으므로 그러한 의심이 있는 경우에는 신청채권자로 하여금 그 해당여부 및 주장의 취지에 관하여 밝히도록 보정을 명할 필요가 있다.[7)]

### (2) 선박수리비 채권이 선박우선특권에 해당하지 않는 경우

1) 선박출항 준비 중에 발생한 화재에 대한 수리비

선박이 출항 준비 중에 발생한 화재로 인한 수리를 마친 후 항해를 계속한 경우에는 그 수리비는 선박의 상태 및 가치를 유지, 보존하기 위한 비용일지라도 최후의 입항 후에 발생한 것이 아니므로 그 수리비채권을 두고 상법 제777조 제1항 제1호 소정의 선박보존비 등에 해당한다고 볼 수는 없다.[8)]

2) 경매개시결정 후의 수리비

경매개시결정에 따라 압류가 되면 선박소유자가 선박수리를 할 여지는 없으므로, 감수·보존업체가 감수·보존에 필수적인 수리비라고 하여 법원의 허가를 얻어 수리를 한 경우(이 경우에는 집행비용으로 인정될 수 있을 것임) 외에는 수리비로 인정할 수 없다.

부산지방법원에서는 경매개시결정 전에 수리를 시작하여 감수·보존이후까지 계속하였다고 하면서 청구한 수리비 중 경매개시결정 후의 부분과 경매개시결정 후 감수·보존업자의 승인하에 하였다는 수리비 청구 등을 모두 배척한 사례가 있다.

### (3) 선박에 대한 경매개시결정 전에 선박의 점유를 취득하였다고 주장하는 채권자의 유치권 성립여부

이는 유치권자가 자신이 점유하고 있는 선박에 대하여 다른 채권자들의 신

7) 김동옥 외 2인, 전게논문, 2002, 50~51쪽.

8) 대법원 1998. 2. 9. 자 97마2525, 2526 결정; 대법원 1996. 5. 14. 선고 96다3609 판결.

청에 의하여 경매개시결정이 내려져 집행관이 그 선박을 압류하는 경우에 유치권이 소멸되는가의 문제이다.

부동산경매절차에 있어서는 경매개시결정 후 실제로 해당 부동산을 경비·수호한 유치권자의 점유를 인정한 판례[9]가 있기는 하지만, 단순히 등기부상 경매개시결정 기입등기를 하는데 그치는 부동산경매에 있어서의 압류와 통상 실제로 점유를 확보하는 감수보존이 수반되는 선박경매에 있어서의 경매개시결정으로 인한 압류는 그 집행방법이 다른 만큼 그 효과를 같이 취급해야 할 이유는 없다고 보이므로 선박경매에 있어서는 경매개시와 함께 감수보존이 행해졌다면 유치권자의 점유는 상실하였다고 보는 것이 타당하다고 본다.[10] 또한 경매의 실행으로 그 선박에 있던 우선특권은 모두 소멸한다는 점에 비추어 보아도 그러하다. 한편 이와 관련하여 1993년 선박우선특권·저당권조약에는 선박건조채권의 확보를 위하여 조선업자나 선박의 수리채권의 확보를 위한 선박수리업자가 선박을 점유하고 있는 동안에 발생된 선박건조비용이나 선박수리비에 관하여 각 체약국들은 국내법으로 유치권을 부여할 수 있도록 규정하고 있다(제7조).

따라서 동 조약에 따르면 적어도 수리업자의 유치권은 다른 채권자 들의 신청에 의한 경매에 의하여도 계속 존재하는 것으로 볼 수밖에 없을 것으로 생각된다.[11] 다만, 선박이 압류 또는 억류 이외의 사유로 인하여 조선업자와 수리업자가 점유를 상실한 때에는 위 유치권은 소멸한다고 규정하고 있으므로(제7조 제2항). 조선업자와 수리업자의 점유가 감수·보존자에게 이전된 경우라면 유치권은 소멸하는 것으로 보아야 한다.[12]

9) 대법원 1987. 6. 23. 선고 86다카2228 판결 등.

10) 동지; 이범균, "선박경매의 배당에 있어서의 실무상 몇 가지 문제점", 「선박집행의 제문제」, 부산지방법원, 1999, 241쪽.

11) 동지; 유기준, "각국의 선박우선특권", 「선박집행의 제문제」, 부산지방법원, 1999, 166쪽(각주 15번 참조).

12) 이에 대해 민사집행법 제91조 제5항(매수인은 유치권자에게 그 유치권으로 담보하는 채권을 변제할 책임이 있다)은 선박경매에도 적용(제269조, 제172조)되고 이는 경매의 실행으로도 소멸되지 아니하는 유치권이 있음을 인정하는 것임을 근거로 유치권은 경매가 실행되어도 소멸하지 아니한다는 반대의 견해가 있다(유기준, 전게논문, 165~166쪽).

# Ⅲ. 선박유치권의 문제점

## 1. 서설

부동산 유치권의 폐지문제는 부동산 유치권제도의 순기능보다 역기능이 많기 때문이다. 그렇다면 부동산 유치권제도의 폐해가 선박유치권에도 그대로 적용되는지를 고찰해 볼 필요가 있다. 따라서 선박유치권의 문제점을 논하기 위한 전제로서 부동산 유치권의 문제점들을 간략하게 살펴 본 다음 이러한 문제점들에 관한 논의가 선박유치권에도 그대로 타당한지를 고찰한다.

## 2. 부동산 유치권의 문제점

### (1) 공시방법의 결여

현행 민법상 부동산 물권의 경우 공시방법은 등기이다. 그런데 부동산유치권은 이러한 민법상 공시방법인 등기와는 무관하게 성립한다. 이는 민법상의 공시의 원칙과 정면으로 충돌하는 부분이다. 담보물권이면서도 유치권의 존재가 공시되지 않아 제3자에게 불측의 손해를 끼칠 염려가 있다.

### (2) 순위의 원칙 부적용

유치권은 채권의 변제를 받을 때까지 목적물을 유치하는 권리이다. 다시 말하면 채권의 변제를 받을 때까지 어느 누구에게도 목적물의 인도를 거절하는 방법을 취하고 있다. 유치권은 다른 담보물권과도 우열이 정해지는 것이 아니며, 다른 담보물권과 경합하는 경우에도 그 선후와 상관없이 그에 영향을 받지 않고 유치권은 성립한다. 저당권에 의한 경매가 실행되더라도 유치권은 존속하며, 매수인이 당해 부동산을 인도받기 위해서는 유치권에 의해 담보되는 채권을 변제하지 않을 수 없기 때문에 물권 성립 선후에 따라 우선순위가 정해지는 물권법의 원칙이 적용되지 않아 순위의 원칙을 간접적으로 잠탈하는 결과가 된다. 이와 같이 선순위 담보물권자보다 그 후에 성립한 유치권자가 사실상 우선변제를 받는다는 것은 매우 불합리하며 공시주의를 기초로 하는 담보물권법 질서에 정면으로 배치된다.[13]

### (3) 유치권의 견련관계

우리 민법은 "타인의 물건이나 유가증권을 점유한 자가 그 물건이나 유가증권에 관하여 생긴 채권을 가지는 경우에 그 채권의 변제를 받을 때까지 그 목적물을 유치할 수 있다"라고 규정하고 있는데, 유치권의 성립요건중의 하나인 견련관계에 대하여 현행 민법은 피담보채권이 유치권의 목적물에 "관하여 생긴 것"이라고 추상적으로 규정하고 있어서, 그 기준을 무엇으로 할 것인지에 따라 다양한 학설의 대립이 있어 왔다.[14] 이는 어느 학설을 취하느냐에 따라 유치권의 성립 범위가 달라지게 된다는 점에서 그 실익이 있지만, 이는 결국 법적 안정성 및 예측가능성을 해할 문제점이 있다.

결국 유치권의 성립여부에 대한 핵심적 통제요소인 목적물과 채권 간의 견련관계를 구체적으로 어떻게 파악할 것인지가 유치권 제도의 실제 운영을 담보하는 것이고, 그에 관한 객관적이고도 예측가능한 판단기준을 제시할 수 있

13) 최근 판례중에는 "채무자 소유의 건물 등 부동산에 경매개시결정의 기입등기가 경료되어 압류의 효력이 발생한 후에 채무자가 위 부동산에 관한 공사대금 채권자에게 그 점유를 이전함으로써 그로 하여금 유치권을 취득하게 한 경우, 그와 같은 점유의 이전은 목적물의 교환가치를 감소시킬 우려가 있는 처분행위에 해당하여 민사집행법 제92조 제1항, 제83조 제4항에 따른 압류의 처분금지효에 저촉되므로 점유자로서는 위 유치권을 내세워 그 부동산에 관한 경매절차의 매수인에게 대항할 수 없다"라고 판시하여 대항력을 일부 제한하고 있기는 하다(대법원 2009. 1. 15. 선고 2008다70763 판결).

14) 일원설을 취하는 견해로서는 이영준, 전게서, 702쪽; 이은영, 물권법, 박영사, 2003, 658쪽; 지원림, 민법강의, 홍문사, 2008, 668쪽; 김기선, 한국물권법, 법문사, 1985, 345쪽; 김형배, 민법학강의, 신조사, 2010, 716쪽; 신국미, "유치권의 성립요건으로서의 물건과 채권간의 견련관계", 재산법연구 제21권 제1호, 2004. 8, 166쪽; 김준호, "유치권의 성립요건으로서 물건과 채권간의 견련성", 민사법학 제54권 제1호, 2011. 6, 193쪽 등.
한편 이원설을 취하는 견해로서는 곽윤직, 전게서, 286~287쪽; 김상용, 물권법, 법문사, 2003, 595쪽; 이상태, 물권법, 법원사, 2002, 352~355쪽; 김증한·김학동, 물권법, 박영사, 1997, 460쪽 등.

어야 하는데, 학설 및 판례는 그 사명을 다했다고 할 수 없으므로 결국은 입법적인 해결에 의지할 수밖에 없다고 판단된다.

### (4) 민사집행법상 인수주의

현행 민사집행법은 유치권에 의한 경매를 담보권실행경매를 위한 경매의 예에 따라 실시하도록 규정하고 있다(동법 제274조 제1항). 현행 민사집행법상 임의 경매의 경우에는 "매각 부동산 위에 존재하는 모든 저당권 및 지상권·지역권·전세권 및 등기된 임차권은 저당권·압류채권·가압류채권에 대항할 수 없는 경우에는 매각으로 소멸된다"(동법 제92조 제2항 및 제3항)고 하여 소멸주의를 취하고 있다. 그런데 동법 제91조 제5항에서 "매수인은 유치권자에게 그 유치권으로 담보하는 채권을 변제할 책임이 있다"고 규정하여 유치권의 경우에는 매각대금과는 별도의 비용으로 매수인으로 하여금 사실상 변제하도록 강제하는 사실상의 인수주의를 취하고 있다.[15] 동 규정에 의하여 유치권은 사실상 우선변제권이 있는 것이나 다름없게 되었고, 이로 인해 경매절차에서는 많은 문제점, 예컨대 유치권을 매수인이 인수하게 되면 유찰가능성이 높아지고 허위·과장의 유치권신고가 양산되는 등의 문제점이 발생하고 있다.[16]

### (5) 유치권 신고 및 허위·과장된 유치권의 신고

유치권의 신고는 의무사항이 아니므로 신고하지 않은 경우라도 유치권의 효력에는 아무런 영향이 없다. 그리고 유치권의 신고는 유치권을 주장하는 자가 채권을 인정할 수 있는 증빙자료를 구비하여 신고하여야 하지만, 그 권원을 증명하는 방법에는 특별한 형식을 요구하지 않으므로 허위, 과장된 유치권 신고가 많은 것이 현실이다. 그렇지만 이를 조사할 권한이 없고, 부당한 유치

15) 이는 일본의 경우도 마찬가지이다(松岡久和, "不動産留置權に關する立法論", NBL, 第730号, 2002. 2, 25面).

16) 김인유, "부동산 유치권의 개선방안에 관한 연구", 토지법학 제28권 제1호, 2012. 6, 99쪽.

권 신고자가 패소한다고 하더라도 특별한 법적 제재도 없다.[17)]

이러한 점을 이용하여 부동산 경매절차에서 채무자나 소유자가 통정하여 유치권자를 등장시키거나, 가장 유치권 신고를 하게 함으로써 경락가를 크게 낮출 수 있으므로 저가매수로 시세차익을 크게 취하는 사례가 발생하는 등 경매를 방해하거나 경매절차를 왜곡시키고 있다.

이와 같이 현행 민사집행법에 의하면 비록 유치권의 인수주의를 규정하고 있으면서도 정작 인수해야 될 유치권의 존부조차 제대로 파악할 수 없다는 점에서 문제가 있다.

## 3. 선박유치권의 문제점

### (1) 유치권에 기한 경매

#### 1) 유치권자가 신청한 경매의 성격

담보물권에 있어서 채권의 이행을 강제하는 방법은 채권의 변제가 없을 경우에 그 목적물을 강제로 환가하여 그 대금(교환가치)에서 채권을 변제받는 방법과 채무자가 채무를 변제할 때까지 목적물을 유치함으로써 간접적으로 채무이행을 강제하는 방법이 있다. 저당권은 직접적 방법을 채택하는 전자에 해당되지만, 유치권은 간접적인 방법을 취하는 후자에 해당된다. 특히 후자의 경우 목적물의 유치에 의하여 채권의 변제를 강제하려면 그 목적물이 채무자 자신에게 매우 귀중한 물건이어야 효과적일 것인데, 채무자가 그 목적물을 그리 탐탐치 않게 여기는 경우라면 그 물건을 유치함으로써 채권의 변제를 강제하려는 채권자의 의도는 달성하기 어려울 것이다. 오히려 이러한 경우라면 채권자의 목적물의 유치는 채권자에게 부담으로 작용할 것이므로 무작정 유치를 계속할 수만은 없기 때문에 환가가 필요하다는 의미에서 유치권은 종식시키고 환가금에서 채권을 변제받고 말겠다는 것이다.[18)] 이러한 의미에서 현행

17) 김만웅, "유치권의 공시기능 강화방안에 관한 연구", 토지법학 제26권 제1호, 2010. 6, 125쪽.
18) 이재성, "유치권자가 신청한 경매의 성격", 인권과 정의 제196호, 대한변호사협회, 1992. 12,

민법은 유치권자에게 경매권을 인정하게 되었다(제322조 제1항).

따라서 유치권자가 신청한 경매의 성격은 목적물의 교환가치에서 우선적으로 채권을 변제받을 수 있는 저당권 등의 다른 담보물권자의 신청에 의한 경매의 성격과는 근본적인 차이가 있다. 이러한 차이점에 기인하여 1990. 1. 13일 개정 민사소송법에서는 환가를 위한 경매가 담보권 실행을 위한 경매와는 그 성질이 다르다는 것을 명시하였다.[19] 다만 현행 민사집행법은 제274조에서 그 표제를 [유치권 등에 의한 경매]로 개정하였다. 유치권에 기한 집행근거 서류로서는 계약서, 견적서 및 수리비 등에 대한 채무자나 선장의 확인서 등 채권을 소명할 수 있는 자료를 제출하여야 한다.

2) 유치권자의 경매신청과 다른 권리자의 경매신청이 경합한 경우

선박수리업자나 선박대리점 등이 선박수리비채권 또는 선박대리점계약에 따른 채권에 기하여 선박을 유치하고 있다고 하면서 유치권(민법 제320조 제1항, 상법 제58조)에 기한 경매를 신청해 오는 경우가 있는데, 이 경우에는 담보권 실행을 위한 경매의 예에 의하도록 하고 있다(민사집행법 제274조 제1항).[20]

유치권자가 목적물을 유치하고 있는 것만으로 목적을 달성할 수 없다고 판단되면 경매신청을 하든지, 아니면 간이변제에 충당할 것을 법원에 청구할 수밖에 없다. 경매신청을 한 후에 다른 채권자가 그 목적물에 대하여 강제경매나 담보권 실행을 위한 경매신청을 한 경우 유치권자의 경매신청은 어떻게 되는지가 문제될 수 있다.

이러한 경우에 대비하기 위하여 현행 민사집행법 제274조 제2항은 「유치권 등에 의한 경매절차는 목적물에 대하여 강제경매 또는 담보권 실행을 위한 경매절차가 개시된 경우에는 이를 정지하고, 채권자 또는 담보권자를 위하여 그 절차를 계속하여 진행한다」라고 규정하고 있다. 이는 유치권자의 신청에 의한

26~27쪽.

19) 제5장을 「담보권 실행을 위한 경매」라 하고 제724조 내지 제733조에서 담보권 실행을 위한 경매절차를 규정하고, 제734조는 표제를 「환가를 위한 경매」라 하고 제1항에서 「유치권에 의한 경매와 민법·상법 기타 법률의 규정에 의한 환가를 위한 경매는 담보권 실행을 위한 경매의 예에 의하여 실시한다」고 규정하였다.

20) 자세한 사항은 법원행정처, 법원실무제요 민사집행[ I ], 2003, 16~18쪽.

경매가 단순히 환가목적이 있을 뿐이고 다른 채권자나 담보권자가 출현하여 유치권의 목적물을 경매하고자 하는 경우에는 유치권자로서는 자기의 유치권을 버리면서까지 목적물의 환가를 진행시킬 필요가 없다는 점에서 착안하여 유치권자는 뒤로 물러서서 유치권을 보전하게 하고 채권자나 담보권자가 앞에 나서서 경매를 진행하게 하는 것이 합리적이라는 이치에 입각한 것이다.[21)]

환가를 위한 경매절차가 진행 중인 목적물에 대하여 다른 채권자가 채무명의나 담보권에 기한 경매청구를 막을 수는 없겠지만, 목적물의 교환가치가 유치권자의 채권액에 미달하는 경우에는 소기의 목적을 달성하기 어려울 것이다. 왜냐하면 경락인은 경락대금을 내고도 다시 유치권자의 피담보채권을 변제하지 않고서는 그 목적물을 인도받을 수 없기 때문에 목적물의 교환가치가 유치권자의 채권액에 미달하는 경우에는 다른 채권자나 담보권자가 경매를 진행시키려 해도 그 물건을 매수할 사람이 없을 것이기 때문이다.

따라서 유치권자의 목적물의 가액이 유치권자의 채권액에 미달하는 것이 확실한 경우에는 경매절차로 환가하는 것보다는 민법 제322조 제2항의 규정에 따라 간이변제충당을 허용하는 것이 보다 합리적이라 생각된다.

3) 유치권과 소멸주의의 문제점

현행 민사집행법상 부동산 임의경매의 경우 그 위에 존재하는 저당권은 모두 소멸하는 이른바, 소멸주의를 채택하고 있는데(제268조, 제91조 제2항), 이와 같은 소멸주의가 유치권에 의한 경매와 같이 환가를 위한 경매(형식적 경매)에 있어서도 적용된다고 할 것인지, 아니면 그와 달리 위와 같은 권리들이 매수인에게 인수되는 이른바, 인수주의로 할 것인지가 문제이다.

유치권자는 그 유치물을 계속 유치할 권리가 있을 뿐 매각대금에서 우선변제를 받을 권리가 없기 때문에 경매가 실시되어 현금화되면 유치권은 소멸할 수밖에 없고, 그 후에는 일반채권자와 같은 지위에서 매각대금으로부터 변제를 받게 되며, 유치권자의 권리는 행사할 여지가 없게 된다. 이러한 측면에서 민사집행법은 동법 제91조 제5항에서 “매수인은 유치권자에게 그 유치권으로

21) 이재성, 전게논문, 27쪽.

담보하는 채권을 변제할 책임이 있다"고 규정하여 유치권의 경우에는 매각대금과는 별도의 비용으로 매수인으로 하여금 사실상 변제하도록 강제하는 사실상의 인수주의를 취하고 있다. 그런데 부동산 유치권의 경우 경매절차에서 인수주의로 인한 문제점, 예컨대 유치권을 매수인이 인수하게 되어 유찰가능성이 높아지고 허위·과장의 유치권신고가 양산되는 등의 문제점이 발생하고 있으므로 인수주의의 개선이 요구되기에 이르렀다. 그런데 선박유치권의 경우에는 부동산 유치권에서 발생하는 폐해가 심각하지는 않고 오히려 인수주의로 인해 유치권자의 채권회수에는 여전히 순기능을 발휘한다고 보여진다.

### (2) 선박집행상의 문제점

#### 1) 압류선박의 무단출항의 문제점

선박은 이동성이 강하기 때문에 압류선박의 무단 출항이 종종 발생한다. 부산항에서는 1998년 한해 동안 압류 또는 가압류되어 감수보존처분이 내려진 선박 3척이 무단으로 출항하는 사건이 발생하였다. 특히 감수보존인을 감금한 상태에서 선박에 태우고 그대로 외국으로 도주한 사례도 있다. 물론 민사집행법은 압류선박에 대하여 정박명령을 하고, 선박국적증서 등 항해에 필요한 문서를 강제로 수취하도록 함으로써 법률상 출항을 금지하고 있다. 그러나 정박명령은 의무를 선언하는데 불과하여 그것만으로 선박의 출항을 방지할 방법이 되지 아니하고, 또한 선박국적증서 등의 수취명령은 현실적으로 집행되지 않는 경우가 많을 뿐아니라 그 집행이 되는 경우라 하더라도 무단출항을 방지하기 위한 충분한 방법이 되지 못하기 때문이다.

현재 우리나라의 항만체제 아래서는 선박국적증서 등의 증서가 없는 경우에도 큰 어려움 없이 출항할 수 있고, 당해 선박에 대해 사실상 지배력을 행사하는 선박수리업자가 집행신청을 하는 경우를 제외하고는 선박의 출항을 적절히 통제할 수 없는 실정에 있다고 한다.[22)]

22) 안철상, "선박집행의 현황과 과제", 「선박집행의 제문제」, 부산지방법원, 1999, 35쪽.

2) 신속하지 못한 사건처리에 따른 문제점

통상적인 집행절차에 따르게 되면, 선박이 입항하는 것을 알고 그에 대한 집행을 신청하여 집행을 완료하기 까지는 집행신청을 위한 시간을 제외하더라도 수일이 걸릴 수 있기 때문에 항만시설이 현대화된 오늘날에 있어서는 선박이 장기간 정박하지 않고 출항하는 경우가 많아 그 집행에 차질을 초래할 염려가 있다.

3) 선박국적증서 등의 수취 문제

현행 민사집행법 제174조에서는 선박국적증서 등의 제출을 규정하고 있는데, 이는 직접 채무자로부터 선박의 점유를 취득함이 없이 항행에 필요한 문서를 수취하게 함으로써 법률상 그 선박이 항행을 할 수 없는 상태에 둠으로써 선박의 압류의 효력을 강화시키기 위한 것이다. 그런데 실무에서는 집행관이 당해 선박의 선박국적증서 등의 집행을 하려고 하여도 임의로 이를 제출하는 경우는 드물고, 대부분이 그 제출을 거부하기 때문에 그 집행을 하지 못하고 집행불능사유서를 집행법원에 제출하고 있다고 한다.[23]

4) 감수·보존비용의 문제

선박 경매절차에서 선박이 관할구역 내 정박되어 있어야만 경매를 실시할 수 있으므로 선박국적증서 등의 수취나 감수·보존절차는 필수적이라 하겠다. 다만 선박국적증서 등의 수취가 저조한 관계로 대부분 감수·보존처분으로 경매절차에 임하게 된다. 따라서 선박집행에 있어서 중요한 문제 중의 하나는 집행비용(집행비용의 대부분을 차지하는 것이 감수·보존비용임)을 줄이는 것이라고 할 수 있다. 이러한 감수·보존비용에는 항비, 유류비, 선원비, 선용품비, 수리비, 선박관리비, 기타 비용 등을 들 수 있다. 이 중 항비에는 정박료, 급수료, 오물수거료, 통신료가 있고, 유류비에는 연료비와 윤활유비가, 선원비에는 선원의 급여와 주부식비가 포함된다.

실무에서는 과다한 감수·보존비용의 발생으로 인하여 선박의 경락대금의

23) 안철상, 전게논문, 34~35쪽(부산지방법원 소속 집행관이 선박국적증서 등을 수취하는 경우는 10~20%에 불과하다고 한다).

대부분이 감수·보존비용으로 지출되는 바람에 실제로 채권자에게 배당되는 금액이 없는 경우가 허다하고 심지어는 신청채권자가 그 비용을 예납한 경우 자신의 신청채권액을 회수하지 못하는 것은 말할 것도 없고, 이미 예납한 감수·보존비용조차도 회수하지 못하는 사례마저 있어 채권자 입장에서는 채무자 소유의 선박을 경매하여 채권을 회수하려다가 오히려 집행비용까지를 부담하는 경우도 있다고 한다.[24)]

### (3) 유치권에 기한 외국선박의 경매

#### 1) 유치권에 기한 외국선박의 경매 가능여부

현행 민사집행법 제186조에서는 "외국선박에 대한 강제집행에는 등기부에 기입할 절차에 관한 규정을 적용하지 아니한다"라고 규정하고 있다. 이는 국내에 있는 외국선박에 대한 강제집행을 인정한다는 전제하에 등기에 관한 규정을 적용하지 않는다는 특칙을 규정하고 있는 것으로 해석된다. 그리고 민사집행법 제269조의 경우에도 선박을 목적으로 하는 담보권 실행을 위한 경매절차에는 제186조를 준용함으로써 강제경매와 동일한 해석이 가능하다. 그리고 민사집행법 제274조에서는 "유치권에 의한 경매와 민법·상법, 그 밖의 법률이 규정하는 바에 따른 경매는 담보권 실행을 위한 경매의 예에 따라 실시한다"고 하여 유치권에 기한 경매가 가능함을 명시적으로 규정하고 있다. 따라서 유치권 성립에 관한 제반요건을 충족한 경우라면 외국선박의 경우에도 유치권 행사가 가능하다고 보아야 한다.

#### 2) 외국 선박유치권의 준거법

국제사법 제60조는 유치권에 대하여는 전혀 언급을 하지 않고 있다는 점, 유치권은 물권에 해당하는 바 국제사법은 "동산 및 부동산에 관한 물권 또는 등기하여야 하는 권리는 그 목적물의 소재지법에 의한다"(제19조 제1항)는 점에서 유치권의 성립 및 효력 등 제반 사항에 대한 준거법은 한국법이라고 보

24) 안철상, 전게논문, 37쪽.

아야 할 것이라고 하면서, 선박유치권의 준거법에 대해서 국제사법 제19조에 문의하는 견해가 있다.[25] 그러나 국제사법 제60조 제1호에서는 "선박의 소유권 및 저당권, 선박우선특권 그 밖의 선박에 관한 물권"이라고 규정하고 있고, 선박에 대한 유치권은 "그 밖의 선박에 관한 물권"에 해당된다고 할 것이므로 국제사법 제19조의 특칙이라고 볼 수 있는 동법 제60조에서 선박유치권의 준거법을 찾는 것이 타당하다고 본다.

따라서 실체적 사항은 선적국법에 의하고, 절차적 사항은 법정지법이 적용된다는 확립된 국제사법원칙에 따라 외국선박이라도 그 일반적인 집행절차에 대해서는 법정지법이 적용되어야 한다. 다만 무엇이 실체적 사항이고 절차적 사항인지의 구별에 대해서는 나라마다 차이가 있음에 유의해야 한다.[26] 우리나라의 경우 선박의 소유권 및 저당권, 선박우선특권 그 밖의 선박에 관한 물권, 선박에 관한 담보물권의 우선순위, 선장과 해원의 행위에 대한 선박소유자의 책임범위, 선박소유자·용선자·선박관리인·선박운항자 그 밖의 선박사용인이 책임제한을 주장할 수 있는지 여부 및 그 책임제한의 범위, 공동해손, 선장의 대리권(국제사법 제60조) 등은 실체적 사항에 해당되는 것으로서 선적국법에 따라야 한다.

3) 실무상 유치권보다는 선박우선특권으로 행사

선박에 관하여도 유치권이 발생하는 것은 다른 재산과 다를 바 없고, 그 성립요건, 효력 및 소멸 등은 민법 및 상법상의 유치권의 규정에 의한다. 그러나 선박에 관하여도 유치권이 성립하기 위해서는 목적물과 피담보채권과의 견련성이 요구되고 또한 목적물의 점유가 유치권의 발생 및 존속요건이므로 사실상 유치권의 문제로 예상할 수 있는 사례로는 선박수리업자가 선박을 인도받아 자기의 점유하에 선박수리를 하는 경우이나 이러한 경우 거의 선박우선특권도 동시에 발생하게 되므로 선박우선특권으로 행사하는 경우가 많다.[27] 이

25) 서영화, "외국선박에 대한 집행에 있어서의 문제점", 「선박집행의 제문제」, 부산지방법원, 1999, 199쪽.
26) Dicey & Morris, *The Conflict of Laws*(10th ed), C G J Morse, 1980, Chap.35 p.1173.
27) 홍광식, "선박채권의 담보와 실행", 재판자료 제52집, 법원행정처, 1991. 9, 665쪽.

와 같이 실무상 선박에 대한 유치권은 주로 한국의 수리업자가 가지고 있으며, 이 때 대부분의 경우에는 선박우선특권이 성립한다는 이유로 유치권에 기한 경매의 유용성을 낮게 보는 견해들이 있다. 그러나 이는 대상선박이 한국선박인 경우에 타당한 견해이며, 국제사법 제60조에 따라 선적국법에 의거하여 우선특권의 성립여부 및 그 순위를 정하는 외국선박에 대해서는 반드시 그렇다고 단정지울 수는 없다.[28)]

외국선박의 경우에는 대부분 선박우선특권에 기하여 경매신청이 되고 있는데, 국제사법 제60조 제1호, 제2호는 선박우선특권과 담보물권의 우선순위에 관한 사항의 준거법은 선적국법이라고 규정하고 있으므로 해당 선적국의 선박우선특권에 관한 규정이 어떠한지가 문제된다. 실무에서는 통상 신청채권자가 제출하는 선적국법의 법률규정과 그 번역문에 거의 의존하고 있고, 그러한 제출이 없는 때에는 우리나라의 법률에 의할 수밖에 없는데, 이러한 경우 신청채권자로서는 관련규정 중 자신에게 유리한 부분만을 발췌하여 제출할 가능성이 많고 제출된 자료에 대한 신빙성에도 의문이 있을 수 있다는 점에서 문제가 있다.[29)]

4) 외국선박에 대한 유치권의 유용성

선박수리비채권은 일정한 경우 유치권의 대상이 됨은 물론 선박우선특권의 대상도 되기 때문에 실무상은 선박우선특권으로 해결한다고 하지만, ① 선적국법상 선박수리업자에게 우선특권을 인정하지 않거나 ② 선순위의 우선특권이 있는 채권자 혹은 다른 담보물권자가 있는 경우, ③ 선적국법의 내용을 파악하기 힘든 경우에는 굳이 국제사법 제60조를 적용하여 선적국법에 따라 우선특권을 주장할 것이 아니라, 민사집행법에 따라 유치권을 행사하는 것이 매우 유용할 수도 있으므로 적어도 외국선박에 관한 한에서는 유치권에 기한 경매의 유용성을 낮추어 평가할 필요는 없을 것이다.[30)]

따라서 외국선박의 경우나 선박우선특권이 성립되지 않는 경우, 예컨대 선

28) 서영화, 전게논문, 199쪽.
29) 김동옥 외 2인, 전게논문, 49쪽.
30) 동지; 서영화, 전게논문, 199쪽.

박 재건조의 경우, 선박 건조의 경우에도 선박건조계약상 발주자가 소유자로 되어 있지만 건조자가 선박 건조를 완성했음에도 불구하고 건조대금채권을 지불하지 않는 때 등에는 여전히 유치권의 행사가 유용하다고 볼 것이다.

### (4) 소결

부동산 유치권에서 발생하는 심각한 문제는 경매절차에서의 발생하는 유치권 신고가 의무가 아니라는 점, 허위·과장된 유치권 신고 등이다. 유치권이 신고된 부동산에 대해서는 입찰을 기피하게 되고, 잦은 유찰은 당해 경매부동산의 경락가 하락으로 이어지게 된다. 이러한 경매절차에서 발생하는 문제점들로 인해 경매를 방해하거나 경매절차를 왜곡하는 것이 심각한 수준이라는 것이다. 그런데 선박유치권의 경우 부동산 유치권에서 발생하는 경매절차상의 심각한 문제점들은 선박유치권에 그대로 적용할 수는 없다고 생각된다. 부동산의 경우 하도급인 등 유치권 성립을 주장하는 자가 다양하여 다수의 유치권자가 성립할 수 있고 이로 인해 허위·과장된 유치권의 신고도 많이 발생하지만, 선박의 경우에는 주로 수리업자나 재건조조선업자에 한정되기 때문에 상대적으로 유치권을 주장하는 자가 적을 뿐 아니라 실제적으로도 선박유치권을 행사하면 선주들에게 좋지 않은 평판이 생겨 수리를 맡기지 않는다는 것이 업계의 실정이므로 허위·과장된 유치권의 신고로 인한 폐해는 많지 않다. 또한 대형 선박을 수리한 경우 선박은 육상에서 유치하는 것이 아니라, 항내에 정박시켜야 하고, 보존행위로서 최소한의 운항을 해야 하는데, 그렇게 하기 위해서는 해기사 면허 등을 소지한 자가 필요하다는 점도 고려해야 하기 때문에 선박유치권자의 유치권의 행사는 한계가 있다. 그리고 등기선박의 경우에는 부동산에 준하므로 기본적으로는 부동산 유치권에서의 문제점으로 지적되고 있는 공시방법의 결여, 순위의 원칙이 적용되지 않는다는 점, 견련관계에 대한 해석상의 문제점 등은 선박유치권의 경우에도 그대로 적용되겠지만, 선박유치권의 경우에는 부동산 유치권에서 발생하는 문제점들처럼 그렇게 심각하지는 않다는 것이다.

다만, 선박유치권에서 발생하는 압류선박의 무단출항의 문제, 신속하지 못한 사건처리로 인한 출항 및 이에 따른 집행상의 차질, 선박국적증서 등의 수취문제, 감수·보존비용의 문제 등은 선박의 이동성이라는 고유한 특성에서 발생하는 문제점들이지 부동산 유치권에서 발생하는 인위적으로 작출된 문제점들과는 차원이 다른 것이다. 집행대상인 선박은 국내선은 물론이고 외국 선박도 다수 있고, 이동성이 강하여 국내외로 전전이동하는 관계로 일반 민사집행의 경우와는 달리 국제적인 법률관계가 발생하는 경우도 많이 있다. 그리고 선박은 집행절차에서 부동산에 준하여 취급되면서도 이동성이라는 특성으로 인하여 점유확보를 위한 정박명령, 감수보존명령 등 부동산의 경우와는 다른 여러 가지 제도가 인정되어 있다. 이와 같이 이동성으로 인한 무단출항의 문제, 이로 인한 점유확보의 문제, 그리고 시간의 경과에 따라 가치의 감소가 심하고 그 비용이 과다하게 소요되기 때문에 선박집행에 있어서는 선박의 감수보존을 철저히 하는 것과 집행비용을 저감시키는 것 등이 중요한 문제점이라고 할 것이다.[31)]

결론적으로 선박유치권에 기한 집행상의 문제들은 부동산 유치권에 기한 집행상의 문제점과는 근본적으로 다르고, 부동산 유치권의 폐해들이 선박유치권에도 그대로 적용되지 않음을 알 수 있고, 따라서 선박유치권은 폐지의 대상이 아니라 존치되어야 한다.

## Ⅳ. 비용출자자 등의 저당권설정청구권제도의 선박유치권에의 적용여부

### 1. 서설

유치권과 관련된 민법개정시안에 따르면 동산유치권은 존치하고 부동산 유치권을 폐지하되 그 대안으로 “비용출자자 등의 저당권설정청구권”제도를 신

31) 안철상, 전게논문, 39쪽.

설하는 것인데, 선박유치권권의 경우에도 민법개정시안의 내용을 그대로 따를 것인지, 아니면 민법개정시안의 내용은 선박유치권에는 부합하지 않으므로 다른 대안을 제시할 것인지의 문제이다. 이 문제를 해결하기 위해서는 우선 부동산 유치권의 폐지문제와 비용출자자 등의 저당권설정청구권 제도의 내용 및 문제점을 검토한 후, 선박유치권에 대한 적용여부의 타당성을 검토한다.

## 2. 부동산 유치권의 폐지 및 비용출자자 등의 저당권설정청구권제도

### (1) 개정시안 내용

#### 1) 유치권 규정

민법 개정시안 제320조 제1항에서는 유치권의 목적물에서 물건을 동산으로 수정함으로써 동산 유치권은 존치하되, 부동산은 유치권의 목적물에서 제외하고 있다. 따라서 원칙적으로는 부동산유치권을 폐지하되,[32] 미등기 부동산에 대해서는 예외적으로 인정하였으며, 유치권의 피담보채권의 범위를 비용지출채권 등으로 한정하였다.

#### 2) 비용출자자 등의 저당권설정청구권 제도

아직 확정된 것은 아니지만, 유치권 관련 신설 제1안의 내용은 다음과 같다. 즉 민법 제372조의2(비용출자자 등의 저당권설정청구권) ① 타인의 부동산을 점유한 자는 그 부동산에 대한 비용지출로 인한 채권 그 밖에 이와 유사한 채권이 있는 경우에 그 채권을 담보하기 위하여 부동산 소유자를 상대로 그 부동산을 목적으로 한 저당권의 설정을 청구할 수 있다. 악의의 제3취득자에 대해서도 또한 같다.

32) 일본의 경우에도 부동산 유치권 폐지에 관한 논의가 있다((谷口園惠外, “擔保·執行法制の見直した關する要綱中間試案に對する各界意見の紹介”, 「金融法務事情」 第1651号, 2002, 46面 以下; 古積健三郎, “留置權の射程および性質に關する一考察”, 「法學新報」 第111巻 第3,4号(中央大學法學會), 2004, 4面)).

| 현행 | 개정시안 |
|---|---|
| **제320조(유치권의 내용)** ① 타인의 물건 또는 유가증권을 점유한 자는 그 물건이나 유가증권에 관하여 생긴 채권이 변제기에 있는 경우에는 변제를 받을 때까지 그 물건 또는 유가증권을 유치할 권리가 있다.<br>② 전항의 규정은 그 점유가 불법행위로 인한 경우에 적용하지 아니한다. | **제320조(유치권의 내용)** ① 타인의 동산을 점유한 자는 그 동산에 대한 비용지출로 인한 채권 그 밖에 이와 유사한 채권이 변제기에 있는 경우에는 변제를 받을 때까지 그 동산을 유치할 권리가 있다. 유가증권의 경우에도 또한 같다.<br>② 미등기 부동산의 경우에 제1항을 준용한다. 이 경우 그 부동산에 제1항의 채권을 담보하기 위하여 제372조의 2에 따른 저당권설정등기를 한 때 또는 저당권설정등기를 청구할 수 있는 권리가 소멸한 때에는 유치권이 소멸한다.<br>③ 제1항, 제2항의 규정은 그 점유가 불법행위로 인한 경우에 적용하지 아니한다. |

② 제1항의 규정은 그 점유가 불법행위로 인한 경우에 적용하지 아니한다.

③ 제1항의 경우에 채권자는 채권의 변제기로부터 6개월 내에 저당권설정등기를 하거나 그 등기를 청구하는 소를 제기하여야 한다. 다만 미등기 부동산의 경우에는 채권의 변제기와 소유권보존등기를 한 날 중 늦게 도래한 날로부터 기산한다.

④ 제1항에 따른 저당권설정등기 이전에 채권의 변제기가 도래한 때에는 변제기에 저당권이 설정된 것으로 본다.

### (2) 입법취지

비용출자자 등의 저당권설정청구권은 부동산 유치권을 없애는 대신 비용지출채권 등을 확보하기 위하여 저당권설정청구권을 인정하기 위하여 고안된 것으로서 민법 제666조를 확대하여 비용지출채권 등을 좀 더 포괄적으로 보호하기 위함이다.

타인의 부동산에 대한 비용지출채권 등은 통상 부동산의 가치를 증대시키는 것이기 때문에 그 부동산으로부터 비용지출채권 등에 대하여 우선변제를 받을 권리를 인정할 필요가 있으므로 저당권설정청구권을 인정하는 제372조의2를 신설하기로 하였는데[33], 이는 부동산에 대하여 비용지출채권 등이 있는 경우에 곧바로 법정저당권을 인정한 것은 아니고, 민법 제666조와 유사하게 부동산에 저당권을 설정할 수 있도록 한 것이라고 한다.

### (3) 논의점

신설안에 관해 아직 논의해야 할 부분이 많다. 즉 변제기도래를 요건으로 할 것인지의 여부, 점유를 요건으로 할 것인지의 여부, 등기청구의 상대방을 누구로 할 것인지의 문제 등이다.

비용출자자 등이 저당권설정청구권을 갖기 위해서는 부동산에 대한 비용지출채권 등이 있어야 한다. 이 점은 유치권의 성립요건과 동일하게 하였지만, 변제기도래 전에 저당권설정등기를 할 필요가 있기 때문에 변제기가 도래하기 전에도 저당권설정청구권을 행사할 수 있도록 하였다. 이는 민법 제666조의 경우 변제기를 요건으로 하지 않고 있다는 점과 궤를 같이 한다.

점유를 요건으로 할 것인지에 대해서는 현행 유치권과 유사하기 때문에 제도의 전환으로 인한 문제점을 줄일 수 있다는 점, 부동산 소유자가 채무자가 아닌 경우에도 문제가 없다는 점에서는 점유를 요건으로 하는 방안의 장점이지만, 비용출자자 등의 채권을 보호할 필요가 있는 것은 점유여부와 상관없는 것이기 때문에 이 제도의 목적에 부합한다는 점에서는 점유를 요건으로 하지 않는 방안의 장점이다.

저당권설정등기청구권자는 비용지출로 채권을 가진 자이므로 크게 문제될

33) 한국 민법전의 "세계화와 현대화"라는 목표 아래 2009년 2월 한국 법무부에서는 총37명의 개정위원으로 구성된 제1기 민법개정위원회를 조직하였고, 담보제도 분과인 제5분과위원회에서 담보법에 관한 개정안을 작성하기로 하였다. 이듬해인 2010년에 제2기 민법개정위원회는 총42명의 위원으로 구성되었으며, 제5분과위원회는 위원장을 포함한 6인으로 구성(대학교수 4인, 법관 1인, 변호사 1인)되었으며, 동 분과위원회에서 마련한 개정시안 중의 하나가 유치권에 관한 부분이다. 유치권에 관한 개정시안은 6개조문(민법 3개, 상법 1개, 민사집행법 1개, 부동산등기법 1개)과 부칙으로 구성되어 있다. 유치권에 관한 개정시안의 주요내용을 다음과 같다[1]. 즉 부동산 유치권을 폐지하여 유치권의 대상을 동산에 한정하였고, 견련관계를 명확히 하였으며, 비용출자자 등의 저당권설정청구권의 신설, 상법상의 유치권의 경우 부동산유치권을 폐지하였으며, 민사집행법 제91조 제5항을 삭제하여 경매절차에서 부동산유치권에 관한 소멸주의를 채택하는 등의 내용이다(김재형, "부동산 유치권의 개선방안", 민사법학 제55호, 2011. 9, 341쪽 이하).

것이 없으나, 등기청구의 상대방을 누구로 할 것인지에 대해서는 논란이 제기된다. 부동산 소유자가 비용지출 등의 채무자인 경우에는 채무자와 부동산 소유자가 동일인이기 때문에 등기청구의 상대방이 된다는 점에는 이견이 없으나, 부동산 소유자가 채무자가 아닌 경우에도 등기청구의 상대방으로 삼을 수 있을지는 견해가 갈린다.

한편 부동산을 취득한 제3가 있는 경우에도 저당권설정청구권을 행사할 수 있는지가 문제된다. 저당권설정청구권은 채권적 청구권이므로 제3자에게 대항할 수 없는 것이 원칙이지만, 이에 대한 예외를 인정하여 제3취득자의 선·악에 따라 행사여부를 가리자는 것이다. 제3취득자가 부동산을 취득할 당시에 비용지출자 등의 저당권설정청구권이 있다는 사실을 알고서 취득한 경우, 즉 악의의 제3취득자에게는 저당권설정청구권을 허용하자는 것이다. 이 경우 비용지출자 등이 제3취득자의 악의를 입증하여야 한다(비용지출자 등이 부동산을 점유하고 있는 경우에는 제3취득자의 악의를 쉽게 인정할 수 있을 것임).

### (4) 예외의 인정

미등기 부동산의 경우 이를테면 등기부가 편성되지 않아 등기할 수 없는 부동산이기 때문에 저당권등기도 할 수 없고, 유치권도 행사할 수 없는 결과가 된다. 대책이 필요하다는 의미이다.

유치권이 실제로 문제되는 경우는 미등기 부동산의 경우가 많기 때문에 미등기 부동산에 대하여 유치권을 인정하게 된다면 유치권에 대한 개정의 의미가 반감될 수 있고, 또한 미등기 부동산에 대하여 유치권을 인정한다면 기존의 문제점 즉 공시되지 않은 부동산 물권을 인정하는 데서 법률관계가 복잡하게 된다.

동산의 경우 비용지출자 등이 유치권을 가지는데 비해, 미등기 부동산의 경우에는 저당권을 설정할 수도 없고 유치권을 행사할 수도 없다면 형평에 맞지 않은 점이 있다. 또한 미등기 부동산의 경우 후에 소유권보존등기를 했을 때 저당권을 설정할 수 있도록 할 수도 있지만 부동산 소유자가 등기전에 그 부동산을 제3자에게 처분한 경우 등에 대비하여 유치권을 인정할 필요성이 제기된다. 따라서 개정안에서는 예외를 두어 미등기 부동산에 관하여 소유권보존등기를 하면 그 때부터 일정한 기간내에 저당권을 설정하도록 하고 있다.

### 3. 선박유치권에 대한 적용여부

우리나라는 조선분야 세계 1위라는 명성을 유지하는 조선 강국이다. 넓은 의미의 조선에는 신조선 뿐만이 아니라 수리조선, 재건조 등을 포함하는데, 선박유치권이 문제되는 경우는 주로 수리조선과 재건조의 경우와 밀접한 관련이 있다고 할 수 있다. 특히 수리조선의 경우 외국적선을 수리하는 경우도 많다. 부동산 유치권에 대한 개선방안대로라면 외국적선을 수리한 수리업자에게 선박유치권을 행사할 수 없게 되고, 외국적선인 관계로 저당권설정 등기도 할 수 없다. 수리조선업자의 유치권을 불인정하면 안되는 측면이다. 또한 선박은 이동성이 강한 특징이 있으므로 선박은 집행절차에서 부동산에 준하여 취급되면서도 이동성이라는 특성으로 인하여 점유확보를 위한 선박국적증서 등의 수취, 감수·보존명령 등 부동산의 경우와는 다른 여러 가지 제도가 인정되어 있다. 그리고 집행대상인 선박은 국내선은 물론이고 외국적선도 다수 있고, 이동성이 강하여 국내외로 전전이동하는 관계로 일반 민사집행의 경우와는 달리 국제적인 법률관계가 발생하는 경우도 많이 있다.

이와 같이 선박의 경우에는 부동산 유치권과는 달리 집행법상 여러 특수한 제도를 인정하고 있는 만큼 부동산 유치권의 개선방안이 그대로 적용될 수는 없다. 특히 외국적선의 경우 선박유치권을 인정하지 않는다면 수리대금 채권 확보에 어려운 점이 따를 것이고, 외국적선은 비용출자자 등의 저당권설정청구권제도도 무용지물이 되고 만다.

따라서 민법상 부동산 유치권에 대한 개선방안으로서 제시되고 있는 부동산 유치권의 폐지 및 비용출자자 등의 저당권설정청구권제도가 선박유치권에는 그대로 타당하지 않다는 결론이다.

# V. 선박유치권의 개선방안

## 1. 서설

부동산 유치권에서 발생하는 심각한 문제는 허위·과장된 유치권 신고로 인하여 당해 부동산에 입찰을 기피하게 되고, 잦은 유찰은 당해 경매부동산의 경락가 하락으로 이어지는 것이 심각한 수준이라는 것인데, 선박유치권의 문제점은 선박의 이동성으로 인한 점유확보의 문제 및 점유확보에 소요되는 비용문제이다. 이러한 문제점들은 선박의 특성으로 발생하는 고유한 문제들이지, 부동산 유치권에서 발생하는 인위적인 폐해들은 아니다.

선박유치권은 외국선박에 대한 수리비채권 회수의 경우나 선박수리업자에게 선박우선특권이 인정되지 않는 경우, 선순위 우선특권자 내지는 다른 담보물권자가 있는 경우, 선적국법의 우선특권의 내용을 파악하기 힘든 경우 등에는 여전히 제 기능을 다하고 있다고 이해된다. 그렇다면 민법상 부동산 유치권이 폐지된다고 하더라도 선박유치권은 존치되어야 한다. 다만 그 입법론으로서는 민법상 유치권 규정 개정시안에 예외를 두거나 상법에 선박유치권을 신설하는 방안을 고려할 수 있다. 유치권에 대한 국제협약에서는 어떻게 취급하고 있는지를 고찰해 보고 대안을 도출하기로 한다.

## 2. 국제협약상 선박유치권

유치권과 관련된 국제협약으로서는 "선박우선특권·저당권에 관한 국제협약(International Convention on Maritime Liens and Mortgage, 1993)을 들 수 있으며, 이 협약은 1926년 「선박우선특권·저당권조약」, 1967년 「선박우선특권·저당권조약」 및 1993년 「선박우선특권·저당권조약」이 성립되었다. 1993년 협약 제7조에서 유치권에 관한 규정을 두고 있다. 동조의 유치권은 선박우선특권과는 성질이 다른 것으로서 아무런 관련이 없기 때문에 삭제의견이 있었으나, 조선업자·수선업자의 권리와 밀접한 관련이 있으므로 초안대로의 존치주장이 주요 해운국에서 제기되어 존치하게 되었다고 한다.[34]

1967년 조약은 조선업자나 선박수리업자가 건조비·수리비를 받기 위하여 선박에 유치권을 행사할 경우, 이러한 유치권은 선박우선특권보다는 후순위가 되나 선박저당권보다는 우선한다는 규정을 두고 있었다. 이에 관하여 1993년 조약은 '각체약국은 조선업자, 선박수리업자(재건조 포함)가 점유하고 있는 선박에 대해 국내법으로 유치권을 인정할 수 있다'고 규정하고 있다. 이 유치권은 선박의 가압류 또는 압류(Arrest or Seizure)이외의 사유로 점유에서 벗어날 때 소멸한다. 그런데 선박유치권자는 제12조(선박의 강제경매)의 규정에 따라 선박이 강제매각되는 경우에 선박의 점유를 매입자에게 넘겨주어야 한다. 이와 아울러 선박우선특권자의 채권이 변제된 후에야 경락대금에서 선박수리비 등을 회수할 수 있다.

이와 같이 1993년 조약에서 유치권을 규정한 것은 각국마다 서로 다른 유치권을 명문화하여 그 효력 범위를 제한함으로써 선박우선특권과 선박저당권을 보호하려는 취지이지만, 유치권에 관한 근거규정으로서 의의가 있다고 본다.

## 3. 개선방안

### (1) 선박유치권의 폐지와 비용출자자 등의 저당권설정청구권 도입하는 방안

#### 1) 선박유치권 폐지의 타당성 여부

전술한 바와 같이 외국선박에 대한 수리비채권 회수의 경우나 선박수리업자에게 선박우선특권이 인정되지 않는 경우, 선순위 우선특권자 내지는 다른 담보물권자가 있는 경우, 선적국법의 우선특권의 내용을 파악하기 힘든 경우 등에는 선박유치권이 여전히 유용함을 확인하였다. 민법상 경매절차 등에서 부동산 유치권의 폐해가 심각하여 폐지론이 상존하는 것과는 차원을 달리한

34) 정완용, 선박담보법의 연구, 경희대학교 출판국, 2005, 69~70쪽.

다. 또한 국제협약에서도 조선업자나 선박수리업자가 건조비·수리비를 받기 위하여 선박에 유치권을 행사하는 것을 인정하고 있음은 전술한 바와 같다. 따라서 선박유치권에 기한 집행상의 문제들은 부동산 유치권에 기한 집행상의 문제점과는 근본적으로 다르고, 부동산 유치권의 폐해들이 선박유치권에도 그대로 적용되지 않기 때문에 선박유치권의 폐지는 타당하지 않다고 생각된다.

2) 비용출자자 등의 저당권설정청구권 도입의 타당성 여부

비용출자자 등의 저당권설정청구권은 부동산 유치권을 없애는 대신 비용지출채권 등을 확보하기 위하여 저당권설정청구권을 인정하기 위하여 고안된 것인데, 선박수리채권을 확보하기 위하여 동 제도를 활용할 수 있을 것인지가 문제된다. 수리비채권을 회수하기 위한 손쉬운 방법은 선박유치권을 행사하는 것이다. 전술한 바와 같이 선박유치권의 경우에는 부동산 유치권의 폐해가 상존하는 것은 아니기 때문에 선박유치권을 폐지할 필요성은 없으며 선박유치권의 행사가 수리업자의 채권회수에 더 효과적이다. 만약 선박 수리업자가 저당권설정청구권을 행사하여 저당권 설정등기를 한다고 가정하더라도 이는 선박우선특권에 순위가 뒤지기 때문에 선박수리업자의 채권회수에 불합리한 측면이 있으므로 동 제도의 효용성은 저하될 것임이 분명하다.

다만 선박집행의 경우 감수·보존비용이 많이 들기 때문에 저당권설정 청구권을 도입하자는 견해가 있을 수 있다. 부동산의 경우 점유가 유치권의 성립요건이지만, 선박유치권의 경우에도 마찬가지이다. 감수·보존의 문제는 유치권의 성립 요건인 점유에 해당하는 것이 아니라 선박 실행단계에서 발생하는 문제이고 또한 점유 비용이 많이 들기 때문에 이 제도를 도입하자는 것은 이치에 맞지 않는 것이다.

특히 수리조선의 경우 외국적선을 수리하는 경우도 많은데, 외국 선박의 경우에는 저당권설정등기를 할 길이 없으므로 이 제도가 선박유치권에는 치명타가 되고 만다. 그러므로 외국적선의 경우 선박유치권을 인정하지 않는다면 수리대금 채권 확보에 어려운 점이 따를 것이고, 외국적선은 비용출자자 등의 저당권설정청구권제도도 무용지물이 되고 만다.

### (2) 민법개정시 예외규정을 두는 방안

이 방안은 민법 유치권 규정 개정시안 중 부동산 유치권을 예외적으로 인정하자는 것이 미등기 부동산인데, 예외를 인정하는 취지가 미등기 부동산을 등기할 수 없기 때문이다. 마찬가지의 이유로 외국적선은 비용출자자 등이 저당권을 설정할 수 없으므로 예외조항 중 "미등기 부동산" 부분을 "등기할 수 없는 부동산" 이라고 수정하는 방안이다.

즉 유치권 관련 개정시안 제320조에서는 ① 타인의 동산을 점유한 자는 그 동산에 대한 비용지출로 인한 채권 그 밖에 이와 유사한 채권이 변제기에 있는 경우에는 변제를 받을 때까지 그 동산을 유치할 권리가 있다. 유가증권의 경우에도 또한 같다.

② 미등기 부동산의 경우에 제1항을 준용한다. 이 경우 그 부동산에 제1항의 채권을 담보하기 위하여 제372조의2에 따른 저당권설정등기를 한 때 또는 저당권설정등기를 청구할 수 있는 권리가 소멸한 때에는 유치권이 소멸한다. 이에 부과하여 제3항을 신설하여 "등기한 선박의 경우 제1항을 준용한다"는 조항을 두는 방안을 고려할 수 있다.

### (3) 상법개정을 통한 선박유치권에 관한 사항 신설 방안

민법은 민사유치권에 대해 일반적인 규정을 두고 있지만, 상법은 필요에 따라 유치권 규정을 두고 있다. 예컨대 상사유치권(상법 제58조), 대리상·위탁판매인의 유치권(상법 제91조, 제111조), 운송주선인·운송인의 유치권(상법 제120조, 제147조), 선장의 운송물에 대한 유치권(상법 제807조) 등이 그러하다.

이와 같이 상법 및 해상편의 특수성을 감안하여 민법개정시 예외규정을 두는 것 보다 상법에 선박유치권 규정을 신설하고, 또한 선박가치의 급격한 하락이 발생하는 경우나 해운시황이 좋지 않아 선박소유자가 선박을 회수하지 않는 경우에는 선박유치권자 장기간 점유해야 하고 이로 인한 보존의 비용 등이 발생한다는 점을 고려하여 간이변제충당으로 해결하자는 취지에서 간이변제충당 규정 등을 두고 그 이외에는 민법상 유치권 규정을 준용한다는 규정을 두자는 이른바 상법개정을 통한 선박유치권 신설방안이다.

한편 1993년 협약은 '각 체약국은 조선업자, 선박수리업자(재건조 포함)가 점유하고 있는 선박에 대해 국내법으로 유치권을 인정할 수 있다'고 규정하고 있지만, 현행 상법에는 아무런 규정이 없다. 특히 국제협약에 따르면 선박우선특권, 저당권, 유치권의 우선순위는 선박우선특권, 유치권, 저당권의 순위가 되지만, 국내법상으로는 유치권, 선박우선특권, 저당권의 순위가 되어 국제협약과 국내법상 권리의 우선순위가 불일치한다. 특히 해상법과 관련된 많은 국제협약이 있지만, 우리나라는 이러한 국제협약에 가입하는 대신 협약의 내용을 상법에 수용하는 태도를 취하고 있는 점도 고려되어야 한다. 이러한 점을 고려한다면 선박유치권에 관한 규정을 신설(예컨대 상법 제788조의2[선박유치권])하고, 유치권과 선박우선특권과의 관계를 명확하게 하는 규정(예컨대 상법 제788조[선박저당권 등과 우선특권의 경합] 규정을 상법 제788조[선박유치권 등과 우선특권의 경합]으로 개정) 등 상법을 개정하는 이 방안이 더 타당해 보이며, 구체적인 상법 개정안을 다음과 같이 제안한다.

> **상법 제786조의2[선박유치권]** ① 타인의 등기한 선박을 점유한 자는 그 선박에 관하여 생긴 채권이 변제기에 있는 경우에는 변제를 받을 때까지 그 선박을 유치할 권리가 있다.
> ② 전항의 규정은 외국선박의 경우에도 적용한다.
>
> **상법 제788조[선박유치권 등과 우선특권의 경합]** 선박채권자의 우선특권은 유치권과 질권 및 저당권에 우선한다.

## Ⅵ. 결 론

이 연구는 민법상 논의 중인 부동산 유치권에 관한 개선방안으로 부동산 유치권을 폐지하되, 그 대안으로 제시된 비용출자자 등의 저당권설정청구권에 관한 내용이 선박유치권에도 그대로 적용될 수 있는지의 여부를 검토하는 한편, 선박유치권의 개선방안으로서 입법론을 제시한 연구이다.

민법상 유치권에 관한 논의는 최근 들어 매우 많은 논의가 진행되고 있지만, 선박유치권에 대해서는 논의자체가 없는 실정이다. 특수한 분야이면서도 세계 조선 1위, 해운 6위에 자리매김될 정도로 조선 및 해운 강국인 점을 고려한다면 이 분야에 대한 연구는 너무 미흡하다. 선박유치권에 관한 실정법상 규정은 어디에도 찾아볼 수 없으므로, 민법상 부동산 유치권에 관한 일반적인 내용이 그대로 선박유치권에 적용되고 있는 실정이다.

유치권의 문제는 부동산 경매절차에서 심각한 문제점들이 제기되어 최근에 부동산 물권편에서 그 논의의 중심이 되었다고 해도 과언이 아니다. 동산 유치권의 경우에는 유치권 본래의 순기능을 다하고 있지만, 부동산 유치권의 경우 순기능보다 역기능이 많기에 그 심각성이 부각된 측면이다. 선박은 그 본질이 동산이지만 등기선의 경우 부동산에 준해 처리한다. 그렇다고 하더라도 그 본질은 여전히 이동성이 강한 동산이다. 이러한 선박에 대한 유치권의 행사, 특히 외국적선을 수리한 수리조선업자의 대금채권 회수 방법으로서 유치권행사는 여전히 순기능의 측면이 강하다. 외국적선에 대해서는 수리대금채권을 위해 저당권설정등기도 불가능하다. 이러한 문제점에 대한 논의 없이 민법상 부동산 유치권에 관한 개선방안으로서 제시된 부동산 유치권 폐지, 비용출자자 등의 저당권설정등기청구권 제도를 입법하여 시행한다면 국내 조선수리업에 종사하는 내국인의 보호에는 치명적인 오류를 범하게 될 것이다.

결론적으로 선박유치권은 부동산 유치권과는 다른 측면이 많으므로 선박유치권은 존치해야 된다는 것이다. 존치하기 위한 입법론으로서는 민법 유치권 규정 개정시안 중 미등기부동산에 대한 예외규정을 두는 것처럼 등기선박의 경우에도 예외를 두는 방안과 선박유치권의 특수성을 고려하여 상법 중 해상편에 선박유치권에 관한 규정을 신설하는 방안을 들 수 있다. 입법정책적인 문제이기는 하지만, 상법은 상사유치권(상법 제58조) 이외에도 필요에 따라 유치권인 대리상·위탁판매인의 유치권(상법 제91조, 제111조), 운송주선인·운송인의 유치권(상법 제120조, 제147조), 선장의 운송물에 대한 유치권(상법 제807조) 등의 특수한 유치권을 두는 태도를 취하고 있고, 또한 1993년 국제협약과의 관계 및 선박유치권의 특수성을 감안한다면 후자의 방안이 더 타당해 보인다. 따라서 선박유치권에 관한 상법 제786조의2 규정의 신설 및 국제협약과의 관계를 고려한 선박유치권과 선박우선특권과의 관계에 대한 상법 제788조의 개정을 제안한다.

## 참고문헌

곽윤직, 물권법, 박영사, 2002.

김상용, 물권법, 법문사, 2003.

김증한 · 김학동, 물권법, 박영사, 1997.

김형배, 민법학강의, 신조사, 2010.

법원행정처, 법원실무제요 민사집행[ I ], 2003.

송덕수, 민법강의, 박영사, 2012.

송상현 · 김현, 해상법원론, 박영사, 2008.

이기수, 보험법 · 해상법학, 박영사, 2000.

이상태, 물권법, 법원사, 2002.

이영준, 물권법, 박영사, 2002.

이은영, 물권법, 박영사, 2003.

정완용, 선박담보법의 연구, 경희대학교 출판국, 2005.

정영석, 해상법원론, 텍스트북스, 2009.

지원림, 민법강의, 홍문사, 2008.

최기원, 해상법, 박영사, 2002.

김동옥 외 2인, "선박집행", 「선박집행실무」, 부산지방법원, 2002.

김만웅, "유치권의 공시기능 강화방안에 관한 연구", 토지법학 제26권 제1호, 2010. 6.

김인유, "부동산 유치권의 개선방안에 관한 연구", 토지법학 제28권 제1호, 2012. 6.

김재형, "부동산 유치권의 개선방안", 민사법학 제55호, 2011. 9.

김준호, "유치권의 성립요건으로서 물건과 채권간의 견련성", 민사법학 제54권 제1호, 2011. 6.

서영화, "외국선박에 대한 집행에 있어서의 문제점", 「선박집행의 제문제」, 부산지방법원, 1999.

신국미, "유치권의 성립요건으로서의 물건과 채권간의 견련관계", 재산법연구 제21권 1호, 2004. 8.

안철상, "선박집행의 현황과 과제", 「선박집행의 제문제」, 부산지방법원, 1999.

유기준, "각국의 선박우선특권", 「선박집행의 제문제」, 부산지방법원, 1999.

이범균, "선박경매의 배당에 있어서의 실무상 몇 가지 문제점", 「선박집행의 제문제」,

부산지방법원, 1999.

이재성, "유치권자가 신청한 경매의 성격", 인권과 정의 제196호, 대한변호사협회, 1992. 12.

홍광식, "선박채권의 담보와 실행", 재판자료 52집, 법원행정처, 1991. 9.

內田貴, 民法Ⅲ 債權總論·擔保物權, 東京大學出版會, 2005.

道垣內弘人, 擔保物權法, 有斐閣, 2008.

松尾 弘·古積三健郎, 物權·擔保物權法, 弘文堂, 2008.

松井宏興, 擔保物權法, 成文堂, 2008.

奧田昌道·鎌田 薰, 民法3 擔保物權, 悠悠社, 2006.

谷口園惠外, 『擔保·執行法制の見直した關する要綱中間試案』に對する各界意見の紹介, 金融法務事情 第1651号, 2002.

古積健三郎, "留置權の射程および性質に關する一考察", 法學新報 第111卷 第3,4号(中央大學 法學會), 2004.

松岡久和, "不動産留置權に關する立法論", NBL, 第730号, 2002. 2.

Dicey & Morris, *The Conflict of Laws*(10th ed), C G J Morse, 1980.

William Tetley, *Maritime Liens and Claims*(London : Business Law Communications), 1985.

Gilmore, G. & Black, C.L., *The Law of Admiralty*, 2nd ed., New York, The Foundation Press, 1975.

Tomas, D.R., "Maritime Liens", *British Shipping Law*, Vol.14, London, Steven & Sons. 1980.

# 영국법상의 선박소유권과 선박의 매매*

김 철 수

## Ⅰ. 머리말

선박은 해상기업의 필수불가결한 물적 설비이며, 해상기업의 법률관계는 대개 선박의 항행에 수반하여 발생한다. 따라서 선박은 해법상 대부분의 법률문제의 기초가 된다. 그러나 선박은 동산이면서 부동산과 유사한 성격도 가지고 있기 때문에 여러 가지의 특수한 성격이 인정되고 있다. 특히 상법 제743조에서는 “등기 및 등록할 수 있는 선박의 경우 그 소유권의 이전은 당사자 사이의 합의만으로 그 효력이 생긴다. 다만, 이를 등기하고 선박국적증서에 기재하지 아니하면 제3자에게 대항하지 못한다”고 함으로써, 형식주의를 취하고 있는 우리 민법의 물권변동의 원칙에 대한 중대한 예외를 인정하고 있다. 뿐만 아니라 우리나라의 선박의 공시제도는 사법상의 권리관계의 공시를 목적으로 하는 등기와 공법상의 필요에 의하여 해운관청에서 관장하는 등록의 두 가지 절차를 거치도록 하여 이원주의를 채택하고 있다.

한편, 해상기업의 주체인 해운회사들은 신조선의 건조 또는 중고선박의 매매를 통하여 필요한 선박을 확보하고 있다. 그리고 선박의 매매는 대부분 세계 해운업의 중심을 이루고 있는 영국의 런던, 노르웨이의 오슬로, 그리스의 피레우스, 도쿄, 홍콩 등에서 거래가 형성된다. 이 가운데 런던의 해운거래소(Baltic Exchange)는 세계 대부분의 선박에 관한 정보를 보유하고 있으며, 선박시장의 집산지라 해도 과언이 아니다.[1] 그러나 그동안 우리나라에서의 선

* 이 논문은 한국해양대학교 세계해양발전전략연구소의 세계해양발전연구 제22권(2013년 2월)에 발표한 논문을 수정·보완한 것이다.

1) 한진해운, 중고선박 매매실무(Sale & Purchase)(1999), 4쪽.

박매매, 특히 국제적인 선박매매 활동은 대단히 소극적으로 이루어져 왔다고 할 수 있다. 그 원인은 다양하겠지만, 국제적인 선박매매에 관한 복잡하고 까다로운 절차나 법적 규제, 그리고 국제적인 선박매매에 관한 국내의 연구가 부족하였던 점에서도 그 원인을 찾을 수 있을 것이다.[2)]

따라서 현 시점에서 선박소유권과 선박의 매매에 관한 법리를 재검토하는 것은 의미가 있다고 생각한다. 이를 위하여 본고에서는 비교법적 연구의 대상으로 영국법을 선택하여 선박소유권과 선박의 매매에 관한 법리를 검토하는 것을 그 목적으로 한다.

위와 같은 목적을 달성하기 위한 연구의 내용을 제시하면 다음과 같다. 제2장에서는 영국법상의 선박소유권 관련 내용을 검토한다. 구체적으로는 영국의 선박소유권 관련법의 역사적 발전과정, 선박소유권, 영국 선박을 소유할 수 있는 자, 1995년의 영국 상선법 등의 내용을 다룬다. 제3장에서는 영국법상의 선박의 등록에 관한 내용을 검토한다. 구체적으로는 선박소유권과 등록, 등록과 영국 관련성, 등록과 등록증서 등의 내용을 다룬다. 제4장에서는 선박소유권 관련 주요 법률문제인 선박소유권의 이전 문제를 다룬다. 구체적으로는, 소유권의 양도와 소유권의 이전, 선박매매와 선박소유권의 이전, 소유권의 이전과 위험의 이전 등의 문제를 다룬다. 그리고 제5장에서는 이상의 검토결과를 요약하고 이것을 본고의 결론으로 한다.

## Ⅱ. 선박소유권

### 1. 영국법의 개관

현재 선박소유권과 관련하여 가장 중요한 의미를 가지는 영국법은 1995년 상선법(Merchant Shipping Act 1995)이다. 원래 영국의 해법은 해사법원에 의

2) 김철수, “영국법에서의 선박의 매매”, 국제해양문제연구, 제21권(한국해양대학교 국제해양문제연구소, 2011), 129~130쪽.

한 판례법을 중심으로 독자적인 발전을 하였다. 그런데 1854년 영국에서는 해사관계의 여러 공사법(公私法)을 망라한 상선법(Merchant Shipping Act 1854)이 제정되었다. 이것은 판례법 구조와의 조화 속에서 이루어진 것이다. 그 후 영국은 그 동안에 이루어진 해법의 증보·개정부분을 전면적으로 정리·통합하여 1894년의 상선법(Merchant Shipping Act 1894)을 성립시켰으며, 이 법은 그 후에도 몇 차례의 개정을 거쳐 1995년의 상선법이 성립되기에 이르렀다. 이 법이 현재의 영국 해법의 기본법이며 총 13편 316조 14부속서로 이루어져 있다.[3)]

1995년의 상선법의 내용을 편별로 보면, ① 영국 선박, ② 등록, ③ 선장 및 해원, ④ 안전, ⑤ 어선, ⑥ 오염 방지, ⑦ 선박소유자 등의 책임, ⑧ 등대, ⑨ 구조와 조난, ⑩ 집행 공무원과 권력, ⑪ 사고 조사, ⑫ 법률 절차, ⑬ 보칙으로 구성되어 있다. 이 가운데 선박소유권과 관련하여 중요한 의미를 가지는 것은 제1편의 영국 선박과 제2편의 등록에 관한 규정이다. 그리고 부속서 1에서는 등록선에 대한 사법적인 규정을 두고 있다.

영국 선박의 요건, 즉 영국 국적을 가지고, 따라서 선미에 영국 국기를 게양할 수 있는 권리를 가진 선박을 소유하는 것에 관한 규칙은 현재 1995년 상선법의 규정에 의하여 규율된다. 1995년 상선법은 영국 선박의 요건에 관한 1894년 이후의 법을 통합한 것이다. 1894년 법은 영국이 지배적인 해양 권력을 가졌던 세계에 있어서 선박소유권을 위한 규칙을 규정한 것이었다. 그리고 제2차 세계대전 후 여러 해 동안의 대영제국의 붕괴의 결과, 1980년대에 이르러 소유권에 관한 규칙은 바뀌게 되었다.[4)]

1894년 상선법에 의하면, 영국 국민만이 영국 선박을 소유할 수 있었다. 만약 소유자가 법인인 경우에는, 그 선박은 영국에 등록되어야 하였으며 영국 영토 내에 주된 사무소를 두어야 하였다. 이 메커니즘은 외국 자본의 투자를 어느 정도는 허용하였지만, 회사는 어떤 영국 영토의 법에 따라서 설립되어야 하였으며, 주된 사무소를 그곳에 두어야 하였기 때문에 어느 정도 금지하는 것이었다. 세금의 관점으로부터 본다면, 이것은 투자에 방해가 되는 것이었다.

3) 민성규·임동철, 신정 해사법규요론(부산: 한국해양대학 해사도서출판부, 1992), 39~40쪽 참조.
4) Susan Hodges, Christopher Hill, Principles of Maritime Law(London: Old Bailey Press, 1997), p.1.

게다가, 법령의 규정의 위반은 선박의 몰수라는 결과를 초래하기도 하였다.[5] 이와 같이 영국 선박의 소유에 관한 영국법이 다른 외국의 법과는 달랐으며, 외국 자본을 허용하는 데 너무 제한적이었기 때문에 1988년 영국 정부는 영국 해운에 외국의 투자를 장려할 목적으로 영국 선박의 소유와 등록의 새로운 시스템을 시작함으로써 상선법은 다음과 같은 근본적인 변화를 가져오게 되었다(1988년 상선법).

첫째, 새로운 영국의 선박등록제도가 만들어져서 이것이 종래의 등록을 대체하였다. 이 새로운 등록은 구 식민지 영토에서 영국 해사법의 과세를 중단하였다.

둘째, 1988년 법은 처음으로 영국 등록(영국 선급)으로의 선박의 등록을 의무가 아니라 권리로서 받아들였다. 그러므로 그것은 영국 선박으로 등록될 권리가 있는 선박을 다른 선박의 등록으로 '플레깅 아웃'(flagging out) 하는 것을 허용하였다. 결과적으로, 상선법의 규정에 따르면, 영국 선박의 정의는 소유권에 기초한 것으로부터 등록에 기초한 것으로 바뀌게 되었다.

셋째, 이 법은 소유권에 있어서 유연성을 받아들여, 길이가 24 미터 또는 그 이상인 선박의 경우에만 다수의 이익이 영국인에게 소유되는 것으로 하였다(64개의 지분 전부가 영국인에게 소유되어야 하는 것 대신에). 게다가, 만약 이러한 사람들이 영국 거주자가 아니라면, 영국 거주자를 대리인으로 지명하여 영국 관련성을 가지게 하였다.

그러나 이 법에는 유럽법과의 충돌에서 야기된 심각한 부조화가 있었으며, 이 문제는 유럽사법재판소(European Court of Justice; ECJ)에 의하여 해결되었다. 이 법은 비영국선을 영국 등록으로 변경함으로써 어획 '할당이 뛰어오르는 것'(quota hopping)을 막기 위하여 영국 어선 등록을 별도로 새로이 만드는 어선에 대한 엄격한 시스템을 고안하였다. 제14조에 의하여, 어선에 대한 법적인 소유권, 관리와 통제는 영국인일 것이 요구되었다. 이것은 유럽 어업 경쟁자들과 큰 논쟁을 초래하였으며, 이 논쟁은 유럽사법재판소의 Factortame 사건[6]에서 끝나게 되었다. 법령에 대한 변경은 나중에 필연적으로 1993년 상선

5) The Polzeath [1916] p.241, CA.
6) 이 사건에 관하여는 뒤에서 자세히 설명한다.

(등록 등)법(Merchant Shipping(Registration, etc)Act (MS(Reg)A) 1993)으로 되게 되었다.[7)]

## 2. 선박소유권

### (1) 소유권

물건(그것이 물품이든지 선박이든지)의 완전한 소유권을 구성하는 것이 무엇인가 하는 것은 오래 전부터 대부분의 논의의 주제였다. 어떤 사람은 단순히 소유권을 물건을 팔 완전한 권리, 평온하고 방해받지 않고 그것의 소유를 향수할 수 있는 권리로 정의한다. 이것들은 확실히 진정한 소유권의 일면이며 참으로 역사적인 법언(nemo dat quod non habet)을 반영한다. 이 법언은 "누구도 자신이 가지고 있지 않은 권리를 다른 사람에게 줄 수 없다"는 것으로 번역될 수 있다. 분명히 어떤 것의 매도인은, 그것이 물품이든 선박이든 아니면 토지이든, 단지 자신이 가지고 있는 권리만을 다른 사람에게 유효하게 이전할 수 있다. 부동산의 자유보유자(freeholder)조차도 그들의 권리가 '전 세계'에 대하여 효력이 있는 것으로 절대적으로 확신될 수는 없다. 소유권이 이 손에서 저 손으로 이전될 때에는 항상은 아니지만 통상적으로, 상업상의 합의의 결과로서 약속의 교환을 법적 구속력 있는 계약으로 만드는 약인(consideration)에 의하여 유지된다. 어느 한 편에 약인이 전혀 존재하지 않는 경우에는 계약은 불성립으로 되며 소유권은 이전되지 않게 된다.

소유권의 증거는 반드시 대부분 각종 서류에 남아 있어야 하며, 선박의 경우에는 선적항에서의 관련 사항의 등록 또는 매도증서에 주의하여야 한다. 그러나 그럼에도 불구하고 이것은 일단 추정적 증거만 가질 뿐이며, 더 확실한 반증에 의하여 대체될 수 있다(매도증서에 의하여 영국 선박의 소유권이 이전된 경우에는 매도증서법(Bills of Sale Act)과는 전혀 관계가 없거나 또는 동법

7) Aleka Mandaraka-Sheppard, Modern Maritime Law and Risk Management, 2nd ed.(London and New York: Routledge-Cavendish, 2007), p.291.

에 의하여 영향 받지 않는다).

상업적인 거래에서 약인이 전혀 존재하지 않는다면, 새로운 선박소유자가 될 자는 정식의 재등록과 자기 자신을 위하여 선박소유자에게 요구되는 관련 법적인 서류들을 완성하는 데 있어서 아무리 열심히 그리고 신중하게 노력한다고 하더라도 유효하게 진정한 새로운 소유자가 될 수 없게 된다. 어떠한 사정 하에서 영국의 상선법이 얼마나 복잡한지는 선박의 매매에 관한 논의에서 볼 수 있다.[8)]

### (2) 공동소유

선박은 공동소유될 수 있다. 오래 전부터 선박은 관념적으로 64 부분 또는 지분(share)으로 나누어진다고 말하여져 왔다. 개인이나 법인은 한 지분 이상 소유할 수 있으며, 이것은 아주 일반적이다. 비록 개개의 지분은 다시 나누어질 수 없으며 따라서 한 사람이 지분의 일부의 소유자가 될 수는 없을지라도, 만약 둘 또는 그 이상의 사람들이 하나의 부분 또는 지분을 소유하는 것을 의미한다면, 그들은 법적으로 나누어지지 않는 부분의 공동소유자로 간주된다.[9)]

공동소유(co-ownership)에는 두 가지의 종류가 있다. ① 공유자(joint owners) : 이들에게는 한 선박이나 한 지분의 소유권이 하나의 단일체로서의 권리를 공동으로 그리고 이익의 차이 없이 귀속된다. ② 이른바 일부소유자(part owners) 또는 공동소유자 : 이들에게는 각각 다른 선박의 지분이 전체에 대한 이익은 나누어지지 않은 채로 귀속된다. 전자는 소유권의 합유자(joint tenants)로 판단되며, 후자는 상호간에 그들의 각자의 지분의 공유자(tenants in common)이다.

이와 같이 아주 오래 전부터 하나의 선박은 관념적으로 64 부분으로 나누어져 왔다. 그러나 아무도 그 이유는 알지 못한다.[10)]

64 지분의 관념은 1994년 3월 21일부터 시행된 1993년 상선(선박의 등록)규정에서 명시되었다. 규정 제2조 제5항에서는 등록 절차는 다음의 규정에 따라

8) C. Hill, Maritime Law, 5th ed.(London: LLP Limited, 1998), pp.1~2.
9) Susan Hodges, Christopher Hill, op. cit., p.10.
10) C. Hill, op. cit., pp.2~3.

행하여진다고 규정한다. 그것을 요약하면 다음과 같다.

① 선박의 소유권은 64 지분으로 나누어진다.

② 64명 이하의 사람이 동시에 어느 한 선박의 소유자로서 등록될 수 있다.

③ 한 사람은 한 지분의 일부의 소유자로서 등록될 수 없다. 그러나 5명을 초과하지 않는 수의 사람들은 한 선박의 또는 한 선박의 어떤 지분 또는 지분들의 공유자로서 등록될 수 있다.

④ 공유자는 등록될 권리가 있는 자에 관하여서만 한 사람으로 간주되며, 어떤 선박 또는 어떤 선박에서의 지분상의 이익을 각자 처분할 수 있는 권리는 없다.

1894년에서 1994년의 상선법은 1995년 상선법(이 법은 1996년 1월 1일부터 시행되었다)에 의하여 통합되었다. 1995년 상선법 제9조와 제10조는 선박을 영국 선박으로 등록하는 것과 관련하여 등록 규정을 규정한다. 그러나 이 법에 의한 규정은 제정되지 않았으며, 비록 1993년 법이 폐지되었음에도 불구하고 1993년 규정은 아직 유효하다. 1994년 상선(선박의 등록)(수정)규정(SI 1994 No 541)에 의하여 그 규정에 대한 소개정과 수정이 이루어졌다.[11]

### (3) 영국 선박을 소유할 수 있는 자

선박은 그 선박소유자가 제3자에 대하여 책임(때로는 파국을 가져올 정도의)을 발생시킬 가능성이 있는 수단이다. 따라서 선박에 국적을 부여하여 그 소유자의 의무, 권리, 책임, 면제 등이 더욱 쉽게 규정되고 인식될 수 있게 하는 것은 논리 필연적이다.

영국의 등록선의 소유권을 위한 자격요건은 1894년 상선법에서 처음으로 규정되었다. 1894년 상선법 제1조는 "선박을 소유하는 법인 또는 정식으로 등록된 회사의 경우에(이 소유의 방식이 오늘날 훨씬 일반적인 방식이다) 그들은 영국 영토 내에 주된 사무소를 가지고 있어야 한다"고 규정한다.[12]

11) Ibid., p.3.
12) Ibid., pp.3~4.

[판례]

The Polzeath [1916] P 241, CA

선박이 영국에 등록된 회사에 의하여 소유되었다. 그런데 그 회사는 사실상 이사회의 의장에 의하여 함부르크로부터 통제되고 있었으며, 그는 주식의 대부분을 소유하고 있었으며 거기에 거주하고 있었다. 소송 절차는 선박의 몰수를 위하여 제기되었다.

판결 : 주된 사무소는 영국 영토 내에 없었으며, 따라서 선박은 국가에 몰수되었다.

따라서 Polzeath 판결에 의하면 '주된 사무소'는 그 장소로부터 효과적인 통제가 유지되어야 하는 것을 의미하는 것으로 해석되어야 하는 것으로 보인다.

그리고 1894년 상선법 제1조는 1988년 상선법에 의하여 대체되었다. 즉, 영국 선박의 등록을 위한 선행조건은 1989년 4월 1일 1988년 상선법 제1부(Part 1)의 시행에 따라 변화를 겪게 되었다. 그 목적은 1894년 법에 오래 머무르고 있었던 제국 개념을 해결하기 위한 것이었다.

그 다음에 1993년 상선(등록 등)법은 1993년 7월 1일 재가를 받아(1993년 법) 1994년 3월 21일부터 시행되었다. 이 1993년 법에는 현재 등록된 선박에 관하여는 소유권을 위한 자격요건의 변경을 이유로 등록자격이 중지되지 않도록 하는 유보조항이 있었다. 그리고 선박의 등록에 관한 상세한 내용은 1993년 3월 21일부터 같이 시행된 1993년 상선(선박의 등록) 규정(1993년 규정)에 규정되어 있다.

1993년 법과 1993년 규정은 주로 EC의 영향과 Factortame 소송으로 인하여 생겨났으며, 1894년과 1988년 법에 규정된 선박의 등록에 관한 법을 대체하게 되었다. 그러나 1993년 상선(등록 등)법은 1995년 상선법에 의하여 그 전체가 폐지되었다. 점차 이러한 최근의 발전으로 유도하는 이전의 현상은 적어도 대영제국의 관념으로부터 벗어나는 점진적인 발전을 보여준다는 점에서 매우 중요하다. EC(유럽공동체)는 매우 중요하며 영국법에 많은 변화를 가져왔다.

1988년 제도 하에서 영국 선박으로 등록할 수 있는 권리를 가진 자에는 다음과 같은 일곱 개의 카테고리가 있다. 그 중 여섯 개는 개인이며 하나는 법인

이다.[13)]

① 영국 시민

② 영국의 부속 영토(맨 섬, 그런지, 저지, 홍콩, 지브랄타, 버뮤다, 케이먼 제도, 세인트 헬레나, 포클랜드 제도, 브리티쉬 버진 제도, 몬세라트앙귈라, 터키 그리고 카이코스 제도 포함)의 국민

③ 1986년 홍콩(영국 국적)명령에서의 국민은 영국 국민(해외)으로 분류된다.

④ 영국 또는 영국의 해외 영토에서 설립되고 그 주된 사무소가 영국 또는 영국의 해외 영토에 있는 법인

⑤ 영국의 해외 교포

⑥ 1981년 영국국적법에서의 국민은 영국 국민으로 본다.

⑦ 아일랜드공화국의 국민

[판례]

R. v Secretary of State for Transport, ex parte Factortame Limited and Others (No 3) Europeon Court of Justice [1991] 2Lloyd's Rep. 648

Factortame를 포함한 다수의 회사들이 영국법 하에서 주식회사로 되었으며 그 회사의 이사와 주주는 대부분 스페인 국적이었다. 그 회사는 1989년 3월 31일까지 1894년 상선법 하에서 영국 어선으로 등록된 95 척의 어선을 소유하거나 운영하였다. 이 선박들은 1988년 법과 1988년 규정 하에서 등록을 위한 한 개 또는 수 개의 조건을 만족시키지 못하였으며 영국 어선으로서의 자격을 상실하였다. 원고들은 1988년 법 제2부(Part 2)의 적용은 공동체법 특히 EEC 조약의 제7조, 제52조, 제58조 그리고 제221조에 반한다는 것을 근거로 이를 적용해서는 안 된다는 선언을 찾았다. 그들은 국무대신이 그들 선박의 현재의 등록선(1894년 법에서의)을 1989년 4월 1일부터 중지하고 손해배상을 청구하는 것을 금지하는 명령을 찾았다.

판결 : 이것은 공동체법 특히, 어선의 등록을 위한 국적, 거소 그리고 주거에 관하여 회원국의 조건으로 규정한 EEC 조약 제52조에 반한다.

13) Ibid., pp.4~5.

Factortame 소송은 영국 선박으로 등록하기 위한 일반적인 권리는 다시 공식화되어야 한다는 것을 의미하였으며 1993년 법과 1993년 규정이 나타나게 하였다.[14)]

### (4) 선박의 의미

선박이 어떻게 소유되고 또한 어떤 조건으로 등록되는가를 검토하기에 앞서, 1894년 상선법과 그것을 계승하는 법령의 의미 내에서 '선박'이 무엇인가를 논의하는 것은 가치가 있을 것이다. 최근의 그리고 현행의 법령상의 정의는 1995년 상선법 제313조 제1항에 포함되어 있다. 여기서는 '선박'은 "항해에 사용되는 모든 종류의 선박을 포함한다"라고 규정한다. 1894년으로 되돌아와서, "노로서 추진되지 않는"이라는 문구가 정의에 더하여졌다. 마지막의 추가적인 문구에 의하여 또는 그러한 문구가 없는 것에 의하여 법령상의 정의는 아주 조그만 의심을 남긴다는 의견이 제시된다. 예를 들면, 노를 설비하고 있다고 하더라도 추진의 방법으로서 그것에 전적으로 의존하지 않는 선박은 어떻게 될 것인가. 이 주제에서 예로 든 사건은 이제 100년 훨씬 이전의 사건이며 이러한 곳에서 이를 다루는 것은 정당하지 않다. 만약 선박이 노를 설비하고 있지만 항해하기 위하여 그것에 전적으로 의존하지 않는다면 법령상의 선박의 정의에서 배제되어서는 안 된다고 생각하는 것으로 충분하다.

법령의 범위 내에서 정의를 내린다면, 선박은 내수이건 또는 공해이건 항해할 수 있는 수면에서 사용되어야 한다. 선박은 항해를 위하여 건조되어야 하지만, 앞으로 나아가기 위하여 자체적인 추진 수단을 가지고 있을 필요는 없는 것으로 생각된다. 예를 들면, 예인되는 바지선은 선박으로 분류될 수 있다. 과거에 선박이 아닌 것으로 생각된 것은, 항로표지를 마련할 목적으로 계류된 가스 플로트와 부잔교(landing stage)이었다. 짧게 말하면, 선박의 법령상의 정의는 매우 광범위하지만 그것이 전부는 아니라는 것이다. 어떤 특별한 선박이 법령상의 정의의 범위 내에 있는지의 여부는 사실문제이다. 현재에 있어서 또

14) Ibid., pp.5~7.

는 과거에 있어서, 가장 중요한 요소는 선박은 항해에 사용된다는 점인 것 같다.[15)]

### (5) 소유권의 원칙

소유권의 증거는 등록 관련 서류와 작성된 매도증서(bill of sale)에 있다. 그러나 선박 등록에서의 선박의 등록은 결정적인 증거는 아니며, 단지 등록된 소유자가 진정한 소유자라는 것에 대한 일단의 증거(prima facie evidence)를 제공한다. 증명책임은 소유자라고 주장하는 자에게 이전하게 된다. 법원은 어느 당사자가 선박의 법적인 소유자로서 등록될 권리가 있는가에 대하여 선언할 권한을 가진다.[16)] 사기가 없다면, 매도증서의 작성과 등록은 유효한 권리를 제공한다.[17)] 소유자로서 등록된 법인은, 유증에 의하여 용선자에게 용선된 경우를 제외하고는, 선박에서의 과실에 대하여 책임이 있다.

소유권을 취득하는 통상적이고 자발적인 방법에는 선박의 신조와 선박의 상업적인 구입(취득)이 있다. 또한 소유권은 상속 또는 파산과 같은 비자발적인 방법으로 취득할 수도 있다. 이것은 일반적으로 이전(transmission)이라고 한다. 그리고 소유권은 전시에 적선에 대한 나포나 법적인 매매(judicial sale)에 의해서도 취득될 수 있다.

동산의 소유권에 대하여 적용되는 원칙은 선박의 소유권에 적용된다. 2인 이상의 자가 선박을 공동으로 소유할 경우에, 그들은 합유자(joint tenants) 또는 공유자(tenants in common) 가운데 어느 하나로 선박을 소유하게 된다.[18)]

---

15) Susan Hodges, Christopher Hill, op. cit., p.8.
16) The Bineta [1966] 3 All ER 1007.
17) The Horlock (1877) 2 PD 243.
18) Aleka Mandaraka-Sheppard, op. cit., p.296.

# Ⅲ. 선박의 등록

## 1. 총설

우리나라는 선박의 공시제도와 관련하여 등기와 등록의 이원주의를 채택하고 있다. 선박의 등기는 선박등기부라고 불리는 일종의 공부에 일정한 사항을 기재하는 것을 말한다. 선박의 등기는 선박등기법의 정한 바에 따라 선박의 소유권, 저당권, 임차권의 설정, 보존, 이전, 변경, 처분의 제한 또는 소멸에 관하여(선박등기법 제3조), 등기할 선박[19]의 선적항을 관할하는 지방법원, 그 지원 또는 등기소에서 한다(선박등기법 제4조). 선박등기제도는 사법상의 권리관계를 공시하기 위하여 채택한 제도이므로 선박의 등기에는 선박등기법의 규정 외에 부동산등기법의 규정이 많이 준용되고 있다(선박등기법 제5조).

그리고 선박의 등록은 해운관청이 선박원부에 선박에 관한 표시사항과 소유자를 등록하는 것을 말한다. 선박의 등록은 선박의 등기와는 달리, 우리나라 선박에 대하여 선박의 소속을 명확히 하고, 해상의 질서를 유지하며 국가권익과 국민경제의 향상을 위하여 선박의 등록을 강제함으로써 해사행정상의 감독과 편익을 그 목적으로 한다.[20] 선박등기법상 등기할 선박의 선박소유자는 선박의 등기를 한 후에 선박의 등록을 신청하여야 하며, 등록신청을 받은 해운관청은 이를 선박원부에 등록하고 선박국적증서를 발급하여야 한다(선박법 제8조).

한편, 영국법에서는 공법적인 목적을 주로 하는 등록제도에 등록선박을 위한 사법적 규정(1995년 상선법 부속서 1)을 추가함으로써 일원주의를 채택하고 있다. 그리고 선박의 등록규정을 입법할 때, 영국 입법자들의 경향은 그 규

19) 총톤수 20톤 이상의 기선(機船)과 범선 및 총톤수 100톤 이상의 부선(다만 선박계류용·저장용으로 사용하기 위하여 수상에 고정하여 설치하는 부선은 제외한다)을 말한다(선박등기법 제2조, 선박법 제26조 제4호).

20) 박용섭, "선박등기제도와 저당권에 관한 연구", 해사법학회지, 제8권 제1호(한국해사법학회, 1986. 8), 63쪽.

정들을 주된 법(예를 들면 1988년 그리고 1995년 상선법)에 두는 것이 아니라 등록 규정으로 보내는 것이다. 이러한 것의 기초는 1993년 상선(등록 등)법 제3조의 규정이다. 즉, 기본적인 법은 1998년과 1995년 법으로부터 수집할 수 있으며, 등록에 관한 보다 상세한 규정은 1993년 법과 때때로 영국의 국무대신에게 제정 권한이 있는 여러 가지의 법령의 규정들로부터 관찰될 수 있다. 이러한 규정들의 대부분은 등록의 기계적인 부분, 예를 들면 선박의 마킹, 선박의 검사, 등록의 검사 그리고 기타 실무적인 성격의 다른 문제들에 관한 것이다.[21]

이하에서는 영국법상의 선박의 등록에 대하여 보다 자세히 살펴보기로 한다.

## 2. 선박의 등록

### (1) 선박소유권과 등록

선박의 소유권과 등록은 아주 밀접한 관계가 있다. 따라서 등록의 규칙에 대한 연구에서는 때때로 소유권 또는 권리에 대한 참조가 불가피하게 포함되게 된다. 일반적으로 말한다면, 소유권 또는 권리는 법률문제(matter of law)인 반면에 등록은 오히려 규칙과 규정(rules and regulations)에 더 관계가 있다. 그러나 선박의 소유권과 선박의 등록은 아주 밀접한 관계가 있는 주제들이다.[22] 따라서 선박의 소유권과 등록이라는 두 개의 서로 다른 주제는 서로 분리하여 다룰 수 없는 것이 현실이다. 이와 같은 상호관계의 하나의 분명한 예는, 선박의 등록증서는 최선의 가장 강력한 증거(evidence)이지만 선박에 관한 권리의 증명(proof)은 아니라는 점이다.[23]

21) Susan Hodges, Christopher Hill, op. cit., p.2.
22) Ibid., p.15.
23) Ibid., p.1.

### (2) 선박의 등록

선박은 그 국적이 어디이든지 등록되어야 하는 것은 항상 옹호되어 왔다. 왜냐하면 선박의 등록은, 선박의 멸실 또는 손상이 야기된 경우에 이를 추적하여 그 소유자에게 책임을 지게 할 수 있기 때문이다. 또한 등록은 선박에 관한 정보를, 그것을 알 필요가 있는 사람이 조회하고 이용할 수 있게 한다. 뿐만 아니라, 저당권의 등록은 등록의 날짜에 따라서 저당권의 우선순위의 결정을 편리하게 한다. 따라서 선박소유권과 등록의 관계와 관련하여 가장 적절한 것은, 소유권에 대하여 전개되는 분쟁에 있어서, 등록은 비록 그것이 권리의 사실의 증명(actual proof)은 아닐지라도, 강한 증거(strong evidence)라는 것이다.[24]

선박을 등록해야 하는 이유는 아마 분명하다. 첫 째의, 그리고 가장 분명한 이유는, 등록은 어떠한 권리가 다투어졌을 때 그 권리의 증거를 제공하기 때문이다. 등록은 모게이지(mortgage)나 다른 부수적인 이익과 관련하여 장점을 가져올 수 있다. 등록은 권리를 침해당한(불만을 품은) 제3자로 하여금 누구에게 그들의 불만을 전달해야 하는가를 추적하고 궁극적으로 확인하는 것을 용이하게 할 수 있다.[25]

### (3) 등록은 권리이다

1894년 상선법에 의하면, 영국 선박의 등록은 강제적이며, 동법 제2조에 의하여 행해진다. 그러나 이것은 1988년 상선법 제2조와 제3조에 의하여 폐지되었다. 이것은 선박의 등록 규칙에 대한 많은 변화와 수정 가운데 하나였다.

등록할 권리와 그러한 권리를 위한 자격은 1993년 상선(등록 등)법 제2조에 상세하게 규정되어 있으며, 동조에는 선박이 다음과 같은 요건을 갖추게 되면 등록할 권리가 있다고 규정한다.

① 영국 선박을 소유할 자격이 있는 사람에 의하여 법에 규정된 범위에서

24) Ibid., p.2.
25) Ibid., p.15.

소유될 것, 그리고

② 아래의 제2조 (b)에 규정된 다른 조건들을 충족시킬 것

이러한 두 개의 호(sub-sub section)는 1995년 법 제9조 제1항에 법령상으로 재현되었다. 요약하면, 이 조는 거의 규정하는 것이 없다. 따라서 이 조는 등록규정에 규정된 상세한 내용과 이것에 관하여 일반 교과서에서 충분히 근거가 제시된 바가 없는 기술과 함께 해석하여야 한다.

현재의 영국 중앙등록은 네 가지의 부분으로 나누어진다.

① 제1부(어선 또는 소형 선박이 아닌 영국 선박)

② 제2부(어선)

③ 제3부(소형 선박)

④ 제4부(나용선 선박)

선박의 종류 또는 카테고리 사이의 뚜렷한 구별은 현재 1995년 상선법 제8조 제5항에 규정되어 있다.[26)]

영국 선박의 등록은 여전히 권리(entitlement)이며 의무는 아니다. 특히 제1조 제1항은 다음의 선박은 영국 선박이라고 규정한다.

① 제2부(Part 2) 하에서 영국에서 등록된 선박, 또는

② 관련 법 하에서 영국 국민 소유로 등록된 선박, 또는

③ 어선 이외의 그리고 제1조 제1항 (a)~(c)의 일정한 조건을 충족하고 있는 소형 선박

제9조 제1항은 다음의 선박은 등록할 수 있는 권리가 있으며 등록 신청이 정식으로 행하여진다고 규정한다.

① 선박이 규정된 범위에서 영국 선박을 소유할 자격이 있는 자에 의하여 소유될 것, 그리고

② 제9조 제2항 (b) 후단에 규정된 다른 조건들을 만족시킬 것

제9조 제2항은 다음의 것이 등록 규정으로 될 것이라고 규정한다.

① 누가 어떠한 등급 또는 종류의 영국 선박의 소유자가 될 수 있는 자격이 있는가를 결정하는 것, 그리고 제1항 (a) 상단을 준수하기 위하여 요구되는 소

26) Ibid., pp.15~16.

유권의 범위를 규정하는 것

② 필수적인 소유권과 관련하여, 영국 관련성을 가진 선박만이 등록되는 것을 확실히 하기 위하여 계획된 다른 필요조건을 규정하는 것

제10조 제1항은 국무대신은 등록 규정에 의하여 선박을 영국 선박으로 등록하기 위한, 그리고 등록과 관련한 규정을 마련하도록 규정하고 있다.

1995년 법에 따른 규정은 아직 제정되지 않았으며 1993년 규정(1994년 개정된)은 아직 유효하다.[27)]

### (4) 등록과 영국 관련성

영국 관련성(British connection)의 존재를 구성하는 두 가지의 요건은 다음과 같다.[28)]

① 선박이 영국 선박을 소유할 자격이 있는 사람에 의해서만 소유될 것

② 자격 있는 소유자가 영국과 충분한 관련성을 가질 것

그리고 1993년 등록규정의 제3부에서는 영국 선급 하에서 선박의 소유자가 될 자격이 있는 사람(개인 또는 법인)의 카테고리를 정하고 있다.

① 영국 국민 또는 영국 이외의 회원국의 국민이며 그리고 영국에서 인정된(EEC 조약 제52조의 의미 내에서의) 자

② 영국의 부속 영토의 국민

③ 영국의 해외 교포

④ 1981년 영국 국적법에 의하여 영국 국민인 자

⑤ 회원국의 주식회사

⑥ 영국인의 소유에 관련되고 영국 또는 영국과 관련이 있는 해외 영토에 주된 사무소를 가지고 있는 주식회사

이 리스트는 1999년 1월 1일부터 시행된 1976년 법률 문서(Statutory Instrument 1976)에 의하여 비영국 유럽공동체(EC) 국민과 유럽경제구역(European Economic Area)의 국민인 자를 포함하는 것으로 추가되었다.

27) C. Hill, op. cit., pp.9~10.

28) Susan Hodges, Christopher Hill, op. cit., pp.17~18.

### (5) 등록과 등록증서

1995년 상선법이 뒤를 잇고 있는 1993년 법과 1993년 규정 이전에는 선박소유자는 선적항을 선택할 자유가 있었다. 선박에 관한 모든 정보는 선택된 항에서 등록부에 기재(기록)되었다.

1993년 법에 의하여 영국에서는 상선·해원 등록소장(Registrar General of Shipping and Seamen)의 관리 하에 선박을 중앙 등록(central register)하게 하는 중요한 행정적인 변경이 이루어졌다. 이 컴퓨터로 관리되는 중앙 등록은 상선·해원 등록소장에 의하여 유지되며 전통적인 선적항은 더 이상 행정적인 의미를 가지지 않는다.[29)]

등록과 동시에 등록증서(The Certificate of Registry)는 선박소유자에게 송부된다. 이것의 주요한 용도 또는 목적은 다음과 같다.[30)]

① 그것은 항해에 사용되며, 예를 들면, 세관 관리 또는 영국 해군 사관의 요구가 있을 때에는 제시되어야 한다. 실제로 1995년 상선법 제13조는 다음과 같이 규정한다. "영국 선박의 등록증서는 선박의 적법한 항해를 위해서만 사용되어야 하며, 어떤 사적인 권리 또는 청구를 확실히 하기 위하여 유치되어서는 안 된다."

② 그것은 선박소유자의 신원을 확인하는 데 도움을 주는 수단이다.

③ 그것은 그 선박이 영국 선박이며 특권을 주장할 수 있고 그 결과로서 생기는 의무를 받는다는 일단의 증거(prima facie evidence)이다. 주의할 사항은 증서에 더 이상 선장의 이름이 기재될 필요는 없다는 것이다.

선박이 현실멸실 또는 추정멸실된 경우, 또는 외국인에게 매각된 경우, 또는 나포된 경우에는 증서는 반환되어야 한다. 일반적으로 말하면, 증서는 항상 선내에 보유되어야 하며, 어떠한 경우에도 보증을 위하여 사용되거나 유치권(lien) 또는 청구를 유지하기 위하여 사용될 수 없다. 증서는 소유권, 국적 그리고 톤수의 일단의 증거로서 사용될 수 있다.

증서의 기재사항에 대한 변경은 즉시 등록 기관에 통지되어야 한다. 1993년

29) C. Hill, op. cit., pp.10~11.
30) Ibid., pp.14~15.

규정의 제37규정은, 등록 기관은 선박의 등록 시에 별표(Schedule) 5(또한 1995년 법 제10조 제2항 (d) 참조)에 규정된 상세한 내용이 기재된 등록증서를 발행하고 이를 선박소유자에 발송하여야 한다고 규정한다.

## Ⅳ. 선박의 양도와 선박소유권

### 1. 선박소유권의 이전과 양도

#### (1) 총설

선박소유권의 취득원인은 일반 동산과 대체로 같다. 따라서 민법의 일반규정에 의하여 증여, 교환, 매매, 대물변제, 상속, 시효 등으로 선박소유권을 취득할 수 있다.

선박소유권의 취득원인에는 일반 물건의 소유권의 취득과 마찬가지로 원시취득과 승계취득이 있다. 원시취득 가운데에서 선박에 특유한 것은, 공법상의 원인으로 포획, 몰수, 수용 등이 있다. 그리고 사법상의 취득원인으로는 선박건조(다만 선박건조계약에 의한 주문자의 취득은 승계취득인 경우가 대부분이다)와 선의취득(민법 제249조)이 있다.[31] 그리고 승계취득 중에서 주요한 것에는 선박건조계약과 매매가 있다. 그 외 상속, 회사의 합병, 유증, 증여, 교환 등과 상법에 특유한 것으로 보험위부(상법 제710조)가 있다.

위와 같은 선박소유권의 취득원인 중에서 현대의 경제조직 아래에서 압도적으로 중요한 의의를 가지는 것은 선박건조계약과 매매이다.

영국법상으로는 선박소유권의 취득원인을 일반적으로 소유권의 이전

31) 선박에 대하여 선의취득을 인정할 것인지의 여부는 등기선과 비등기선에 따라 차이가 있다. 등기선의 경우에는 공시방법으로 등기와 등록을 하며 또한 선박에는 선박국적증서를 비치하여 선박의 소유자가 누구인지를 확실히 알 수 있으므로 선의취득의 규정은 적용되지 않는다고 해석하여야 한다. 그러나 비등기선에 대하여는 일반 동산과 같이 선의취득에 관한 규정이 적용된다.

(transmission of ownership)과 소유권의 양도(transfer of ownership)의 두 가지로 나누어 설명한다. 전자는 사망, 파산, 법원의 명령 등과 같이 선박의 소유권이 법률의 규정에 의하여 이전되는 경우를 말하며, 후자는 선박의 매매와 같이 계약에 의하여 선박의 소유권이 양도되는 것을 말한다. 이하에서는 이 두 가지의 원인에 대하여 살펴보기로 한다.

### (2) 선박소유권의 이전

선박의 소유권은 상업적인 매매 이외에도 법의 작용에 의하여 변경될 수 있다. 1995년 법 부속서 1은 처음에 '등록선을 위한 사법 규정'(Private Law Provisions for Registered Ships)을 두고 있다. 이 규정들은 1995년 법(본래는 1993년 법) 제16조에 의하여 1996년 1월 1일부터 효력이 있다. 이것은 등록선에서의 소유권(이것은 전에는 1894년 법 제24 내지 제38조, 제56조 내지 제60조에 포함되어 있었다)을 다루고 있으며, 이것들은 1993년 규칙에 의하여 보충되었다. 1995년 법 제16조 제2항에서는 부속서 1은 1995년 법 제10조 제4항 (a) 하에서 등록선 규칙에 의하여 적용에서 제외되는 선박에 관하여는 적용하지 아니한다고 규정한다. 1993년 규칙은 '전부 등록'(full registration)에 반대되는 '간이 등록'(simple registration)을 선택하는 소형선 또는 어선에 관하여는 이러한 사법 규정을 배제하였다. '간이 등록'은 사법 규정의 이익이 없는 전부 등록이다.

1995년 법 부속서 1의 제3절 (1)은 양도(transfer) 이외의 다른 적법한 수단에 의하여 등록된 선박 또는 등록된 선박의 지분이 다른 사람에게 이전되고(transmitted), 그리고 그 선박이 영국 관련성을 계속 가지는 경우에 (a) 그가 등록 기관에 규정된 신청을 하고, 그리고 (b) 등록 기관이 그 선박이 영국 관련성을 계속 가진다는 것과 그가 선박의 등록을 거절하지 않을 것이라는 것을 확신하지 않는 한, 그 자를 선박 또는 선박의 지분의 소유자로서 등록하여서는 안 된다고 규정한다.

만약 신청이 승인된 경우에, 등록 기관은 신청자의 이름을 등록부에 선박 또는 지분의 소유자로서 기재하게 된다. 1993년 규정의 제46규정은 등록선 또는 등록선의 지분의 이전(transmission)을 위한 신청에 있어서 다음과 같은 증거는 등록 기관에 제출되어야 한다고 규정한다.

① 만약 이전이 사망의 결과로서 일어난 경우에는 대리권의 수여 또는 그것의 공인 등본 또는 그것의 초본

② 만약 이전이 파산의 결과로서 일어난 경우에는 파산 하에서 청구하는 자의 권리의 증명으로서 당분간 법정에서 수령할 수 있는 증거

③ 만약 이전이 법원의 명령의 결과로서 일어난 경우에는 그 법원의 명령 또는 판결 등본

제47규정에 의하면, 모든 등록선 또는 등록선의 지분의 이전 또는 양도의 등록을 위한 신청은 적격성 선언을 동반하게 되며, 만약 법인이 포함된 경우에는 법인의 증서와 같은 여러 가지의 서류들이 필요하게 된다(제24규정 참조). 만약 선박 또는 선박의 지분의 이전 또는 양도를 위한 신청에서, 그 선박이 등록되기 위한 적격성이 있다는 것을 등록 기관이 확신하지 못하는 경우에는, 그는 선박소유자에게 통지를 송달하여야 하며, 그 선박의 등록은 그 통지의 송달일로부터 14일의 기간의 만료 시에 종료하게 된다(제48규정 참조).[32]

### (3) 선박소유권의 양도

1995년 법 부속서 1의 제2절 (1)에 의하면, 어떤 등록된 선박 또는 등록선의 지분의 양도는, 양도에 의하여 그 선박의 영국 관련성이 종료되게 되는 경우가 아닌 한, 규정된 필요조건을 충족시키는 매도증서에 의하여 유효하게 될 것이다. 비록 선박 또는 지분이 이러한 방법으로 양도되었다고 하더라도, 양수인이 등록 기관에 규정된 신청을 하고, 등록 기관이 그 선박이 영국 관련성을 계속 가진다는 것과 그가 선박의 등록을 거절하지 않을 것이라는 것을 확신하지 않는 한, 양수인은 선박 또는 지분의 소유자로서 등록될 수 없다. 만약 그의 신청이 승인된 경우에, 등록 기관은 매도증서를 등록하게 되며, 등록증서는 등록을 목적으로 등록 기관에 제출된 순서대로 등록된다(ss.2 (2), (3) 그리고 (4)).

32) C. Hill, op. cit., pp.15~16.

1993년 규정 제43규정과 제44규정에 의하면, 등기선(또는 지분)의 양도 등록을 위한 신청 시에 매도증서는, 비록 간이등록으로 등록된 어선의 양도 등록에는 반드시 필요한 것은 아니라고 하더라도, 증거등록 기관에 제출되게 된다. 매도증서는 양도의 증거로서 등록 기관을 만족시키기에 충분하다. 제45규정에 따라 등록 기관은, 만약 그가 선박의 양도 등록 신청을 승인한다면, (a) 등록부에 새로운 소유자의 이름을 문제의 선박 또는 지분의 소유자로 기록함으로써 매도증서를 등록하여야 한다. 그리고 (b) 매도증서에 그 기록이 행하여진 사실을 그것이 행해진 날짜와 시간과 함께 배서하여야 한다. 등록 기관은 만약 그가 그 선박 또는 그 선박의 지분이 양도되었다는 증거(선박의 양도의 등록에 있어서의 권리에 대한)를 확신한다면, 등록부에 새로운 소유자의 이름을 기록하고 5년간 유효한 새로운 증서를 발행하여야 한다.

또한 1993년 규정은 이전 또는 양도 등록의 거절, 소유권 변경의 통지, 선박의 등록 명세의 변경, 이름의 변경, 선택항의 이전, 선박의 리마킹(remarking of ship), 그리고 이름 또는 선택항의 변경 등록과 같은 다른 사항들도 다룬다.[33)]

## 2. 선박매매와 선박소유권의 이전

### (1) 선박의 매매

영국법상 선박매매와 관련하여 중요한 의미를 가지는 법률은 1979년 물품매매법(Sale of Goods Act 1979)이다. 이 법은 물품매매에 적용되는 실체법을 변경하는 것이 아니라, 오히려 물품의 매매와 공급에 관한 종래의 법률들을 통합하는 역할을 하게 된다. 이 법에 의하면, 선박의 매매는, 그 계약에 의하여 매도인이 대금(price)이라고 불리는 금전적인 대가(약인)에 대하여, 선박의 소유권을 매수인에게 이전하거나 이전하기로 승낙한 계약으로 정의된다. 따라서 선박매매는 매도인이 금전적인 대가를 받고 매수인에게 선박의 소유권을 이전하거나 이전하는 것에 동의하는 계약으로 정의할 수 있다. 그리고

33) Ibid., pp.16~17.

매매는 매매를 위한 단순한 합의와는 구별된다. 기본적인 차이의 하나는 매매는 계약이 성립하는 때에 물품의 소유권이 이전되게 하지만, 반면에 매매를 위한 합의(agreement to sale)는 몇 가지의 불확정한 사정이 생겨야 하거나 또는 소유권이 이전되기 전에 몇 개의 조건이 충족되거나 이행되어야 하는 것을 의미한다.[34)]

그리고 선박매매와 관련하여, 경우에 따라, 1893년 물품매매법(Sale of Goods Act 1893)과 1973년 물품공급법(Supply of Goods(Implied Terms) Act 1973)이 참고가 될 것이다.[35)] 선박은 물품매매법 제61조[36)]의 의미 내에 있는 순수 동산(chattel)인 물품(goods)이다. 이것은 Behnke v Bede Shipping Co [1927] 1 KB 649 사건에서 확인되었으며, 일반적으로 말하면, 선박의 매매는 물품매매법의 적용을 받는다. 그러나 법률에 의하여 영국 선박으로 등록하여야 하는 선박에 관한 매매의 경우에는 이 법의 내용이 실제로 적용되기는 쉽지 않다. 선박의 소유권의 이전은 매도인이 매수인에게 통상적인 매도증서를 이전함으로써 효력이 생긴다. 원래 선박의 소유권의 이전에 관한 법령의 원칙은 1894년 상선법 제24조 내지 제38조에 규정되어 있었다. 그러나 이 규정들은 1995년 상선법 부속서 1에 의하여 대체되었다. 부속서 1의 제2조 제1항은 다음과 같이 규정한다. 즉, "등기선의 이전 또는 등기선의 공유 지분의 이전은, 그 이전의 결과 선박의 영국 관련성(British connection)이 단절되지 않는 한, 규정된 요건을 만족시키는 매도증서에 의하여 효력이 생긴다."[37)]

### (2) 선박매매의 성립시기

매도인이 될 자와 매수인이 될 자 사이에서 자주 발생하는 논쟁 중의 하나

34) Ibid., p.50.

35) Ibid.

36) S. 61 (Interpretation) (1) In this Act, unless the context or subject matter otherwise requires 'goods' includes all personal chattels other than things in action and money, and in Scotland all corporeal moveables except money; and in particular 'goods' includes emblements, industrial growing crops, and things attached to or forming part of the land which are agreed to be served before sale or under the contract of sale and includes an unindivided share in goods;

37) Susan Hodges, C. Hill, op. cit., p.19.

는, 일방 당사자가 타방 당사자에 대하여 법으로 강제할 수 있는, 그들 사이에 구속력 있는 합의가 존재하게 되는 시점을 결정하는 문제이다.[38)]

[판례]

Lovegrove v Campbell(1948) 82 L1.L.Rep. 615 사건

계약의 충분한 기초를 형성하기 위하여 확고한 청약과 승낙이 있었는지의 여부에 대한 분쟁이 발생하였다. 매수인이 될 자가 요트의 매수를 청약하였다. 소유자들은 그들이 그 청약에 대하여 "약간 결정되지 않았다"고 답하였지만 나중에는 승낙하였다. 그 다음에 매수인이 그 청약을 거부하였다.

판결 : 요트의 소유자들에 의하여 승낙되기 전에 매수인의 확실한 취소가 없었으며 그들이 합리적인 기간 내에 그의 청약을 받아들였기 때문에, 당사자들 사이에 확고한 계약이 성립하였으며 매수인은 손해에 대하여 책임이 있다.

통신이나 텔렉스 메시지의 교환 그 자체가 그 단계에 도달한 것으로 되지 않을 수 있다. 왜냐하면 그것으로는 반드시 모든 중요한 '의사의 완전한 합치'(consensus ad idem) 또는 의견의 교차가 이루어졌다고는 할 수 없기 때문이다. 그러나 만약 당사자들 사이에서 어떤 기본적인 중요 사항에 대하여 합의에 도달하였다면, 완전한 거래는 결국에는 충족되어야 하는 하나의 조건에 따르게 될 지라도, 법은 구속력 있는 계약이 성립한 것으로 간주할 것이며, 만약 상대방이 어떤 규정에 위반하게 된다면, 합의의 당사자 어느 쪽도 구제 방법을 가지는 것을 허용한다.[39)]

구속력 있는 계약에 도달하였는지의 여부에 대한 문제는 Ignazio Messina v Polskie Linie Oceaniczne [1995] 2 Lloyd's Rep. 556 사건에서도 검토되었다. 구매자가 되려고 하였던 원고는 피고가 자신을 위하여 또는 본인을 대리하여 구속력 있는 선박매매계약을 체결하였다고 주장하였다. 피고는 'BOD 승인에 따라서' 그리고 상호 합의될 수정에 따른 'NSF' 87 양식에 추가적으로 작은 수정을 하는 협상을 하였다고 진술하였다. 법원은 계약은 존재하지 않는다고 판

38) C. Hill, op. cit., p.50.
39) Ibid.

결하였다. 이에 부가하여 판사는 또한 "노르웨이 선박매매계약서양식(Norwegian saleform)에 따른다"는 표현의 사용은 계약서에 서명할 때까지는 구속력 있는 계약의 성립을 방해한다고 하는 진술을 받아들였다고 하였다. 이것은 Giadys [1994] 2 Lloyd's Rep. 402 사건의 판결과 같은 입장이다. 이 사건에서 매수인은 "상호 합의에 따른다"는 표준계약조건에 따라서 협상하였다. 매도인은 이전에 매수인의 표준계약조건에 따라 거래하였으며 구속력 있는 계약이 존재한다고 주장하였다. 법원은 양 당사자들은 최종 계약서가 합의되어야 한다는 것을 예상하였으며 따라서 계약은 존재하지 않는다고 판결하였다.[40]

### (3) 선박매매계약 당사자의 의무와 구제 방법

1) 당사자의 의무

① 매도인의 의무

매도인은 계약 조항에 따라 선박을 인도하여야 한다(SGA 제27조). 인도시기는 계약의 중요한 부분일 수도 있고 아닐 수도 있다. 인도시기에 관한 어떤 규정이 계약의 중요한 요소인지 아닌지의 여부는 계약의 조항에 달려 있다(SGA 제10조 제2항). 만약 그것이 명시적으로 규정되어 있지 않다면 중요한 의미를 가지는 것으로 간주되지 않을 가능성이 높다. 매수인은 인도시기를 중요한 특징의 하나로 만들고, 규정된 기일에 선박이 인도되지 않을 경우 즉시 계약을 해제할 수 있게 하는 약관을 삽입할 수 있다.[41]

② 매수인의 의무

매수인은 매매계약의 조항에 따라 선박을 수령하고 매매대금을 지급하여야 한다(SGA 제27조). 인도시기와 마찬가지로, 일반적으로 매매대금의 지급시기는 명시적으로 규정되지 않는 한 계약의 중요한 요소는 아니라고 말할 수 있다. 그리고 다른 합의가 없다면, 선박의 인도와 대금의 지급은 동시에 이루어져야 한다. 즉 매도인은 대금과 상환으로 매수인에게 선박의 점유를 이전할 준비와 의사가 있어야 하며, 또한 매수인은 선박의 점유와 상환으로 매도인에

40) Ibid., p.52.
41) Ibid., p.67.

게 대금을 지급할 준비와 의사가 있어야 한다(SGA 제28조).[42)]

2) 당사자의 구제 방법

① 매도인의 구제 방법

1979년 물품매매법은 대금을 받지 못한 매도인에게 매수인이 대금을 지급할 때까지 유치권(possessory lien)을 행사할 권한을 부여한다(SGA 제41조). 이 유치권에 추가하여, 제48조에서는 대금을 받지 못한 매도인에게 물품을 재매매할 수 있는 권한을 부여한다. 이러한 사정 하에서의 재매매는 채무불이행의 매수인과 비교하여 선의의 매수인에게 유효한 권리를 부여한다. 그러나 매도증서의 법정의 사용과 등록의 법정 요건들 때문에 생기는 기술적인 결점이 있을 수 있다.

대금을 받지 못한 매도인은 선박의 소유권을 취득하였지만 대금지급을 거절하거나 대금지급이 되지 않은 매수인을 상대로 대금을 받기 위한 소송을 제기할 수 있다. 소유권은 관계없다.

대금 지급 기일이 정해져 있고 그 기일이 지나갔다면, 매도인은 소송을 제기할 수 있다. 이 상황에서 소유권이 이전하였는가의 여부는 관계없다. 마지막으로 매도인은 매수인이 선박의 수령을 거부한 경우에 손해배상청구소송을 제기할 수 있다.[43)]

② 매수인의 구제 방법

매수인은 선박의 미인도(non-delivery)와 손해배상에 대하여 소송을 제기할 수 있다. 이것은 매수인의 선박 수령거절에 대한 매도인의 손해배상소송과 정확히 반대가 되는 것이다(SGA 제51조).

매매의 합의(agreement to sell)와는 반대로 매매(sale)로부터 나오는 결과는 다음과 같다. (a) 매도인은 선박에 대한 법적 권리를 박탈당한다. (b) 보험증권상의 매도인의 권리가 종료된다. (c) 선박의 멸실 또는 손상에 대한 일단의 위험(the prima facie risk)이 매도인으로부터 매수인에게 이전된다. (d) 그 후의 매도인의 파산의 경우에 선박으로부터의 모든 이익에 대한 매도인의 채권

42) Ibid.
43) Ibid., pp.67~68.

자들의 권리는 제거된다.[44]

### (4) 선박매매와 소유권의 이전시기

영국법에서 언제 선박소유권이 이전되는가 하는 문제는 선박의 멸실 또는 손상에 대하여 어느 당사자가 책임을 지는가 하는 것을 결정하기 때문에 대단히 중요하다. 이에 대하여는 1979년 물품매매법 제17조와 제18조에서 자세하게 규정하고 있다.

이에 관한 기본적인 기준은 당사자들이 소유권이 이전되어야 하는 시기를 언제로 의도하였는가 하는 것이다. 즉, 물품매매법에서는 소유권의 이전시기에 관한 일반원칙으로서 "특정의 또는 확인된 물품의 매매계약이 있는 경우에, 그것의 소유권은 당사자들이 이전하기로 의도한 때에 매수인에게 이전된다"고 규정한다(SGA 제17조 제1항). 그리고 당사자들의 의도는 계약 조항들을 검토하고 당사자들의 행동을 고찰함으로써 합리적으로 결정될 수 있다.[45]

그리고 당사자들의 의사를 확정하기 위한 규칙은 1979년 물품매매법 제18조에 포함되어 있다. 소유권의 이전시기는 원칙적으로 당사자의 의사에 의하여 결정되며, 인도의 유무에 의하지 아니하지만, 이 원칙에는 두 가지의 예외가 있다.

① 만약에 물품을 인도할 수 있는 상태에 두기 위하여 그것에 무엇인가 행해질 필요가 있는 경우에는, 소유권은 그것이 행해질 때까지 이전되지 않는다(SGA 제18조 Rule 2).

② 매매대금을 계산하기 위하여 물품의 무게를 재거나 측정할 필요가 있는 경우에는, 소유권은 측량이나 측정을 한 후에만 이전된다(SGA 제18조 Rule 3).

위의 일반원칙과 두 가지의 예외는 물품이 확인된 경우에 적용한다. 확인되지 아니한 물품의 매매계약의 경우에는, 소유권은 물품이 확인될 때까지는 이전되지 않는다(SGA 제16조). 그리고 제16조에서는, 그것 자체적으로는 무엇이 확인을 구성하는가에 대하여 침묵하고 있지만, 제18조 Rule 5에서는, 만약 물

44) Ibid., pp.68~70.
45) Ibid., pp.65~66.

품이 무조건적으로 계약에 적당하다면, 이것은 소유권의 이전에 충분한 것이라고 한다. 또한 소유권의 이전에 관한 물품매매법에서의 모든 원칙은, 법령에 규정된 것과 다른 시점에 소유권이 이전되는 것을 허용하는 데 동의할 당사자들의 최우선적인 권리에 종속한다.[46]

선박매매와 관련하여 매도증서(bill of sale)의 사용은 1894년 상선법 제24조에 의하여 확인된 바와 같이 많은 불확실함을 해결하였다. 동조에 의하면, 소유권은 매도증서가 작성되고 이전되었을 때에만 이전되며, 1988년 법은 이 규칙을 손상하거나 변경하지 않았다. 이것은 선박이 '무자격의' 자, 즉 영국 선박을 소유할 수 있는 자격이 없는 사람에게 매도되었을 때, 그것이 영국법에 의하여 적절한 선박매매계약이었다면 그 권리를 상실하게 될 것이다.[47]

한 가지 중요한 점은, 조건이 없는 매매계약의 경우에 선박의 실제 소유권은 관계가 없다는 것이다. 소유권은 계약이 체결된 시점에 일단 이전되며, 매도인이 선박의 소유권을 보류하고 있다는 것은 이 사건에 영향을 미치지 아니한다. 위험 역시 일단 이전되며, 이것은 선박이 손상을 입거나 멸실되었을 경우에 매수인이 그 손해를 부담해야 한다는 것을 의미한다(물론 그러한 손해나 멸실이 매도인의 과실에 의한 경우는 제외한다)(SGA 제20조).[48]

## Ⅴ. 맺음말

이상에서는 영국법상의 선박소유권과 선박의 매매에 관한 법리를 검토하였다. 구체적으로는 먼저, 영국의 선박소유권 관련법의 역사적인 발전과정, 선박소유권과 등록, 영국 선박을 소유할 수 있는 자, 1995년 영국 상선법등의 내용을 다루었으며, 다음으로는, 선박소유권의 이전 문제, 즉, 소유권의 양도

46) Pamela Sellman(ed.), Law of International Trade(Revision Workbook) (London: Old Bailey 1997), p.5; 보다 자세한 것은 김철수, "국제물품매매에서의 위험의 이전", 국제해양문제연구, 제20권(한국해양대학교 국제해양문제연구소, 2010), 88~89쪽 참조.

47) 보다 자세한 내용은 김철수, "영국법에서의 선박의 매매", 145~147쪽 참조.

48) C. Hill, op. cit., pp.66~67.

와 소유권의 이전, 선박매매와 선박소유권의 이전 등의 문제를 중심으로 소개하였다.

물론 본고에서 다룬 문제들이 영국법상의 선박소유권과 선박의 매매에 관한 법리의 전부를 망라한 것은 아니다. 뿐만 아니라, 본고는 영국법상의 선박소유권과 선박매매에 관한 법리 그것 자체에 대한 구체적인 분석을 목적으로 한 것이 아니라, 어디까지나 이에 대한 소개에 중점을 두고 정리와 간단한 검토를 한 것이다. 따라서 이와 같은 검토만으로는 우리 법에서의 선박소유권과 관련한 여러 가지의 법률문제의 구체적인 해답을 얻는 것은 어렵지 않을까 생각한다. 다만 영국법에서 선박의 공시제도와 관련하여 등록제도의 일원주의를 취하고 있는 점이나 선박의 매매의 경우 소유권 이전시기를 매도증서가 작성되고 이전된 시점으로 하고 있는 점 등은 우리 법의 입법정책과 관련하여 충분히 참고할 가치가 있는 것으로 생각된다. 이러한 문제에 관한 최종적인 결론은 다음의 연구로 미루도록 하고, 본고는 여기에서 끝을 맺고자 한다.

## 참고문헌

김철수, "국제물품매매에서의 위험의 이전", 국제해양문제연구, 제20권, 한국해양대학교 국제해양문제연구소, 2010. 1.

———, "영국법에서의 선박의 매매", 국제해양문제연구, 제21권, 한국해양대학교 국제해양문제연구소, 2011. 1.

———, "영국법에서의 선박소유권", 세계해양발전연구, 제22권, 한국해양대학교 국제대학 세계해양발전전략연구소, 2013. 2.

민성규·임동철, 신정 해사법규요론, 부산: 한국해양대학 해사도서출판부, 1992.

박용섭, "선박등기제도와 저당권에 관한 연구", 해사법학회지, 제8권 제1호, 한국해법학회, 1986. 8.

정선철, "영국법상 중고선박 매매계약에 관한 고찰", 해사법연구, 제16권 제1호, 한국해사법학회, 2004. 10.

한진해운, 중고선박매매실무(Sale & Purchase), 1999.

Aleka Mandaraka-Sheppard, Modern Maritime Law and Risk Management, 2nd ed., London and New York: Routledge-Cavendish, 2007.

Christopher Hill, Maritime Law, 5th ed., London: LLP Limited, 1998.

Pamela Sellman(ed.), Law of International Trade(Revision Workbook), London: Old Bailey Press, 1997.

Susan Hodges, Christopher Hill, Principles of Maritime Law, London: Bath Press, 2001.

# 선수금환급보증과 권리남용의 판단기준*

## - 대법원 2015. 7. 9. 선고 2014다6642 판결을 중심으로 -

정 대

## Ⅰ. 서 론

신조선에 관한 선박금융의 거래구조(그림 1)는 다음과 같이 설명할 수 있다. 첫째, 해운시장에서의 선박의 수요와 해운회사의 장래의 영업전망 등을 고려하여 선박의 건조에 관한 경영판단을 한 해운회사는 조선소와 선박건조계약(shipbuilding contract)[1]의 협상을 진행하게 된다.[2] 둘째, 선박건조계약에 관한 제조건에 대한 합의를 한 후,[3] 해운회사는 조선소와 선박건조계약을 체결한다. 그리고 조선소는 보증기관(즉 금융기관)으로부터 선수금환급보증서(Refund Guarantee; RG)를 발급받아 해운회사에 제공하게 된다. 셋째, 해운회사는 대주단과의 협상을 통해 주요 금융조건에 대하여 합의를 하게 되는데, 이 때 해운회사는 편의치적국에 특수목적법인(Special Purpose Company; SPC)을 설립하고,[4] 선박건조계약 및 선수금환급보증서상의 발주자의 지위를 특수목적법인으로 이전한다. 넷째, 특수목적법인(SPC)은 대주단과 대출계약을

* 이 논문은 2016년 4월, 동아대 법학연구소가 발간하는「국제거래와 법(Dong-A Journal of International Business Transactions Law)」제15권에 게재한 논문을 수정 및 보완한 것임.

1) 선박건조계약의 법적 성질에 관한 상세한 논의는 김인유, "건조중인 선박에 관한 법률관계", 한국해법학회지, 제32권 제1호(한국해법학회 2010. 4), 13~26쪽.

2) 선박건조계약(shipbuilding contract)의 주요 내용은 선박의 건조, 선박건조가격 및 선박건조대금의 지급방법, 건조기간, 선박건조에 대한 감독방법, 불가항력 사유, 계약해지사유, 분쟁해결방법 등이다. 정우영, "선박금융의 실무 소개", BFL, 제19호, 2006. 9, 94쪽.

3) 선박건조계약의 구체적인 세부조항의 내용에 대해서는 김연신 지음·박수만 감수, 영문 선박건조계약서 작성실무(박영사, 2008) 참조.

4) 편의치적선에 대한 깊이 있는 연구로는 우보연, "편의치적선에 대한 법적 규제와 대응에 관한 고찰", 외법논집, 제34권 제1호(한국외대 법학연구소, 2010. 2); Jan Hoffmann, Ricardo J. Sanchez & Wayne K. Talley, "Determinants of Vessel Flag", Kevin Cullinane ed., *Shipping Economics*, Elsevier, 2005.

[그림 1] 신조선 선박금융의 거래구조

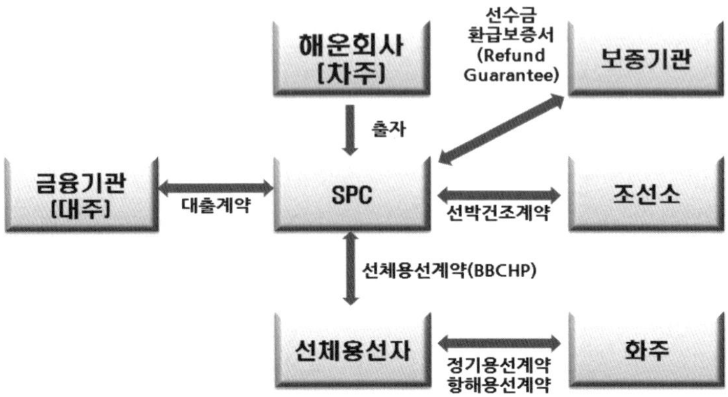


체결하게 되고, 선체용선자와 선체용선계약을 체결한다. 특수목적법인(SPC)은 선체용선료의 수입을 재원으로 하여 대출원리금을 상환하게 된다.[5)]

그런데 최근 이러한 선박금융의 거래구조와 관련하여 발주자인 해운회사와 선수금환급보증을 한 보증은행 간의 법적 분쟁이 증가하는 추세에 있다. 발주자는 조선소와 선박건조계약을 체결한 후, 선박건조의 진행 단계에 따라 선박건조대금을 통상 5회[6)]에 걸쳐 나누어 선수금(advance payment)으로 지급하게 되는데, 선박의 가격이 고가이고 선박의 건조에 시간이 많이 소요되는 관계로 발주자는 조선소의 채무불이행 또는 파산의 위험(risk)을 고려하지 않을 수 없게 된다. 이러한 이유로 조선소는 주거래은행으로부터 선수금환급보증서를 발급받아 선박건조계약서에 첨부하게 된다.

우리나라의 경우 2008년 글로벌 금융위기 이후, 조선소의 경영이 악화되어 도산에 이르게 되는 상황에 이르면서 선수금환급보증을 둘러싼 법적 분쟁이 증가하게 되었다.[7)] 발주자 측이 조선소의 경영악화 또는 도산 등을 이유로 보

5) 김도경, "선박금융과 국내선사의 도산", 선진상사법률연구, 제55호(법무부, 2011. 7), 84~85쪽.

6) 예를 들면, 계약체결(Contract) 직후 20%, 강재절단(Steel Cutting)시 20%, 용골거치(Keel Laying)시 20%, 진수(Launching)시 20%, 인도(Delivery)시 20% 등 5회에 걸쳐 지급하는 형식을 취하게 된다. 정우영, 전게논문, 94쪽.

7) 선수금환급보증에 관한 연구문헌으로는 김창준, "선박건조계약에 있어서 선수금환급보증서의 법률관계 – 2011~2012 영국 판례를 중심으로 –", 김인현 편집대표 선박건조·금융법연구 I (법문사, 2016); 오원석·허해관, "선박수출 관련 선수금 환급보증 사례연구", 국제상학, 제27권 제3호(한국국제상학회, 2012).

증은행에 대해 보증금의 지급을 청구하는 사례가 급증하였기 때문이다.

최근 대법원은 조강해운과 국민은행 간의 선수금환급보증과 관련된 중요한 판결을 하였는데,[8] 이 사건 판결에서 선수금환급보증의 법적 성질과 함께 선수금환급보증상의 수익자의 권리남용의 판단 기준이 핵심 쟁점이 되었다. 이하 본 논문에서는 사실관계 및 판결요지를 정리한 후(II), 선수금환급보증의 법적 성질과 수익자의 권리남용의 판단기준을 분석해 보고자 한다(III).

## II. 사실관계 및 판결요지

### 1. 사실관계

이 사건 원고들은 파나마 공화국 법률에 따라 설립된 회사로서 선박의 소유를 목적으로 하는 회사[9]이고, 조강해운 주식회사(이하 "조강해운"이라 한다)는 원고들의 모회사이며, 피고는 대한민국 은행법에 따라 설립된 은행인 국민은행 주식회사이다. 주식회사 오리엔트조선(이하 "오리엔트조선"이라 한다)은 선박건조회사로서 2012년 3월 22일 회생절차개시결정(부산지방법원 2012회합3호)[10]을 받았고, 피고 보조참가인 회생회사 주식회사 오리엔트조선의 공동관리인 이동희, 차재철이 관리인으로 선임되었다.[11]

조강해운은 2007년 8월 9일 오리엔트조선과 사이에 선체번호 OSN－1006호(이하 "1006호 선박"이라 한다) 및 OSN－1009호(이하 "1009호 선박"이라고 한다)에 대하여 대금을 각 미화 34,200,000달러로 하는 선박건조계약[12]을 체결

8) 대법원 2015. 7. 9. 선고 2014다6442 판결; 이 사건에 대한 선행연구로는 김인현, "독립적 보증으로서의 선수금 환급보증과 권리남용", 국제거래법연구, 제24집 제2호(국제거래법학회, 2015).

9) 원고는 퍼시픽 캐리어 시핑 에스 에이(Pacific Carrier Shipping S. A.)와 아틀란틱 캐리어 시핑 에스 에이(Atlantic Carrier Shipping S. A.)였다.

10) 오리엔트조선은 2010년 8월 9일 부산지방법원 2010회합11호로 회생개시결정을 받았으나 2012년 1월 27일 회생절차가 폐지되었다가 다시 같은 법원 2012회합3호로 회생개시결정을 받고 2012년 7월 25일 회생계획인가결정을 받았다.

11) 서울중앙지방법원 제22민사부 2012. 9. 28. 선고 2011가합124948 판결(선수금환급보증금).

12) 일반적으로 선박건조계약에는 다음과 같은 준거법 문언이 삽입된다. The parties hereto agree

하였다. 선박건조계약서는 각 선박마다 개별적으로 작성되었으나 선박인도기한(1006호 선박의 경우 2009년 8월말, 1009호 선박의 경우 2010년 5월말)을 제외하고는 내용이 동일하였다. 선박건조계약서의 주요 내용은 아래의 표와 같다.[13]

> **Article Ⅹ. 건조대금지급**
>
> 2. 지급조건
>
> 선박건조대금은 계약의 효력이 유지되는 한 아래와 같은 방법으로 지급한다;
>
> (a) 1차 선수금
>
> 매수인은 선박건조대금의 20%에 해당하는 금액인 미화 6,840,000달러를 건조자로부터 본 조 제8항이 규정하고 있는 선수금환급보증서를 수령한 후, 2007. 9. 20. 전까지 지급한다.
>
> (b) 2차 선수금
>
> 매수인은 선박건조대금의 20%에 해당하는 금액인 미화 6,840,000달러를 건조자로부터 강재절단(steel cutting) 공정완료 통지를 받은 날로부터 5 영업일 이내에 지급한다. 다만, 2차 선수금에 대한 지급요청은 2008. 6.말 전까지는 할 수 없다.
>
> (c) 3차 선수금
>
> 매수인은 선박건조대금의 20%에 해당하는 금액인 미화 6,840,000달러를 건조자로부터 용골거치(keel laying) 공정완료 통지를 받은 날로부터 5 영업일 이내에 지급한다.
>
> (d) 4차 선수금
>
> 매수인은 선박건조대금의 20%에 해당하는 금액인 미화 6,840,000달러를 건조자로부터 진수(launching) 수행 통지를 받은 날로부터 5 영업일 이내에 지급한다.
>
> (e) 5차 선수금
>
> 매수인은 선박건조대금의 20%에 해당하는 금액인 미화 6,840,000달러에서 이 사건 계약서 제3조 및 제5조에 따라 선박의 인도 이전에 발생한 계약의 변경 또는 수정으로 인해 증감된 금액을 선박 인도(delivery)와 동시에 건조자에게 지급한다.

that the validity and interpretation of this Contract and of each article and part thereof shall be governed by the laws of England. 김연신 지음·박수만 감수, 전게서, 300쪽; 그런데 조강해운 사건(대법원 2015. 7. 9. 판결 2014다6442)에서는 조강해운과 오리엔트조선의 선박건조계약의 준거법이 대한민국의 법으로 되어 있었다. 즉 선박건조계약 ARTICLE XVII 해석과 준거법에 의하면 "이 사건 계약은 영문으로 작성되었고, 건조자와 매수자는 계약의 유효성과 해석의 준거법으로 대한민국 법이 적용됨을 합의한다"고 규정되어 있었다.

13) 서울중앙지방법원 제22민사부 2012. 9. 28. 선고 2011가합124948 판결(선수금환급보증금).

(중략)

건조자와 매수자는, 건조자와 매수인 사이의 어떠한 분쟁이나 불일치를 이유로 하여 이 조항에 따른 모든 지급을 지체하거나 유보할 수 없음에 합의한다. 어떠한 분쟁이 있으면 이는 이하 제13조의 중재조항에 따라 해결되어야 한다.

5. 건조자의 선수금환급의무

매수인이 선박의 인도에 앞서 건조자에게 지급한 금원은 건조자에게 지급한 선수금으로 본다. 이 사건 계약상 조건에 의거하여 매수인이 선박의 인수를 거절하거나, 제11조에 따라 건조자가 이 사건 계약을 해제 또는 취소하는 경우를 제외하고, 만일 매수인이 이 사건 계약을 종료, 취소 또는 해제할 수 있도록 허용하고 있는 이 사건 계약상 어느 조항에 따라 매수인이 해제, 취소, 종료하면, 건조자는 매수인이 기지급한 선수금을, 미화로, 인도 전에 지급한 금원 전액 및 그에 대한 이자를 합산한 금원을 매수인의 거절의사표시를 수령한 날로부터 7 은행 영업일 내에 즉시 매수인에게 환급한다.(밑줄은 필자의 강조표시) (중략) 환급시 이자율은 각 선수금을 지급받은 날의 다음날부터 계좌이체 등을 통한 환급이 이루어지는 날까지 연 7%의 비율로 한다.

**Article XI. 채무자의 채무불이행**

1. 채무불이행의 정의

채무자는 다음의 각 경우에 이 사건 계약의 채무불이행에 해당한다.

(a) 1, 2, 3차 및 4차 선수금 중 어떤 것이라도 해당 선수금의 각 지급기일 내에 건조자에게 지급되지 아니할 경우.(밑줄은 필자의 강조 표시)

2. 선박 인도전 매수인의 채무불이행의 효과

만약 매수인이 이 사건 계약상 의무 위반으로 상기 채무불이행에 해당할 경우,

(a) 그러한 채무불이행이 계속되는 실제 기간 동안 선박의 인도일이 자동으로 연장된다.

(d) 건조자가 매수인의 채무불이행을 통지한 날로부터 7일이 경과할 동안 매수인의 채무불이행이 계속될 경우, 건조자는 그 선택에 따라 서면으로 건조계약을 해제할 수 있다.(밑줄은 필자의 강조 표시)

(e) 상기에서와 같이 매수인의 채무불이행에 따라 건조자가 건조계약을 해제하였을 경우, 건조자는 매수인으로부터 지급받은 선수금을 보유하며, 매수인의 채무불이행 및 그에 따른 건조계약의 해제로 인하여 건조자가 입은 손실 및 손해의 전보에 충당할 수 있고, 동시에 선박을 공매 또는 사적매매의 방법으로 처분할 수 있는 권리를 갖는다.

이러한 선박건조계약에 따라 오리엔트조선은 피고에게 선수금환급보증을 의뢰하였고, 피고는 2007년 9월 20일 수익자를 조강해운으로 하는 선수금환급보증서(Letter of Guarantee 또는 Refund Guarantee)[14]를 발급하였다. 이 선수금환급보증서의 주요 내용은 다음과 같다.[15]

> 피고는 이로써 조강해운을 수익자로 하여, 오리엔트조선을 위하여, 이 사건 각 선박을 건조하는 것을 내용으로 하여 매수인과 건조자간에 2007년 8월 9일 체결된 선박건조계약에 의거하여 당 은행의 취소불가능한 보증서를 개설한다.
>
> 만약, 이 사건 계약의 조건과 관련하여, 매수인이 선박의 인도 이전에 건조자에게 지급한 선수금의 환급을 청구할 수 있게 되는 경우, 우리는 취소불가능하고 무조건적으로(아래에서 적시한 조건들을 제외하고는) 처음 서면요구를 한 날로부터 30일 이내에 매수인에게 그 반환을 보증한다.(밑줄은 필자의 강조 표시)
>
> (중략)
>
> 본 보증서는 매수인이 계약 제10조에 의거하여 건조자에게 환급청구를 하였다는 점 및 건조자가 환급하지 못하였다는 점을 내용으로 하는 매수인의 단순한 서면진술서에 기하여 지급이 가능하다.(밑줄은 필자의 강조 표시)
>
> (중략)
>
> 위에서 언급한 조항에도 불구하고, 상기 건조자에 대한 선수금반환청구일로부터 30일 내에, 당 은행이 귀사의 건조계약해제 혹은 그에 따른 선수금환급청구가 다투어지고 이 계약에 따른 중재절차에 회부되었다는 서면확인서가 첨부된 통지서를 귀사 또는 건조자로부터 수령한 경우, 당 은행은 이 보증하에서 그와 같은 중재절차에서 내려진 중재판정에 의거 귀사가 건조자에게 지급받도록 판정받은 금액을 귀사로부터 그와 같이 판정된 금액의 지급요청 및 중재판정문 사본을 수령하는 즉시 지급한다.
>
> (중략)
>
> 본 보증서는 개설일로부터 건조자가 매수인에게 계약이 정하고 있는 바에 따라 선박을 인도하는 시점까지 양도가능하고 유효하다.
>
> 본 보증서는 대한민국 법의 적용을 받고, 해석되며, 하기 서명인은 대한민국의 법원을 비전속적인 재판관할로 한다.(밑줄은 필자의 강조 표시)
>
> 본 보증서는 개설은행의 확인 하에 양도된다.

14) 본 선수금환급보증 사건의 준거법은 선수금환급보증서의 문면상 대한민국 법이었고, 대한민국의 법원을 비전속적인 재판관할로 하고 있었다.

15) 서울중앙지방법원 제22민사부 2012. 9. 28. 선고 2011가합124948 판결(선수금환급보증금).

조강해운은 선수금환급보증서 발급 이후인 2007년 9월 27일 오리엔트조선에게 각 선박에 대한 1차 선수금 각 6,840,000달러를 지급하였다. 그리고 2007년 11월 19일 조강해운, 오리엔트조선과 원고들은 1006호 선박에 대한 선박건조계약의 매수인 지위를 원고 퍼시픽 캐리어 시핑 에스 에이(이하 "원고 퍼시픽"이라 한다)로, 1009호 선박에 대한 선박건조계약의 매수인 지위를 원고 아틀란틱 캐리어 시핑 에스 에이(이하 "원고 아틀란틱"이라 한다)로 각 변경하는 계약을 체결하였다. 그 이후 원고 퍼시픽은 2008년 7월 30일 오리엔트조선에게 1006호 선박에 대한 2차 선수금 6,840,000달러를 지급하였다.16)

그런데 원고들은 2011년 8월 26일 오리엔트조선에게 "오리엔트조선의 채무불이행을 이유로 선박건조계약을 해제하므로 이미 지급한 선수금을 환급하라"고 요구하였다.17) 이러한 요구에 대해 오리엔트조선은 선수금을 반환하지 않았다. 결국 원고들은 2011년 11월 25일 피고를 상대로 선수금환급보증서에 기한 선수금환급보증금의 지급을 청구하는 소송을 제기하였다.18) 이 소송에서 원고들은 선수금환급보증서는 독립적 은행보증에 해당하고, 선수금환급보증서에 정한 요건에 따라 선수금의 환급을 청구한 이상 피고는 선수금을 지급할 의무가 있다고 주장하였다.19)

이러한 원고들의 주장에 대해 피고 및 피고 보조참가인은 선수금환급보증서는 독립적 은행보증에 해당하지 않고, 원고들의 주장처럼 독립적 은행보증이라고 하더라도 원고들의 선수금환급청구는 그 요건을 충족하지 못하였다고 주장하였다. 더 나아가 피고 및 피고 보조참가인은 이 사건상의 선박건조계약이 원고들의 채무불이행을 이유로 오리엔트조선에 의해 이미 해제되었기 때

16) 서울중앙지방법원 제22민사부 2012. 9. 28. 선고 2011가합124948 판결(선수금환급보증금).

17) 원고들은 2009년 10월 20일 오리엔트조선에게 오리엔트조선의 계약해제통지는 적법하지 않기 때문에 이 사건 선박건조계약은 유효하고, 적절한 용골거치 및 강재절단 절차가 이루어져야 한다는 취지의 공문을 보낸 바 있다. 그 이후 원고들은 2010년 2월 1일 오리엔트조선에게 "오리엔트조선의 해제통지는 효력이 없고, 원고들은 이 사건 계약서 제11조 제1항에 의해 오리엔트조선의 채무불이행을 선언한다"는 취지의 공문을 보냈다.

18) 원고들은 ① 오리엔트조선이 적법한 선수금지급청구를 한 사실이 없고, ② 오리엔트조선은 건조능력과 자금이 부족하여 이 사건 선박들을 정상적으로 건조할 수 없는 상태에 있었기 때문에 불안의 항변권에 기해 후속 선수금을 지급하지 않았다고 주장하면서 이러한 불안 상태가 계속되는 상황에서 이루어진 오리엔트조선의 선수금지급요구는 계약이행의 의사없이 오로지 선수금을 유용하고 원고들에게 손해를 입히겠다는 의사에 기한 권리남용에 해당한다고 주장하였다.

19) 서울중앙지방법원 제22민사부 2012. 9. 28. 선고 2011가합124948 판결(선수금환급보증금).

문에 원고들은 오리엔트조선에 대하여 선수금반환을 청구할 권리가 없음[20]이 명백함에도 불구하고 선수금환급보증서에 기한 권리를 행사하는 것은 권리남용에 해당한다고 주장하였다.[21]

## 2. 소송의 경과

### (1) 제1심 판결

서울중앙지방법원 제22민사부는 "독립적 은행보증의 경우에도 신의성실의 원칙 내지 권리남용금지의 원칙의 적용까지 배제되는 것은 결코 아니라고 할 것이므로 수익자가 실제에 있어서는 보증의뢰인에게 아무런 권리를 가지고 있지 못함에도 불구하고 위와 같은 은행보증의 추상성 내지 무인성을 악용하여 보증인에게 청구를 하는 것임이 객관적으로 명백할 때에는 이는 권리남용의 경우에 해당하여 허용될 수 없는 것이고, 이와 같은 경우에는 보증인으로서도 수익자의 청구에 따른 보증금의 지급을 거절할 수 있다고 보아야 할 것이다"고 판시하였다.

이러한 판단기준을 근거로 서울중앙지방법원 제22민사부는 오리엔트조선이 선박건조계약을 적법하게 해제한 이상 원고들이 오리엔트조선에 대하여 선수금환급을 구할 권리가 없음이 객관적으로 명백하다고 판시하면서 원고들이 이러한 사정을 잘 알면서도 선수금환급보증서의 독립추상성을 근거로 선수금보증금의 지급을 구하는 것은 권리남용에 해당한다고 판시하였다.[22]

20) 오리엔트조선은 2009년 6월 11일 1006호 선박에 대한 용골거치를, 2009년 7월 30일 1009호 선박에 대한 강재절단을 각 시행한 후, 이를 원고들에게 통지하면서 5일 내에 후속 선수금을 지급할 것을 요구하였다. 그런데 원고들이 이 기간 내에 후속 선수금을 지급하지 않았기 때문에 오리엔트조선은 2009년 10월 8일 및 2009년 10월 9일 원고들의 채무불이행을 통지하였고 그로부터 7일이 경과한 후인 2009년 10월 16일 원고들에게 이 사건 선박건조계약을 모두 해제한다는 의사를 서면으로 표시하였다.

21) 서울중앙지방법원 제22민사부 2012. 9. 28. 선고 2011가합124948 판결(선수금환급보증금).

22) 서울중앙지방법원 제22민사부 2012. 9. 28. 선고 2011가합124948 판결(선수금환급보증금).

(2) 항소심 판결

항소심인 서울고등법원[23]은 "이 사건 계약은 매수인이 선박의 인도에 앞서 건조자에게 지급한 금원은 건조자에게 지급한 '선수금'으로 본다(The payment made by the BUYER to the BUILDER prior to delivery of the VESSEL shall constitute 'advance' to the BUILDER)라고 규정하여(제10조 제5항) 원고들이 선박인도 전에 지급하는 분할금이 기성고에 대한 대금이 아닌 선수금임을 명확히 하고, 그 선수금의 지급에 관하여 '건조자와 매수인은 건조자와 매수인 사이의 어떠한 분쟁이나 불일치를 이유로 하여 이 조항에 따른 모든 지급을 지체하거나 유보할 수 없음에 합의하고, 어떠한 분쟁이 있으면 이는 이하 제13조의 중재조항에 따라 해결되어야 한다'고 규정하면서(제10조 제4항) 한편으로 계약에서 정한 바에 따라 매수인이 선박의 인수를 거절하거나 계약을 해제, 취소, 종료하면 건조자는 매수인이 기지급한 선수금 및 그에 대한 이자를 즉시 환급하도록 규정하고(제10조 제5항) 그러한 선수금의 환급을 담보하기 위하여 은행이 조강해운을 수익자로 하는 선수금환급보증서를 발행받아 이를 조강해운에게 교부하도록 규정한다(제10조 제8항)"고 하면서, 이 사건 선박건조계약 제10조 제8항에 따라 피고가 발행한 이 사건 선수금환급보증서가 주채무자(보증의뢰인)와 채권자(수익자) 사이의 원인관계와는 독립되어 그 원인관계에 기한 사유로서는 수익자에게 대항하지 못하고 수익자의 청구가 있기만 하면 보증인의 무조건적인 지급의무가 발생하게 되는 이른바 독립적인 은행보증에 해당한다고 판단하였다.

이와 같은 판단을 전제로 서울고등법원은 오리엔트조선이 선박건조계약을 적법하게 해제하였기 때문에 원고들이 오리엔트조선에 대하여 선수금환급을 청구할 권리가 없다고 판단한 제1심의 판결을 인용하면서 원고들의 항소를 모두 기각하였다. 이에 불복한 이 사건 원고들이 대법원에 상고하였다.

23) 서울고등법원 제19 민사부 2013. 11. 29. 선고 2012나90216 판결(선수금환급보증금).

## 3. 대법원의 판결요지

은행이 보증을 하면서 보증금 지급조건과 일치하는 청구서 및 보증서에서 명시적으로 요구하고 있는 서류가 제시되는 경우에는 그 보증이 기초하고 있는 계약이나 이행제공의 조건과 상관없이 그에 의하여 어떠한 구속도 받지 않고 즉시 수익자가 청구하는 보증금을 지급하겠다고 약정하였다면, 이는 주채무에 대한 관계에서 부종성을 지니는 통상의 보증이 아니라, 주채무자인 보증의뢰인과 채권자인 수익자 사이의 원인관계와는 독립되어 원인관계에 기한 사유로는 수익자에게 대항하지 못하고 수익자의 청구가 있기만 하면 은행의 무조건적인 지급의무가 발생하게 되는 이른바 독립적 은행보증이다. 이러한 독립적 은행보증의 보증인으로서는 수익자의 청구가 있기만 하면 보증의뢰인이 수익자에 대한 관계에서 채무불이행책임을 부담하게 되는지를 불문하고 보증서에 기재된 금액을 지급할 의무가 있으며, 이 점에서 독립적 은행보증에서는 수익자와 보증의뢰인 사이의 원인관계와는 단절되는 추상성 및 무인성이 있다. 다만 독립적 은행보증의 경우에도 신의성실 원칙이나 권리남용금지 원칙의 적용까지 완전히 배제되는 것은 아니므로, 수익자가 실제로는 보증의뢰인에게 아무런 권리를 가지고 있지 못함에도 불구하고 은행보증의 추상성과 무인성을 악용하여 보증인에게 청구를 하는 것임이 객관적으로 명백할 때에는 권리남용에 해당하여 허용될 수 없고, 이와 같은 경우에는 보증인으로서도 수익자의 청구에 따른 보증금의 지급을 거절할 수 있으나, 원인관계와 단절된 추상성 및 무인성이라는 독립적 은행보증의 본질적 특성을 고려하면, 수익자가 보증금을 청구할 당시 보증의뢰인에게 아무런 권리가 없음이 객관적으로 명백하여 수익자의 형식적인 법적 지위의 남용이 별다른 의심 없이 인정될 수 있는 경우가 아닌 한 권리남용을 쉽게 인정하여서는 아니 된다(대법원 2014. 8. 26. 선고 2013다53700 판결 참조).[24]

24) 대법원은 원심 판결을 파기하고, 사건을 서울고등법원에 환송하였다. 대법원 2015. 7. 9. 선고 2014다6442 판결.

## Ⅲ. 선수금환급보증의 일반 이론과 권리남용의 판단기준

### 1. 선수금환급보증의 일반 이론

#### (1) 의의

국제거래에 있어서 독립적 은행보증(first demand bank guarantee, independent bank guarantee)[25]은 수익자가 보증의 요건이나 서류에 관한 조건에 따라 서면에 의해서 지급을 요구하거나 보증에서 요구되는 서류를 제시하여 지급을 요구하는 경우에 은행이나 그 밖의 금융기관 또는 보증인이 수익자에게 일정한 금액을 일정한 기간 내에 지급하도록 하는 독립적인 확약이라고 할 수 있다.[26] 이와 관련하여 대법원은 독립적 은행보증이란 주채무자(보증의뢰인)와 채권자(수익자) 사이의 원인관계와는 독립되어 그 원인관계에 기한 사유로서는 수익자에게 대항하지 못하고 수익자의 청구가 있기만 하면 보증인의 무조건적인 지급의무가 발생하는 것이라고 판시하고 있다.[27]

이러한 독립적 은행보증의 일종으로서 선수금환급보증은 선박건조계약에 있어서 건조자(보증의뢰인, 매도인)의 요청으로 금융기관(보증인)이 발주자(수익자, 매수인)에 대해 선수금의 지급약속을 보증한 것이라고 할 수 있다. 따라서 보증인으로서 금융기관은 발주자에게 선수금환급보증서를 발행하게

25) 독립적 은행보증은 은행보증(bank guarantee), 독립적 보증(independent guarantee), 요구불 보증(demand guarantee) 등으로 불리기도 하는데, 주로 은행이 보증업무를 한다는 점에서 독립적 은행보증이라고 한다. 독립적 은행보증이 국제거래에 있어서 본격적으로 등장한 것은 1960년대이지만, 널리 이용되기 시작한 것은 1970년대부터이다. 즉 1970년대 중동의 산유국들이 대규모의 석유판매대금을 바탕으로 도로, 항만, 병원 등의 건설과 같은 각종의 프로젝트를 발주하였는데, 이때부터 독립적 은행보증이 널리 활용되기 시작하였다. 최준선, 제8판 국제거래법(삼영사, 2013), 354쪽; 독립적 은행보증의 유형으로는 입찰보증(tender guarantee, bid bond), 이행보증(performance guarantee, performance bond), 선수금환급보증(advance payment guarantee, repayment bond), 유보금보증(retention guarantee), 하자담보보증(maintenance or warranty guarantee) 등이 있다. 이기수·신창섭, 제6판 국제거래법(세창출판사, 2015), 456쪽; 서헌제, 제4판 국제거래법(법문사, 2006), 360쪽.

26) 이기수·신창섭, 상게서, 449쪽.

27) 대법원 1994. 12. 9. 선고 93다43873 판결.

된다. 즉 선수금환급보증서는 금융기관이 건조자의 요청에 따라 발주자에게 발행하여 교부하는 증서로서 선박건조계약상 발주자가 어떠한 이유로든지 건조자로부터 선수금[28]을 반환받아야 할 사유가 발생한 경우에 금융기관이 선수금의 환급을 약속한 증서라고 할 수 있다.[29]

일반적으로 금융기관이 발행하는 선수금환급보증서는 발주자가 선박건조대금으로서 분할하여 지급할 금액 중 인도대금을 제외한 나머지 금액 전액과 이에 대한 일정한 이자의 지급을 약속하며, 건조자가 취득하여야 할 선수금환급보증서의 초안을 선박건조계약에 첨부하는 것이 실무라고 할 수 있다. 금융기관이 선수금환급보증서를 발행하는 경우에는 신용장 양식(advance payment standby letter of credit)으로 발행하기도 한다.[30]

### (2) 기능

#### 1) 발주자의 입장

선박건조계약의 경우 발주자가 선박건조자금을 금융기관으로부터 조달하여 건조자에게 제공하는 것이 대부분이다(즉 구매자신용).[31] 선박의 건조가격은 계약에 따라 다를 수는 있지만, 대단히 고가인 경우가 일반적이라고 할 수 있다. 따라서 발주자는 선박건조대금을 분할하여 건조자에게 지급하게 된다. 그런데 발주자의 입장에서 보면, 만일 선박의 인도가 이루어지지 않거나 건조자의 채무불이행(default)으로 인하여 선박건조계약이 해제하는 등의 사유가 발생하여 선수금을 반환받아야 할 때, 건조자의 자력이 불충분하거나 건조자가 도산상태에 있을 위험(risk)을 고려할 필요가 있게 된다.[32]

따라서 모든 선박건조계약서는 선수금지급의 전제조건으로 건조자가 일정

---

28) 선박건조계약상 선박의 인도 전에 발주자가 조선소에 지급하는 선박건조대금을 선지급금이라고 하는데, 이를 조선소의 입장에서 보면 선수금이 된다. 서영화, "선박건조계약과 관련한 몇 가지 법률문제들", 한국해법학회지, 제32권 제1호(한국해법학회, 2010. 4), 49쪽.

29) 서영화, 상게논문, 49쪽.

30) 서영화, 상게논문, 49쪽.

31) 김상만, "선박수출거래에서 환급보증의 특성과 문제점에 대한 연구", 서울대학교 법학, 제52권 제3호(서울대 법학연구소, 2011. 9), 455쪽.

32) 서영화, 전게논문, 48쪽.

한 신용등급 이상을 가진 금융기관으로부터 또는 예외적으로 특정한 금융기관으로부터[33] 선수금환급보증서를 발급받아 발주자에게 교부하는 것을 건조자의 의무로 규정하고 있다.[34]

2) 건조자의 입장

선박건조에는 거액의 자금이 소요되는 것이 일반적이기 때문에 건조자는 자금조달의 부담을 갖게 되는데, 선수금환급보증이 이루어지면 건조자는 선박건조의 공정단계별로 선박건조에 필요한 선수금을 발주자로부터 수취할 수 있게 된다. 따라서 건조자는 추가적인 자금조달의 부담을 덜면서 선수금으로 선박을 건조할 수 있게 된다.[35]

3) 보증은행의 입장

선수금환급보증을 하는 보증은행은 보증의뢰인인 건조자로부터 보증수수료를 받게 된다. 보증기간은 선수금환급보증서의 발행일로부터 선박의 인도일까지인데, 선박의 인도에는 통상 1년 이상의 기간이 소요되어 선수금환급보증의 수수료는 화환신용장의 개설수수료보다 높은 편이다. 더 나아가 선박건조계약에 있어서 선수금환급보증은 계약금액의 80%가 표준적이기 때문에 보증은행의 보증수수료 수익은 상당하다고 하지 않을 수 없다.[36]

다만 선수금환급보증의 금액이 거액이기 때문에 보증은행은 건조자의 건조능력, 재무구조 등을 분석한 후 보증 여부를 결정하게 된다. 경우에 따라서 보증은행은 수출보증보험증권 등의 담보를 요구하기도 한다.[37]

33) 외국발주자의 경우 주로 신용등급이 높은 국내은행이나 국책금융기관인 한국무역보험공사, 한국수출입은행이 발행한 선수금환급보증서의 교부를 요구한다. 서영화, 상게논문, 50쪽.

34) 서영화, 상게논문, 48쪽.

35) 김상만, 전게논문, 454쪽.

36) 김상만, 상게논문, 456쪽.

37) 김상만, 상게논문, 456쪽.

### (3) 법적 구조

#### 1) 보증의뢰인과 보증은행의 관계

보증의뢰인인 건조자와 보증인인 은행의 관계는 민법상의 위임계약에 해당한다고 할 수 있다. 선수금환급보증의 사안은 아니지만, 독립적 은행보증에 관한 사건에서 대법원은 보증의뢰인과 보증인 사이의 은행보증서의 발행을 위한 보증의뢰계약은 그 보증에 따른 사무처리를 내용으로 하는 민법상의 위임계약에 해당한다고 판시하였다.[38] 따라서 보증인은 그 수임인으로서 상대방인 보증의뢰인의 당해 보증서에 관한 이익을 보호하여야 할 의무를 부담한다. 특히 보증인은 수익자의 보증금 지급청구가 권리남용임이 객관적으로 명백할 때에는 보증의뢰인에 대한 관계에 있어서 그 지급을 거절하여야 할 보증의뢰계약상의 의무를 부담하게 되는데, 이러한 경우 보증의뢰인은 보증인에 대한 수익자의 청구가 권리남용임이 명백하다는 것을 입증하여 그 보증금의 지급거절을 청구할 수 있는 권리를 갖는다.[39]

#### 2) 보증의뢰인과 수익자의 관계

보증의뢰인인 건조자와 수익자인 발주자는 기본계약인 선박건조계약의 당사자 관계에 있다고 할 수 있다. 선박건조계약상 건조자는 발주자에게 선수금환급보증을 제공할 의무를 부담하고 있기는 하지만, 선수금환급보증에 있어서 건조자와 발주자는 직접적인 법률관계를 갖지는 않는다고 할 수 있다.[40]

#### 3) 보증은행과 수익자의 관계

선수금환급보증에 있어서 보증은행은 건조자의 발주자에 대한 선수금환급채무를 보증하는 것이 아니라 주채무자로서 선박건조계약상 발주자인 수익자에게 지급하여야 할 선수금을 환급할 의무를 부담하게 된다. 다시 말하면 비록 선수금환급보증서의 명칭에 보증이라는 용어를 쓰고 있지만, 그 내용상 보

38) 대법원 1994. 12. 9. 선고 93다43873 판결.
39) 대법원 1994. 12. 9. 선고 93다43873 판결.
40) 김상만, 전게논문, 460~461쪽.

증은행의 의무는 보증책임이 아니라 선수금환급보증서에 의하여 창설된 주채무자로서 부담하는 채무라고 할 수 있다. 이러한 측면에서 선수금환급보증서는 신용장과 일치하는 성격을 갖는다고 할 수 있다.[41]

따라서 보증은행이 선수금환급보증을 제공하면, 수익자는 선수금환급보증상의 권리를 행사할 수 있게 된다. 즉 수익자는 선수금환급보증서가 요구하고 있는 서류를 갖추어 선수금의 지급을 청구할 수 있다.[42]

선수금환급보증의 수익자는 발주자가 되는 것이 일반적이지만, 원활한 선박금융을 위해 금융을 제공하는 대주(lender)를 수익자로 정하거나 선수금환급보증서를 그 대주에게 양도하기도 한다. 이러한 경우 대주도 선수금환급보증상의 권리를 행사할 수 있게 되며, 선수금환급보증의 양도를 위해 선수금환급보증서에 양도가능(assignable)이라고 명시한다.[43]

### (4) 독립추상성의 원칙

#### 1) 독립추상성의 원칙의 의의

독립적 은행보증은 원인관계와 관련된 수익자의 이익을 보호하기 위한 것이지만 추상적인 지급약속이라는 점에서 원인관계로부터 독립되어 있다.[44] 따라서 독립적 은행보증의 일종인 선수금환급보증은 기본계약(underlying contract)인 선박건조계약과 독립적이며, 일반 보증과는 달리 원칙적으로 부종성이나 보충성이 없다. 따라서 수익자의 선수금환급청구가 있으면 보증은행은 선수금환급보증서상의 지급조건의 충족 여부만을 기준으로 선수금의 지급 여부를 결정하게 된다.[45]

이와 관련하여 대법원은 “주채무자(보증의뢰인)와 채권자(수익자) 사이의 원인관계와는 독립되어 그 원인관계에 기한 사유로서는 수익자에게 대항하지 못하고 수익자의 청구가 있기만 하면 보증인의 무조건적인 지급의무가 발생

41) 서영화, 전게논문, 50~51쪽.
42) 김상만, 전게논문, 461쪽.
43) 김상만, 상게논문, 461쪽.
44) 서헌제, 전게서, 354쪽.
45) 김상만, 전게논문, 457쪽.

하게 되는 이른바 독립적 은행보증(first demand bank guarantee)이라고 할 것이고, 따라서 이러한 은행보증의 보증인으로서는 수익자의 청구가 있기만 하면 보증의뢰인이 수익자에 대한 관계에 있어서 채무불이행책임을 부담하게 되는지의 여부를 불문하고 그 보증서에 기재된 금액을 지급할 의무가 있다고 할 것이며, 이 점에서 이 은행보증은 수익자와 보증의뢰인과의 원인관계와는 단절된 추상성 내지 무인성을 가진다"고 판시하고 있다.46)

한편, 선수금환급보증에 있어서 보증은행이 수익자로부터 선수금의 지급청구를 받게 되는 경우 보증은행은 서류심사에 의해서만 선수금의 지급 여부를 판단하게 되는데, 이러한 원칙을 추상성의 원칙이라고 한다. 선수금환급보증의 내용에 따라 선수금의 지급청구의 조건으로 일정한 증빙서류의 제출을 요구하는 경우도 있고, 수익자의 절대적 판단에 따라 선수금의 지급청구을 하면 무조건적으로 지급해야 하는 경우도 있다. 보증은행의 서류심사는 제시된 서류가 문면상 선수금환급보증의 조건과 일치하는지의 여부만을 판단하며, 서류가 실질적으로 진정한 것인지 또는 선박건조계약에 따른 의무를 이행하지 않았는지의 여부 등을 조사할 의무는 없다.47)

2) 독립추상성의 원칙의 예외

독립적 은행보증의 독립추상성의 원칙에도 불구하고 수익자의 부당한 지급청구에 대해서는 보증은행이 보증금의 지급을 거절할 수가 있다. 대부분의 국가에서는 독립적 은행보증의 독립추상성을 존중하면서도 수익자의 "명백히 불공정한(manifestly unfair)" 지급청구에 한해서 보증은행의 지급거절을 인정하고 있다. 지급거절의 사유로는 첫째 보증조건의 불이행을 들 수 있다. 예를 들면, 지급개시일 이전의 지급청구 또는 유효 기일 이후의 지급청구 등을 들 수 있다. 둘째, 명백한 사기(manifest fraud)를 들 수 있다. 예를 들면, 수익자의 명백한 사기가 있고 보증은행이 이러한 사실을 알았을 경우에는 보증금의 지

46) 한국외환은행이 수급인인 건설회사의 보증의뢰에 따라 도급인인 사우디아라비아 왕국 보건성을 수익자로 하여 발행한 지급보증서를 둘러싼 법적 분쟁을 다룬 사건이었다. 대법원 1994. 12. 9. 선고 93다43873 판결.

47) 김상만, 전게논문, 457~458쪽.

급을 거절할 수 있다.[48] 이와 관련하여 대법원은 "수익자의 보증금 지급청구가 권리남용임이 객관적으로 명백할 때" 보증은행은 보증금의 지급을 거절할 수 있다고 판시하고 있다.[49]

## 2. 수익자의 권리남용의 판단기준

### (1) 문제의 제기

독립적 은행보증은 보증의뢰인과 수익자 간의 기본계약에 기초하여 성립하는 것이지만, 보증의 확약은 보증인이 관여하지 않은 기본계약과는 별개의 관계이며, 보증에 의하여 발생하는 권리와 의무는 기본계약에 의하여 발생하는 권리 및 의무와는 독립적인 것이라고 할 수 있다.[50] 따라서 선수금환급보증도 기본계약인 선박건조계약과는 별개의 관계로 독립적인 것이라고 할 수 있다.

그런데 독립적 은행보증이 갖는 독립추상성은 언제나 절대적인 것은 아니라고 할 수 있다. 예를 들면, 보증의뢰인이 기본계약에 따른 의무를 완전히 이행하였다는 것을 수익자가 알고 있으면서도 보증금의 지급을 요구하는 경우에는 보증금의 지급이 거절될 수 있다.[51] 이와 관련한 대법원의 판례를 통해 선수금환급보증에 있어서 수익자의 권리남용의 판단기준을 검토해 보고자 한다.[52]

### (2) 대법원 판례의 검토

#### 1) 1994년 대법원 판결

한국외환은행이 수급인인 건설회사의 보증의뢰에 따라 도급인인 사우디아

48) 서헌제, 전게서, 367쪽.
49) 한국외환은행이 수급인인 건설회사의 보증의뢰에 따라 도급인인 사우디아라비아 왕국 보건성을 수익자로 하여 발행한 지급보증서를 둘러싼 법적 분쟁을 다룬 사건이었다. 대법원 1994. 12. 9. 선고 93다43873 판결.
50) 이기수·신창섭, 전게서, 457쪽.
51) 이기수·신창섭, 상게서, 457쪽.
52) 이 주제에 대한 깊이 있는 선행 연구로는 윤진수, "독립적 은행보증의 경제적 합리성과 권리남용의 법리", 법조, 제692권(법조협회, 2014).

라비아 왕국 보건성을 수익자로 하여 지급보증서를 발행하였는데, 지급보증서에는 문언상 보증의뢰인이 수익자와의 계약조건의 어느 것이라도 불이행하였다고 수익자가 그 절대적 판단에 따라 결정한 때에는 보증인은 수익자의 서면에 의한 청구가 있으면 보증의뢰인의 어떤 반대에도 불구하고 즉시 수익자가 청구하는 보증금을 지급하겠다는 내용이 기재되어 있었다.[53]

이 사건 판결에서 대법원은 한국외환은행이 발행한 지급보증서를 독립적 은행보증에 해당한다고 하면서 "독립적 은행보증의 경우에도 신의성실의 원칙 내지 권리남용금지의 원칙의 적용까지 배제되는 것은 결코 아니라고 할 것이므로 수익자가 실제에 있어서는 보증의뢰인에게 아무런 권리를 가지고 있지 못함에도 불구하고 위와 같은 은행보증의 추상성 내지 무인성을 악용하여 보증인에게 청구를 하는 것임이 객관적으로 명백할 때에는 이는 권리남용의 경우에 해당하여 허용될 수 없는 것이고, 이와 같은 경우에는 보증인으로서도 수익자의 청구에 따른 보증금의 지급을 거절할 수 있다고 보아야 할 것이다"라고 판시하였다.[54] (밑줄은 필자의 강조 표시).

2) 2014년 대법원 판결

이란에 소재하는 자동차부품 생산회사[55]인 원고는 2007년 12월 31일 국내에 있는 주식회사 이엔케이("소외 회사"라 한다)로부터 자동차용 플레이트형 CNG(Compressed Natural Gas, 압축천연가스) 실린더 5,000개를 1,075,000유로에 수입하는 계약("이 사건 수입계약"이라 한다)을 체결하였다. 피고인 한국외환은행은 2008년 3월 18일 소외 회사의 요청에 따라 수익자를 원고로 하여 이 사건 수입계약에 관한 이행보증서를 발행하였는데, 이 보증서에는 "보증의뢰인인 소외 회사가 이 사건 수입계약을 불이행하였다고 원고가 판단하고 그 불이행 부분을 적시하여 서면으로 청구한 때에는 보증인인 피고가 조건 없이 107,500유로를 초과하지 않는 범위 내에서 원고가 청구하는 보증금을 지급하겠다"고 기재되어 있었다.[56]

53) 대법원 1994. 12. 9. 선고 93다43873 판결.
54) 대법원 1994. 12. 9. 선고 93다43873 판결.
55) 이스트 가스 시즈 인더스트리 컴퍼니.
56) 이행보증서가 계약의 내용으로 원용하고 있는 국제상업회의소의 독립적 보증에 관한 통일규칙

이 사건 판결에서 대법원은 한국외환은행이 발행한 이행보증서를 독립적 은행보증에 해당한다고 보면서, "독립적 은행보증의 경우에도 신의성실 원칙이나 권리남용금지 원칙의 적용까지 완전히 배제되는 것은 아니므로, 수익자가 실제로는 보증의뢰인에게 아무런 권리를 가지고 있지 못함에도 불구하고 은행보증의 추상성과 무인성을 악용하여 보증인에게 청구를 하는 것임이 객관적으로 명백할 때에는 권리남용에 해당하여 허용될 수 없고, 이와 같은 경우에는 보증인으로서도 수익자의 청구에 따른 보증금의 지급을 거절할 수 있으나, 원인관계와 단절된 추상성 및 무인성이라는 독립적 은행보증의 본질적 특성을 고려하면, 수익자가 보증금을 청구할 당시 보증의뢰인에게 아무런 권리가 없음이 객관적으로 명백하여 수익자의 형식적인 법적 지위의 남용이 별다른 의심 없이 인정될 수 있는 경우가 아닌 한 권리남용을 쉽게 인정하여서는 아니 된다"고 판시하였다.[57]

### (3) 소결

독립적 은행보증과 관련하여 1994년 대법원 판결은 수익자가 실제에 있어서는 보증의뢰인에게 아무런 권리를 가지고 있지 못함에도 불구하고 은행보증의 독립성을 악용하여 보증인에게 청구를 하는 것임이 객관적으로 명백할 때에 권리남용에 해당한다고 보았는데, 2014년 대법원 판결은 수익자가 보증금을 청구할 당시 보증의뢰인에게 아무런 권리가 없음이 객관적으로 명백하여 수익자의 형식적인 법적 지위의 남용이 별다른 의심 없이 인정될 수 있는 경우에 권리남용에 해당한다고 보았다. 요컨대 2014년 대법원 판결상의 판단기준이 1994년 대법원 판결상의 판단기준보다 더 명확한 판단기준을 제공하고 있다고 생각된다.

---

(Uniform Rules for Demand Guarantees, ICC Publication No. 458) 제2조에 따르면, "독립적 보증은 그 명칭이나 기재 내용에 관계없이 지급조건과 일치하는 지급청구서 및 보증서에서 명시적으로 요구하는 서류가 제시되는 경우 보증은행 등이 금전을 지급하겠다는 내용의 보증으로, 그 보증이 기초하고 있는 계약이나 이행제공의 조건과 아무 관련이 없고 그에 의하여 어떠한 구속도 받지 않는다"고 규정하고 있다. 대법원 2014. 8. 26. 선고 2013다53700 판결.

57) 대법원 2015. 7. 9. 선고 2014다6442 판결.

## 3. 대상 판결의 분석과 파기환송심의 판결요지

### (1) 대상 판결의 분석

대법원은 선수금환급보증은 독립적 은행보증에 해당하고, 따라서 독립추상성이 있다는 점을 명확히 하면서 선수금환급보증의 독립추상성에도 불구하고 신의성실 원칙이나 권리남용금지 원칙이 적용된다고 판시하였다. 더 나아가 대법원은 선수금환급보증에 있어서 수익자의 권리남용의 판단기준은 수익자가 보증금을 청구할 당시 보증의뢰인에게 아무런 권리가 없음이 객관적으로 명백하여 수익자의 형식적인 법적 지위의 남용이 별다른 의심 없이 인정될 수 있는 경우라고 판시하였다.[58]

따라서 본 사건에서 핵심 쟁점이 된 것은 수익자의 보증은행에 대한 선수금의 지급청구가 권리남용에 해당하는지의 여부였다. 이 문제에 관해 제1심과 항소심은 건조자(즉 오리엔트조선)의 계약해제가 적법하게 이루어진 이상, 수익자인 원고들이 건조자에 대해 선수금환급을 구할 권리가 없음이 객관적으로 명백하다고 보고 이러한 사정을 알면서 수익자가 보증은행에 대해 선수금의 지급을 청구하는 것은 권리남용에 해당한다고 판단하였다.

그러나 대법원의 판단은 제1심 및 항소심의 판단과는 달랐다. 대법원은 첫째, 원고들이 오리엔트조선의 선수금지급청구가 그 요건을 갖추지 못하였다는 점[59] 등을 이유로 오리엔트조선의 계약 해제가 부적법하다고 다투었다는 점, 둘째 이 사건 소 제기 전에 이루어진 원고들과 오리엔트조선 사이의 회생채권조사확정재판에서도 오리엔트조선의 계약 해제가 적법한지 여부가 쟁점이 되어 1년여에 걸쳐 심문절차가 이루어졌음에도 결론이 내려지지 못한 채 회생절

58) 대법원 2015. 7. 9. 선고 2014다6442 판결.

59) 항소심에서 원고들은 오리엔트조선이 단기간 내에 14척 이상의 선박건조계약을 수주하고 광양조선소를 신축하는 과정에서 자금사정이 악화되어 원고들의 2척의 선박을 건조할 의사나 능력이 없는 상태였음에도 불구하고 선수금을 유용하기 위한 목적으로 형식적으로 강재절단 및 용골거치를 강행하고 선수금지급청구를 했기 때문에 선수금지급청구요건을 갖추지 못했고 나아가 이는 권리남용에 해당한다고 주장하였다. 서울고등법원 제19 민사부 2013. 11. 29. 선고 2012나90216 판결(선수금환급보증금).

차폐지로 종결된 점 등을 근거로 이 사건 소 제기 당시 원고들이 오리엔트조선에 대하여 선수금환급청구권이 없음에도 보증금을 청구하는 것임이 피고에게 객관적으로 명백한 경우에 해당한다고 보기는 어렵다고 판단하였다.[60)]

결론적으로 대법원은 독립적 은행보증인 선수금환급보증서에 기한 수익자의 청구가 권리남용에 해당하기 위해서는 수익자가 소 제기를 통하여 보증금을 청구할 당시 보증의뢰인에 대하여 아무런 선수금환급청구권이 없음에도 선수금환급보증의 수익자라는 법적 지위를 남용하여 청구하는 것임이 보증은행에게 객관적으로 명백하다고 인정되어야 한다는 점을 분명히 하였다고 평가할 수 있다.

### (2) 고등법원 파기환송심의 판결요지

대법원의 파기환송 판결[61)]에 따라 서울고등법원 제33민사부가 2015년 12월 22일 이 사건 판결을 선고하였다.[62)] 파기환송심에서 고등법원은 첫째, 독립적 은행보증인 선수금환급보증서에 기한 수익자의 청구가 권리남용에 해당하기 위해서는 수익자가 이 사건 소 제기를 통하여 보증금을 청구할 당시 보증의뢰인에 대하여 아무런 선수금환급청구권이 없음에도 독립적 은행보증의 수익자라는 법적 지위를 남용하여 보증금을 청구하는 것임이 독립적 은행보증인에게 객관적으로 명백하다고 인정되어야 할 것이라고 판시하였다.[63)]

둘째, 수익자의 권리남용의 객관적 명백성은 사실심 변론종결 당시까지 수집된 모든 증거에 의해서가 아니라 보증은행이 보증금 청구를 받을 당시 이미 입수하였거나 지체 없이 입수할 수 있는 증거에 의해서 판단되어야 하고, 그

60) 대법원 2015. 7. 9. 선고 2014다6442 판결.

61) 대법원 2015. 7. 9. 선고 2014다6442 판결.

62) 파기환송심에서 서울고등법원은 피고는 원고 퍼시픽 캐리어 시핑 에스 에이에게 미합중국 통화 13,680,000달러 및 그 중 미합중국 통화 6,840,000달러에 대하여는 2007. 9. 28.부터, 나머지 미합중국 통화 6,840,000달러에 대하여는 2008. 7. 31.부터 각 2015. 12. 22.까지 연 7%, 그 다음 날부터 다 갚는 날까지 연 20%의 비율에 의한 금원을 지급하고, 원고 아틀란틱 캐리어 시핑 에스 에이에게 미합중국 통화 6,840,000달러 및 이에 대하여 2007. 9. 28.부터 2015. 12. 22.까지 연 7%, 그 다음 날부터 다 갚는 날까지 연 20%의 비율에 의한 금원을 지급하라고 판결하였다. 서울고등법원 제33 민사부 2015. 12. 22. 선고 2015나21143 판결(선수금환급보증금).

63) 서울고등법원 제33 민사부 2015. 12. 22. 선고 2015나21143 판결(선수금환급보증금).

증거는 수익자의 형식적인 법적 지위 남용이 별다른 의심 없이 인정될 수 있을 정도로 명백한 것이어야 할 것이라고 판시하였다.[64]

결론적으로 고등법원은 피고가 제출한 증거만으로는 이 사건 소 제기 당시 원고들이 오리엔트조선에 대하여 선수금환급청구권이 없음에도 이 사건 보증금을 청구하는 것임이 피고에게 객관적으로 명백하였다고 보기 어렵고, 이를 인정할 만한 증거가 없다는 이유를 들어 피고의 권리남용 항변을 배척하였다.[65]

## Ⅳ. 결 론

선수금환급보증은 독립적 은행보증의 일종이기 때문에 선수금환급보증에는 독립추상성이 인정된다고 할 수 있다. 즉 선수금환급보증은 기본계약인 선박건조계약과 독립적인 것이라고 할 수 있다. 따라서 보증은행은 선수금환급보증상의 조건이 충족되기만 하면 보증금을 지급할 의무가 있다고 할 수 있다.

그런데 선수금환급보증의 독립추상성은 절대적인 것이라고 할 수는 없다는 점에서 신의성실의 원칙 또는 권리남용금지의 원칙의 적용이 완전히 배제되는 것은 아니라고 할 수 있다. 그러나 신의성실의 원칙 또는 권리남용금지의 원칙이 적용된다고 하더라도 독립추상성이라는 독립적 은행보증의 본질적 특성을 고려하면 수익자의 보증금 청구가 권리남용에 해당하는지의 여부는 가능하면 엄격하게 해석할 필요성이 있다고 생각된다.[66]

결론적으로 선수금환급보증상의 수익자의 권리남용의 판단기준은 다음과 같이 정리할 수 있다고 본다. 첫째, 선수금환급보증의 독립추상성에도 불구하고 신의성실의 원칙 내지 권리남용금지의 원칙이 적용된다.

둘째, 수익자의 보증금의 청구가 권리남용에 해당하여 보증은행이 그 지급을 거절할 수 있는 경우는 수익자가 보증금을 청구할 당시 보증의뢰인에게 아

64) 서울고등법원 제33 민사부 2015. 12. 22. 선고 2015나21143 판결(선수금환급보증금).
65) 서울고등법원 제33 민사부 2015. 12. 22. 선고 2015나21143 판결(선수금환급보증금).
66) 대법원 2015. 7. 9. 선고 2014다6442 판결.

무런 권리가 없음이 객관적으로 명백하여 수익자의 형식적인 법적 지위의 남용이 별다른 의심 없이 인정될 수 있는 경우라고 할 수 있다.

셋째, 수익자의 권리남용의 객관적 명백성의 판단은 사실심 변론종결 당시까지 수집된 모든 증거에 의해서가 아니라 보증은행이 보증금 청구를 받을 당시 이미 입수하였거나 지체 없이 입수할 수 있는 증거에 의해서 판단되어야 한다.[67]

67) 서울고등법원 제33 민사부 2015. 12. 22. 선고 2015나21143 판결(선수금환급보증금).

## 참고문헌

### Ⅰ. 국내문헌

#### 1. 단행본

김연신 지음·박수만 감수, 영문 선박건조계약서 작성실무(박영사, 2008).

서헌제, 제4판 국제거래법(법문사, 2006).

이기수·신창섭, 제6판 국제거래법(세창출판사, 2015).

이기환·오학균·신주선·이재민, 개정판 선박금융원론(두남, 2016).

정우영·현용석·이승철, 해양금융실무(한국금융연수원, 2011).

최준선, 제8판 국제거래법(삼영사, 2013).

#### 2. 논문

김도경, "선박금융과 국내선사의 도산", 선진상사법률연구, 제55호(법무부, 2011. 7).

김상만, "선박수출거래에서 환급보증의 특성과 문제점에 대한 연구", 서울대학교 법학, 제52권 제3호(서울대 법학연구소, 2011. 9).

김인유, "건조중인 선박에 관한 법률관계", 한국해법학회지, 제32권 제1호(한국해법학회, 2010. 4).

김인현, "독립적 보증으로서의 선수금 환급보증과 권리남용", 국제거래법연구, 제24집 제2호(국제거래법학회, 2015).

김창준, "선박건조계약에 있어서 선수금환급보증서의 법률관계－2011~2012 영국 판례를 중심으로－", 김인현 편집대표 선박건조·금융법연구 Ⅰ(법문사, 2016).

서영화, "선박건조계약과 관련한 몇 가지 법률문제들", 한국해법학회지, 제32권 제1호(한국해법학회, 2010. 4).

오원석·허해관, "선박수출 관련 선수금환급보증 사례연구", 국제상학, 제27권 제3호(한국국제상학회, 2012. 9).

우보연, "편의치적선에 대한 법적 규제와 대응에 관한 고찰", 외법논집, 제34권 제1호(한국외대 법학연구소, 2010. 2).

윤진수, "독립적 은행보증의 경제적 합리성과 권리남용의 법리", 법조, 제692권(법조협회, 2014).

정 대, "선박금융의 법적 구조에 관한 연구", 법과 정책, 제18집 제2호(제주대 법과 정책연구소, 2012).
정우영, “선박금융의 실무 소개”, BFL, 제19호, 2006.9.

## Ⅱ. 외국문헌

森田 果, “造船とファイナンス”, 江頭憲治朗·落合誠一 編『海法大系』, 商事法務, 2003.

Jan Hoffmann, Ricardo J. Sanchez & Wayne K. Talley, “Determinants of Vessel Flag”, Kevin Cullinane ed., *Shipping Economics*, Elsevier, 2005.

Mark Davis, Refund Guarantees, Informa Law, 2015.

# 제 2 장

# 해상운송계약

- ≫ 선장의 대리권에 관한 입법주의의 재검토_정영석
- ≫ ISM Code 및 ISPS Code상의 감항능력주의의무 규정을 통한 로테르담 규칙의 해석_지상규
- ≫ 선박의 위부인정과 관련한 제문제_지상규

# 선장의 대리권에 관한 입법주의의 재검토*

정 영 석

## Ⅰ. 머리말

선장은 선원법 등에 의하여 공법상의 권한과 의무를 가지는 동시에 상법상으로도 많은 권한을 가지게 된다.[1] 선장은 선박소유자의 사용인의 지위에서 특정 선박의 항해 지휘권을 행사하는 동시에 상법상으로는 항해에 대한 선박소유자의 포괄적인 법정대리권을 가진다.[2] 선장은 엄청난 규모의 재산과 많은 인명에 대한 책임을 지고 특정 선박의 특정 항해를 지휘하기 때문에 선박소유자의 이익을 위하여 포괄적인 대리권을 행사하게 된 것이다.

선박소유자의 사용인이면서 선장이 가지는 대리권은 상법상 포괄성, 정형성 및 불가제한성을 원칙으로 한다는 점에서 지배인(상법 제11조)이나 대표이사(상법 제389조) 또는 선박공유에 있어서의 선박관리인(상법 제765조)과 유사하다. 그러나 특정선박의 항해지휘자라는 점, 대리권의 범위가 영업소가 아니라 항해단위로 정해져서 항해에 필요한 행위로 제한되어 있다는 점과 대리권의 범위가 선적항의 내외에 따라 다르다는 점에서 차이가 있다.[3] 이외에도 직접적인 법률관계가 없는 적하이해관계인의 대리인의 지위에 있기도 하다는 점에서도 차이가 있다.

과거 선장에게는 선박소유자와 함께 해상기업의 공동경영자로서 매우 강력한 권한과 이에 따른 엄격한 책임이 부과되었으나, 오늘날은 다양한 교통수단

* 이 글은 2017. 12. 31. 발간된 경제법연구 제16권 3호에 게재된 동일 제목의 논문을 수정·보완한 것임.

1) 선원법상의 선장의 직무와 권한에 대하여는 [정영석, 해사법규강의(제6판)(텍스트북스, 2016), 188~207쪽] 참조.

2) 박세민, "해상법상 선장의 법적 권한과 의무", 「법학논총」 제23집 제2호(2012. 12.), 407쪽.

3) 박세민, 앞의 논문, 408쪽.

의 발달과 통신수단의 발달, 해상기업의 지점과 대리점 등의 발달로 선장에게 인정되었던 권한과 책임도 급속도로 축소되는 경향이 있다. 이에 따라 선박소유자의 단순한 상업사용인으로서의 지위만 인정받고 있어서, 1991년 상법 개정 당시 선장의 직무상의 주의의무에 관한 제770조[4]와 해원의 선임감독 책임에 관한 제771조[5]를 삭제하기에 이르렀다.[6]

이와 같이 선장의 대리권의 범위는 선박이 선적항 내에 있느냐 선적항 외부에 있느냐에 따라 달라지는데, 편의치적이 보편적으로 이용되고 있는 해운계에서는 선적항의 개념에 대하여도 형식적인 선박의 등록항을 의미하는지, 영업의 본거항을 의미하는지에 대하여 다툼이 있다. 선박우선특권의 준거법에 대하여 선적국법주의의 예외를 인정한 우리 대법원의 판례[7]가 파나마국 국적의 편의치적선의 경우 선적국법의 예외로 실제 영업과 법률관계가 이루어진 국가의 법으로 한국 법을 준거법으로 채택하기에 이르렀다. 이 사건 판결에서 선적국법주의의 예외를 인정한 것은 결국 형식적 선적국과 영업행위의 중심지 중 후자를 선택한 것으로 볼 수 있기 때문에 우리 상법상 선장의 대리권의 범위를 구분하는 기준으로서 선적항주의의 입법방식에 대하여도 재검토할 필요가 있다고 본다. 이하에서는 이러한 관점에서 선장의 대리권의 성질과 그

4) 구상법(1991년 개정 이전) 제770조(직무상의 주의책임) ① 선장은 그 직무집행에 관하여 과실이 없음을 증명하지 아니하면 선박소유자, 용선자, 송하인 기타의 이해관계인에 대한 손해배상의 책임을 면하지 못한다.
② 선장의 직무집행이 선박소유자의 지시에 따른 경우에도 선박소유자 이외의 이해관계인에 대한 전항의 책임을 면하지 못한다.

5) 구상법(1991년 개정 이전) 제771조(해원의 선임감독의 책임) 선장은 해원의 선임감독에 과실이 없음을 증명하지 아니하면 해원의 그 직무집행에 관하여 타인에게 가한 손해배상의 책임을 면하지 못한다.

6) 최준선, 「보험법·해상법」(삼영사, 2005), 403쪽.

7) 대법원 2014. 7. 24. 선고 2013다34839 판결. 국제사법 제8조 제1항, 제60조 제1호, 제2호의 내용과 취지에 비추어 보면, 선원의 임금채권을 근거로 하는 선박우선특권의 성립 여부나 선박우선특권과 선박저당권 사이의 우선순위를 정하는 준거법은 원칙적으로 선적국법이라고 할 것이나, 선박이 편의치적이 되어 있어 그 선적만이 선적국과 유일한 관련이 있을 뿐이고, 실질적인 선박소유자나 선박운영회사의 국적과 주된 영업활동 장소, 선박의 주된 항해지와 근거지, 선원들의 국적, 선원들의 근로계약에 적용하기로 한 법률, 선박저당권의 피담보채권을 성립시키는 법률행위가 이루어진 장소 및 그에 대하여 적용되는 법률, 선박경매절차가 진행되는 법원이나 경매절차에 참가한 이해관계인 등은 선적국이 아닌 다른 특정 국가와 밀접한 관련이 있어 앞서 본 법률관계와 가장 밀접한 관련이 있는 다른 국가의 법이 명백히 존재하는 경우에는 다른 국가의 법을 준거법으로 보아야 한다.

범위에 대한 입법주의, 선장의 법정대리권의 범위, 편의치적과 선장의 대리권의 범위를 검토한 후 현행 상법의 선적항주의가 입법론적으로 여전히 합리적인지에 대하여 고찰하기로 한다.

## II. 선장의 대리권의 성질과 그 범위에 대한 입법주의

### 1. 대리권의 성질

기업대리인으로서 선장은 선박소유자를 대신하여 일정한 권한을 행사할 수 있는 대리권을 가지지만, 상법상의 대리권은 별도의 법률행위에 의하여 대리권이 수여된 것이 아니라 법률의 규정에 의하여 권한이 주어진 법정대리권이다.[8] 따라서 대리권의 범위는 법에 의하여 한정되어 있고, 그 대리권에 가한 제한은 선의의 제3자에게 대항하지 못하는 것이 특징이다(상법 제751조).

### 2. 대리권 범위에 대한 입법주의

선장의 대리권의 법정범위에 대한 기존의 입법주의는 선박소유자 소재지주의, 선장행위주의, 선적항주의 등으로 구분할 수 있다.

첫째, 선박소유자 소재지주의는 선박이 선박소유자 또는 그 대리인의 소재지에 있느냐 없느냐에 따라, 그 소재지 안에서 선장에게 대리권을 부여하기 위해서는 대리권의 내용과 범위에 대한 특별한 수권행위를 요건으로 하는 입법주의이다. 프랑스법주의라고도 하는데, 이탈리아 항행법도 이 주의를 채택하고 있다(동법 제306조).[9] 이러한 입법주의에 따르면 선박소유자 등의 소재지에서 선장이 대리권을 가진다면 이는 임의대리권, 선박소유자 등의 소재지

8) 정영석, 「해상법원론」(텍스트북스, 2009), 140쪽 참조.
9) 박용섭, 「해상법론」(형설출판사, 1998), 172쪽.

외에서 행사하는 대리권은 법정대리권에 해당할 것이다.

둘째, 1851년 Grant v. Norway 사건[10]의 판결에서 인정된 선장행위주의는 선박이 선적항 밖에 있고 상사활동에 종사중인 경우 선장은 선박소유자의 포괄적 대리인(general agent)[11]으로서 권한을 가지는 입법주의이다. 다만, 선장은 그 선박을 통상의 항해에 사용하는 범위 안에서만 선장의 대리권이 인정되고, 선박소유자에게 중대한 이해관계가 있는 중요행위에 대하여는 선박소유자 또는 그 대리인의 지시를 받는 것이 곤란하거나 긴급한 사정으로 그 지시를 기다릴 수 없는 경우에 한하여 대리권이 미친다. 영국법주의라고 부르는데,[12] 스웨덴 해상법과 네덜란드 해상법이 채택하고 있다.[13]

셋째, 선적항주의는 선적항의 내외에 따라 구별하여, 선적항 내에서는 그 권한을 축소하는 반면, 선적항 외에서는 광범위한 대리권을 인정하고, 특정한 경우에는 선박소유자의 소재지를 불문 한다. 독일법주의라고도 하는데, 우리나라 상법이 채택하고 있다.[14]

한편, 통신기술과 해운기업의 육상관리조직의 발달로 선박소유자가 그 선박을 직접 지휘·감독하는데 무리가 없으므로 선장의 행위를 기준으로 삼아 해기적 사항은 포괄적 대리권을 수여하되 선박소유자에게 중대한 영향을 미치는 법률행위는 선박소유자의 지시를 받도록 하고 그 지시를 기다릴 수 없는 경우에 한하여 대리권을 인정하여야 한다는 견해가 있다.[15] 또한, 우리나라와 같이 각 항 사이의 거리가 짧은 경우엔 선박소유자의 관리가 가능하므로 선장의 대리권을 선적항 내외로 구분하여 그 범위를 정하지 말고 국내항과 국외항으로 구분하자는 견해도 있다.[16]

선박소유자 소재지주의는 선박소유자가 이동할 때마다 선장의 권한도 변동하므로 거래의 안전을 기할 수 없다는 점, 선장행위주의는 어떤 행위가 중요

10) Grant v. Norway (1851) 20 LJCP p.92, 98.

11) general agent를 박용섭 교수는 총대리인으로 해석하고 있으나 대리권의 내용이나 범위에 있어서 제한이 없다고 보기 때문에 필자는 포괄적 대리권으로 해석하였다; 박용섭, 앞의 책, 173쪽 참조.

12) The Sir Henry Webg (1849) 13 Jur. p.639.

13) 박용섭, 앞의 책, 173쪽.

14) 정찬형, 「상법강의(하)(제10판)」(박영사, 2008), 798쪽; 정영석, 「해상법원론」, 135~136쪽.

15) 나윤수·이경민, "선장의 법적 지위", 「법학연구」 제17집(2004. 12), 488쪽.

16) 박용섭, 「해상법론」(형설출판사, 1994), 174쪽.

한 행위인지 구별하기 어려운 경우가 많으므로 타당하지 않다고 하는 비판이 있다.[17] 해기적 사항은 원래 선박소유자가 관여할 수 없는 선장 등의 전문적 판단에 맡겨진 업무라는 점과 대리권 자체가 법률행위의 대리를 의미하는 것이기 때문에 해기적 사항과 법률행위를 구분하는 것은 타당하지 않다고 본다. 또 국내항과 국외항의 구분 역시 선박소유자의 소재지를 기준으로 하는 건지, 선박의 선적국을 기준으로 하는 것인지가 명확하지 않아서 결과적으로 선박소유자 소재지주의와 선적항주의로 귀결된다는 점에서 입법주의가 명확하지 않다.

우리 상법은 선적항주의를 채택하고 있어서 선박이 선적항에 있는지 여부에 따라 선장의 대리권 범위가 달라진다(상법 제749조 제1항). 선박법상으로는 선박의 등기와 등록을 행한 선박의 주소지를 선적항이라고 말하는데, 상법은 상사적 관점에서 판단하여 선장의 대리권의 범위를 정하는 기준으로서의 선적항은 영업의 본거지를 말한다고 본다.[18] 그러나 특별한 경우가 아니면 선박법상의 선적항과 영업의 본거지가 일치한다는 것을 전제로 해석하는 것이 원칙이다.[19]

## Ⅲ. 선장의 법정 대리권의 범위

### 1. 선적항 내에 있어서의 대리권

선장은 선박소유자의 선박에 대한 실효적 지배가 미치는 선적항 내에 있어

17) 정영석, 「해상법원론」, 135쪽; 최종현, 「해상법상론(제2판)」(박영사, 2014), 100쪽.
18) 김인현, 「해상법(제3판)」(법문사, 2011), 117쪽; 정영석, 「해상법원론」, 136쪽; 최종현, 앞의 책, 101쪽.
대법원 1991. 12. 24. 선고 91다30880 판결(集39④民) 394): 상법 제773조(현행 상법 제749조) 소정의 '선적항'은 선박의 등기 또는 등록을 한 등록항의 뜻 외에 해상기업의 본거항의 뜻도 갖는 것이므로 선박소유자인 건조업자가 발주자에게 인도하기 위하여 계선관리중인 미등록 선박은 계선관리하고 있는 항구를 본거항으로 보아야 할 것이다.
19) 정영석, 「해상법강의요론」(해인출판사, 2003), 48쪽.

서는 선박소유자로부터 특히 위임받은 경우 외에는 해원의 고용 및 해고를 할 권한만을 가진다(상법 제749조 제2 항).[20] 선적항 내에서는 선박소유자가 직접 법률행위를 할 수 있기 때문에 법정 대리권의 범위가 선적항 외에 비하여 최소한의 범위로 제한된다.[21] 선적항 내에서 대리권이 인정되는 것은 해원의 고용 및 해고에 관한 권한인데 이는 해당 선박의 해당 항해에 적합한 해원인가의 여부는 선장이 더 잘 판단할 수 있다고 보기 때문이다.[22]

선하증권의 발행(상법 제813조 제3항), 운송물의 수령·인도, 운임 기타 체당금의 청구 및 이를 위한 유치권의 행사(상법 제800조), 운송물 수령 해태시의 운송물의 공탁(상법 제803조) 등은 반대의 의사표시가 없는 한 선장이 선적항의 내외를 불문하고 할 수 있다.[23] 이는 대리권의 범위의 문제가 아니라 선장의 통상업무에 해당하기 때문이다.

## 2. 선적항 외에 있어서의 대리권

### (1) 통상대리권

선적항 외에서는 선장은 항해를 위해 필요한 재판상 또는 재판 외의 모든 행위를 할 권한이 있다(상법 제749조 제1항). 즉, 선장은 선적항 외에서는 항해와 관련한 포괄적이고 정형적인 대리권을 갖는다(대리권의 포괄·정형성). 이 대리권은 특정 선박의 특정 항해, 즉 선적항을 출발하여 그 곳에 복귀할 때까지의 모든 항해에 필요한 행위에 한정된다.[24]

'항해에 필요한 행위'라 함은 ① 특정한 선박의, ② 특정한 항해(어느 항에서 어느 항까지의 특정의 항행을 말하는 것이 아니라 선적항을 출항하여 다시 선

20) 대법원 1968. 5. 28. 선고 67다 2422 판결: 선박에 근무하는 해원의 고용은 선장 고유의 대리권에 속하는 것이므로 선원이 선장과 승선계약을 한 날짜에 피고공사에 입사한 것으로 볼 것이지 그 후 총재에 의하여 정식으로 발령된 날에 입사한 것으로 볼 것이 아니다.
21) 채이식, 「상법강의(하)」(박영사, 2003), 657쪽.
22) 김인현, 앞의 책, 118쪽.
23) 이기수·최병규·김인현, 「보험·해상법」(박영사, 2006), 435쪽.
24) 정희철, 앞의 책, 537쪽; 손주찬, 「상법(하)(제11정증보판)」(박영사, 2005), 789쪽; 정찬형, 앞의 책, 798쪽.

적항에 귀항할 때까지의 항해를 말한다)에, ③ 필요한 행위이어야 한다. 선박의 의장, 수선, 해원의 고용 및 고용계약의 해지, 필수품의 매입 등이 항해에 필요한 행위에 해당한다. 항해에 필요한 행위에 운송계약이나 보험계약의 체결이 포함되는지 여부에 관하여 견해가 나누어진다. 긍정설은 거래 상대방을 보호하고 선장이 해상기업의 보조자적 지위를 가지고 있음을 고려할 때 인정하는 것으로 해석하고 있다.[25] 대법원은 선적항 외에서의 선장의 권한에는 개품운송계약에 관한 권한도 포함된다고 판시한 바 있다.[26] 반면 부정설은 목적항까지의 운항기술상 필요불가결한 사항으로서 선원과 도선사의 고용, 필요품의 구입, 선박수리계약의 체결, 운송계약의 체결은 항해의 계속 또는 선박의 안전유지를 위한 경우에 한정하여서만 허용된다고 주장한다.[27] 예컨대 부정기선의 경우 최초 운송계약을 위한 항해를 마친 후 돌아오는 항해의 경우 공선항해(ballast voyage)가 불가피한데, 이때 선장이 운송 계약을 체결하게 된다면 선박소유자의 이익을 극대화할 수 있기 때문에 적극적으로 운송계약의 체결도할 수 있다고 보는 긍정설이 타당하다고 본다.

---

25) 박용섭, 앞의 책, 177쪽; 채이식, 앞의 책, 658쪽; 최종현, 앞의 책, 101쪽; 박세민, 앞의 논문, 17쪽.

26) 대법원 1975. 12. 23. 선고 75다83 판결: 상법 제773호 제1항의 규정에 의하면 선적항외에서는 선장은 항해에 필요한 재판상 또는 재판외의 모든 행위를 할 권한이 있다고 규정하였는바 이 권한 가운데에는 본건의 경우와 같은 개품운송계약에 관한 권한도 포함된다고 해석함이 상당하고 운송도중의 사고발생으로 인한 화물의 피해변상책임에 관한 특약도 운송계약 내용의 일부라 할 것이며 원판결이 증거로 채택한 을제1호증의 기재내용과 2심증인 최정순의 증언 및 변론의 전취지에 의하면 본건 사고선박인 금해호의 선적항은 제주시로서 본건 운송계약체결지인 삼척항은 선적항외라는 원판결 판단 취의로 해석되며 원판결이 든 증거에 의하여 소외 손영수가 피고소속 선장 김상기로부터 권한을 받아 소론 계약체결을 하였다는 원판결 판단 사실 을 수긍 못할 바 아니고 그 권한수여의 경위에 관한 이유 설명이 없다고 하여 원판결에 이유불비의 위법이 있다고 할 수 없으며 원판결에 의하여 확정된 사실에 의하면 본건 사고가 상법 제788조 제2항 소정 항해과실로 인한 사고에 해당되기는 하나 원판결이 인정한 화물의 피해변상책임에 관한 특약에 의하여 상법 제788조 제2항의 적용이 배제된다는 원판결 판단취의로 해석되고 본건 사고로 인한 손해가 상법 제789조 제2항 제1호 소정 사고에 의한 손해에 해당되기는 하나 원판결에 의하여 확정된 사실에 의하면 본건 사고는 항해상 과실로 인한 사고에 해당된다는 것이므로 위 특약에 의하여 피고의 면책이 배제된다는 원판결 판단 취의로 해석되고 위와 같은 특약에 의한 면책배제를 인정한 원판결 판단에 소론과 같은 법리오해가 있을 수 없으며 또한 원판결에 의하면 소외 손영수는 약 2개월의 경험밖에 없는 항해사로서 본건에 있어 안전항해능력이 부족하였다는 취의의 사실을 인정하고 있어 피고는 상법 제787조 소정의 책임을 면할 수 없는 법리라 할 것이므로 결국 원판결 결론은 정당하고 증거의 취사판단과 사실인정에 관한 원심의 전권사항을 비난하는데 귀착되는 논지는 적법한 상고이유가 될 수 없다.

27) 손주찬, 「상법(하)」(박영사, 1996), 781쪽; 배병태, 「주석해상법」(한국사법행정학회, 1981), 154쪽; 최기원, 「해상법」(박영사, 2002), 105쪽.

재판상의 행위라 함은 원고 또는 피고로서 하는 포괄적 의미의 소송행위를 말한다. 이때 재판상의 행위는 심급에 관계없이 선박소유자의 소송대리인으로서 소송을 수행할 수 있고(민사소송법 제80조), 변호사의 선임 및 소송서류를 수령할 권한 등도 포함된다. 선장의 대리권이 실제로 가장 많이 이용되는 경우는 선적항 외에서 선박가압류, 경매 등의 선박에 대한 강제집행에 있어서 송달서류를 수령하는 경우이다.[28]

또 재판 외의 모든 행위라 함은 항해를 하는 데 필요한 모든 행위를 말하는데,[29] 도선사의 사용, 선박의 수선, 선박의 의장, 항해필수품의 조달, 운송계약 체결권[30] 등을 말한다. 선적항 내에서 선장이 갖는 해원의 고용과 해고에 관한 권한은 선적항외에서도 당연히 선장의 법정대리권으로 인정된다고 본다.[31]

### (2) 대리권의 제한

선장의 대리권은 상법의 규정에 의하여 예외적으로 제한하거나 확장하는 경우가 있다. 선장의 광범위한 법정대리권은 선박소유자에게 부담을 주는 행위(信用行爲)나 적하를 처분하는 행위(積荷處分行爲)에 대하여는 원칙적으로 제한을 받는다. 즉, 선장은 선박수선료, 해난구조료, 그 밖에 항해의 계속에 필요한 비용을 지급하여야 할 경우 이외에는 ① 선박 또는 속구를 담보에 제공하는 일, ② 차재(借財)하는 일, ③ 적하의 전부나 일부를 처분하는 일을 하지 못한다(상법 제750조 제1항). 이들 행위의 결과 발생하는 채무는 선박소유자에게 귀속하여 항해가 종료한 후에도 영원히 선박소유자를 구속하는 것이기 때문에 이러한 행위를 제한한다.[32]

상법은 선장의 대리권을 제한함으로써 권한의 남용을 방지하여 선박소유자의 이익을 보호하고자 하는데 그 목적이 있다. 따라서 선장의 신용행위 또는 적하처분행위는 좀 더 좁게 해석하여 ① 항해 계속의 필요성에 더하여, ② 관

28) 최기원, 앞의 책, 106쪽.
29) 정희철, 앞의 책, 537쪽; 손주찬, 「상법(하)(제11정증보판)」, 789쪽; 정찬형, 앞의 책, 798~799쪽.
30) 대법원 1975. 12. 23. 선고 75다83 판결((集)23③民141).
31) 김인현, 앞의 책, 119쪽.
32) 정영석, 「해상법원론」, 137쪽.

계된 행위 이외에 필요한 비용의 지급이 가능하지 않을 것이 요건이 된다고 본다.[33)]

위와 같은 신용행위는 다른 방법으로는 도저히 항해의 계속에 필요한 비용을 조달할 수 없는 경우 등에 선박을 담보로 제공하고 차재하는 경우 등을 말한다. 항해의 계속을 위해서 필요한 비용은 구체적으로는 상법 제750조 제1항에서 예시한 외에, 도선료·예선료·식료·연료의 구입비, 선박압류를 면하기 위한 보증비용 등이다. 또 적하의 처분이란 예컨대 적하의 매각·입질과 같은 법률행위에 의한 처분행위이든 적하인 디젤유를 연료로, 곡물을 식료품으로 사용하는 것과 같은 사실상의 처분행위이든 불문한다.[34)] 다만, 상법 제752조의 적하의 이해관계인을 위한 적하 처분의무와는 구별되어, 이것은 선박소유자의 대리인으로서 처분하는 것이므로, 선박소유자는 적하의 이해관계인에게 손해배상책임을 진다.[35)] 그 손해배상액은 정형화되어 적하가 도달할 시기의 양륙항의 가격에 의하여 정하되(상법 제750조 제2항 본문), 그 가격 중에서 예컨대, 관세·양륙비용과 같이 수하인의 지급을 요하지 아니하는 비용은 공제하여야 한다(상법 제750조 제2항 단서). 이 때 선장이 적하를 처분하여 얻은 금액이 적하의 양륙항에서의 가액을 초과하면 그 차액은 하주에게 귀속하는 것으로 보아야 한다.[36)]

### (3) 대리권의 확장

선적항 외에서 선박이 수선하기 불능하게 된 때에는 선장은 해무관청의 인가를 얻어 이를 경매할 수 있다(선박경매권 또는 긴급매각권)(상법 제753조). 선장의 대리권은 원칙적으로 안전하게 항해를 계속하도록 하기 위한 것인데, 선박소유자의 소유물인 선박의 경매를 선장이 할 수 있도록 하는 것은 그 본래의 대리권을 일탈한 것으로 볼 수 있다. 그러나 선박소유자와 연락을 취하는 것이 곤란한 곳에서 선박이 수선불능이 된 경우에 선박소유자의 이익을 가

33) 정영석, 「해상법강의요론」, 49쪽.
34) 정영석, 「해상법원론」, 137쪽.
35) 정찬형, 앞의 책, 799쪽.
36) 권기훈, “선장의 적하처분”, 「고시연구」(2002. 11), 92쪽.

장 잘 확보하기 위해서는 관련된 대리권의 확장을 인정하는 것이 합리적이라고 보기 때문에 인정된 것이다.[37] 이 때 선박의 수선불능은 개별적·구체적으로 판단되어야 할 사실문제인데, 법은 선장의 주관적 판단에 맡기지 않고 객관적 기준을 정하고 있다. 즉, '선박이 그 현재지(現在地)에서 수선을 받을 수 없으며, 또 그 수선을 할 수 있는 곳에 도달하기 불가능한 때'는 수선불능으로 보고(지리적 수선불능)(상법 제754조 제1항 제1호), 수선비가 선박의 가액(항해 중 훼손 된 경우에는 발항한 때의 가액, 기타의 경우에는 훼손 전의 가액(상법 제754조 제2항))의 4분의 3을 초과할 때(경제적 수선불능)도 수선불능으로 보고 있다(상법 제754조 제1항 제2호). 지리적 수선불능에는 사실상의 불능과 시간적 불능을 포함하며, 경제적 수선불능에는 수선에 관한 직접·간접의 비용과 회항비용(回航 費用)을 포함한다. 선박의 수선불능은 동시에 운송계약의 종료 사유가 된다(상법 제810조 제1항 제2호). 또 항해 계속의 필요비용을 지급하기 위해서 적하의 전부 또는 일부를 매각 또는 입질, 혹은 항해용에 사용할 수 있다(상법 제750조 제1항 제3호). 적하의 소유자와 선장 사이에는 법적으로 어떠한 관계도 없지만. 이와 상관없이 선장이 타인의 물건을 처분할 수 있도록 한 것은 항해 계속의 필요성으로 인하여 법이 특별히 인정한 것이지만, 이는 선박소유자의 대리인의 자격으로 가지는 권한이다. 따라서 선박소유자는 그 결과, 적하의 소유자에 대해서 손해배상책임을 부담하게 된다. 손해배상액은 적하가 도달해야 할 때의 양륙항의 가격으로 제한된다. 양륙 비용 등 하주가 지급을 면한 가격은 손해배상액으로부터 공제되게 된다(상법 제750조 제2항).

## 3. 화주 등에 대한 선장의 대리권

### (1) 적하이해관계인에 대한 선장의 대리권

상법 제752조 제1항은 "선장은 항해 중에 적하를 처분하는 경우에는 이해관

37) 정영석, 「해상법원론」, 138쪽.

계인의 이익을 위하여 가장 적당한 방법으로 하여야 한다"라고 규정하고 있다. 이 규정에 의한 선장의 적하처분권은 적하이해관계인을 위한 선장의 법정대리권인 동시에 선장의 의무이기도 하다.[38]

이것은 항해상의 위험이나 예컨대 해난으로 인한 누하(濡荷), 항해의 지연으로 인한 적하의 부패, 기타 전시 중 적하가 전시금제품이 된 경우 등의 적하에 위험이 생겨서 임기응변의 조치가 필요한 경우에 그 적하의 매각 또는 양륙·보관 등의 처분을 할 수 있는 권한을 선장에게 인정한 것이다.[39] 선장이 적하이해관계인을 위하여 행사하는 적하처분권(상법 제752조 제1항)은 선박소유자의 대리인으로서 하는 적하처분권(상법 제750조 제1항 제3호)과 그 내용은 유사하다. 전자는 비상시에 적하에 관해서만 인정되는 것인 반면, 후자는 선박의 보존 또는 항해의 계속을 위하여 인정되는 것이라는 점에서 차이가 있다. 이 때 처분은 사실상의 처분이든 법률상의 처분이든 불문한다. 무엇이 '이익을 위하여 적당한 방법'인가는 사실문제이다.[40]

적하이해관계인은 적하 소유자뿐만 아니라 용선자·송하인·수하인·선하증권 소지인 등을 말한다. '가장 적당한 방법'은 충돌하는 이익을 비교 형량하여 상대적으로 가장 이익이 되는 방법을 얘기하는 것이다. '적하의 처분'은 매각과 같은 법률행위뿐만 아니라 투기(投棄)와 같은 사실 행위도 포함한다. 선장이 적하처분을 한 결과 적하의 가격 이상의 채무를 적하이해관계인에게 부담시키는 것은 부당하므로, 그 이해관계인은 적하의 가액을 한도로 하여 채권자에게 책임을 지는 인적유한책임을 진다(상법 제752조 제2항 본문). 그러나 선장의 처분이 적하이해관계인의 과실로 인하여 발생한 경우에는 적하이해관계인은 채권자에 대하여 책임제한을 주장하지 못하기 때문에 적하의 가액과 상관없이 완전한 배상책임을 진다(상법 제752조 제2항 단서).[41]

선장의 적하처분은 해상위험에 대해서 보호하려는 소극적 의무가 있는 것이지(예컨대, 훼손의 우려가 있는 경우의 조치), 적극적으로 이해관계인의 이익을 도모하는 것은 아니다. 일반적으로 이것을 선장의 적하이해관계인을 위

38) 권기훈, "선장의 적하처분", 「고시연구」(2002. 11), 95쪽.
39) 정영석, 「해상법원론」, 140쪽; 김인현, 앞의 책, 120쪽.
40) 정영석, 「해상법강의요론」, 52쪽.
41) 정영석, 「해상법원론」, 141쪽.

한 대리권으로 이해하고 있으나,[42] 이것은 그 실질이 대립하는 거래적 이익의 조정이라는 기업법 상의 요청에 의하는 것이 아니라는 것을 생각할 때 선박운항의 책임자로서의 선장의 의무로서의 성질도 동시에 가지고 있다.[43]

선장의 적하처분권에 대한 특수한 경우로 상법은 위험물처분권을 규정하고 있다. 즉, 선장은 인화성, 폭발성, 그 밖의 위험성이 있는 운송물을 운송인이 그 성질을 알고 선적한 경우에도 그 운송물이 선박이나 다른 운송물에 위해를 미칠 위험이 있는 때에는 언제든지 이를 양륙·파괴 또는 무해조치할 수 있다(상법 제801조 제1항). 선장의 이러한 처분에 의하여 그 운송물에 발생한 손해에 대하여는 공동해손 분담책임을 지는 경우가 아니면 배상책임은 없다(상법 제801조 제2 항).[44] 적하이해관계인을 위한 선장의 적하처분권은 법률의 규정에 의하여 적하이해관계인에게 그 효과가 귀속된다(상법 제752조).

### (2) 여객의 휴대수하물 처분에 대한 선장의 대리권

선장은 여객운송 중 여객이 사망하거나 행방불명된 때에는 법령에 특별한 규정이 있는 경우를 제외하고 배안에 있는 유류품(遺留品)에 대하여 보관 그 밖에 필요한 조치를 취하여야 한다(선원 법 제18조). 이때 사망자의 휴대수하물(携帶手荷物)은 그 상속인에게 가장 이익이 되는 방법으로 처분하여야 한다(상법 제824조). 사망한 여객의 휴대수하물처분의무도 선장이 선박운항책임자이기 때문에 발생한 특수한 의무인 동시에 여객의 대리인으로서 행사하는 법정대리권으로 보는 것이 타당하다.[45]

---

42) 정희철·정찬형, 「상법원론(하)」(박영사, 1996), 693쪽. 손주찬 교수도 "선장의 이 적하처분권은 이해관계인의 법정대리인으로서의 권한인 동시에 의무이기도 하다"라고 한다(손주찬, 「상법(하)(제6정증보판)」(박영사), 774쪽.

43) 같은 의견, 李範燦·崔埈璿, 「商法槪論(제5판)」(三英社, 1999), 705쪽.

44) 이 때 공동해손 분담책임을 진다는 것은 그 위험물로 인하여 발생한 것이 아니고, 다른 원인에 의하여 공동해손 분담책임을 지게 된 경우를 말한다(鄭燦亨, 앞의 책, 801쪽).

45) 李範燦·崔埈璿, 앞의 책, 705쪽.

## 4. 기타 특수한 상황에서의 대리권

### (1) 구조료채무자에 대한 선장의 대리권

선장은 해난구조가 있는 경우에는 구조료채무자에 갈음하여 그 지급에 관한 재판상·재판외의 모든 행위를 할 권한이 있다(상법 제894조 제1항). 따라서 선장은 그 구조료에 관한 소송에서 당사자가 될 수 있고, 그 확정판결은 구조료채무자에 대하여도 효력이 있다(상법 제894조 제2항).

여기서 구조료채무자라 함은 구조된 선박 및 적하의 소유자 등을 말하는데, 구조료채권자는 이들에게 개별적으로 권리를 행사할 필요 없이 구조료채무자를 위하여 법정대리권을 가진 선장에 대하여 청구하면 되는 것이다. 이와 같이 상법이 선장에게 구조료채무자의 법정대리인으로서의 지위를 인정한 것은 선장이 보통 해난구조의 실제 사정을 가장 잘 알고 있다는 점, 집단적 처리를 하는 것이 당사자들에게 편리하다는 점, 구조료채무자가 누구인지 알 수 없는 경우에도 채권자의 권리행사를 용이하게 해 줄 필요가 있다는 점 등을 그 이유로 들 수 있다.[46)]

### (2) 선장의 공동해손처분권

선장은 선박과 적하의 공동 위험을 면하기 위하여 선박과 적하에 대한 처분을 하고, 이 처분 행위로 인하여 생긴 손해와 비용을 이해관계인에게 분담시킬 수 있다(상법 제865조·제866조). 공동해손처분권을 선장에게 부여한 것은 육지로부터 고립된 해상공동체인 선박의 운항책임자라는 지위로 인하여 임기응변의 신속한 조치를 취함으로써 해상위험을 극복하고 피해를 최소화하기 위한 것이다.[47)]

46) 정희철, 앞의 책, 539쪽; 정영석, 「해상법원론」, 139쪽.
47) 정영석, 「해상법원론」, 139쪽.

### 5. 선장의 임의대리권

선장은 선박소유자의 위임이 있으면 선하증권의 발행(상법 제852조 제3항)·적하의 인도·운임 기타 체당금의 수령·운송물의 유치(상법 제807조 제2항)·운송물의 공탁(상법 제803조) 등을 선적항의 내외를 불문하고 할 수 있다. 그 밖에도 선박소유자로부터 별도의 위임이 있으면 그 범위 내에서 선장은 선박소유자를 대리하여 법률행위를 할 수 있다.[48)]

## Ⅳ. 편의치적과 선장의 대리권의 범위

### 1. 편의치적선의 이용 실태

편의치적(便宜置籍, flag of convenience)은 조세부담의 경감, 인건비 절약 등을 위하여 선주가 선박을 자국에 등록하지 않고 제3국에 등록하여 국적을 취득하는 것을 말한다. 인건비와 세율이 높은 선진국의 선박소유자들이 편의치적을 많이 이용하고 있다. 파나마·리베리아·온두라스· 코스타리카·싱가포르·소말리아·키프러스 등이 이러한 선박에게 자국의 국적을 부여하고 있는데, 이러한 국가를 便宜置籍國(flag of convenience state)이라고 한다. 편의치적을 하게 되면 등록세 및 약간의 수수료 이외에는 여타의 재산세·법인세·소득세 등에 대한 부담이 없다. 등록세도 등록 후 일정기간 부과하지 않는 경우가 많다(리베리아의 경우 20년). 또한 선원의 고용에 있어 자국 선원에 한한다는 법적 규제가 없으므로 인건비가 상대적으로 싼 후진국의 노동력을 이용하여 인건비를 절약할 수 있는 장점도 있다.[49)]

2016년 1월 기준으로 주요 19개 해운국가의 지배상선대 현황을 보면, 국적

48) 정영석, 「해상법원론」, 139~140쪽.
49) 정영석, 「해사법규강의(제6판)」, 35쪽; 헌법재판소 1998. 2. 5. 96헌바96 결정 참조.

선과 외국적선(편의치적선)의 비율이 척수기준으로 12,594척 : 21,146척, 선복량(dwt) 기준으로 425,428톤 : 1,073,869톤이다. 주요 해운국의 지배선대 중 편의치적선의 비중은 척수 기준 62.6%, 톤수기준 71.6%에 이른다(<표 1> 참조).[50]

〈표 1〉 세계 주요국가 지배상선대 현황(2016년 1월 기준)

| 국 가 | 척 수 | | | 선복량 (,000D WT) | | |
|---|---|---|---|---|---|---|
| | 국적선 | 외국적선 | 합계 | 국적선 | 외국적선 | 합계 |
| 그리스 | 728 | 3,408 | 4,136 | 64,704 | 228,383 | 293,087 |
| 일본 | 835 | 3,134 | 3,969 | 28,774 | 200,206 | 228,980 |
| 중국 | 3,045 | 1,915 | 4,960 | 74,106 | 84,778 | 158,884 |
| 독일 | 240 | 3,121 | 3,361 | 11,315 | 107,865 | 119,180 |
| 싱가포르 | 1,499 | 1,054 | 2,553 | 61,763 | 33,548 | 95,311 |
| 홍콩 | 854 | 594 | 1,448 | 67,522 | 19,853 | 87,375 |
| 대한민국 | 795 | 839 | 1,634 | 16,107 | 62,726 | 78,833 |
| 미국 | 782 | 1,213 | 1,995 | 8,155 | 52,123 | 60,278 |
| 영국 | 332 | 997 | 1,329 | 5,247 | 46,194 | 51,441 |
| 버뮤다 | 14 | 404 | 418 | 503 | 47,950 | 48,453 |
| 노르웨이 | 858 | 996 | 1,854 | 17,576 | 30,610 | 48,186 |
| 대만 | 122 | 776 | 898 | 5,094 | 41,047 | 46,141 |
| 덴마크 | 398 | 562 | 960 | 16,079 | 22,235 | 38,314 |
| 모나코 | – | 320 | 320 | – | 29,892 | 29,892 |
| 터키 | 562 | 978 | 1,540 | 8,311 | 19,639 | 27,950 |
| 이탈리아 | 575 | 227 | 802 | 15,427 | 7,312 | 22,739 |
| 벨기에 | 93 | 156 | 249 | 7,522 | 14,575 | 22,097 |
| 인 도 | 815 | 132 | 947 | 15,699 | 5,977 | 21,676 |
| 스위스 | 47 | 320 | 367 | 1,524 | 18,956 | 20,480 |
| 합계 | 12,594 | 21,146 | 33,740 | 425,428 | 1,073,869 | 1,499,297 |

자료: UNCTAD Review of Maritime Transport 2016
주: 1,000G/T 이상 상선대

50) 2013년 기준으로도 편의치적국에 등록된 선박의 선복량은 세계 총 선복량의 약 50%에 이른다. 또 우리나라를 비롯한 주요 해운국의 보유 상선대 중 70% 이상이 편의치적국에 등록되어 있다; 김인유, "편의치적선의 법적지위", 「해사법연구」 제20권 제3호(2008), 119~120쪽.

이와 같이 세계 해운계가 편의치적선을 널리 활용하는 이유와 형태는 다음과 같이 다양하다. 첫째, 해운기업의 경영자의 입장에서는 무역이 발달한 국가에서는 해운기업의 영업 여건은 좋은 반면, 세제, 선원의 고용조건, 해양환경규제 등에 있어서 선박의 국적을 취득하기에는 불리하다고 판단할 수 있다. 이러한 이유로 무역이 발달한 국가에 해운기업(A)을 설립하고, 편의치적을 허용하는 국가에 페이퍼 컴퍼니(B)를 설립하고 이곳에 선박을 등록한 후 이 선박을 선체용선계약을 통하여 A가 운항하는 형태를 들 수 있다.

둘째, 선박의 건조자금을 금융권으로부터 융자받는 선박금융에서 융자금의 담보를 위하여 정지조건부 선박매매계약인 BBC−HP(소유권취득조건부 선체용선계약)를 사용하는 경우가 있다. 이때는 금융업자(A)가 선박건조자금을 조선소에 지급하고, 선박이 완성되면 건조자금을 대출받은 해운기업(B)이 선박을 인도받아서 운항한다. 이때 금융업자(A)가 편의치적국에 설립한 페이퍼 컴퍼니(C)에서 선박의 소유권을 가지고 선박을 등록한 후 C가, 해운기업(B)가 용선자의 자격으로 용선료 완납을 조건으로 선박소유권을 이전하는 선체용선계약을 통하여 금융업자(A)는 건조자금의 담보물을 확보하고 B는 선박의 운항자로서 실질적인 선박소유자의 역할을 하게 된다.

셋째, 해운기업의 운영자금의 융자방법으로 금융업자(A)가 편의치적국에 설립한 페이퍼 컴퍼니(C)에서 선박의 소유권을 가지고 선박을 등록한 후 C가, 해운기업(B)가 용선자의 자격으로 용선료 완납을 조건으로 선박소유권을 이전하는 선체용선계약을 통하여 A는 융자금의 담보물을 확보하고 B는 선박의 운항자로서 실질적인 선박소유자의 역할을 하게 된다.[51)]

위의 어떠한 유형으로 선박을 편의치적하더라도 등록선주인 페이퍼 컴퍼니나 금융업자가 선박에 대한 소유의 의사를 가지고 있다고 볼 수는 없다. 첫 번째의 경우엔 경영상의 위험을 전가하고 비용 등을 절감하기 위하여 제3국에

51) 선박금융의 목적으로 편의치적을 이용하는 두 번째와 세 번째의 경우에 금융업자가 직접 선박을 소유하지 않고 페이퍼 컴퍼니를 설립하여 선박을 소유하는 것은 편의치적국의 세제, 선원근로조건 등의 이익보다는 선박의 사고나 선체용선자의 경영부실 등으로 선박소유자가 부담하게 될 경영상의 위험을 피하기 위한 이유가 더 크다고 볼 수 있다. 첫 번째의 경우에도 이러한 이유가 있기 때문에 소위 실제 선주인 선체용선자에 의한 법인격남용의 문제가 다투어 질 수 있다.

설립한 페이퍼 컴퍼니가 선박을 등록하고 이 선박을 선체용선한 용선자가 소유의 의사를 가지고 선박을 운항하여 해운기업을 경영하는 형태로 보아야 한다. 두 번째와 세 번째는 금융업자가 금융담보의 목적으로 페이퍼 컴퍼니를 통하여 간접적으로 소유권을 확보한 것에 불과하고, 역시 선체용선자가 소유의 의사를 가지고 용선한 선박을 자기의 기업경영을 위하여 운항하고 있는 것이 실체라고 할 수 있다.

## 2. 선장의 대리권의 범위와 관련된 검토

선장은 선적항 외에서 항해에 필요한 재판상 또는 재판 외의 모든 행위를 할 권한이 있다(상법 제749조 제1항). 이처럼 선장의 대리권은 포괄성·정형성·불가제한성을 갖는다는 점에서 상법 상 지배인, 대표이사, 선박관리인 등과 유사하지만, 선장의 대리권은 ① 특정 선박 및 ② 특정 항해에 대해서 ③ 항해에 필요한 사항에 한하여 인정되고, 더욱이 ④ 선박이 선적항 내에 있는가 바깥에 있는가에 의해서 제한되는 점에서 구별된다. 이와 같이 선장의 대리권은 선적항 내에서의 대리권인가 선적항외에서의 대리권인가에 따라 그 범위가 확연히 달라진다.

이와 같이 선장의 대리권의 범위를 선적항의 내외로 구분하는 것은 선박등록부 등에 의하여 공시된 선적항을 기준으로 할 경우 객관성과 법적 안정성을 확보할 수 있다는 점과 원칙적으로 공부상 선박의 등록항과 해운기업의 경영의 본거지가 일치한다는 것을 전제로 한 것으로 보아야 한다. 그런데 주요 19개 해운국의 지배선대 현황을 볼 때, 편의치적선이 선복량의 71%가 넘는데, 이러한 현상은 이미 세계 해운계에서는 일반적인 현상으로 고착화되어 있다.[52]) 또 위에서 언급한 것처럼 편의치적선의 경우 선박의 등록항은 형식적 선박소유권에 기초하여 정해지는 반면, 실제 선박소유자인 선체용선자 또는 정기용선자가 선박을 항해에 이용하여 해상기업활동을 하고 있는 경우가 대부분이다. 또 실제 선박소유자와 등록선박소유자가 일치하여 이들로부터 실제

52) 김인유, 앞의 논문, 119~120쪽 참조.

로 용선하여 선박을 이용하는 경우라 하더라도 타선을 이용하여 해상기업활동을 하는 주체인 경우에는 해상법의 해석상으로는 해상기업의 주체성을 인정하고 있다.[53] 따라서 해상법상 선박소유자라 함은 자기의 선박을 소유한 경우는 물론 타인의 선박을 이용하여 해상기업활동을 하는 주체를 의미한다고 본다. 또 오늘날의 선장은 해상기업의 공동경영자로서의 인식보다는 선박소유자의 사용인으로서 그 권한이 축소되는 경향이 있고, 교통 및 통신의 발달과 해운기업의 지점과 대리점의 발달로 권한과 책임이 축소되고 있어서 특별한 사유가 없는 한 선박소유자의 경영상의 지휘를 받아서 행동하고 있기 때문에 대리권의 행사 역시 축소되는 경향이 있다.

편의치적 등 형식적인 선박의 소유자와 실질적 선박소유자의 구분, 해운기업의 경영기법의 발달 등을 감안하면 해운기업경영의 주체로서의 선박소유자의 적극적인 역할의 증대와 선장의 실질적 대리권의 축소를 특징으로 볼 수 있다. 따라서 입법론적으로는 선장의 대리권의 범위를 결정하는 기준도 단순히 선적항을 기준으로 하기 보다는 선박소유자의 소재지를 기준으로 하는 것이 타당하다고 생각한다. 이때 선박소유자는 선박을 항해에 사용하여 영리활동을 하는 해상기업의 주체로서 자선의장자와 타선의장자를 구분할 필요는 없다고 본다. 또 과거의 입법주의로서 선박소유자 소재지주의는 선박소유권을 가진 개인의 현재 소재지를 기준으로 하였다고 해석되기 때문에 이는 기준이 될 수 없다. 법적 안정성을 가진 오늘날의 해운기업의 소유와 경영형태로 볼 때는 해상기업의 본점 또는 지점 소재지의 내외를 기준으로 대리권의 범위를 달리 해야 할 것으로 본다. 따라서 해상기업의 본점을 기준으로 국적선은 물론 편의치적선의 경우에도 예외 없이 기업의 주체의 본점 또는 대리점 소재지를 기준으로 대리권의 범위를 구분하는 것이 형식적 선적항을 기준으로 하는 것보다 합리적이라고 본다. 선박우선특권의 준거법 지정에 대하여 대법원이 선적국법주의의 예외를 인정한 것도 해운기업에서 선박의 실질적 경영자와 형식적 소유자가 다르다는 점과 편의치적 등이 일반화된 해운계의 현실을 반영한 해석으로 선장의 대리권에 대한 입법적 개선에는 참고할 만한 판례라고 본다.[54]

53) 정영석, 「해상법원론」, 100~101쪽 참조.
54) 대법원 2014. 7. 24. 선고 2013다34839 판결.

## V. 맺음말

과거 선장에게는 선박소유자와 함께 해상기업의 공동경영자로서 매우 강력한 권한과 이에 따른 엄격한 책임이 부과되었으나, 오늘날은 다양한 교통수단과 통신수단의 발달, 해상기업의 지점과 대리점 등의 발달로 선장에게 인정되었던 권한과 책임도 급속도로 축소되는 경향이 있다. 이에 따라 선박소유자의 단순한 상업사용인으로서의 지위만 인정받고 있어서, 1991년 상법 개정 당시 선장의 직무상의 주의의무에 관한 제770조와 해원의 선임감독 책임에 관한 제771조를 삭제하기에 이르렀다.

이와 같이 선장의 대리권의 범위는 선박이 선적항 내에 있느냐 선적항 외부에 있느냐에 따라 달라지는데, 편의치적이 보편적으로 이용되고 있는 해운계에서는 선적항의 개념에 대하여도 형식적인 선박의 등록항을 의미하는지, 영업의 본거항을 의미하는지에 대하여 다툼이 있다. 선박우선특권의 준거법에 대하여 선적국법주의의 예외를 인정한 우리 대법원의 판례가 파나마국 국적의 편의치적선의 경우 선적국법의 예외로 실제 영업과 법률관계가 이루어진 국가의 법으로 한국 법을 준거법으로 채택하기에 이르렀다. 이 사건 판결에서 선적국법주의의 예외를 인정한 것은 결국 형식적 선적국과 영업행위의 중심지 중 후자를 선택한 것으로 볼 수 있기 때문에 우리 상법 상 선장의 대리권의 범위를 구분하는 기준으로서 선적항주의의 입법방식에 대하여도 재검토할 필요가 있다.

입법론적으로는 선장의 대리권의 범위를 결정하는 기준도 단순히 선적항을 기준으로 하기 보다는 영업중심지인 선박소유자의 소재지를 기준으로 하는 것이 타당하다고 생각한다.

## 참고문헌

### 1. 단행본

김인현, 「해상법(제3판)」(법문사, 2011).
박용섭, 「해상법론」(형설출판사, 1994).
배병태, 「주석해상법」(한국사법행정학회, 1981).
손주찬, 「상법(하)(제11정증보판)」(박영사, 2005).
______, 「상법(하)」(박영사, 1996).
이기수·최병규·김인현, 「보험·해상법」(박영사, 2006).
李範燦·崔埈璿, 「商法槪論(제5판)」(三營社, 1999).
이시윤, 「민사소송법」(박영사, 2009).
정영석, 「해사법규강의(제6판)」(텍스트북스, 2016).
______, 「해사법강의요론」(해인출판사, 2003).
______, 「해상법원론」(텍스트북스, 2009).
정찬형, 「상법강의(하)(제10판)」(박영사, 2008).
정희철, 「상법학(하)」(박영사, 1990).
정희철·정찬형, 「상법원론(하)」(박영사, 1996).
채이식, 「상법강의(하)」(박영사, 2003).
최기원, 「해상법」(박영사, 2002).
최종현, 「해상법상론(제2판)」(박영사, 2014).
최준선, 「보험법·해상법」(삼영사, 2005).

### 2. 논문

권기훈, "선장의 운송물 처분권한", 법과 정책연구 제8집 제1호(2007. 6).
______, "선장의 적하처분", 「고시연구」(2002. 11).
김인유, "편의치적선의 법적지위", 「해사법연구」 제20권 제3호(2008).
나윤수·이경민, "선장의 법적 지위", 「법학연구」 제17집(2004. 12).
박세민, "해상법상 선장의 법적 권한과 의무", 「법학논총」 제23집 제2호(2012. 12).

# ISM Code 및 ISPS Code상의 감항능력주의의무 규정을 통한 로테르담 규칙의 해석*

지 상 규

## Ⅰ. 머리말

해상운송은 육상운송과 달리 바다라고 하는 특수한 위험에 직면하게 되며, 이러한 해상의 특수성을 감안하여 국제협약 및 상법 그리고 국제해사기구(International Maritime organization: IMO)는 운송인에게 선박이 항해에 적합한 상태를 유지하도록 상당한 주의의무를 부과하고 있는 데 이것이 바로 감항능력주의의무[1])이다.

상법 제794조의 감항능력주의의무 규정을 살펴보면, "운송인은 자기 또는 선원 기타의 선박사용인이 발항당시 주의를 해태하지 아니하였음을 증명하지 아니하면 운송물의 멸실, 훼손 또는 연착으로 인한 손해를 배상할 책임이 있으며, (1) 선박이 안전하게 항해를 할 수 있게 할 것, (2) 필요한 선원의 승선, 선박의장과 필요품의 보급, (3) 선창, 냉장실 기타 운송물을 적재할 선박의 부분을 운송물의 수령, 운송과 보존을 위하여 적합한 상태에 둘 것"을 요구하고 있다. 이는 헤이그 비스비규칙 제3조 제1항에서 규정하고 있는 운송인의 최우선의무(overriding obligation)[2])을 국내법으로 수용한 것이다. 또한 감항능력주

* 이 논문은 '로테르담규칙상 운송인의 감항성있는 컨테이너의 제공의무 및 감항능력주의의무 기간 연장에 관한 연구' (해사법연구, 제25권 제1호, 2013)에 발표한 논문을 수정·보완한 것이다.

1) 이에 과한 자세한 내용은 헤이그 비스비규칙 제3조 제1항, 로테르담 규칙 제14조 및 상법 제794조를 통해 확인할 예정이며, 아울러 IMO에서 채택된 ISM Code와 ISPS Code들의 규정을 통해 운송인의 감항능력주의의무와의 관련성을 확인하도록 하겠다.

2) Maxine Footwear Co. Ltd. v. Canadian Government Merchant Marine Ltd., (1959) 2 Lloyd's Rep.

의의무의 시기와 관련하여 상법 및 헤이그 비스비규칙은 선적항 발항 당시에 선박이 감항성을 확보하고 있으면 족하고, 주의의무의 정도는 선박 및 항해에 따라 상대적으로 결정된다. 따라서 발항 당시에 선박이 감항성을 갖추었다면 항해 중 어떠한 사유로 선박이 불감항이 되더라도 운송인이 손해배상책임을 부담하지는 않는다.[3] 그러나 이러한 감항능력주의의무의 내용 및 이행시기에 관한 기존의 국제협약 및 상법의 규정과는 다르게 2008년도에 채택된 로테르담 규칙[4]은 제14조(항해시의 구체적 의무)를 통해 운송인에게 추가적인 특별의무를 부과하고 있다. 즉, 운송인에게 선박의 선체능력, 항해능력 및 감하능력 유지의무 이외에 감항성 있는 컨테이너의 제공 의무와 감항능력주의의무의 이행시기를 "발항 당시"가 아닌 "항해 중(during the voyage)"으로 확대하고 있다는 점이다. 이렇게 로테르담 규칙상의 감항능력주의의무 규정이 기존의 헤이그 비스비규칙상의 규정과 차이를 보이는 주된 이유는 운송수단의 변화와 새로운 통신수단의 발달에 있다 할 것이다. 즉, 헤이그 비스비규칙이 제정된 시기는 1960년대 말로서 컨테이너를 통한 화물 운송의 태동기였으나, 1970년대 이후 운송수단은 대부분 컨테이너를 이용하여 운송되었고, 이러한 변화에 맞추어 컨테이너 전용선박이 등장하고 또한 대형화, 고속화 되었다. 아울러 기술의 발전을 통해 통신수단이 발달하고 IT기술의 혁신적인 발전을 통해 격지간의 선박 통제가 수월하게 되었다. 결과적으로 로테르담규칙상의 감항능력 규정은 이러한 시대적 상황을 반영한 것이라 할 것이다. 또한 감항능력에 관한 로테르담규칙의 제정뿐만 아니라 국제적으로도 해양안전과 오염방지를 위한 통일적인 강행규범의 제정 필요성 및 테러위험 등에 대비한 선박보안의 향상을 위한 특별한 국제협약 등이 요구됨에 따라 ISM Code[5] 및 ISPS Code[6]로 채택되기에 이르렀고, 이러한 규약들은 기존의 국제협약상의 감항능

105; Gaskell, N. J. J., Debattista, C. & Swatton, R. J., Chorley & Gilles *Shipping Law,* 8th ed., (London: Pitman Publishing Ltd.,, 1995), p.196.

3) 헤이그 비스비규칙 제3조 제1항도 "before and at the beginning of the voyage"라고 규정하여 이러한 취지를 명확히 하고 있다.

4) 정식명칭은 "United Nations Convention on Contracts for the International Carriage of Goods Wholly or Partly by Sea"이다.

5) ISM Code의 정식 명칭은 International management Code for the Safe Operation of Ships and for Pollution Prevention이다.

6) ISPS Code의 정식 명칭은 International Ship and Port Facility Security Code이다.

력주의의무 규정과 유사하게 선박의 감항성을 요구하고 있을 뿐 아니라 더 나아가 항해기간 전 구간에 대하여 그 의무를 확대시키고 있다. 이상에서 살펴본바와 같이 헤이그 비스비규칙 제정이후 시대적 변화에 대한 반영 요구가 지속적으로 제기되었고, 로테르담규칙이 이러한 변화를 반영하여 제14조에 감항능력과 관련된 규정을 새롭게 채택한 것이다.[7)]

이에 본 논문에서는 기존의 로테르담 규칙상의 감항능력주의의무 규정에 관한 연구범위와 달리 본 규칙 제14조의 컨테이너 규정과 관련하여, 컨테이너의 선박일부 인정 가능성 여부, 운송인의 감항성 있는 컨테이너의 하주 제공의무를 심도있게 검토할 예정이며, 또한 감항능력주의의무 이행 기간의 확대가 운송인에게 과도한 주의를 요하게 되고, 불이익을 초래하는지 여부를 영국해상보험법과 ISM Code 및 ISPS Code상의 감항능력주의의무 관련성을 비교 및 검토하여 살펴 볼 예정이다.

## Ⅱ. 로테르담 규칙 제14조(항해시의 구체적 의무)의 분석

### 1. 감항능력 주의의무의 일반적 정의

감항능력의 고전적 정의는 McFadden v. Blue Star Line사건[8)]에서 "선주는 선박의 항해에서 통상 예측되는 모든 상황을 고려하여 선박에 필요로 하는 정도의 적합성을 갖추어야 한다" 비롯되었고, 일반적으로는 선박이 통상의 항해상의 위험을 극복할 수 있는 능력을 의미하며,[9)] 감항능력 주의의무는 운송인의

7) 로테르담규칙 전문에 의하면 "1924년 8월 25일 브뤼셀에서 체결된 선하증권에 관한 규칙의 통일을 위한 국제협약과 그 개정 의정서, 그리고 1978년 3월 31일 함부르크에서 체결된 UN 해상물품운송에 관한 협약이 해상운송을 규율하는 법의 조화를 이루는 데에 중대하게 기여한 바를 인식하며, 그들 협약들의 채택 이후에 진행된 기술적, 상업적인 발전과 그들 협약들을 통합, 현대화하여야 할 필요성을 염두에 두며"라고 규정하여 동 규칙의 제정 목적, 즉 빠르게 성장하고 있는 산업 상황에 맞춘 실질적인 최신 법률의 제공을 분명히 하고 있다.

8) McFadden v. Blue Star Line (1905) 1 K. B. 697.

9) S. C. Boyd, A. S. Burrows, & D. Foxton, Scrutton *Charterparties and Bills of Lading*, 20th ed.

해상법상 특수한 의무로서 안전한 선박을 제공할 상당한 주의의무를 말한다.

감항능력 주의의무에 관한 입법례에 따라서는 이를 절대적인 의무로 규정하여 이를 위반한 운송인에게 무과실책임을 부담시키는 국가도 있으나, 미국의 1893년 하터법과 1924년의 헤이그규칙(제3조 제1항), 1968년 헤이그 비스비규칙(제3조 제1항), 1978년 함부르크 규칙[10] 및 로테르담 규칙(제14조), 그리고 우리 상법은 운송인의 의무를 상대적인 의무로 규정하여 이를 위반한 운송인에게 과실책임을 부담시키고 있다.[11]

감항능력을 확보하기 위한 주요한 요소로서는 ① 본선과 그 기기의 물리적 상태, ② 선장과 승무원의 능력, ③ 선용품과 서류의 적절성 및 ④ 당해 화물을 인수하는데 적합한 상태의 유지라는 감하능력을 갖추고 있어야 한다. 즉, 선박의 선체능력,[12] 항행능력[13] 및 감하능력[14]을 요구하고 있으며, 상법 제794조도 이와 동일하게 규정하고 있다. 또한 감항능력의 이행시기와 관련하여 헤이그 비스비규칙 및 상법은 "발항 전과 발항 당시"라고 한정하여 선박이 운송물을 선적할 당시에 감항능력을 갖추었다면 운송물을 선적한 후 항해 중 어떠한 사유로 선박이 불감항이 되었다고 하더라도 운송인이 손해배상책임을 부담하지 않는 것으로 해석하고 있다.[15] 환언하면 운송인은 선박이 발항까지의 정박시에 예상되는 통상의 위험에 선박이 이를 감당할 수 있고 운송물을

(London: Sweet & Maxwell Ltd, 1996), p.89.

10) 함부르크규칙은 감항능력주의의무에 관하여 특별한 규정을 두고 있지 아니하나, 동 규칙 제5조 제1항에 의하면, 운송인이 운송물의 멸실·훼손 또는 연착으로 인한 손해를 방지하기 위하여 상당한 주의의무를 다하였음을 증명하지 아니하면 그 손해를 배상할 책임을 진다는 규정을 두고 있으므로 동 규칙도 운송인의 감항능력주의의무를 인정한다고 볼 것이다. 그러나 동 규칙은 감항능력주의의무의 이행시기를 헤이그 비스비규칙 및 상법과 달리 항해의 전 구간에서 부담하여야 한다고 규정하고 있다. 이는 후술하는 로테르담규칙과 유사하다.

11) 최종현, 「해상법상론」(서울: 박영사, 2009), 240~241쪽 참조.

12) 선체능력이란 선박 자체가 안전하게 항해를 할 수 있는 상태, 즉 항해를 감당할 수 있는 상태에 있는 것을 말한다. 그리고 선체능력은 운송물을 적재한 상태에서 항해를 감당할 수 있는지의 여부를 기준으로 하여야 한다(최종현, 전게서, 242쪽 참조).

13) 항행능력이란 필요한 선원의 승선, 선박의장과 필요품의 보급이 이루어져 선박이 운항할 수 있는 상태에 있는 것을 말하는데, 운송인은 선박이 이러한 운항능력을 갖추도록 주의를 기울일 의무가 있다(최종현, 전게서, 242쪽 참조).

14) 감하능력이란 선창·냉장실, 그밖에 운송물을 적재할 선박의 부분이 운송물의 수령·운송과 보존을 위하여 적합한 상태에 있는 것을 말하는데, 운송인은 선박이 이러한 감하능력을 갖추도록 주의를 기울일 의무가 있다(최종현, 전게서, 243쪽 참조).

15) Beemon v. Woodbridge (1781) 2 Dougl, 781, p.788;Hollingworth v. Brodrick (1837) 7 Ad. & E1. 40.

적재하는 장소가 물건의 수령·보관에 적합한 상태를 유지하도록 의무가 요구되어지는 것이다.[16] 이와 같이 "발항 전과 발항 당시"로 감항능력주의의무의 이행시기를 한정하고 있는 주된 이유는 선박의 통신상 문제, 특수한 고립성, 그리고 항해 중에는 하자를 보수하거나 정비하기 불가능하기 때문인 것으로 보인다.[17]

## 2. 로테르담규칙 제14조(항해시의 구체적 의무)의 분석

로테르담규칙 제14조는 기존의 헤이그 비스비규칙 상의 감항능력주의의무 규정과 달리 운송인에게 "감항성있는 컨테이너의 제공의무" 및 감항능력주의 의무의 이행 기간을 확대하고 있다. 이러한 추가적인 운송인의 의무 확대는 운송인 책임의 증가 요인이 될 것이며, 이는 로테르담 규칙의 거부로 발전할 수도 있을 것이다. 따라서 로테르담규칙 제14조가 가지고 있는 문언적 의미를 정확하게 확인해 볼 필요성이 있다 할 것이다.

먼저 운송인의 "감항성있는 컨테이너 제공의무" 규정의 의의에 대하여 살펴 보도록 하겠다. 본 규칙 제14조에 의하면 "운송인은 항해 전, 항해의 개시, 그리고 항해 중에 있어서 다음에 대하여 상당한 주의를 다하여야 한다: (a) 선박의 감항능력을 확보하고 이를 유지할 것 (b) 선원의 승선, 선박의장 및 필요품의 보급을 적절하게 행하고, 항해하는 동안 그러한 상태를 유지할 것 그리고 (c) 선창과 기타 화물을 적재할 선박의 부분, 그리고 운송인이 제고하여 화물을 운반하는 컨테이너를 화물의 수령, 운송 및 보관에 적합하고 안전한 상태로 두고 이를 유지할 것"이라고 규정하여, 헤이그 비스비규칙 제3조 제1항의 선박의 선체능력, 운항능력 및 감하능력 이외에 화물의 운송을 위한 감항성있는 컨테이너의 제공의무를 추가적으로 규정하고 있는 것이다.

16) Maxine Footwear v. Canadian Government Merchant Marine (1959) 2 Lloyd's Rep. 105.
17) 한낙현, "항해중의 감항능력유지의무에 관한 문제점 고찰", 「한국해법학회지」 제26권 제2호, 한국해법학회(2004), 109~111쪽 참조.

| 헤이그 비스비 규칙 제3조 제1항 | 로테르담 규칙 제14조 |
|---|---|
| Artile 3 | Article 14 Specific obligations applicable to the voyage by sea |
| 제 3조 | 제 14조 항해시의 구체적 의무 |
| 1. The Carrier shall be bound before and the beginning of the voyage to exercise due diligence to: | The carrier is bound before, at the beginning of, and during the voyage by sea to exercise due diligence to: |
| 1. 운송인은 발항 전과 발항 당시에, 다음의 사항에 관하여 상당한 주의를 하여야 한다. | 운송인은 항해 전, 항해의 개시, 그리고 항해 중에 있어서 다음에 대하여 상당한 주의를 다하여야 한다 |
| (a) Make the ship seaworthy. | (a) Make and keep the ship seaworthy; |
| (a) 선박이 감항능력이 있도록 하는 일 | (a) 선박의 감항능력을 확보하고 이를 유지할 것 |
| (b) Properly man, equip and supply the ship. | (b) Properly crew, equip and supply the ship and keep the ship so crewed, equipped and supplied throughout the voyage; and |
| (b) 선박에 대하여 선원의 승선, 선박의 의장 및 선용품의 보급을 적절하게 하는 일 | (b) 선원의 승선, 선박의장 및 필요품의 보급을 적절하게 행하고, 항해하는 동안 그러한 상태를 유지할 것 그리고 |
| (c) Make the holds, refrigerating and cool chambers, and all other parts of the ship in which goods are carried, fit and safe for their reception, carriage and preservation. | (c) Make and keep the holds and all other parts of the ship in which the goods are carried, and any containers supplied by the carrier in or upon which the goods are carried, fit and safe for their reception, carriage and preservation |
| (c) 선창, 냉동실, 냉장실 기타 운송물을 적부하는 선박의 모든 장소를 물건의 수령, 운송 및 보존을 위하여 적당하고 안전하게 두는 일 | (c) 선창과 기타 화물을 적재할 선박의 부분, 그리고 운송인이 제공하여 화물을 운반하는 컨테이너를 화물의 수령, 운송 및 보관에 적합하고 안전한 상태를 두고 이를 유지할 것 |

위의 표에서 참조한 바와 같이 로테르담규칙 제14조는 헤이그 비스비규칙 제3조 제1항과 "감항성있는 컨테이너의 제공의무"를 제외하면 상당히 유사하다. 첫째 헤이그 비스비규칙 제3조 제1항 (a)는 선박의 선체에 관하여 감항능력을 갖출 것을 요구하고 있고, 동 규칙 제14조 (a)도 감항성있는 선체능력을 운송인에게 요구하고 있다. 즉 선박이 물리적으로 선체외관, 해치, 통풍구등이 해상고유의 위험에 적절하게 견딜 수 있어야 한다는 것이다. 둘째, 헤이그 비스비규칙 동조 동항 (b)에 의하면 선박의 항행능력, 즉 필요한 선원의 승선·선박의장과 선용품의 보급을 통해 선박이 안전하게 항해할 수 있는 운송인의 의무를 요구하고 있는데,[18] 동 규칙 동조 (b)도 선박에 자격을 갖춘 적정인원의 선원을 승선시킬 것을 요구하고 있다. 따라서 운송인은 선박에 국제적인 승무기준을 충족하는 선원 및 사관을 승선시켜야 하며,[19] 그들은 모두 적절한 자격요건을 갖추어야 하고, 승선에 필요한 교육 및 훈련 또한 받아야만 한다.[20] 아울러 운송인은 항해에 필요한 예비 부품,[21] 최신의 해도, 항해 장비와 관련 출판물[22]을 선박에 비치하여야, 항해에 충분한 연료를 공급[23]하여야 한다. 그리고 항해에 필요한 증명서[24]등을 선박 내에 비치하여야한다. 마지막으로 선박의 감하능력과 관련하여 동 규칙 동조 (c)는 헤이그 비스비규칙 동조 동항 (c)와 유사하게 선박이 화물의 수령, 운송 및 보관에 적합하고 안전한 상태를 유지할 것을 요구하고 있다. 즉, 선창을 청소하고, 소독을 실시하여 화물이 오염되는 것을 방지[25]하도록 하고, 화물의 하중을 고려하여 적절하게 적재[26]가 이루어지도록 하여야 한다.

위에서 살펴본바와 같이 로테르담규칙 제14조는 기존의 헤이그 비스비규칙

18) Hong Kong Fir Shipping Co Ltd. v. kawasaki Kisen kaisha Ltd (1961) 1 Lloyd's Rep 159; Standard Oil Co. of N. Y. v. Clan Line Steamers Ltd (1924) A. C. 100; Manifest Shipping Ltd. v. Uni－Polaris insurance Ltd. (1997) 1 Lloyd's Rep. 360.

19) Robin hood Flour Mills Ltd. v. N. M. Paterson & Sons Ltd. (1967) l Lloyd's Rep. 232.

20) Standard oil Company v. Clan Line Steamers (1924) AC 100.

21) Guinomar Of Conakry v. Samsung Fire & Marine Insurance Co. Ltd. (2002) 2 Lloyd's Rep. 57.

22) Rey Banano del pacifico CA v. Transportes Navieros Ecuatorianos SpA (2000) 2 Lloyd's Rep. 15.

23) Nippon Yusen kaisha v. Alltrans Grroup of Canada Ltd. (1984) 116 LMLN 3(3).

24) Golden Fleece Maritime Inc and Pontian Shipping SA v. ST Shipping & Transport Inc (2008) 2 Lloyd's Rep. 224.

25) The Brabant (1965) 2 Lloyd's Rep. 546; The Good Friend (1984) 2 Lloyd's Rep. 586.

26) Onego Shipping & Chartering BV v. JSC Arcadia Shipping (2010) EWHC 777.

제3조 제1항과 여러 면에서 유사하게 규정되어 있음을 알 수 있다. 그러나 로테르담규칙은 기존의 헤이그 비스비규칙에서 언급되지 않았던 "감항성있는 컨테이너의 제공의무"를 운송인에게 추가적으로 부담시키고 있는 것이 특징이다. 즉, 운송인에게 화물의 수령을 위해 제공하는 컨테이너가 화물의 수령, 운송 및 보관에 적합하고 안전한 상태를 유지하도록 요구하고 있는 것이다. 이러한 추가적인 "감항성있는 컨테이너의 제공의무" 규정은 1970년대 이후 발전하고 있고 컨테이너 운송의 증가와 그에 따른 위험의 부담을 운송인에게 부과하고 있는 것으로 보인다. 또한 기존의 헤이그 비스비규칙이 컨테이너를 통한 복합운송이라는 시대적 변화를 반영하지 못하고 있으므로 이에 대한 문제해결의 방안으로서 제시된 것으로 보인다.[27] 결론적으로 "컨테이너의 감항성 확보" 규정은 해운산업의 발전을 적절하게 반영한 규정이라 할 것이다.

두 번째로 살펴볼 추가적 의무의 확대는 감항능력주의의무 이행기간의 확대에 관한 사항이다. 즉, 헤이그 비스비규칙 제3조 제1항 본문에 의하면 운송인의 감항능력주의의무 이행기간은 "발항 전과 발항 당시"로 한정하고 있으나, 로테르담규칙 제14조 본문에 의하면 "운송인은 항해 전, 항해의 개시, 그리고 항해 중(during the voyage)에도 감항성 유지를 위해 상당한 주의의무를 이행하여야 한다"라고 규정하고 있는 것이 또 다른 특징이다. 이러한 의무의 확대에 대하여 일부 학자들은 "감항능력주의의무의 무분별한 확대는 해운선사의 운영에 많은 부담을 초래할 수 있다"고 비판하고 있다.[28] 그러나 이러한 감항능력주의의무 이행시기의 확대가 로테르담규칙의 등장으로 인하여 비로소 발생한 문제인지 또는 로테르담규칙 이외에는 선박의 감항능력을 전 항해기간 동안 요구하는 국제협약은 존재하지 않는가에 대해 검토할 필요가 있을 것이다. 왜냐하면 로테르담규칙 제14조가 유일하게 운송인의 감항능력주의의무 이행 기간을 확대하고 있다면 이는 분명 운송인에게 부담을 줄 수 있기 때문이다. 그러나 운송인은 IMO에 의해 채택된 ISM Code 및 ISPS Code의 규정에 따라 선박의 안전운항과 보안을 위해 상당한 의무가 부과되어 있고, 이러

27) UNCITRAL Commission Report of ninth session A/CN.9/510 para 224.

28) 한낙현, 전게논문, 112~116쪽 참조; 최종현, 전게서, 244쪽 참조; 김선옥, "로테르담규칙에 있어서 해상물건운송계약당사자의 의무 및 책임에 관한 법리적 연구", 「통상법률」 104호, 법제처(2012), 86쪽 참조.

한 의무는 선박의 출항 시에만 충족시키는 것이 아니라 항해 전 기간에 대하여 이를 충족시켜야만 한다. 따라서 ISM Code 및 ISPS Code의 감항능력주의 의무와의 상관관계를 고찰할 필요가 있다.

## Ⅲ. 운송인의 감항성있는 컨테이너의 제공의무

### 1. 화물의 컨테이너화(containerization)

해상운송에서 컨테이너가 처음 등장한 것은 2차 세계대전 당시 미국이 군수품의 신속하고 안전한 수송을 달성하기 위해서였다. 이후 해상운송에서 컨테이너를 도입한 최초의 회사는 미국의 Sea Land Service Inc.로서 이는 Malcom Mclean이 1955년 Waterman Steam Co.와 Pan−Atlantic Steam Co.를 매수한 다음 C−2형 선박 37척의 선대를 운영하면서 처음으로 컨테이너 갑판적으로 이용할 수 있는 플레폼을 만들고, 여기에 60개의 컨테이너를 적재한 것이 시초이다.[29)]

화물의 컨테이너화(containerization)는 화물규격의 표준화를 통해 화물관리, 하역, 기기관리 등의 면에서 호환성을 실현시켜 국제교역상의 기술적 장벽을 제거하였다. 또한 컨테이너화물이란 국제표준화기구(ISO)가 규정하는 외항화물수송용의 일정규격에 합치하는 컨테이너 등에 적부되어 수송되는 화물을 의미한다.[30)] 이러한 화물의 컨테이너화는 화물운송을 단위화하고, 화물을 컨테이너에 적입, 봉인한 시점으로부터 여러 가지 운송수단을 이용하여 운송인의 책임 하에 운송하는 복합운송으로 발달하게 되었다. 컨테이너화된 화물운송의 이점은 크게 3가지로서 경제성, 신속성, 안전성 등을 들 수 있다. 이를 간략하게 분야별로 살펴보면, 첫째 경제적인 이점으로서는 포장비의 절약, 해상

29) 송정성, "콘테이너운송과 복합운송에 관한 소고", 「논문집」 제13권, 서경대학교(1985), 281쪽 참조.
30) 우성구·한낙현, "1985년 협회적하약관(ICC)상의 컨테이너화물 리스크에 관한 연구", 「무역학회지」 29권 제1호, 한국무역학회(2004), 212쪽 참조.

운임의 절감, 하역비의 절감, 보관비의 절감 및 보험료·인건비의 절감을 들 수 있으며, 둘째 신속성의 이점으로서는 운송시간의 단축, 하역시간의 단축 및 사무절차의 간소화를 들 수 있다. 마지막으로 안전성과 관련한 이점은 컨테이너 외판이 강철로 되어 있음으로서 화물의 파손, 오염 및 분실의 위험이 현저히 줄어든다는 것이다. 이러한 이점들로 인해 1950년대 컨테이너 운송이 등장한 이례로 현재 대부분의 화물 운송은 컨테이너를 통해 운송되고 있다. 2011년 우리나라의 컨테이너 처리실적은 세계 5위를 기록하고 있다.[31]

컨테이너화는 두 가지의 중요한 기능을 담당하고 있다. 첫째 운송인의 측면에서 본다면 컨테이너를 통해 화물을 보호하기 때문에 선창의 연장 또는 일부로서의 기능을 수행[32]하고 있고, 둘째 화물의 이해관계인의 입장에서 보면 컨테이너는 화물을 보호하는 기능을 수행하고 있는 것이다. 이러한 기능적 관점에서 살펴볼 때, 만약 컨테이너를 선창의 연장 또는 일부로 본다면, 컨테이너의 하자는 선박의 결함으로 취급될 수 있으며 이는 결과적으로 헤이그 비스비규칙 제3조 제1항 (b)의 위반으로서 선박의 불감항으로 간주될 위험이 있다. 또한 컨테이너가 화물 보호의 기능으로 볼 때 컨테이너의 하자는 화물의 멸실, 훼손에 직접적 원인이 되므로 이는 헤이그 비스비규칙 제3조 제1항 (c)의 감하능력 위반이 될 가능성이 있다. 결론적으로 감항성있는 컨테이너의 제공은 운송인의 감항능력주의의무 이행과 중요한 관련성이 있다 할 것이다.

## 2. 감항성있는 컨테이너의 제공의무

### (1) 선박 일부로서의 컨테이너

컨테이너 전용선에 관한 학설은 선창과 갑판의 구별을 별도로 하지 않고 컨테이너 자체를 선창의 연장으로 간주하고 있다.[33] 따라서 갑판이 없는 선박

31) 2011년 우리나라의 컨테이너 처리 물량은 16,185,000 TEU로서 2010년 물동량 14,194,000 TEU보다 14% 증가를 보이고 있다(세계주요항만 컨테이너 처리실적/한국물류협회 자료 참조).

32) 한낙현, “갑판적 화물에 있어서 면책특약의 효력에 관한 사례분석”, 「산업경영」 제36권, 경남대학교 산업경제연구소(2005), 209쪽.

33) 한낙현, 전게논문, 209쪽 재인용.

(deckless)의 경우에는 컨테이너를 사용하여 화물을 선박에 선적, 적재, 고정 및 고박하고, 컨테이너를 수직으로 쌓아 마치 선창과 같이 사용하다. 이는 유조선의 탱커가 선박의 중요한 일부로서 화물을 운반하는 용기로 사용되듯이, 이러한 경우에 있어서는 컨테이너가 화물을 운반하는 선창으로 간주될 수 있을 것이다. 따라서 컨테이너에 결함이 있다면 이는 선창의 결함과 동일한 것으로 간주할 수 있고, 이는 감항능력주의의무의 위반으로 볼 수 있다. 이와 같은 견해는 네덜란드 대법원의 The NDS Provider 사건[34]에서 확인할 수 있는데, 본 사건에서 법원은 "만약 컨테이너가 운송인의 소유이며, 화물의 적재를 위해 제공되었다면 컨테이너는 감하성을 갖추고 있어야 하므로, 헤이그 비스비규칙 제3조 제1항은 컨테이너에도 적용되어야 한다"고 판시하였다. 이러한 법원의 결정은 컨테이너도 선박에 요구되는 감항성과 같은 정도의 감항성이 요구된다는 취지로 볼 수 있다. 그 주된 이유로서는 컨테이너에 하자가 있는 경우, 화물이 멸실 또는 훼손되는 손해가 발생할 수도 있지만, 이러한 하자에 의해 선박 또는 선원의 안전에 심각한 영향을 미칠 수도 있기 때문이다.

위에서 설명한 바와 같이 컨테이너가 감항성을 확보하였는지를 객관적으로 판단하기 위해서는 1977년 9월에 국제적으로 발효된 컨테이너 안전협약(International Convention for Safe Container: CSC)의 다음 요건을 충족시켜야 할 것이다. 즉 ① 국제적인 공통기준에 합치될 것, ② 컨테이너자체의 취급, 컨테이너화물의 적부, 컨테이너와 그 화물을 일체화한 컨테이너수송 등 모든 국면에 있어 관계자의 인명안전을 확보할 것, ③ 각국 정부는 일정한 공적자격을 가진 전문기관을 통해 컨테이너의 구조요건과 안전성의 시험 및 보수점검을 실시할 것, ④ 전술한 ③항목에 합격한 컨테이너는 안전 승인판(safety approval plate)을 개개의 컨테이너에 부착할 것 등이다.[35]

### (2) 감항성있는 컨테이너의 제공의무

해상운송에 있어 대부분의 컨테이너 제공은 운송인에 의해서 화주에게 제

34) NDAL v. Premium Tabacco (2009) C06/082 HR.
35) 우성구·한낙현, 전게논문, 214~215쪽 인용.

공되고 있으며, 이를 위해 운송인은 컨테이너를 소유하거나 또는 컨테이너 랜탈회사(lease company)로부터 임차하고 있다. 따라서 운송인이 화주에게 제공하는 컨테이너는 화주의 요구에 따라 화물의 성질이나 중량 등에 적합하여야 한다. 그러나 운송인이 제공하는 컨테이너는 완전한 상태의 컨테이너 일 것을 전제로 하지만, 그것이 신품이 아닌 한 완전성을 기대하는 것은 힘들다. 또한 화주에 의해 제공된 컨테이너들 중 어느 것이 잠재적 하자가 있으며, 선적 후 선박의 안전에 영향을 미칠 것인가를 파악하고 이를 운송인이 분류한다는 것도 사실 불가능 한 일이다. 그렇다면 운송인이 화주에게 제공한 컨테이너가 어느 정도의 적합성 즉 감항성을 확보하고 있어야 감항능력주의의무를 위반하지 않은 것으로 간주 될 것인가에 대한 검토가 필요하다. 먼저 화주에게 제공되는 컨테이너의 적합성 및 감항성 확인은 운송인의 책임이다. 왜냐하면 화주에게 컨테이너의 적합성 여부를 확인할 의무를 부과하는 것은 해상운송의 관행에도 적합하지 않기 때문이다. 따라서 위에서 이미 설명한 바와 같이 컨테이너가 선박의 일부 또는 의장과 같이 간주되는 경우 헤이그 비스비규칙에 컨테이너는 화물을 보호하고 운송하기에 적합하고 안전하여야 하는 것이다. 그리고 운송인은 컨테이너가 그러한 감항성을 확보할 수 있도록 상당한 주의의무를 다하여야 한다.

운송인의 상당한 주의의무의 이행과 관련하여서는 운송인이 컨테이너를 화주에게 제공할 때 특수한 형태의 검사를 실시하는 등의 의무 이행을 강제하는 것은 아니라고 판단되며, 단지 관행상 운송인이 컨테이너의 제공 전에 PTI(pre-Trip Inspection) 검사의 실시, 외관상태 및 온도 조정장치의 작동 여부를 확인, 그리고 화주의 요청 사항을 고려한 컨테이너의 선정 등으로 족하며, 이러한 주의를 이행하는데 상당하였다면 그것으로 족하다고 본다.[36]

36) Houlden & Co. v. S.S. Red jacket (1978) 1 Lloyd's Rep. 300.

# Ⅳ. 감항능력주의의무 이행기간의 확대

## 1. 문제의 제기

감항능력주의의무의 이행시기와 관련하여 헤이그-비스비규칙 제3조 제1항에 의하면 '운송인은 발항전과 발항 당시에 상당한 주의의무를 다하여야 한다'고 규정하고 있으며, 이때의 발항 당시란 화물의 선적부터 선박의 발항 시까지를 의미한다. 따라서 발항 당시에는 감항성이 갖추어져 있었으나 항해 중 어떠한 사유로 인하여 선박이 불감항이 되더라도 이는 운송인의 책임이 아니라고 판단된다.[37] 이러한 감항능력주의의무의 이행시기와 관련하여 영국 법원의 판단은 일관되게 '선박이 항해할 때 항해기간 중 감항능력의 확보와 관련하여 운송인은 선박이 항해 중에 계속하여 감항능력이 있어야 하는 것은 아니며, 발항당시에 감항능력을 갖추고 있으면 족하다'라고 판시[38]하고 있다. 그 주된 이유는 보험자가 선박보험계약을 통해 인수하는 위험은 선박이 출항할 당시의 위험이기 때문이다. 이러한 판례의 경향은 1906년 영국해상보험법(Marine Insurance Act 1906) 제39조 제4항과 일치한다.[39] 그러나 로테르담규칙 제14조 본문의 규정에 따르면 운송인의 감항능력주의의무 이행기간은 항해의 전 구간 즉, 항해 중(during the voyage)에도 감항성 확보를 위한 상당한 주의의무를 부과 시키고 있다. 이렇듯 본 규칙 제14는 운송인에게 단순히 항해의 개시 전과 개시 시점에 감항능력 있는 선박을 제공할 의무뿐만 아니라 해상 운송 전 구간동안 선박의 감항성을 유지하도록 요구하고 있는 것이다. 그러나 일부학자들은 로테르담규칙과 관련하여, 운송인의 의무 확대가 과연 정당한 것인가?에 대하여 의문을 제기하고 있다. 왜냐하면, 이러한 감항능력주의의무의 이행기간의 확대가 운송인에게 과도한 주의를 요하게 되고, 이는 경영상의 부담을 초래할 수 있다 생각하기 때문이다. 이러한 주장은 운송인의

37) 김인현, 해상법 제3판(서울:법문사, 2012), 192쪽 참조.
38) 각주 13) 제인용.
39) MIA 1906 제39조 제4항, "A ship is deemed to be seaworthy when she is reasonably fit in all respects to encounter the ordinary perils of the seas of the adventure insured".

입장에서는 수긍한 만한 논리라고 생각한다. 그러나 IMO에 의해 채택된 ISM Code 및 ISPS Code에 의하면 운송인은 항해 전 구간동안 선박의 안전한 항해와 보안의 확보를 위해 감항능력의 유지 의무가 부과되고 있으며, 이러한 요구의 기초는 새로운 통신수단의 발달과 IT 기술을 이용한 선박의 추적시스템 등을 통해 과거와는 다르게 선박의 통제가 가능해졌기 때문이다. 따라서 비록 감항능력주의의무의 이행기간의 확대가 기존의 헤이그 비스비규칙과 상충된다 하더라도 이러한 ISM Code 및 ISPS Code 등의 감항성 관련 규정들은 로테르담규칙 제14조와 같이 항해기간동안 선박의 감항성 유지의무를 운송인에게 부과하고 있으므로, 로테르담규칙이 특히 운송인에게 불리하다고는 할 수 없을 것이다.[40] ISM Code 및 ISPS Code의 감항능력관련 규정들에 대하여는 다음의 항목에서 자세하게 살펴보도록 하겠다. 또한 감항능력주의무와 관련하여 항상 문제로 제기되는 것이 해상보험계약상 보험계약자 또는 피보험자의 보험자에 대한 고지의무와 관련된 사항이므로 이와 관련하여서도 살펴보도록 하겠다.

## 2. ISM Code와 ISPS상의 감항능력주의의무 규정

### (1) ISM Code상의 감항능력주의의무 규정

#### 1) ISM Code의 채택 및 시행

IMO는 선박의 안전운항 확보 및 해양환경보호를 위해 관련 국제협약을 채택하는 등 많은 노력을 하였으나, 해양사고의 대부분이 선박 자체의 결함에 의하는 경우보다는 선원관리의 문제점 등으로 인하여 주로 발생한다는 것을 인지하고 이를 개선하기 위해 해상안전, 해양사고방지 및 해양환경보호를 위한 국제안전관리코드(International Safety Management Code: ISM Code)를 제정하였으며, 이 코드는 1998년 7월 1일부터 국제적으로 발효되었다.

40) UNCITRAL Doc A/CN.9/WG.III/WP.21. 'Transport Law－Preliminary draft instrument on the carriage of goods by sea' Ninth session New york.

ISM Code의 목적은 해양에서 안전, 인명의 사상예방 및 해양환경과 재산피해의 회피이며, 선박소유자와 선박관리자는 ISM Code에 따라 선박관리상의 안전한 절차를 따라야 하며, 안전한 작업환경을 제공하여야 하며, 확인된 모든 안전위협에 안전조치를 취해야 하며, 선박 및 육상직원의 비상시 대응조치 방법 및 안전관리기법을 향상 시켜야 의무가 있다.[41]

우리나라는 2001년까지 해양안전선진화를 달성하기 위한 선사의 자율적 안전관리체제 구축을 위해 IMO의 ISM Code의 도입, 적용을 단계별로 강제 추진하여 선박의 안전관리체계를 조기에 확보하기 위한 제반규정을 마련하고 해상교통법을 개정하였으나, 본 해상교통법은 2011. 6. 15 전면개정을 통해 2011. 12. 16부터 해사안전법으로 개정되었다.[42] 이에 따르면 국제항해에 종사하는 선박은 물론 국내에서만 항해하는 내항선에 대해서도 ISM Code를 적용하고 있다.

2) ISM Code상의 감항능력주의의무 관련규정

ISM Code의 규정에서 감항능력과 관련된 규정을 찾는다는 것은 어렵지 않다. 먼저 ISM Code 제1.2조에 의하면 본 규약의 제정 목적으로서 해상안전의 확보, 인명부상이나 생명 손실의 방지 그리고 재산 및 환경 특히 해양환경에 대한 손해의 방지라고 규정하고 있으며, 이러한 목적을 달성하기 위하여 본 규약 제1.2.2조에서 운송인인 회사(company)에게 선박운항에 있어서 안전관행 및 안전한 작업환경을 제공하고, 모든 위험에 대한 예장장치를 수립하고, 안전 및 환경보호와 관련된 위험상황의 대처를 포함하여 육상 및 선박인원의 안전관리 기술을 지속적으로 향상시켜야 한다고 의무를 부과하고 있다. 또한 본 규약 제6조에서는 운송인에게 선박을 지휘할 수 있는 적절한 자격을 보유하고, 안전관리제도(Safety Management System: SMS)에 관하여 숙지된 선장 및 국제 및 국내요건에 따라 적절한 자격, 증서 및 자격증을 가진 건강한 선원을 승선시킬 의무를 부담하고 있다. 그리고 본 규약 제10조에서는 운송인에게

41) 본 규약 제1.2.1~1.2.2.
42) 정준식, "선박관리와 감항능력주의의무에 관한 연구", 「한국항만경제학회지」 제21집 제4호, 한국항만경제학회(2005), 122~123쪽 참조.

해당법규, 규정 및 회사가 제정한 모든 추가요건에 맞추어 적합하게 선박이 유지되도록 하기 위하여 적절한 간격으로 검사를 이행하게 하고 부적합 사항에 대하여는 그 원인을 보고하고, 시정조치를 실시하고, 이러한 활동에 관하여 기록을 하도록 요구하고 있다. 또한 본 규약 제11조에서 안전관리메뉴얼(Safety Management Manual) 등 선박과 관련된 모든 문서를 선내에 비치할 것을 규정하고 있다. 본 규약 제9조에서는 부적합 사항, 사고 및 위험상황의 보고 및 분석 규정을 명시하여 선박의 사고 및 불감항성과 관련된 사항 등을 회사에 보고하도록 하여 선박의 안전운항을 유지하도록 하고 있다. 또한 운송인인 회사는 ISM Code에 따라 회사의 SMS가 ISM Code에 적합하다는 확인을 받은 후 유효기간 5년의 적합증서(Document of Compliance)를 교부 받아야 하며, 이 증서를 교부 받은 후 각 선박은 ISM Code에 따른 선상평가를 거쳐 안전관리증서(Safety Management Certificate)를 교부 받게 된다. 이렇게 교부받은 안전관리증서, 적합증서, 안전관리지침서 및 평가서 등의 서류를 선내에 비치하여야 하며 이를 위반한 경우에는 항만당국에 의해 억류되거나 또는 입항을 거절당할 수 있다.

### (2) ISPS Code상의 감항능력주의의무 규정

#### 1) ISPS Code의 채택 및 내용

ISPS Code의 채택에 관하여는 여러 논문[43]에서 밝힌바와 같이 2001년 9.11 미국 항공기 테러사건과 2002년 10월 프랑스 초대형 유조선 Limburg호의 피격사건[44] 이후, 선박 및 항만시설에 대한 해상테러 가능성이 국제사회에서 고조되자 IMO에서 1974년 국제인명안전협약(International Conference On Safety of

43) ISPS Code에 관한 주요한 연구들에는 박명섭·허윤석·홍란주, "해운·항만 국제테러방지를 위한 안보강화에 관한 연구", 「해양비즈니스」 제12호, 한국해양비즈니스학회(2008); 최병권, "해상 및 항공물류보안의 법규 및 정책에 관한 연구", 「무역상무연구」 제42권, 한국무역상무학회(2009); 이양기·이우영, "국제선박 및 항만시설보안규약이 해상보험에서의 감항능력담보에 미치는 법적 영향", 「무역학회지」 제36권 제1호, 한국무역학회(2011) 등이다.

44) 2002년 10월 6일 예멘 동부 알마카라 항구 부두에 정박해 있던 프랑스 유조선 Limburg호가 폭탄이 실린 자살공격보트에 의해 공격당하여 불가리아니 선원 1명이 사망하고 원유 9만톤이 유출된 사건(박명섭·허윤석·홍란주, 전게논문, 각주 6) 인용).

Life at Sea: SOLAS 협약) 개정을 위한 외교협의를 2002년 12월에 개최하기에 이르렀고, 이 회의는 기존 SOLAS 협약 제5장의 선박 자동 식별장치(Automatic Identification System)의 조기탑재 추진과 제11-1장 및 제11-2장의 해상안전 및 보안특별조치신설이 핵심을 이루었으며, 이 중 제11-2장은 ISPS Code로 현재 국가별 항만보안의 근간을 이루며, 2004년 7월 1일부터 국제적으로 발효되었다.

ISPS Code는 2개의 편으로 구성되어 있으며, A편에서는 관계당사자, 즉 회사, 체약국, 항만시설 관리기관의 의무와 책임 및 그에 대한 면책의 메커니즘을 규정하고 있고, B편은 권고사항으로서 임의규정이지만, 이를 의무적으로 채택하도록 하기 위한 지침을 포함하고 있다.[45] 이러한 의무를 분설하면, 선박의 경우에는 선박보안계획서[46](Ship Security Plan: SSP)의 승인 및 보안심사를 받은 후 국제선박 보안증서(International Ship Security Certificate: ISSC)를 소지하고 운항하여야 하며, 항만의 경우에는 보안평가를 실시하고 항만시설보안계획[47]의 수립 및 항만시설보안책임자[48](Port Facility Secuirty Officer: PFSO)를 선임할 의무를 부과하고 있다. 또한 선사의 경우 운항을 하는 선박의 해사보안을 위해 선박보안 책임자[49](Ship Security Officer: SSO)와 회사보안 책임자[50](Company Security Officer: CSO)를 임명하고, 지속적인 교육·훈련 및 연습에 대한 지원을 요구하고 있으며, 마지막으로 정부의 경우는 항만 내 선박 및 입항하려는 선박을 통제하고 기국 주관청의 역할을 수행하며, 보안등급 설정 및 보안선언, 항만시설 보안평가, 보안계획서 승인, 선박보안계획서 승인 및 선박보안심사,[51] IMO에 필요사항 통보 및 타 당사국과 상호 보안협정문 체결 등의 의무사항이 있다.

45) 이양기·이우영, 전게논문, 각주 5) 인용.
46) 본 규약 A편 제9.1조.
47) 본 규약 A편 제16조.
48) 본 규약 A편 제17.2조.
49) 본 규약 A편 제12조.
50) 본 규약 A편 제11조.
51) 본 규약 A편 제9.1조 내지 제9.3조.

2) ISPS Code상의 감항능력주의의무

ISPS Code와 운송인의 감항능력주의의무와의 상관관계를 설명하기 위해서는 먼저 ISPS Code에 운송인의 감항능력주의의무 관련 규정이 있는가를 검토하여 할 것이다. 사실 ISPS Code에는 ISM Code의 규정과 달리 감항능력 판단의 요소인 선체능력, 항해능력 등과 관련한 직접적 의무가 규정되어 있지 않다. 즉 ISPS Code는 선박의 물적 또는 인적 감항능력과는 직접적 관련이 없다. 그러나 본 규약은 운송인에게 선박의 보안을 유지하기 위한 보안계획서 작성 및 보안업무 관련 선원의 훈련 그리고 보안에 대한 평가를 실시할 것을 요구하고 있다. 이를 분설하면, ISPS Code 제11조 내지 제12조에 의하면 본선상의 일부 선원을 선박보안책임자로 지정하고 이들을 통해 보안업무를 담당할 것과 본 규약 제13조에서 선박보안에 관련된 훈련을 받을 것을 규정하고 있다. 또한 본 규약 제7조 내지 제10조에서는 보안등급 변경에 관한 기록, 보안 위반에 관한 기록, 선박보안계획서 등을 본선에 비치할 것을 요구하고 있다. 또한 특히 관련 서류들 중에 선박보안계획서, 국제선박보안증서, 선박이력기록부 등은 항상 본선상에 유지하도록 요구하고 있다. 이를 종합하면, 운송인은 ISPS Code에서 요구하는 보완 관련된 사항 및 의무를 지속적으로 유지하고 충족시킬 의무가 있으며, 이를 이행하지 못하는 경우에는 관련 증서가 발행되지 않거나 또는 무효가 되고, 결국 선박의 입항이 거절되거나 또는 화물이 선적/양하가 항만당국 또는 체약국에 의해 제한 당 할 수 있게 된다. 이러한 문제의 발생은 결국 선박의 불감항으로 취급될 것이다.[52]

ISPS Code의 위반으로 인한 선박의 불감항이 인정된 사건으로는 선박 Derby호 사건[53]이 있다. 이 사건에 따르면 선박은 기국의 법률과 규칙, 선박이 입항하는 국가의 정부나 지방행정기관의 법률과 규칙에서 요구하는 서류를 보유해야 할 의무가 있으며, 선박이 이러한 서류를 보유하지 않으면 그 선박은 불감항이 된다. 따라서 ISPS Code에서 요구하는 서류를 미비하면 선박이 억류되거나 입항이 금지됨으로서 선박은 불감항이 된다.[54]

52) Ahmad Hussam Kassem, *The Legal Aspects of Seaworthiness : Current Law and Development*, (London: University of Wales, Swansea, 2006), pp.225~227.
53) Alfred C. Toepfer v. Tossa Marine Co., Ltd. (The Derby) (1985) 2 Lloyd's Rep. 325.
54) 이양기·이우영, 전게논문, 285쪽.

결론적으로 ISPS Code의 규정에 따라 선박이 감항성을 확보했다고 판단되기 위해서는 규정상 요구되어지는 의무 즉, 운송인은 선박보안책임자 및 회사보안책임자를 선임하고 보안등급에 따라 적절한 조치를 수행하여야 하며, 선박보안계획서를 수립하고 주무관청에 승인을 받으며, 관련 서류를 선내 비치하고, 선박보안과 관련된 선원을 교육 또는 훈련시켜야 할 것이다. 만약 운송인이 ISPS Code상의 이러한 의무사항들을 충족시키지 못하게 되면 보안관련 서류가 무효화 될 것이며, 결국 선박은 항만당국 또는 체약국에 의하여 불이익 처분을 받게 되어 선박이 불감항의 상태가 될 것이다.

## 3. 감항능력주의의무 이행기간

### (1) 영국의 전통적인 입장

감항능력주의의무의 이행시기와 관련하여 헤이그-비스비 규칙 제3조 제1항에 의하면 '운송인은 발항전과 발항 당시에 상당한 주의의무를 다하여야 한다'고 규정하고 있으며, 이때의 발항 당시란 화물의 선적부터 선박의 발항 시까지를 의미한다. 따라서 발항당시에는 감항성이 갖추어져 있었으나 항해 중 어떠한 사유로 인하여 선박이 불감항이 되더라도 이는 운송인의 책임이 아니다.[55] 이러한 감항능력주의의무의 이행시기와 관련하여 영국 법원은 일관되게 '선박이 항해할 때 항해기간 중 감항능력의 확보와 관련하여 운송인은 선박이 항해 중에 계속하여 감항능력이 있어야 하는 것은 아니며, 발항당시에 감항능력을 갖추고 있으면 족하다'라고 판시[56]하고 있다. 그 주된 이유는 보험자가 선박보험계약을 통해 인수하는 위험은 선박이 출항할 당시의 위험이기 때문이다.[57] 선체의 감항능력뿐만 아니라 선박의 항해능력 확보에 대해서도 출항 당시에 감항능력을 확보하는 것으로서 족하다.[58] 그리고 이 정의는

55) 김인현, "해상법 제3판", (서울: 법지사, 2012), 192쪽 참조.
56) Beemon v. Woodbridge (1781) 2 Dougl, 781, p.788.
57) Hollingworth v. Brodrick (1837) 7 Ad. & E1. 40.
58) Trinder, Anderson & Co. v. Thames & Mersy mar. Ins. Co. (1898) 2 Q. B. 114.

1906년 영국해상보험법(Marine Insurance Act 1906) 제39조 제4항에 그대로 규정되어 있다.[59)]

선박이 여러 항구에 기항할 경우에 최종항구에 도착할 때까지 감항능력을 갖추어야 하는지에 대한 논의가 바로 단계의 이론(doctrine of stage)이다. 영국에 있어 단계의 이론은 1813년 Watson v. Clark 사건[60)]에서 확립되었다. 이후 Hibert v. Martin 사건[61)]을 통해 감항능력의 정도에 대하여 그 당시의 위험에 적합한 정도의 감항능력이 있으면 족한 것으로 여겨졌다. 즉, 항내에서는 정박하기에 충분한 감항능력을 갖추어야 하고 항해에 관하여는 항해에 적합하여야 한다는 것이다. 이러한 단계의 이론은 Quebec Marine Insurance Co. v. Commercial Bank of Canada 사건[62)]에서 이 원칙이 확립되었다. 결론적으로 단계의 이론에 의하면 항해가 수개의 단계로 나누어져 있을 때 각각의 단계에 있어 출항 시에 감항능력을 충족하여야 한다는 것이다.

### (2) 상법과 판례의 태도

일반적인 운송인의 감항능력 주의의무에 대하여, 우리나라 상법은 제794조는 해상운송인 또는 선원 기타의 선박사용인이 발항 당시 감항능력 주의의무에 관하여 주의를 해태하지 아니하였음을 증명하지 아니하면 운송물의 멸실, 훼손 또는 연착으로 인한 손해에 대해 배상책임이 있다고 규정함으로써, 선박의 감항능력 주의의무 확보에 관하여 과실책임주의를 채용하고 무과실의 입증책임은 해상운송인에게 부담시키는 것이 우리나라의 유력설로서 주장되고 있다.[63)] 또한 해상보험계약에 있어 감항능력주의의무는 피보험자의 묵시적 담보 사항이므로, 그 위반의 효과로서 상법 제706조 제1호는 피보험자가 감항능력주의의무를 위반하였다면, 보험자의 책임을 면책시키고 있다. 이와 아울러 감항능력주의의무의 이행시기에 대하여 상법 제794조는 '발항 당시'라고

59) MIA 1906 제39조 제4항, "A ship is deemed to be seaworthy when she is reasonably fit in all respects to encounter the ordinary perils of the seas of the adventure insured".
60) Watson v. Clark (1813), 1 Dow, 336.
61) Hibert v. Martin 1 Park ins. (8th ed), 473.
62) Quebec Marine Insurance Co. v. Commercial Bank of Canada, (1869−71) L. R. 3 P.C. 234.
63) 손주찬, "상법(하)", (서울: 박영사, 2001), 794쪽.

규정하고 있는데 이는 헤이그－비스비 규칙에서 명시하는 바와 같이 항해를 시작하기 전과 시작할 때를 의미하는 것으로서 입법기술상 번역을 줄여서 한 것으로 보인다.[64] 따라서 상법상에서 의미하는 '발항 당시'란 발항 항, 즉 해상운송계약에 따른 항해가 개시되는 항구를 발항할 당시를 의미하는 것으로써, 만약 발항당시에 선박이 감항능력이 있으면 출항 후 감항능력부족에 빠진다 하더라도 운송인은 선박의 불감항으로 인한 책임을 부담하지 아니한다.

감항능력 주의의무와 관련한 대법원의 대표적인 사례를 살펴보면, 첫째 대법원 1998. 2. 10. 선고 96다45054 사건으로서, 갑자기 기상이 돌변하면서 바람이 거세지고 높은 파도가 일더니 선박 주변에서 갑자기 돌풍이 발생하여 많은 양의 해수가 화물창 안으로 유입되어 화물이 손상을 입은 경우, 발항 당시 감항능력주의의무를 다하였다고 볼 수 있느냐 하는 점과 선적항을 출항하여 항해하던 중 레이더 장비의 노후에 따른 성능유지를 위하여 필요한 일상적인 점검을 받고 선용품도 공급받기 위하여 다른 항구로 임시 기항한 경우 정당한 이로냐 아니냐라는 사안에 대해 대법원은 '선박은 약정된 항해에서 통상 예견되는 황천(황천) 기타 기상이변에 대비한 준비가 되어 있어야 할 것인바, 해당 항로를 항해하는 선박이 통상 예견할 수 있는 정도의 돌풍이나 삼각파도에 의하여 선체 자체의 손상이나 인명피해 없이 화물창구 덮개의 일부만이 파손되었다면 발항 당시 선박이 불감항의 상태에 있었고, Y 또는 그 선박사용인이 발항 전 상당한 주의로써 선체의 각 부분을 면밀히 점검 조사하여 감항능력의 유무를 확인하였더라면 화물창구 덮개의 노후 등 하자를 발견하여 안전성을 확보할 수 있었는데도 이를 다하지 아니함으로써 선박의 화물창구 덮개 일부가 파손되고 거기로 해수가 유입되어 운송물이 침수되는 사고가 발생하였다고 봄이 상당하다고 판단하였다. 또한 선적항을 출항하여 항해하던 중 레이더 장비의 노후에 따른 성능유지를 위하여 필요한 일상적인 점검을 받고 선용품도 공급받기 위하여 다른 항구로 임시 기항하였다면 선주는 선적항을 출항할 당시 선박에 설치된 레이더 장비의 성능과 고장 여부를 점검하여 감항능력을 유지 확보하여야 하는데도 이를 게을리 하였으며, 발항 당시 레이더에 관한 감항능력주의의무의 이행을 다하지 아니한 선박이 출항한지 하루도 지나지

64) 박용섭, "해상법론", (서울: 형설출판사, 1998), 421쪽 참조.

않은 상태에서 레이더의 수리 점검 및 선용품 공급을 위하여 예정된 항로를 변경한 것은 정당한 이유로 인한 이로에 해당한다고 할 수 없다.'라고 판시하였다. 본 판례는 감항능력주의의무에 관하여 그동안 논란이 되어오던 사항에 관하여 언급한 매우 중요한 판결 중에 하나이다. 즉 해상운송인이 부담하는 감항능력주의의무의 정도로서 상당한 주의의무도 설시하고 있고, 불감항을 추정하는 기준의 하나를 예시한 점 그리고 불감항상태를 보정하기 위하여 이로한 것은 정당한 이유로 인한 이로가 아니라고 판시한 점, 당해 항해에서 통상 예견되는 위험을 극복할 수 있는 능력을 갖추어야 한다는 점, 그리고 선박의 감항능력 등 감항능력주의의무에 관한 모든 중요한 점이 다 언급되어 있다는 점에서 의미있는 판결이라고 판단한다. 둘째 대법원 1998. 2. 10. 선고 96다45054 사건으로서, 선박직원법에 의하면 평수구역을 항해하는 선박이 750KW 미만의 경우에는 6급 이상의 해기사면허를 소지하여야 한다고 규정하고 있음에도 불구하고 그 조건을 충족하지 못하였다면 선박이 불감항에 빠지는가에 대해, 대법원은 '원칙적으로 선박직원법에 따른 해기사면허가 없는 선원이 승선한 선박은 소위 인적 감항능력을 결여한 것으로 추정되나, 선원이 그 면허를 소지하였는지 여부만이 선박의 인적 감항능력의 유무를 결정하는 절대적인 기준이 되는 것은 아니고, 비록 그 면허가 없다고 하더라도 사실상 특정 항해를 안전하게 수행할 수 있는 우수한 능력을 갖춘 선원이 승선하였다면 이러한 경우까지 선박이 인적 감항능력을 결여하였다고 할 수는 없다.'고 판단하여 기존의 대법원 판결 88다카16924의 판결과도 상이하다는 비판을 받고 있다.

### (3) ISM Code상의 감항능력주의의무 이행기간

위에서 살펴본바와 같이 ISM Code상의 감항능력주의의무 관련 규정에 따르면 운송인은 선박의 안전한 운항 및 관리를 위해 다양한 의무를 부과하고 있다. 그렇다면, ISM Code에서 운송인의 감항능력주의의무 관련 규정의 이행기간은 언제로 볼 것인가의 문제가 있다. 이와 관련하여, 운송인인 회사는 헤이그 비스비규칙 제3항 제1항과 같이 발항 당시를 기준으로 감항능력주의의무의 이행여부를 판단하여야 한다고 주장하는 견해도 있다.[65] 그러나 ISM Code 제1.4조에 의하면 운송인은 선박의 안전운항 및 환경보호를 확보할 수 있는 지침 및 절차에 따라야 하며, 본 규약 제5조의 선장의 책임과 권한 규정에 의하면 선원, 환경, 선박 및 화물의 안전에 영향을 미치는 문제에 관한 선장의 책임을 명시하여 항해 운항 중에도 선장에게 적절한 조치를 취할 것을 요구하고 있다. 또한 본 규약 제10조 선박 및 설비의 보수 규정에 의하면, 운송인에게 선박의 갑작스런 운용고장에 대비한 정비보수 절차의 수립 및 유지의무를 부과하고 있다. 따라서 규정상의 이러한 의무를 이행하기 위해서는 선박이 운항 중에도 운송인은 상당한 주의의무를 부담하게 되며, 감항능력주의의무의 이행이 선박의 발항 시에만 국한되는 것은 아니라고 생각한다. 결론적으로 ISM Code상의 운송인 감항능력주의의무는 선박의 운항 중에도 선박의 안전한 운항을 위해 지속적으로 부담하고 있다고 보아야 할 것이다. 그러나 ISM Code의 등장은 운송인의 감항능력주의의무의 이행 여부에 대한 입증을 곤란하게 하며, 선박소유자나 운송인이 누려왔던 해상법상의 선주책임제한, 항해과실 면책 등의 혜택 향유를 어렵게 할 것이라고 비판하는 견해도 있다.[66] 그럼에도 불구하고, ISM Code는 현재 해사법 분야에 있어 감항능력에 관한 새로운 국제기준으로 작용하고 있으며, ISM Code에 의한 관련 자료들은 재판에 있어 선박의 감항능력주의의무에 대한 중요한 증거로서 활용되고 있으므로 선박을 운항하는 회사는 철저하게 ISM Code를 전 구간에 있어 준수하여야 한다.[67]

### (4) ISPS Code상의 감항능력주의의무 이행기간

따라서 운송인은 ISPS Code가 요구하는 의무를 이행하여야 하며, 이러한 의무의 이행은 선박의 출항 당시에만 충족하면 되는 것은 아니다. 즉, 위에서 살펴본 ISM Code상의 규정과 같이, 선박의 보안을 위해서 선박보안책임자는 선

65) 박영선, “국제안전관리규약(ISM Code)의 채택과 감항능력 주의의무에 관한 소고”, 「해상보험법연구」 제1권 제1호, 해상보험법연구(2005), 각주 43) 인용.

66) 김인현, “국제안전관리규약(ISM Code)이 해상법과 해상보험에 미치는 영향”, 「한국해법학회지」 제20권 제1호, 한국해법학회(1998), 211쪽.

67) 박영선, 전게논문, 69쪽.

박보안계획서를 실행하고 보안점검을 항해 중에도 지속적으로 실시하여야 하며, 특정 보안업무 및 책임이 있는 선박의 선원에게는 충분한 교육과 훈련을 실시하여야 한다. 따라서 만약 항해 중 운송인이 이러한 의무를 해태하여 사고가 발생한다면 이는 선박의 불감항으로 처리될 것이다.

현재 ISPS Code는 대부분의 외항선에 적용되고 있고, 이상의 결과에서 보듯 운송인은 본 규약에 따라 항해 중 선박의 보안을 확보하기 위해 상당한 주의의무가 부과되고 있다. 따라서 비록 ISPS Code의 규정상 감항능력주의의무에 대한 직접적 문구 및 항해 전 구간에 대한 이행기간의 확보라는 명확한 규정이 없다 하더라도 운송인에게 선박의 보안과 관련하여 항해 기간 동안 상당한 주의의무가 부과되어 있으므로, 로테르담규칙 제14조만이 유일하게 운송인에게 감항능력주의의무의 이행 기간을 확대하고 있는 것으로 취급되어서는 아니 된다고 생각한다. 결국 운송인은 항해 중에도 ISPS Code의 규정에 따라 감항능력을 확보하기 위한 상당한 주의의무를 다하고 있기 때문이다.

## Ⅴ. 맺는말

선박의 감항능력이란 선박이 화물의 수령·운송과 보존에 적합한 상태를 유지하면서 안전하게 목적 항까지 항해할 수 있는 능력을 의미하며, 운송인의 감항능력주의의무란 운송인이 송하인에게 제공하는 선박이 이러한 감항능력을 갖추도록 발항 당시에 상당한 주의를 기울일 의무를 의미한다(상법 제794조). 따라서 운송인이 선박의 감항성을 확보하기 위해 부담하는 감항능력주의의무는 크게 3가지로 분류할 수 있으며, 첫째가 선박 자체가 안전하게 항해를 할 수 있는 상태를 유지할 의무인 선체능력주의의무이며, 둘째는 필요한 선원이 승선, 선박의장과 필요품의 보급이 이루어져 선박이 운항 수 있는 상태를 갖추도록 할 의무인 항해능력주의의무, 그리고 마지막으로 화물을 적재할 선박의 부분이 화물의 수령·운송과 보존을 위하여 적합한 상태를 유지할 의무인 감하능력주의의무를 말한다. 이러한 운송인의 감항능력주의의무는 해상운송계약 또는 해상보험계약에 있어 기본적인 전제조건으로 간주되고 있으며, 대표적인 관련 규정이 헤이그 비스비규칙 제3조 제1항이다. 헤이그 비스비규칙 제3조 제1항을 분석하면, (a)에서 선박의 선체능력을 요구하고 있고, (b)에서 필요한 선원의 승선, 선박의장 및 선용품의 보급의무를 규정하고 있고, (c)에서는 선박이 화물의 수령, 운송 및 보과에 적합하고 안전한 상태를 유지할 것을 운송인에게 요구하고 있다. 또한 이러한 운송인의 감항능력주의의무 이행시기와 관련하여서는 "발항 전과 발항 당시(before and the beginning of the voyage)"로 한정하여 발항 당시에 선박이 감항성을 확보하고 있었다면, 비록 항해 중에 어떠한 사유로 인하여 선박이 불감항이 되더라도 운송인의 책임을 인정하지 않고 있다. 이는 현재 영국법원의 일관된 판결 태도이다. 위에서 살펴보았듯 현재 운송인의 감항능력주의의무의 위반 여부에 대한 판단 근거는 헤이그 비스비규칙 제3조 제1항에 두고 있다. 그러나 2008년도 채택된 로테르담규칙은 기존의 헤이그 비스비규칙상의 감항능력주의의무규정과는 다르게 추가적인 운송인의 의무를 요구하고 있다. 즉 기존 선박의 선체능력, 항해능력 및 감하능력 유지의무 이외에 추가적으로 감항성있는 컨테이너의 제공의무와 감항능력주의의무 이행기간의 확대이다. 이와 관련하여 영국법원은 감항능력주의의무의 이행시기와 관련하여 단계의 이론(doctrine of stage)을 적용하고 있다. 단계의 이론은 1813년 Watson v. Clark 사건과 이후 Hibert v. Martin 사건을 통해 등장하였고, Quebec Marine Insurance Co. v. Commercial Bank of Canada 사건에서 이 원칙이 확립되었다. 이렇게 운송인의 감항능력주의의무의 범위가 확대된 주된 이유는 기존의 헤이그 비스비규칙 등이 1960년대의 시대적 상황만을 반영함으로써 그 이후 급속하게 발전한 운송수단의 변화를 규율하지 못하였고, 또한 새로운 통신수단을 통한 선박의 통제 가능성이 제기되었기 때문이다. 결론적으로는 해운산업의 발전에 따른 시대적 요청이라고 할 수 있다. 그러나 이러한 변화를 반영한 로테르담규칙상의 감항능력주의의무 규정에 대하여 "운송인의 책임을 증가시킬 것이며, 이는 해운산업의 비용증가로 이어질 것이다"라고 비판하는 견해들이 있다. 물론 운송인이 감항성있는 컨테이너의 제공 및 항해 전구간의 감항성 유지를 위해서는 추가적인 비용을 지출해야 하겠지만, 새로운 물류시스템의 변화 및 시대적 변화의 요청을 외면할 수는 없을 것이다. 왜냐하면, 컨테이너 전용선의 등장으로 현재는 컨테이너가 선박의 선창 및 중요한 일부로 여겨지고 있으며, 운송인이 화물의 적재 및 운송을 위해 화주에게 컨테이너를 제공하는 경우에는 화물 또는 운송에 적합한 컨테이너를 제공하는 것은 당연하며, 이를 위반한 경우에는 책임을 부담하는 것이 업계의 관행이다. 또한 운송인의 감항능력주의의무 이행기간이 ”발항 당시“에서 ”항해 중“으로 확대하고 있으나 이미 선박의 안전한 운항 및 보안을 위한 국제적인 협약 즉 ISM Code 및 ISPS Code에 의하더라도 운송인은 선박의 안전과 보안을 위해 지속적인 의무를 부담하고 있다. 따라서 로테르담규칙상의 감항능력주의의무 규정은 운송인에게 새롭게 추가적인 의무를 부담시키는 것이 아니라 새로운 시대를 규율하는 도구로서의 가치가 있다 할 것이다.

## 참고문헌


구종순, 「해상보험(제4판)」 (서울: 박영사, 2010).

김인현, 「해상법(제3판)」 (서울: 법문사, 2012).

이기수 · 최병규 · 김인현, 「보험 · 해상법(제8판)」 (서울: 박영사, 2008).

정찬형, 「상법강의(하)」 (서울: 박영사, 2009).

최종현, 「해상법상론」 (서울: 박영사, 2009).

김선옥, "로테르담규칙에 있어서 해상물건운송계약당사자의 의무 및 책임에 관한 법리적 연구", 「통상법률」 104호, 법제처(2012).

김인현, "국제안전관리규약(ISM Code)이 해상법과 해상보험에 미치는 영향", 「한국해법학회지」 제20권 제1호, 한국해법학회(1998).

김인현, "해상법 제3판", (서울: 법지사, 2012).

박명섭 · 허윤석 · 홍란주, "해운 · 항만 국제테러방지를 위한 안보강화에 관한 연구", 「해양비즈니스」 제12호, 한국해양비즈니스학회(2008).

박성일, "국제안전관리규약(ISM Code)에 관한 소고", 「해사법연구」 제18권 제2호, 한국해사법학회(2006).

박영선, "국제안전관리규약(ISM Code)의 채택과 감항능력 주의의무에 관한 소고", 「해상보험법연구」 제1권 제1호, 해상보험법연구(2005).

박용섭, "해상법론", (서울: 형설출판사, 1998).

손주찬, "상법(하)", (서울: 박영사, 2001).

송정성, "콘테이너운송과 복합운송에 관한 소고", 「논문집」 제13권, 서경대학교(1985).

우성구 · 한낙현, "1985년 협회적하약관(ICC)상의 컨테이너화물 리스크에 관한 연구", 「무역학회지」 29권 제1호, 한국무역학회(2004).

이양기 · 이우영, "국제선박 및 항만시설보안규약이 해상보험에서의 감항능력 담보에 미치는 법적 영향", 「무역학회지」 제36권 제1호, 한국무역학회(2011).

전영우, "국제해사협약의 지속적 강화의 문제점과 그 해결 필요성에 관한 연구", 「해사법연구」 제20권 제1호, 한국해사법학회(2008).

정준식, "선박관리와 감항능력주의의무에 관한 연구", 「한국항만경제학회지」 제21집 제4호, 한국항만경제학회(2005).

최병권, "해상 및 항공물류보안의 법규 및 정책에 관한 연구", 「무역상무연구」 제42권, 한국무역상무학회(2009).

한낙현, "갑판적 화물에 있어서 면책특약의 효력에 관한 사례분석", 「산업경영」 제36권, 경남대학교 산업경제연구소(2005).

Ahmad Hussam Kassem, *The Legal Aspects of Seaworthiness : Current Law and Development*, (London: University of Wales, Swansea, 2006).

Beemon v. Woodbridge (1781) 2 Dougl, 781.

E.R. Hardy Ivanmy, *Marine Insurance*, 4th Ed, (London Butterworths, 1985).

Gaskell, N. J. J., Debattista, C. & Swatton, R. J., Chorley & Gilles *Shpping Law*, 8th ed., (London: Pitman Publishing Ltd., 1995).

Mocatta, Mustill and Boyd, *Scrutton on Charterparties and Bills of Lading*, 19th Ed, (London: Stweet & Maxwell, 1984).

Nicholas Legh－John Birds, David Owen, *MacGilliveray on Insurance Law*, 10th Ed, (London: Sweet and Max well, 2003).

S. C. Boyd, A. S. Burrows, & D. Foxton, *Scrutton Charterparties and Bills of Lading*, 20th ed. (London: Sweet & Maxwell Ltd, 1996).

# 선박의 위부인정과 관련한 제문제*

## - Brillante Virtuoso호를 중심으로 -

지 상 규

## Ⅰ. 머리말

해상보험계약과 관련하여 영국해상보험법(이하 MIA라 칭함)은 제1조에서 보험자가 그 계약에 의하여 합의된 방법과 범위 내에서 해상사업에 수반되는 손해에 대하여 피보험자가 보상할 것을 약속하는 계약이라고 규정하고 있으며, 우리 상법도 제693조에서 MIA와 유사하게 해상보험계약의 보험자는 해상사업에 관한 사고로 생긴 손해를 보상할 책임이 있다고 규정하여 해상보험계약상 보험자는 항해 사업에 부수하여 발생하는 해상손해를 담보하도록 하고 있다. 특히 해상이라는 특수한 위험을 반영하여 정책적인 측면에서 피보험자를 보호하기 위해 추정전손을 인정하고 있으며, 이를 보험약관에 규정하고 있다. 또한 추정전손이 형식적으로 성립하기 위한 방법상의 내용으로서 보험위부제도를 두고 있다. 추정전손 및 보험위부제도와 관련하여 영국해상보험법은 제60조에 추정진손과 관련된 사항을 규정하고 있으며, 동법 제61조에 보험위부와 관련한 사항을 규정하고 있다. 그러나 보험자의 입장에서는 보험사고 여부의 조사 또는 잔존물에 대한 제거의무와 제거를 위한 추가적 비용의 발생을 우려하여 위부의 통지에 대한 승낙을 거절하는 것이 일반적이다. 따라서 보험자가 위부통지의 승낙을 거절할 경우, 피보험자는 보험사고에 따른 보험금지급이 지연 또는 거부됨으로써 경제적 손실을 당할 우려가 있다. 이에 대하여 영국법 실무상으로는 보험자가 위부통지에 대해 승낙을 거부하면 피보험자는

* 이 논문은 'The Brillante Virtuoso호 사고와 관련된 선박의 추정전손 인정여부와 손해방지비용의 인정'(한국법학회, 제62권, 2016)에 발표한 논문을 수정·보완한 것이다.

보험자에게 위부통지일자로 소송개시영장(writ)이 발부되어 보험자에게 송부한 것과 같이 취급해달라는 요청을 하게 되고, 대부분의 경우 보험자는 이에 반대하지 않는다. 예를 들면 MIA 제60조 추정전손의 성립요건과 관련하여 수리비용에 해당하는 범위를 어디까지 일정할 것인가의 문제, 동법 제60조 제2항 제2호 "장래"의 기산 시점을 "사고일자 이후"로 볼 것인가 아니면 "위부통지 이후"로 볼 것인가 하는 문제, 그리고 동법 제78조의 손해방지비용과 관련하여 손해방지비용의 청구 시 적정하고 합리적인 비용의 판단 근거는 무엇인가 하는 것이 그 주된 예일 것이다. 이와 관련하여 위부통지의 승인여부는 위부통지 당시에 객관적으로 실제 발생한 사실을 판단기준으로 한다. 또한 동법 제78조에서 피보험자의 손해방지 및 경감의무(the duty to sue and labour)를 규정하여 피보험자 또는 그의 대리인에게 손해를 방지하고 더 이상 손해가 확대되지 않도록 합리적인 조치를 강구할 의무를 부과 시키고 있다. 그리고 반대급부로서 이러한 의무를 이행하는데 지출된 손해방지비용을 보험자가 부담하도록 규정하고 있다.

대상판결(SUEZ FORTUNE INVESTMENT LTD AND ANOTHER V. TALBOT UNDERWRITING LTD AND OTHERS)은 아덴만 지역의 해적에 의해 보험목적의 선박이 소실된 사고로서, 협회기간보험약관에 따라 선박의 수리비가 협정보험가액을 초과하여 추정전손으로 판단할 수 있는지 여부 및 수리의 장소 결정이 합리적인지에 대한 판단, 피보험자의 위부통지 이후 보험자가 위부통지에 대한 승인을 하지 않았음에도 불구하고 선박을 매매한 경우 피보험자의 보험금청구권이 상실되는지에 대한 여부, 그리고 피보험자가 손해방지를 위해 지출한 손해방지비용을 보험자가 보상하여야 하는지에 관하여 다투고 있는 영국법원의 판결이다. 아울러 본 논문과 관련한 문제로서 추정전손의 판단을 위한 수리비용의 범위를 사고일자를 근거로 판단할 것인가 아니면 위부통지 이후로 볼 것인가에 관하여 논하고자 한다. 또한 해난구조와 관련된 SCOPIC 약관의 내용과 추정전손과의 관계에 관하여 설명하고자 한다.

# II. 사건의 개요

## 1. 사실관계

### (1) 원고가 가입한 보험의 주요내용과 사고 경위

본 건 해당 선박 Brillante Virtuoso호의 선주인 수에즈운투자회사와 저당권자인 피레우스은행은 전쟁과 동맹파업을 담보하는 내용의 협회기간보험(Institute Time Clauses－Hull, 1983)[1)]을 텐로이즈 보험사와 체결하였다. 그리고 협정보험가액은 미화 55백만불이었다.

동 선박은 우크라이나 케르치에서 중국 칭다오로 141,000mt 연료유를 운송하기 위해 항해 중 있었고, 아덴만과 인도양은 해적이 빈번히 출몰하는 지역이었기 때문에 선주는 무장하지 않은 경호원들을 승선시켜, 아덴만에 정박하고자 하였다. 2011. 7. 5. 선박이 정박하기 위해 기다리는 중에 무장을 한 자들이 자신들은 항만당국(PSC)의 직원이라며 접근하였고, 이에 선박은 이들의 승선을 허락하였다. 그러나 사실 그들은 아덴만 지역의 해적들이었다. 이후 선박은 해적들의 명령에 따라 진로를 소말리아 설정하였다. 그러나 선박의 주요엔진이 정지하였고, 고장을 일으켰다. 이에 해적들은 선박의 엔진실을 폭파시켰으며, 이에 따라 엔진실, 숙박시설 등을 모두 불탔고, 더 이상 선박을 가동할 수 없게 되었다. 2011. 7. 6. 해적들이 선박을 떠나자 선원들은 구조를 요청하였고, 미 해군에 의해 구조되었다. 이후 선주는 구조회사와 선박의 구조에 관한 계약을 체결하였고, 2011. 7. 6.에서 2011. 10. 7.까지 선박을 아랍에미리에트의 코르파칸항까지 예인하여 선박에 있던 연료유 화물을 다른 선박으로 이동시켰다. 이후 2011. 10. 7. 선주에게 다시 인도되었다. 이에, 선주는 2011. 10.

1) 이 약관은 1888년 런던보험자협회(ILU)에 의해서 처음으로 제정되었다. 협회기간약관은 여러 차례 개정되어 오면서 1983년 신양식의 해상보험증권이 등장하자 여기에 부응하여 대폭 개정되었다. 현재 선박보험에서는 협회기간약관(1983), 협회기간보험약관(1995) 및 국제선박보험약관 등이 있지만 1983년도 협회기간보험약관이 가장 많이 사용되고 있는 실정이며, 협회에서 제정한 다른 선박보험약관도 이 약관을 기본으로 하고 있다.

7.에서 2012. 3. 15. 선박이 고철로서 매각될 때까지 두 대의 예인선을 사용하여 선박을 고정시켰다.

선주는 2011.11.7. 추정전손을 주장하며 피고인 보험사에 위부를 통지하였으나, 보험자는 같은 날 위부의 승인을 거절하였다. 그 후 선주는 고철회사인 Aryana Shipping과 미화 7십만불에 선박을 매매할 것을 논의 하였고, 2012. 2. 20.에 선주는 선박의 매매일까지 보험자에게 반대하지 않는 한 선박을 매매할 것을 통지하였고, 보험자의 특별한 반대가 없자 2012. 2. 21. 양해각서에 서명하고 선박을 매각하였다. 선주는 선박 매각 이후 2012. 2. 8. 서면으로 보험약관에 따른 보험금지급과 관련된 청구절차를 진행하였다.

#### (2) 피고인 보험자의 보험금 지급 거절

원고인 선주는 선박이 보험사고로 인해 훼손되었으며, 선박의 예상수리비가 미화 64백만달러로서 이는 보험약관에 따른 협정보험가액 미화 55백만달러를 초과하므로 추정전손에 해당한다고 주장하였다. 또한 선박의 구조와 관련된 구조비용, 예인선 사용비용, 항비 및 기타 손해방지비용의 지급을 보험자에게 주장하였다. 그러나 보험자인 피고는 상기 선박의 예상수리비가 협정보험가액을 초과하지 않으며, 선주가 선박을 매각하였기 때문에 보험금청구권을 상실하였고, 손해방지비용의 지급과 관련된 청구에 대하여는 위부통지 이후 또는 2012년 2월 청구서 발행 이후 시점부터 손해방지 비용의 지급은 불가능하다고 주장하였다.

이에 원고는 선박의 추정전손금 미화 55백만달러와 손해방지비용의 지급을 청구하는 소송을 제기하였다.

### 2. 피고의 주장[2)]

피고는 원고의 추정전손과 관련하여 이를 반박하는 근거로서 1) 원고가 주

2) 본 논문에서는 피고가 소송에서 주장하였던 명시적 Warranty위반에 관한 사항은 다루지 않기로 한다.

장하는 예상수리비용은 피고가 산정한 중국에서의 수리비보다 높으며, 수리를 중국에서 실시 할 경우 수리비가 협정보험가액을 초과하지 않으므로 추정전손이 성립하지 않는다. 2) 선주가 선박을 매매하였으므로 협회기간보험이 종료되었으므로, 보험약관에 따른 보험금청구권은 상실되었다. 3) 손해방지비용의 청구와 관련하여 ① 2011년 10월 7일 선박이 선주에게 재인도 되었으므로, 보험상의 위험이 사라진 것이며, ② 위부통지 송달 이후 또는 2012년 2월 청구서 발행 이후 손해방지 비용의 보상은 불가능하다고 주장하였다.

## 3. 법원의 판단

(1) 선박의 추정전손 인정과 관련하여 법원은 원고가 주장하는 예상수리비가 선박의 협정보험가액을 초과하고 있으므로, 추정전손이 성립한다고 판시하였다. 즉 원고는 선박의 예상수리비가 협정보험가액인 미화 5천5백만달러를 넘는다는 사실만 입증하면 되며, 수리된 선박의 현재가치가 미화 1천2십만달러 밖에 되지 않음에 동의하였다 하더라도 추정전손이 성립한다는 결론은 달라지지 않는다고 판단하였다. 또한 선박을 수리할지 여부 및 어디서 그리고 어떻게 수리가 수행될지를 결정하는데 있어서는 무보험소유자라면 어떤 행동을 취할 것인가를 고려하여야 한다고 판시하면서, 예상수리비를 결정하는 수리장소에 대해서는 전체적인 다른 요소들을 고려할 때 결정적일 필요는 없다고 판단하였다. 즉, 두바이만 보다 멀리 떨어진 중국으로 수리하러 갈 경우의 예상되는 예인비용과 위험비용, 이를 위한 보험비용, 그리고 수리기간 동안의 소득의 손실 등을 종합적으로 판단하여, 먼 거리에 있는 조선소와 근접한 거리의 조선소의 수리비 가격 차이가 상당한 것이 아닌 한, 수리 장소가 추정전손 여부를 판단하는데 결정적인 원인은 아니라고 판단하였다.

특히, 추정전손인지의 여부를 평가하는데 있어 수리비용 뿐 아니라 선박이 수리되기 위해 합리적으로 필요한 선박의 구조비용과 예인비용을 포함해야 한다고 판시하였는데, 이에 따르면 피고가 주장하는 중국에서의 예상수리비용가 미화 53백만달러라면, 이에 더하여 구조 및 예인비용을 포함하여 총 미화

61백만달러에 이르므로, 원고가 주장하는 두바이만에서의 예상수리비 미화 64백만달러에 비하여 결코 저렴한 것이 아니므로, 어느 것에 의하더라도 협정보험가액인 미화 55백만달러를 초과하고 있으므로 추정전손이 성립된다고 판단하였다.

(2) 원고의 선박 매매로 청구권을 상실하였는지와 관련하여, 선주가 선박을 매매하기 위한 제안의 과정 전반에 걸쳐서 보험사가 해당 절차를 인지하고 있었으며, 그러한 매매에 대해 반대하지 않았다고 판결하였다. 즉 선주가 반복적으로 선박이 추정전손에 해당한다는 점을 받아들이라고 보험사를 압박한 사실, 선박을 고철로 매매하기 전에 선주가 보험사에 문서로 고지한 사실, 그리고 결정적으로, 만약 금액 합계가 보험증권내에서 지불이 가능하다면 선주가 매매 절차를 설명할 필요가 있다고 보험사가 응답한 점을 봤을 때, 선박매매는 선주 자신만을 위한 행동이 아니며, 선주 자신 및 보험사의 이익을 위한 행동으로서, 선박매매로 인해 보험금 청구권을 상실하지 않는다고 판단하였다.

(3) 손해방지비용의 지급과 관련하여, 선주에게 선박이 재 인도된 이후 피고의 부보위험인 전쟁위험약관에서 보상되는 부보위험이 이미 종료되었다는 피고의 주장에 대해, 법원은 전쟁위험약관에서 보상되는 폭력, 절도, 파괴 등의 위험이 여전히 존재하고 있었다고 판단하였다. 즉 선박이 선주에게 재 인도된 시점이 2011년 10월 7일 이었으나, 당시 선박이 안전한 장소에 있지 못하였고, 공해에서 닻을 내린 상태로 조종불능 상태였다. 따라서 약관상의 담보위험인 해적에 의한 위험 또는 공공기물 파손, 그리고 악한 행위 등의 발생이 가능한 상태였으므로, 보험에 부보된 위험이 재 인도 이후에도 여전히 존재하였다고 판단하여, 피고의 주장을 배척하였다. 또한, 법원은 손해방지 비용과 관련하여 위부통지 일자 이후에는 보상할 수 없다는 피고의 주장에 대하여도 이를 배척하였다. 즉 위부통지에 대하여 피고인 보험자가 이를 승인하지 않았으므로, 보험금 청구권이 위부통지에 따라 확정되지 않았기 때문이라고 판시하였다. 만약 선주가 선박을 보호하기 위해서 손해방지 비용을 지속적으로 지출하는 것이 합리적이라면 이는 보험에 의해 보상되어야 하며, 따라서

위부통지가 보험자에 의해 승인된 경우에는 보험금지급 청구서가 실제로 발행된 날짜 이후 손해방지 비용이 청구될 수 없으며, 보험자의 의무가 확정된다고 판단하였다. 따라서 본 사건에서 보험자는 위부통지를 승인하지 않았기 때문에 피고의 주장은 받아들여 질수 없으며, 예인선 비용과 에이전트 수수료까지 모두 보상하여야 한다고 판시하였다. 결과적으로, 청구서 발행일인 2012. 2. 8.을 손배방지비용의 발생 종료일로 보아야지, 위부통지일인 2011. 12. 7. 이후 소송 및 노동비용이 보상될 수 없는 것은 아니다라고 판단하였다.

## 4. 대상판결의 쟁점

(1) 이 사건 선박의 예상수리비가 협정보험가액을 초과하는지 여부 및 초과한다면 이를 추정전손으로 볼 수 있는가의 판단이다.

(2) 원고인 선주가 위부통지 이후 선박의 매각하였는데, 이러한 매각이 보험청구권의 상실로 판단할 수 있는가의 문제이다.

(3) 손해방지비용을 피고인 보험자가 부담하여야 하는가의 판단이다.

# Ⅲ. 평 석

## 1. 해상보험법상 추정전손

### (1) 추정전손의 개념

추정전손의 개념에 대하여 상법은 이를 구체적으로 규정하지 않고, 동법 제711조(선박의 행방불명) 제2항에서 선박의 행방이 2개월간 불명한 경우에 전손으로 추정한다는 규정만을 두고 있으나, 영국해상보험법 제60조는 "보험약관에 명시규정이 있는 경우를 제외하고, 보험의 목적인 현실전손이 불가피한 것으로 생각되기 때문에, 또는 비용이 지출되었을 때에는 보험의 목적의 가액을 초과하는 비용의 지출 없이는 현실전손으로부터 보험의 목적이 보존될 수 없기 때문에 보험의 목적을 합리적으로 포기한 경우가 추정전손"이라고 규정하고 있다. 즉 보험 목적물이 실제로 전손이 된 것은 아니지만 그 회복의 가능성이 없거나 수선에 필요한 비용이 지나치게 과다하여 법률의 해석이나 의제에 의하여 전손으로 처리하는 해상보험의 특수한 제도이다.[3] 이렇듯 추정전손의 인정은 해상보험에서만 인정되고 있는데 그 이유는 보험사고의 대부분이 바다에서 발생하고 있으며, 보험사고의 원인 및 손해의 입증이 일반 손해보험과 다르게 매우 어려우므로 이러한 특수성을 고려하여 추정전손의 개념이 해상보험에서 인정되고 있는 것이다.

추정전손의 인정과 관련하여, 본 사건의 선박은 1983년 협회기간보험약관(ITC Hulls)에 가입하고 있었으며, 본 약관은 제19조에서 추정전손에 관하여 아래와 같이 규정하고 있다. ① 선박이 추정전손인지의 여부를 확인함에 있어서는 협정보험가액이 수리후의 가액으로 간주되고, 피보험선박이나 난파선의 손상가액 또는 해체 가액은 고려되지 않는다.[4] ② 피보험선박의 회복비용이나 수리비용을 기초로 하는 추정전손에 대한 보험금은 그러한 비용이 협정보험가액을 초과하지 않는 한 이 보험증권에서는 보상되지 않는다. 이러한 결정을 하는데 있어서는, 오직 단일 사고에 관한 비용이나 동일한 사고로 인한 일련의 손상에 관한 비용만이 고려된다.[5]

협회기간보험약관에 따르면 추정전손의 결정은 수리비용이 협정보험가액을 초과하는 경우에 성립한다고 정리할 수 있다. 또한 협정보험가액을 수리후

3) 정경영, "선박보험에서 추정전손과 근저당권자의 지위", 「성균관법학」, 제15권 제1호, 성균관대학교비교법연구소, 2003, 18쪽.

4) ITC-Hulls 제19조 제1항 : In ascertaining whether the Vessel is a constructive total loss, the insured value shall be taken as the repaired value and nothing in respect of the damaged or break-up value of th Vessel or wreck shall be taken into account.

5) ITC-Hulls 제19조 제2항 : No claim for constructive total loss based upon the cost of recovery and/or repair of the Vessel shall be recoverable hereunder unless such cost would exceed the insured value. In making this determination, only the cost relating to a single accident or sequence of damages arising from the same accident shall be taken into account.

의 선박의 가액으로 규정하여 추정전손의 결정과 관련된 분쟁의 소지를 제거하고 있다. 예를 들면, 손상된 선박의 예상수리비가 미화 3백만 달러이고, 수리후의 선박가액(ITC Hulls 제19조에 따라) 협정보험가액이 미화 4백만달러인 경우에는 협정보험가액이 예상수리비보다 많아 추정전손이 성립하지 않는다. 그러나 만약 선박의 예상수리비가 미화 5백만달러라면 협정보험가액을 초과하므로 추정전손이 성립할 수 있다. 또한 협회기간보험약관 제19조 제2항 후단의 "단일 사고에 관한 비용이나 동일한 사고로 인한 일련의 손상에 관한 비용"이란 해상보험약관에 의하여 보험자가 담보하는 한 번의 보험사고로 선박이 입은 손상이고 일련의 사고라 함은 그 사고와 관련하여 생긴 손상과 그것을 회복 또는 수선하기 위해 소요된 모든 비용을 의미한다.[6)]

## (2) 추정전손의 성립요건 및 선박의 수선비용

### 1) 추정전손의 성립요건

선박 추정전손의 성립요건은 크게 3가지로 나누어 볼 수 있다. 첫째 선박의 현신전손이 불가피한 것으로 보이는 경우이다. 둘째 선박의 점유를 상실하여 회복의 가능성이 없는 경우이다. 마지막으로 선박의 수선비가 선박의 가액을 초과할 때, 즉 경제적 수선불능의 경우이다. 이를 분설하면, 추정전손이 성립하기 위해서는 현실적인 전손이 발생하여야 한다. 이에 관하여, 영국해상보험법 제57조 제1항에 "① 완전히 파괴되거나, ② 본래의 성질을 상실하거나, ③ 보험의 목적의 점유를 상실하여 그것을 회복하는 것이 사실상 불가능한 경우"라고 규정하여, 추정전손이 성립하기 위해서는 현실적인 전손을 요구한다. 두번째로 추정전손이 성립하기 위한 조건으로서 선박의 점유상실이 있다. 선박의 점유상실은 선박이 현실적으로 점유를  상실하는 것으로서 포획(capture), 나포(seizure), 압류(arrest), 억류(detainment)등을 들 수 있다. 그리고 세 번째로서는 보험목적물의 경제적 수선불능으로서 피보험선박이 보험사고로 인하여 심하게 훼손되어 선박을 구조하여 다시 항해할 수 있도록 수선하는 비용이

6) 조병중, "해상보험 위부제도에 관한 연구: 위부제도 폐지론과 관련하여", 박사학위논문, 명지대학교 대학원, 1989, 30쪽.

수선 후의 선박의 가격을 초과하여 추정전손이 성립하는 경우이다. 이에 관한 자세한 사항은 아래의 선박의 수리비용 항목에서 검토하고자 한다.

2) 선박의 수리비용

위에서 살펴보았듯, 영국해상보험법 제60조 및 협회기간약관 제19조에 의하면, 추정전손이 성립하기 위해서는 선박의 수리비용이 선박의 가액을 초과하거나 또는 협정보험가액을 초과하여야 한다. 즉, 영국해상보험법 제60조 제2항 제2호의 수선비가 단독해손에 관한 수선비만을 의미하는지 아니면 광의의 수선비 즉 단독해손 수리비와 공동해손 및 구조비등을 포함한 전체 금액을 의미하는지가 추정전손 판단의 중요한 근거가 된다. 영국해상보험법 제60조 제2항 제2호는 수리비에 대하여 "선박의 회복 및 수선비용(cost of recovery and/or repair)"라고 규정하여 선박의 수리비 명목에 합리적으로 예상되는 선박의 인양비용, 공동해손분담금 및 예인비 등이 포함된 것으로 해석하고 있다. Irvin v.Hine 사건[7)]에서 Devlin 판사는 "예상 수선비를 산정하는데 있어서는 그 선박이 실제로 수선되었을 경우에 지출되었을 실제 경비를 포함한다"라고 판시하였다. 이는 선박의 수리비 산정에 있어 관련 경비까지도 수리비에 포함시켜야 한다는 해석으로 판단된다. 또한 Compania Maritima Astra. S.A. v. Archdale 사건[8)]에서도 법원은 "수선 및 회복비용의 계산에 있어서는 선박을 그 위험한 상태에서 안전한 항구로 인도하고 그 후 감항성있는 선박으로 수리하는데 소요되는 비용을 포함시킨다"고 판결하였다. 따라서 수리비는 실제 예상되는 수리비용 이외에 선박의 부양 및 검사비용 그리고 예선비용과 작업감독 비용까지도 포함된다고 보아야 할 것이다.

3) 수리의 정도 및 장소

선박의 추정전손을 결정함에 있어 수리비가 협정보험가액을 초과하는지가 중요한 요소이며, 이러한 수리비의 결정은 수리의 정도에 따라 달라지게 된다. 따라서 수리의 정도를 결정함에 있어 해상운송계약상의 양하지까지 운송할

7) Irvin v. Hine, [1950] 1 K.B. 555; (1949) 83 Ll.L.Rep. 162.
8) Compania Maritima Astra. S.A. v. Archdale (1954) New Work Sup.Ct. Lloyd's Rep 96.

수 있을 정도의 수리인지, 선급의 안전검사를 통과할 정도의 수리인지 아니면 보험사고 이전의 상태와 같은 정도의 수선인지의 결정이 선행되어야 한다. 이에 대한 영국판례로서 Angenoria Steamship company, Ltd v. Merchant's Marine Insurance Company, Ltd 사건[9]이 있다. 본 사건에서 법원은 "선체의 용골(keel) 손상을 수리함에 있어, 선주는 수리후 선박의 잔존가치를 하락시키는 수리방법에 대하여 반대할 권리가 있으며, 선박수리비 뿐만 아니라 선박 가치 하락에 따른 손실비용을 보상받을 권리가 있다"고 판시하였다. 이에 따르면 수리의 정도는 보험사고 이전의 상태와 동일한 정도의 수리가 인정되는 것으로 보인다. 그러나 영국의 또 다른 사례, Sailing Ship Blairmore Co., Ltd v. Macredie 사건[10] 및 The wild Rose SS. Co. V. Jupe 사건[11] 에서 법원의 판결을 살펴보면 수선의 정도에 대하여 "선박이 기평가된 보험가액이 정하여져 있다면 수리는 보험가액이 결정된 그 당시의 상태로 회복하기 위한 수선이어야 한다"고 판시하여 보험부보 당시의 선박과 동일한 상태의 유지를 위한 수선이어야 한다는 것으로 보인다.

결론적으로 선박의 수리의 정도를 정함에 있어서는 위에서 살펴본 영국의 법원들의 판단에 따라, 원래의 선박과 같은 선급으로 수리하여 선박의 가액이 협정된 때와 같은 상태가 되도록 할 정도에 이르는 수리에 한정된다 할 것이다.

수리의 장소와 수리의 결정 시기는 추정전손을 결정하기 위한 중요한 요소가 된다. 따라서 선박이 보험사고로 인하여 손상을 입은 장소에서 가장 가까운 피난항으로 선박을 구조하거나 또는 예인한 후 해당 선박의 수리가 가능한 장소를 기준으로 하여야 한다.[12] 또한 수리의 시기도 보험사고 후 상당기간 해당 선박을 방치할 경우 수리비의 증가가 예상되므로 가능하다면 선박의 손해가 발생한 이후 손해를 최소화하기 위하여 최단시간에 수리를 결정하여야 하며 그 결정시기가 수리의 적정한 시기라고 할 것이다. 이렇듯 수리의 장소 및 시기를 결정함에 있어서는 신중한 무보험 선박소유자를 기준으로 이를 판

9) Agenoria Steamship Company, Ltd. v. Merchants' Marine Insurance Company, Ltd., (1903) 8 Com. Cas. 212.
10) Sailing Ship Blairmore Co., Ltd v. Macredie (1898) AC 593.
11) The wild Rose SS. Co. V. Jupe (1903) 19 TRL 289.
12) 이재복, 「선박보험약관론」, 보험연수원, 1999, 314쪽 참조.

단하여 추정전손여부를 결정하여야 할 것이다. 아울러 수리비의 구체적 내용으로서, 선박이 추정전손이 되기 위해서는 예상되는 수리비와 수리비 중 합리적으로 지출되어야 하는 비용이 포함되어야 한다.

구체적인 수리비의 범위와 관련하여 영국 손해사정인협회실무규칙(The Rule of Practice of the Association of Average Adjusters)에 따르면, 선박의 손상부위와 정도를 감정하가 위한 비용, 검사와 수선을 위해 중간항에서 화물을 양하하는 비용, 임시수선을 위해 선박을 드라이독에 입거하는데 필요한 화물의 양하비용, 선박을 수리항으로 예인하기 위한 비용, 예인허가증 발행비용, 수리항에의 입항을 위한 선박의 감항능력비용, 선급검사인의 검사료, 선박이 떠있게 펌프질 하는 비용, 검사인의 숙박 및 관련 비용, 수선감독자의 감독비용, 급료 및 부양비, 연료 등 회항비용 기타 선박의 원상복구를 위하여 필요한 기타비용의 견적액을 포함한다.[13]

### (3) 대법원의 판례의 경향

우리 상법은 추정전손에 대한 개념 및 인정과 관련하여 이를 규정하고 있지 아니하다. 단지 보험위부를 인정하기 위한 원인으로서 상법 제710조에서 추정전손을 규정하고 있는데, 이는 영국해상보험법 제60조 추정전손 규정을 계수하고 있다. 따라서 추정전손에 관한 구체적인 개념 및 내용은 법원의 판례에 의하여 확정되고 있다. 즉 대법원은 추정전손에 대한 개념 정리에 있어 영국해상보험법 제60조의 규정을 그대로 받아들이고 있는데, 판결을 통해 "전손과 분손의 개념에 관하여 영국해상보험법 제56조 제1항 현실전손(actual total loss), 제2항 추정전손(constructive total loss)에 관한 규정, 추정전손의 의의에 관한 제60조 제1항, 추정전손의 요건 및 손해액 산정원칙에 관한 동조 제2항, 선박가액 산정에 관한 협회선박기간보험약관 제19조 제1항에 근거하여"라고 판시하여[14] 기본적으로 영국해상보험법과 관련 약관의 내용을 인정하고 있다.

13) Templeman on Marine Insurance(6th ed. by R. Lamberth), Pitman, U.K. 1986, p.233; 손해사정인협회실무규칙 제10조 참조.
14) 대법원 2001. 2. 23. 선고 98다59306 판결.

또한 추정전손과 관련한 수리비 인정과 관련하여 대법원은 "수리비의 산정을 위한 감정이 그 감정절차와 방법에 합리성이 결여되어 있고 산출 근거가 불분명하다면 그 자체로서 신빙성이 없다고 보아야 할 것"이라고 판시하여[15] 정당한 절차에 의해 산정된 수리비만이 추정전손의 판단 근거가 된다고 결정하였다. 그리고 추정전손의 인정시점과 입증책임과 관련하여서는 "추정전손의 판단 기준시점은 위부통지시의 사실관계가 아니고 보험금 청구소송의 제소 시에 존재하는 사실관계에 의하여 그 여부가 판단되어야 하며, 피보험자의 추정전손 주장은 보험사고의 발생을 주장하는 것이고, 그 입증책임은 피보험자에게 있으므로 피보험자는 보험사고로 인한 선박의 수리비가 보험가액을 초과한다는 것을 입증하여야 하는데 피보험자가 제출한 수리비 견적서들은 그 신빙성을 인정하기 어려워 선박의 전손이 발생하였다고 볼 수 없으므로 보험자는 보험금 지급 책임이 없다"라고 판결[16]하여 추정전손의 판단 기준시점을 보험금 청구소송 제기시의 사실관계에서 찾아야 하며, 피보험자가 수리비가 보험가액을 초과하였음을 입증하여야 한다고 판단하고 있다.

대법원은 수리비의 인정범위에 대하여 "여기서 수리비라 함은 훼손된 선박을 원상으로 회복하는 데 소요되는 비용을 말하고, 이에는 선박의 손상 부위와 정도를 감정하기 위한 비용 · 선박을 수선항으로 예인하기 위한 비용 · 선급검사인의 검사료 · 예선증명서의 발급비용 · 수선감독자의 감독비용 · 기타 수선에 부수하는 비용도 포함된다"고 판시하였으며,[17] 또한 2002년 대법원은 다른 사건에서 "추정전손인지 여부의 판단을 위한 영국 해상보험법 및 협회선박기간보험약관상의 선박수리비는 훼손된 선박을 원상으로 회복하는 데 소요되는 비용으로서, 이에는 선박의 손상 부위와 정도를 감정하기 위한 비용 · 선박을 수선항으로 예인하기 위한 비용·선급검사인의 검사료 · 예선증명서의 발급비용 · 수선감독자의 감독비용·기타 수선에 부수하는 비용도 포함되고, 그 수리의 정도는 동일한 적하를 운송하는 데 필요한 수리가 아니라 공선(空船) 상태로 또는 어떠한 적하 상태에서 원래의 목적항으로 항해할 수 있는 선박으로

15) 대법원 상기 판결.
16) 대법원 2004. 11. 26. 선고 2003다60099 판결.
17) 대법원 2001. 2. 23. 선고 98다59309 판결.

수리하는 것으로서, 영국법상 수리비는 사고발생 장소와 시간상 그 선박에 수반하는 모든 상황을 고려하여 산정하되, 문제는 선박이 존재하는 곳에서의 수리비가 얼마인가라는 것이며 …"라고 판시[18]하여, 위에서 살펴본 바와 같이 영국법원의 판례 태도와 그 궤를 같이하고 있다.

### (4) 소결

선박사고가 발생한 경우 추정전손에 따라 보험자에게 보험금청구권이 인정되기 위하여는 예상수리비가 보험가액을 초과하여야 한다. 하지만 수리비의 적정성여부와 관련하여 수리의 범위, 수리의 장소 및 수리의 시기가 중요한 요소가 될 것이다. 특히 영국해상보험법 제60조 및 본 건 선박이 가입한 협회기간보험약관 제19조에 따르면 수리비는 사고로 인해 훼손된 선박을 원상회복하기 위해 소요되는 비용이며, 수리도 그 범위를 넘어서는 안 된다. 또한 선박수리의 장소와 관련하여, 선박이 보험사고로 인하여 손상을 입은 장소에서 가장 가까운 피난항으로 선박을 구조하거나 또는 예인한 후 해당 선박의 수리가 가능한 장소를 기준으로 하여야 한다. 이는 신중한 무보험선박소유자의 원칙에 따라서도 합리적인 이유가 될 것이다. 따라서 무보험 선박소유자를 표준으로 한다면 사고 발생 지역으로부터 가장 가까운 항구를 기준으로 수리비를 산정하여야 한다.[19]

본 사안과 관련하여 추정전손을 결정하기 위한 수리의 인정범위 및 수리장소의 결정과 관련하여, 수리비가 선박사고 전 보험부보 당시의 선박과 동일한 상태의 유지를 위한 수선의 범위를 넘지 않았다면 보험사고에 대한 적정한 수리에 해당할 것이다. 또한 원고가 선박 수리를 위한 예상수리비 견적을 사고장소와 가까운 두바이만에서 산정한 것은 신중한 무보험 선박소유자 원칙에 따라 정당한 것으로 보아야 할 것이다. 따라서 피고가 주장하는 바와 같이 선박사고가 발생한 장소에 멀리 떨어져 있는 중국에서 수리하는 경우 장시간의 예인에 대한 추가 비용이 발생되고, 추가적인 선박의 훼손이 예상 되는 등 종

18) 대법원 2002. 6. 28. 선고 2000다21062 판결.
19) 보험연수원 편저, 『해상보험이론』, 형설출판사, 1999, 215쪽.

합적으로 판단 볼 때, 중국 조선소에서의 수리비용을 근거로, 본 사건은 추정전손이 성립하지 아니한다는 피고의 주장은 불합리하다. 요약컨대, 수리의 범위와 수리 장소에 대한 영국 법원의 판결은 타당하다고 사료된다.

## 2. 피보험자의 위부 통지와 보험자의 위부 승인

### (1) 위부통지의 개념과 법적성질

보험위부란 보험목적물이 전부 멸실된 것과 같이 볼 수 있는 일정한 사정이 발생한 경우 피보험자가 보험목적물에 대한 권리를 보험자에게 양도하고 보험자에 대해 전손보험금을 청구하는 것을 말한다. 따라서 영국해상보험법 제60조 제1항에서도 규정하고 있듯 추정전손이 성립하기 위해서는 보험위부가 있어야 하고, 피보험자가 보험자에게 위부를 통지하여야 한다. 이렇듯 해상보험에서 특별하게 보험위부제도를 인정하는 이유는 해상의 특수한 위험을 감안하여 현실적으로 전손이 아닌데 경제적으로 전손과 동일하게 볼 수 있는 경우 또는 전손으로 된 것이 거의 확실하지만 입증이 어려운 특수한 환경을 고려하여 일정한 사정이 발생한 경우 이를 전손으로 추정하고 일정한 절차에 따라 보험목적에 대한 피보험자의 소유권 등 모든 권리를 보험자에게 이전하면서 피보험자는 보험자에게 보험금 전액을 청구할 수 있도록 인정하고 있는 것이다.[20]

MIA 第62조 제6항에 따라 보험자가 위부의 통지를 승낙하면 추정전손은 확정되며, 보험자는 위부를 철회할 수 없다. 따라서 보험자는 위부를 승낙하게 되면 손해에 대한 책임이 확정되므로, 피보험자의 위부의 통지에 대하여, 승낙을 항상 거절한다. 그렇다면 피보험자의 입장에서 보험자가 보험위부의 통지를 승낙할 때까지 기다려야 하는가의 문제가 제기될 수 있다. 이러한 문제의 제기는 위부통지의 법적성질을 어떻게 보아야 하는가와 연결된다. 보험위

20) 박세민, “영국 및 한국해상보험법상 추정전손과 그 형식적 성립요건으로서의 보험위부에 대한 법적 고찰”, 「한국해법학회지」, 제31권 제2호, 한국해법학회, 270쪽.

부의 법적 성질과 관련하여 크게 두 가지의 견해가 대립하고 있는데, 먼저 보험자가 보험위부의 승인을 하여야만 추정전손이 성립한다는 견해로서, 보험위부 통지만으로는 추정전손을 결정할 수 없고 보험자의 위부승인이 있어야 성립한다고 주장한다. 따라서 보험자는 MIA 제62조 제1항에 따라 위부가 승인될 때까지 자유롭게 그것을 취소할 수 있고 위부의 승인에 의하여 비로소 취소할 수 없는 것으로 해석되어야 한다는 견해이다.[21] 이와는 반대로 보험위부 통지를 피보험자의 단독행위로서 피보험자의 형성권으로 보는 견해이다. 이 견해는 보험위부가 성립하는가의 여부는 그 원인이 특정 시점에 존재하는가에 의해 결정되는 것이지 결코 보험자의 위부 승인에 의하여 결정되는 아니라는 주장이다. 또한 MIA 제62조 제4항을 근거로 보상청구가 추정전손의 요건을 충족하고 위부의 통지가 정당하게 행해지면 피보험자의 권리는 보험자가 위부의 승인을 거절했다고 해서 침해되지 않는다고 주장한다. 결론적으로 상기 견해는 보험위부를 단독행위라고 해석하고 있다.[22]

### (2) 보험자의 보험위부 승인거부와 추정전손의 판단 시점

보험자의 보험위부 승인거부란 피보험자의 위부통지를 보험자가 승인하지 않는 것을 의미한다. 즉 보험자는 피보험자의 위부통지만으로 위부를 승인하지는 않는다. 왜냐하면 위부를 승인하는 경우에는 위부를 철회할 수 없을 뿐 아니라, 추정전손에 따른 보험금청구를 거절할 수 없게 된다. 또한 피보험자가 주장하는 사실만으로는 보험목적물의 추정전손을 인정할 수 없기 때문이다. 따라서 보험자는 실무적으로 피보험자의 위부통지에 대하여 그 승인을 묵시적 또는 공식적으로 거절한다. 보험자가 위부를 승인하지 아니한 때에는 피보험자는 위부의 원인을 증명하지 않으면 보험금의 지급을 청구하지 못한다. 영국의 Pesquerias v. Secaderoa de Bacalao de Espana S.A.V. Beer 사건[23]에서 Atkinson 판사는 "위부통지는 신청에 불과하며, 그 신청을 보험자가 승인하지

21) 한창희, "영국해상보험법상 추정전손에 관한 연구", 박사학위논문, 서울대학교 대학원, 1993, 145쪽.
22) 박세민, 전게 논문, 272쪽.
23) Pesquerias v. Secaderoa de Bacalao de Espana S.A.V. Beer (1946), 79. Ll. L. Rep.417.

않는 한 그리고 승인할 때까지 이는 미확정이다. 만약 그러하지 않으면 영국 해상보험법 제62조 제6항이 달리 표현되었을 것이다"라고 판시하였다. 결과적으로 보험자가 위부통지에 대한 승인을 하지 않는 경우에는 보험금을 지급받을 수 없다. 그렇다면 보험자가 위부통지에 대하여 승인을 할 때까지 피보험자의 추정전손에 따른 보험금 청구권이 제한되는가 하는 문제이다. 이에 대하여 영국 법원은 보험금청구소송의 영장(writ)이 발부된 날짜가 추정전손의 판단기준이라고 해석하고 있다.[24] 즉 실무적으로 피보험자는 청구서에 보험자가 위부를 거절할 때 위부를 한 날에 보험자에 대하여 영장을 발행한 것과 같은 지위를 가지게 된다는 뜻의 조항을 포함하고 있으므로 보험자가 위부의 통지를 거절한 경우에도 위부의 효력은 위부를 한 때의 사정에 의해 결정된다는 것이다.[25]

### (3) 피보험자의 보험금전액청구권

보험위부제도에 의해 추정전손은 현실전손이 되며, 구체적으로 손해액에 대한 입증이 없더라도 피보험자는 보험자에게 전손보험금을 청구할 수 있게 된다. 따라서 보험자에 의해 지급되는 보험금의 한도는 보험증권상의 보험금액과 보험가액에 의하여 결정되며, 기평가보험의 경우에는 그 협정가액에 따르며, 미평가보험의 경우에는 사고발생시의 가액을 보험가액으로 정하고 있다.[26] 그러나 실제 선박의 시장가액을 정확히 평가하고 예상한다는 것은 매우 어려운 일이며 실무상 일반적으로 전문적인 선박 감정평가사에 의하여 선박의 수선후의 가액이 평가된다. 이러한 피보험자의 보험금전액청구권은 보험자가 승인을 거절하는 경우에 과연 인정될 수 있는가 하는 것이 문제이다. 그러나 앞에서 설명한 바와 같이 보험자가 설령 위부의 통지를 불승인하였다 하더

24) Richards v. Forestal Land, Timber and Rlys Co. Ltd. (1941) 3 All ER 62.

25) 박정기, "해상보험 위부제도에 관한 연구: 상법에 나타난 위부제도 문제점과 개선방안을 중심으로", 박사학위논문, 명지대학교 대학원, 1989, 93쪽 참조: 양승규·한창희, 「해상보험법」, 삼지원, 2007, 694쪽.

26) 상법 제671조의 규정에 따르면 "당사자간에 보험가액을 정하지 아니한 때에는 사고발생시의 가액을 보험가액으로 한다"고 규정하여 보험가액 시가주의를 따르고 있다.

라도 위부의 통지가 정당하게 이루어졌다면 피보험자의 지위는 침해받지 않으며, 피보험자는 추정전손이 발생하였다는 사실관계 및 정당한 수리비 견적서등을 통해 입증하면 보험금전액을 청구할 수 있다. 이는 영국해상보험법 제62조 제4항에 의해서도 확인되고 있다.

### (4) 소결

피보험자의 위부통지는 추정전손을 확정하기 위한 형식적 요건이다. 따라서 피보험자는 사고로 인하여 보험의 목적에 손해가 발생한 사실을 통보하고 보험목적물에 대한 권리를 보험자에게 양도하고 보험자에 대해 보험약관상의 보험금액 한도의 보험금을 청구한다. 즉, 추정전손을 확정하기 위해서 위부의 통지는 중요한 요소이다. 아울러, 보험자가 위부의 통지를 승낙하면 추정전손이 확정되며, 보험자의 보상책임이 결정된다(영국해상보험법 제62조 제6항). 따라서 실무적으로 보험자는 선박사고가 보험사고에 해당하는지 여부 및 잔존물에 대한 제거의무와 제거를 위한 추가적 비용이 발생할 우려가 있는지를 조사하기 위하여 위부의 통지에 대한 승낙을 항상 거절한다. 그렇다면 만약 보험자가 위부통지의 승인을 하지 않으면 피보험자는 보험목적물의 추정전손에 따른 보험금청구권이 인정되지 않는가라는 문제가 제기될 수 있다. 즉 보험자가 악의적으로 위부통지에 대한 승인을 거절하는 경우 어떻게 피보험자를 보호 할 것인가의 문제이다. 이에 대하여 앞에서 살펴보았듯, 현재 영국법 실무상으로는 보험자가 위부통지에 대해 승낙을 거부하면 피보험자는 위부통지일자로 소송개시영장(writ)이 발부되어 보험자에게 송부한 것과 같이 취급해달라는 요청을 보험자에게 하게 되고 거의 대부분 보험자는 이에 반대하지 않고 있기 때문에 위부통지의 승인여부는 위부통지 당시에 객관적으로 실제 발생한 사실이 판단기준이 되어야 할 것이다.

본 사안에서 원고의 선박 매매로 보험금지급 청구권이 상실되었는지와 관련된 쟁점에서, 피고는 피보험자가 위부통지에 대한 승낙을 얻지 못하였음에도 불구하고 선박을 매매하였으므로, 원고인 피보험자는 보험금청구권이 인정되지 않는다고 주장하였다. 그러나 법원은 선주가 선박을 매매하기 위한 제안의 과정 전반에 걸쳐서 보험사가 해당 절차를 인지하고 있었고, 또한 매매에 대해 반대하지 않았으며, 선주가 반복적으로 선박이 추정전손에 해당한다는 점을 받아들이라고 보험사를 압박한 사실, 선박을 고철로 매매하기 전에 선주가 보험사에 문서로 고지한 사실, 그리고 결정적으로, 만약 금액 합계가 보험증권내에서 지불이 가능하다면 선주가 매매 절차를 설명할 필요가 있다고 보험사가 응답한 점을 봤을 때, 선박매매는 선주 자신만을 위한 행동이 아니며, 선주 자신 및 보험사의 이익을 위한 행동으로서, 선박매매로 인해 보험금 청구권을 상실하지 않는다고 판시하였다.

법원의 이러한 판결 태도는 비록 보험자가 위부통지에 대한 승인을 거절한 경우에도 영국법 실무상에서 위부의 판단시점을 위부통지 당시에 객관적으로 실제 발생한 사실에 근거하고 있으므로, 이를 현실적으로 반영한 타당한 판결이라고 판단된다.

## 3. 위부통지 이전에 발생한 해난구조비용(SCOPIC 비용)을 추정전손의 계산에 산입할 수 있는지 여부

### (1) MIA 제60조 제2항 제2호 "장래(future)"의 해석

위부통지 이전에 발생한 해난구조비용을 추정전손의 계산에 산입할 수 있는지와 관련하여, MIA 제60조 제2항 제2호에 의하면 선박 손상의 경우, 장래 구조작업의 비용과 선박이 수선된다면 선박이 책임을 부담하게 될 장래의 공동해손분담금은 수선비용에 가산되어야 한다고 규정되어 있다. 즉 장래의 구조작업 비용과 수선비 및 공공해손분담금은 추정전손의 계산에 산입하여야 한다고 명시하고 있는 것이다. 그러나 상기 규정에서 어떠한 시점 또는 어떠한 사건을 기준으로 "장래(future)"의 개념을 해석할 것인지 명확한 기준이 없다. 이에 따라 "장래"에 대한 기준시점을 "사고일자(date of casualty) 이후"로 볼 것 인가 아니면 "위부의 통지 이후"로 볼 것인지에 관하여는 해석상 대립이 가능하다. 보험자의 입장과 피보험자의 입장으로 구분하여 살펴보면, 보험자의 입장에서는 "장래"의 해석을 "위부통지 이후"로 해석하는 것이 유리할 것이며, 피보험자의 입장으로 본다면 "사고일자 이후"로 해석하는 것이 유리할 것이다. 예를 들면 협정보험가액이 미화 1천만 달러의 선박이 항해 중 좌초가 발생하였고, 이에 선박소유자는 선박을 구조하기 위하여 미화 2백만 달러의 구조계약을 통해 구조를 시도하였으나 실패하였다. 이후 선박소유자는 보험자에게 위부통지를 하였고 예상 구조비 및 예상 수리비의 견적을 조사한 결과 예상 구조비는 미화 3백만 달러, 예상 수리비는 미화 6백만 달러였다. 이러한 예시를 보험자의 입장으로 설명하면, "장래"의 기준시점을 "위부통지 이후"로 해석하여 위부통지 이전의 구조비인 미화 2백만 달러는 추정전손 계산에 산입하지 아니하고, 위부통지 이후의 예상구조비 와 예상수리비를 합한 미화 9백만 달러만은 인정하여 추정전손을 인정하지 않을 것이다. 그러나 반대로 피보험자의 입장으로 "장래"의 문구를 "사고일자 이후"로 해석하여 위부통지 이전의 구조비, 즉 미화 1백만 달러도 추정전손의 계산에 산입되어야 한다고 해석하여 총 손해금액의 합계액은 미화 1천 1백만 달러로서 추정전손이 된다고 주장할 것이다.

"장래"의 해석을 "사고일자 이후"로 보는 견해[27]에 의하면 첫째 MIA 제60조는 추정전손의 성립요건을 규정한 것일 뿐 위부의 통지와는 관련이 없는 것으로 본다. 둘째 MIA 제60조 제1항에 의하면 "보험증권에 명시된 특약이 있는 경우를 제외하고"라는 규정에 따라 ITC-Hulls이 존재한다면 동 약관이 적용되며, 동 약관 제19조에 따라 선박의 회복 및 구조비용이 협정보험가액 및 협정보험가액의 80%를 초과할 경우 추정전손이 인정되므로 MIA 제60조의 "장래"에 관한 해석이 필요 없다고 주장한다. 이러한 해석상 논쟁에 대하여 Donaldson 판사는 1982년 5월 영국 손해사정인협회 연설에서 "MIA 제60조상의 "장래"는 사고일자의 이후로 보아야 한다"고 주장하였고, 아울러 선박을 구조하기 위하여 선박소유자 지출한 매용은 그것이 위부통지 이전이든 이후이든 불문하고 추정전손을 결정하는 계산에 산입하여야 한다는 견해를 피력하였다.[28] 아울러, 미국해상보험업자 협회가 제정한 미국보험약관(American

27) 이광호, "선박추정전손에 관한 연구", 박사학위논문, 한국해양대학교 대학원, 2002, 71~72쪽 참조.
28) 이재복, 「선박보험약관론」, 보험연수원, 1999, 328쪽.

Institute Hull Clauses June 2, 1977)의 전손규정(Total Loss)에 의하더라도 손해방지비용조항에 의해 계산되어지는 비용이 아니라면 위부통지 이전의 비용은 추정전손의 계산에 산입된다고 규정하고 있다.

### (2) SCOPIC 비용의 개념 및 추정전손 산입 여부

해난구조는 광의와 협의로 구분할 수 있는데, 광의의 의미로는 해난에 처한 선박, 화물 및 인명을 자발적으로 구조하는 행위와 구조계약에 따른 해난구조 행위를 포함한 개념이며, 협의의 개념은 해난구조계약에 따라 구조행위를 하는 경우만을 의미한다고 할 수 있다.[29] 그러나 해난구조의 구분에도 불구하고 대부분의 해난구조는 당사자 사이의 해난구조계약에 의해 진행된다.

해난구조계약은 당사자 사이에 구조료 및 조건 등의 결정에 상당한 시간이 소요됨으로 인해 해난구조의 특성인 긴박성 요건을 충족하지 못한다는 비판에 따라 이러한 문제점을 해결하기 위해 19세기 말부터 정형화된 구조계약의 필요성이 대두되었다. 1908년 처음으로 정형화된 구조계약서인 Lloyd's Standard Form of Salvage Agreement(이하 LOF라 칭함)가 제정되었고, 1910년 국제해법회에 의해 "해난에 있어서의 구원·구조에 관한 규정의 통일조약(Convention for the Unification of Certain Rules of Law Relating the Assistance and Salvage at Sea, 1910 – Brussel)", 즉 1910년 해난구조협약이 제정 및 발효되었다. 동 협약의 기본원칙은 "불성공 무보수(No Cure No Pay)"로서 구조가 성공하였을 때에 한하여 구조료가 지급되도록 규정되어 있다. 그러나 Torry Canyon 해상오염사고, Tojo Maru호와 Fina Italia호의 충돌사건, Amoco Cadiz호의 해상오염사고 등을 통해 "불성공 무보수(No Cure No Pay)"의 원칙에 많은 문제점이 있다는 비판에 제기되었고, 이에 따른 개정 필요성이 대두 되었다. 이러한 요구에 따라 1989년 국제구조협약이 탄생되었다. 동 협약 제14조는 특별보상(Special Compensation) 조항을 신설하였고, 이를 통해 비록 구조가 충분치 못하더라고 구조업자가 발생한 비용에 대하여 최고 130%까지, 특별한 경우에는

29) 정영석, 「해사법규강의 제6판」, 텍스트북스, 2016, 444쪽.

200%까지 특별보상을 받을 수 있도록 규정하였다. 이에 따라 LOF도 이를 전면 수용하여 1990년 및 1995년 개정되었다.[30] 그러나 1989년 국제구조협약 제14조 특별보상 규정상의 산정 방법 및 구조와 관련하여 여러 문제들이 제기되었는데, 첫째 Security의 확보 문제, 둘째 환경손해의 위협에 관한 해석상의 문제, 셋째 공정요율(fair rate)의 산정 등의 문제점이었다. 이러한 문제점들을 해결하기 위해 1999년 국제 Group, 국제구조업자협회, 런던해상보험자 및 국제해운회의소 등의 동의하여 SCOPIC약관이 제정되었고, 동 약관은 이후 LOF 해난구조계약에 적용되기 시작하였다.[31]

### (3) SCOPIC약관에 따른 구조비용의 추정전손 산입 여부

SCOPIC약관의 일반조항(General)에 따르면, 동 약관은 강제적인 적용이 아닌 선택적인 사항으로서 LOF 계약 시에 SCOPIC약관을 사용하기로 결정하면, 1989년 국제구조협약상의 제14조 특별보상 규정이 더 이상 적용될 수 없음을 명시하고 있다.[32] 즉 SCOPIC약관은 국제구조협약 제14조의 특별보상을 대체하여 구조업자가 SCOPIC약관 제4조에 의한 취소(withdrawal)를 하는 경우를 제외하고, SCOPIC약관이 적용된다. 만약 SCOPIC약관이 적용될 경우, 동 약관 제15조는 공동해손에 관하여 "SCOPIC보수는 제13조의 구조비를 초과하는 보수에 대하여 공동해손으로 인정할 수 없다. 따라서 초과된 SCOPIC보수를 지불하는 모든 책임을 선박소유자 단독에게 있다"라고 규정[33]하여 SCOPIC 보상에 대한 책임을 선박소유자 혼자서 부담한다고 명시하고 있다. 따라서 이러한 SCOPIC약관의 적용에 따라 발생한 구조비용은 선박소유자의 책임이므로 이러한 비용은 보험자에 의해 담보되어야 할 것이며, 추정전손의 계산에 산입되

30) 김창현, "Special Compensation P&I Clause에 대한 검토", 「해상·보험법연구」 제1권, 해상·보험법연구회, 2005, 7~8쪽.

31) 김대래, "해난국조계약상 한국형 해양환경손해특별보상약관(KSCOPIC)제정에 관한 연구", 박사논문, 한국해양대학교 대학원, 2018, 3~6쪽 참조.

32) If this SCOPIC clause has been incorporated into the Main Agreement the Contractor may make no claim pursuant to Article 14 except in the circumstances described in sub−clause 4 hereof.

33) 15. General Average "SCOPIC remuneration shall not be a General Average expense to the extent that it exceeds the Article 13 Award; any liability to pay such SCOPIC remuneration shall be that of the Shipowner alone".

어야 할 것이다.

## 4. 손해방지비용의 인정

### (1) 손해방지비용의 개념

손해방지비용이란 보험자가 담보하고 있는 보험사고가 발생한 경우, 그 보험사고로 인한 추가 손해의 발생 내지 확대를 방지하고 손해를 경감시킬 목적으로 행하는 행위에 필요 내지 유익하였던 비용을 말한다. 따라서 손해방지비용은 원칙적으로 보험사고의 발생을 전제로 인정되는 비용이며 보험사고가 아닌 경우에는 보험자가 이를 부담할 필요가 없다.[34] 만약 보험사고에 의하여 발생한 경우, 보험자가 보험계약자 등에게 손해의 방지와 경감을 위한 행위를 할 것을 지시했는가의 여부를 불문하고 보험계약자 등은 손해방지와 경감의무를 부담하며, 이에 소요된 비용은 그 비용과 보상액을 합산한 금액이 보험금액을 초과하더라도 보험자는 이를 부담해야 한다.

손해방지비용과 관련하여 영국해상보험법 제78조는 손해방지약관(sue & labour clause)에서 "보험증권에 손해방지 약관이 있는 경우에는 이 약관에 의하여 이룩된 합의는 보험계약을 보충하는 것으로 간주하여 보험자가 전손에 대하여 지불하였든지 또는 보험의 목적이 전부 또는 일정 비율 미만의 단일해손 부담보의 조건으로 부보되어 있었던 경우일지라도 피보험자는 이 약관에 따라서 정당하게 지출한 비용을 보험자로부터 회수할 수 있다"라고 규정하여 추가적인 손해의 방지 및 합리적 조치에 따른 비용 그리고 피보험자가 지급한 손해방지비용은 보험자의 부담으로 하고 있다.[35] 상법도 손해방지의무 및 비용과 관련하여 제680조 제1항에서 "보험계약자와 피보험자는 손해의 방지와

34) 양승규, 「제5판 보험법」, 삼지원, 2005, 234~235쪽, 이기수·최병규·김인현, 「보험·해상법(제8판)」, 박영사, 2008, 192쪽.

35) 단, 영국해상보험법 제55조 제2항 제a호에서는 피보험자 등의 과실로 손해가 발생되더라도 보험자의 책임을 인정하고 있다. 이와 같이 동법의 양 규정 즉 제78조 제4항과 제55조 제2항 제a호 간에는 법규의 해석상 충돌 및 조정의 문제가 있다.

경감을 위하여 노력하여야 한다. 그러나 이를 위하여 필요 또는 유익하였던 비용과 보상액이 보험금액을 초과한 경우라도 보험자가 이를 부담한다"라고 규정하여 영국해상법의 태도와 같은 입장을 취하고 있다.

오늘날에는 실무상 대부분의 경우 손해방지조항이 보험약관에 삽입되어 있는 실정이므로 당사자 간에 다툼의 가능성이 거의 희박하다. 협회기간보험약관 제13조(피보험자의 의무) 제6항에 따르면, "약관 제13에서 보상될 금액은 이 보험에 의해 보상될 다른 손해에 추가되지만 어떤 경우에는 이 선박보험의 보험금액을 초과하지 못한다"라고 규정[36]하고 있는데, 이는 보험자가 손해방지비용을 보상하는 것은 추가적인 지급이기 때문에 보험금과 손해방지비용의 합계가 보험금액을 초과할 수 있다는 의미이다. 따라서 전손이 발생하면 보험자는 전손보험금과 손해방지비용을 모두 보상해야 한다. 그러나 영국해상보험법은 제78조 제1항에서 보험증권을 기준으로 손해방지 약관이 있는 경우에 한하여 보험자의 비용지급 책임을 인정하고 있다. 따라서 보험약관에 손해방지조항이 없는 경우에는 보험자의 비용책임에 관하여 견해의 대립이 있다. 보험자의 제한적 책임을 인정하는 견해에 의하면 피보험자가 지출한 비용이 사고와 직접적, 자연적으로 관련성이 있는 경우에 한정되어야 한다고 주장한다.[37]

### (2) 손해방지비용의 인정범위

손해방지비용의 인정범위와 관련하여 영국해상보험법 및 상법에는 이에 대한 관련 규정이 없다. 즉 피보험자가 손해방지를 위해 지출한 비용 중 어느 범위까지 이를 인정할 것인가하는 문제가 손해방지비용의 인정과 관련하여 중요한 쟁점이 될 것이다. 따라서 만약 피보험자가 손해방지의무를 이행하기 위하여 보험자의 사전지시나 동의에 따라 관련 비용을 지급하였다면, 손해방지를 위한 관련비용은 당연히 보험자에 의해 담보될 것이다. 그러나 반대로 피보험자가 손해방지의무를 이행할 때 보험자의 사전지시나 동의가 반드시 필

36) ITC Hulls 제13조 제6항, "The sum recoverable under this Clause 13 shall be in addition to the loss otherwise recoverable under this insurance but shall in no circumstances exceed the amount insured under this insurance in respect of the Vessel".

37) F.D Rose, "Marine Insurance: Law and Practice", London : LLP, 2004, ∬20.45, 391.

요한 것인가 또는 보험자의 사전지시나 동의 없이 지출된 비용은 보험자로부터 보상받을 수 없는가하는 문제이다. 물론 보험자가 보험사고발생의 통지를 받았거나 보험사고가 발생한 것을 알았을 때 피보험자에게 사고와 관련된 지시를 할 수 있고 피보험자가 그 지시에 따라야 함에는 이론이 없다.[38] 그러나 피보험자가 손해방지를 위해 비용을 지출할 경우 보험자의 사전지시나 동의를 반드시 필요로 한다면, 피보험자는 손해방지를 위한 신속한 결정과 비용지급에 상당한 제약을 받게 될 것이다.[39] 그리고 보험자의 사전 동의 없는 피보험자의 손해방지비용을 지급할 수 없다는 약관 조항은 피보험자에게 불이익하게 변경하는 것이므로, 상법 제663조의 불이익변경금지원칙을 위반하여 무효라고 보는 견해가 다수설이다.[40]

결과적으로 보험자에 의하여 인정되는 손해방지비용의 범위는 첫째, 손해방지비용의 지급이 사전에 보험자에 의해 지시 받거나 또는 동의에 의해 지출된 경우이며, 둘째는 손해방지를 위한 비용이 비록 보험자의 사전지시나 동의가 없더라도 "긴급한 상황"에서 손해의 방지 및 경감을 위해 지급된 경우이다. 마지막으로 보험목적물의 안전이나 보존을 위해 지급한 필요비용 및 유익비용의 경우이다. 따라서 피보험자가 손해방지비용을 지급하고, 위에서 언급한 사항들 중 하나에 포함된다면, 보험자는 피보험자가 지출한 손해방지비용을 보상하여야 할 것이다.

38) 장덕조, "손해방지비용에 관한 연구", 「보험학회지」, 제76집, 한국보험학회, 76쪽.

39) 전우현, "상법 제680조의 손해방지비용과 제720조 방어비용의 개념", 「보험법 연구」, 제4권, 보험법연구회, 83쪽 참조.

40) 최정식, "손해보험의 손해방지비용과 방어비용에 대한 검토", 「법학논총」, 제21집, 숭실대학교, 316쪽: 그러나 이러한 견해와 달리 영국의 Yorkshire Water Services Ltd v. Sun Alliance and London Insurance plc and Others 사건에서 원고는 피고와 공적 책임보험에 가입하였다. 보험증권에는 "보험계약자는 자신의 비용으로 ....여하한 상황을 방지하기 위하여 합리적인 예방조치를 하여야 한다"라는 약관이 규정되어 있었다. 이후 원고는 하수구공사 중 지지벽이 붕괴하였고 이로 인해 콜른(Colne)강을 오염시켰다. 원고는 훼손을 경감하기 위하여 400만달러의 비용을 지출하엿고, 비용에 대한 보상을 피고인 보험자에게 청구하였다. 본 건에서 원고는 "모든 보험은 보험계약자가 보험자가 부담하는 손해를 방지하거나 경감하기 위하여 합리적인 노력을 할 무시적인 조건이 있다"고 하고, 따라서 지출한 비용의 보상을 받을 권리가 있다고 주장하였다. 그러나 법원은 보험증권상에 명시적으로 훼손의 경감을 위한 비용은 보험계약자의 비용으로 한다는 약관에 따라 보험자가 보상하지 않는다고 판시하였다.

### (3) 소결

피보험자의 손해방지의무란 보험사고가 발생하였을 때 보험계약자 또는 피보험자가 손해의 방지와 경감을 위하여 노력할 의무를 말한다. 즉 보험사고가 발생하였음에도 불구하고 피보험자가 손해의 방지 및 경감을 위한 노력을 다하지 아니한다면 형평과 신의측에 어긋나는 것이며, 과다한 보험금의 지출로 인해 사회 경제적으로도 유해한 행위이다. 따라서 상법 제680조 및 영국해상보험법 제78조에서 피보험자의 손해방지의무를 규정하고 있다. 또한 피보험자가 손해방지의무를 다하기 위하여 지급한 필요 또는 유익하였던 비용은 보험금액을 초과하더라도 보험자가 이를 보상하도록 법률에서 강제하고 있다. 따라서 만약 피보험자가 손해방지의무를 이행하기 위하여 보험자의 사전지시나 동의를 얻어 지출한 비용은 당연히 보험자에 의해 보상되어야 할 것이며, 만약 보험자의 사전지시나 동의를 얻지 아니하고 긴급하게 손해방지비용이 지급되었다하더라도 손해를 방지 또는 경감하기 위한 필요 또는 유익비용이었다면 관련 비용은 당연히 보험자에 의해 보상되어야 할 것이다.

피보험자의 손해방지의무 및 손해방지비용의 보상과 관련하여 법원은 위부통지 일자 이후에는 손해방지 비용을 보상할 수 없다는 피고의 주장을 배척하고 있다. 이는 피보험자가 선박의 손해를 방어 또는 경감시키기 위해 합리적으로 지출된 비용은 보상되어야 한다는 논리로서, 법원의 판단은 영국해상보험법 제78조 및 협회기간보험약관 제13조에 비추어 볼 때 타당한 판결이라고 사료된다. 결론적으로, 피보험자의 위부통지가 보험자에 의해 승인되지 않았다면 보험목적물에 대한 권리가 여전히 피보험자에게 존재하며, 선박의 추가적인 훼손 및 손해를 방지하기 위한 손해방지의무가 지속적으로 존재한다고 보아야 할 것이다.

## V. 맺는말

본 건 해당 선박 Brillante Virtuoso호는 전쟁과 동맹파업을 담보하는 내용의 협회기간보험(Institute Time Clauses－Hull, 1983)에 가입되었고, 협정보험가액은 미화 55백만불이었다.

동 선박은 2011. 7. 5. 아덴만에서 정박 중, 무장을 한 해적들에 의하여 선박의 엔진실, 숙박시설 등이 모두 불탔고, 더 이상 선박을 가동할 수 없게 되었다. 2011. 7. 6. 해적들이 선박을 떠나자 선원들은 구조를 요청하였고, 미 해군에 의해 구조되었다. 이후 2011. 10. 7. 선주에게 다시 인도되었고, 2012. 3. 15. 선박이 고철로서 매각될 때까지 두 대의 예인선을 사용하여 선박을 고정시켰다.

선주는 고철회사인 Aryana Shipping과 미화 7십만불에 선박을 매매할 것을 논의 하였고, 2012. 2. 20.에 선주는 선박의 매매일까지 정당한 이유로 보험사가 반대하지 않는 한 선박을 매매할 것을 알렸으나 반대가 없자 2012. 2. 21. 양해각서에 서명하고 선박을 매각하였다. 그 후 선박의 추정전손에 따른 보험금 지급을 요청하였으나 피고인 보험자는 이 사건 선박의 수리비가 협정보험가액을 초과하지 아니하였으므로 추정전손을 인정할 수 없으며, 위부 통지의 승인없이 선박을 매매하였으므로 보험청구권이 상실되었다고 주장하였다. 또한 선박사고와 관련하여 지급된 손해방지비용의 보상을 거절하였다. 따라서 이 사건에서 검토되어야 할 주요 쟁점은 (1) 이 사건 선박의 예상수리비가 협정보험가액을 초과하는지 여부 및 초과한다면 이를 추정전손으로 볼 수 있는가의 여부, (2) 원고인 선주가 위부통지 이후 선박의 매각하였는데, 이러한 매각이 보험청구권의 상실로 판단할 수 있는가의 문제, (3) 손해방지비용을 피고인 보험자가 부담하여야 하는가의 판단이다.

(1) 이 사건 선박의 예상수리비가 협정보험가액을 초과하는지 여부 및 초과한다면 이를 추정전손으로 볼 수 있는지에 대한 판단이다. 선박사고로 인해 추정전손이 인정되기 위해서는 수리비가 협정보험가액을 초과하여야 한다. 따라서 수리의 범위 및 수리의 장소 그리고 수리의 시기가 추정전손을 인정할 것인지가 중요한 요인이 된다. 수리의 인정범위 및 수리장소의 결정과 관련하

여, 기존의 영국법원의 판례를 종합하여 판단컨대 수리비가 선박사고 전 보험부보 당시의 선박과 동일한 상태의 유지를 위한 수선의 범위를 넘지 않았다면 보험사고에 대한 적정한 수리에 해당한다고 볼 것이다. 따라서 원고가 선박수리를 위한 예상수리비 견적을 사고 장소와 가까운 두바이만에서 산정한 것은 신중한 무보험 선박소유자 원칙에 따라 정당한 것이며, 중국 조선소에서 수리를 하는 경우 추가적인 비용을 합산하면 협정보험가액을 초과한다는 법원의 판결은 타당하다고 사료된다.

(2) 원고인 선주가 위부통지 이후 선박의 매각하였는데, 이러한 매각이 보험청구권의 상실로 판단할 수 있는가의 여부이다. 본 사안의 쟁점을 살펴보기 위해서는 먼저 보험위부의 개념과 위부의 통지에 대하여 검토되어야 할 것이다. 보험위부란 보험목적물이 전부 멸실된 것과 같이 볼 수 있는 일정한 사정이 발생한 경우 피보험자가 보험목적물에 대한 권리를 보험자에게 양도하고 보험자에 대해 전손보험금을 청구하는 것을 말한다. 따라서 영국해상보험법 제60조 제항에서도 규정하고 있듯 추정전손이 성립하기 위해서는 보험위부가 있어야 하고, 피보험자가 보험자에게 위부를 통지하여야 한다. 그러나 영국의 Pesquerias v. Secaderoa de Bacalao de Espana S.A.V. Beer 사건에서 Atkinson 판사는 “위부통지는 신청에 불과하며, 그 신청을 보험자가 승인하지 않는 한 그리고 승인할 때까지 보험위부는 미확정이다”라고 판시하였다. 따라서 보험자가 위부의 통지를 승인하지 아니하는 경우, 피보험자는 보험금을 지급받지 못하는 불합리가 발생할 수 있다. 이러한 불합리를 해결하기 위하여 현재 영국법 실무상으로는 보험자가 위부통지에 대해 승낙을 거부하면 피보험자는 위부통지일자로 소송개시영장(writ)이 발부되어 보험자에게 송부한 것과 같이 취급해달라는 요청을 보험자에게 하게 되고 거의 대부분 보험자는 이에 반대하지 않고 있기 때문에 위부통지의 승인여부는 위부통지 당시에 객관적으로 실제 발생한 사실이 판단기준이 되고 있다. 위와 같은 논리에 비추어 볼 때, 비록 보험자가 피보험자의 위부통지를 승인하지 아니하였다 하더라도 선주가 선박을 매매하기 위한 제안의 과정 전반에 걸쳐서 보험사가 해당 절차를 인지하고 있었으며 그러한 매매에 대해 반대하지 않았고, 선주가 반복적으로 선박이 추정전손에 해당한다는 점을 받아들이라고 보험사를 압박한 사실, 선박을

고철로 매매하기 전에 선주가 보험사에 문서로 고지한 사실, 그리고 결정적으로, 만약 금액 합계가 보험증권내에서 지불이 가능하다면 선주가 매매 절차를 설명할 필요가 있다고 보험사가 응답한 점을 봤을 때, 선박매매로 인해 보험금 청구권을 상실하지 않는다는 법원의 판단은 정당하다고 본다.

(3) MIA 제60조 제2항 제2호의 “장래” 규정의 해석기준을 어떻게 결정할 것인지 및 해난구조비용(SCOPIC비용)을 추정전손의 계산에 산입할 수 있는 여부, 마지막으로 선박소유자가 손해방지비용을 청구할 때 적정성 및 합리성을 기준으로 보험금을 산출할 수 있는지 여부이다. 먼저 MIA 제60조 제2항 제2호의 “장래” 문구의 해석에 대하여는 이를 “사고일자 이후” 또는 “위부의 통지 이후”로 볼 것인가에 대하여 다툼의 여지가 있다. 이는 피보험자의 입장에서는 “사고일자 이후”로 해석하는 것이 유리할 것이며, 보험자의 입장에서는 “위부통지 이후”로 해석하는 것이 유리 할 것이기 때문이다. 이와 관련하여 MIA 제62조 제3항을 기준으로 손해의 신뢰할 수 있는 정보를 수취하기 위해서는 상당한 기간이 인정되고 있으므로, 상당한 기간 안에 발생한 비용 즉 구조비용 등은 추정전손의 계산에 산입이 가능할 것이다. 그리고 SCOPIC구조비용은 재난으로 초래된 환경 손해의 책임을 면하기 위하여 지출되는 비용으로서 선박소유자가 부담하여야 하는 비용이므로 추정전손의 계산에 산입되어야 할 것이다.

(4) 손해방지비용을 피고인 보험자가 부담하여야 하는가의 판단이다. 손해방지의무란 손해보험에서 보험사고가 발생한 경우 보험계약자 또는 피보험자 등이 손해의 방지와 경감을 위해 노력하여야 할 기본적 의무이다. 그리고 이러한 의무에 따라 피보험자가 지출한 비용이 손해방지비용이다. 피보험자가 손해방지의무를 다하기 위하여 지급한 필요 또는 유익하였던 비용은 보험금액을 초과하더라도 보험자가 이를 보상하도록 법률에서 강제하고 있다. 따라서 만약 피보험자가 손해방지의무를 이행하기 위하여 보험자의 사전지시나 동의를 얻어 지출한 비용은 당연히 보험자에 의해 보상되어야 할 것이며, 만약 보험자의 사전지시나 동의를 얻지 아니하고 긴급하게 손해방지비용이 지급되었다하더라도 손해를 방지 또는 경감하기 위한 필요 또는 유익비용이었다면 관련 비용은 당연히 보험자에 의해 보상되어야 할 것이다. 본 사건과 관

련하여 법원은 위부통지 이후에도 보험자가 위부통지를 승인하지 않았다면 피보험자가 선박의 손해를 방어 또는 경감시키기 위해 합리적으로 지출된 비용은 보상되어야 한다고 판시하였다. 이러한 법원의 판단은 영국해상보험법 제78조 및 협회기간보험약관 제13조에 비추어 볼 때 타당한 판결이라고 사료된다. 즉 위부통지가 보험자에 의해 승인되지 않았다면 보험목적물인 사고 선박의 소유권이 여전히 피보험자에게 존재하며, 선박의 추가적인 훼손 및 손해를 방지하기 위한 손해방지의무가 지속적으로 존재하였다고 할 것이다. 이러한 사실들을 종합할 때 본 사건에 대한 법원 판단은 합리적 결론에 이르렀다고 생각된다.

대상판결은 현재 영국법원에서 판단하고 있는 추정전손과 관련된 판단의 근거 및 손해방지 비용의 인정 범위를 확인할 수 있는 사례로서 가치가 있다고 본다.

## 참고문헌


구종순, 「해상보험(제4판)」, 박영사, 2010.

김대래, "해난국조계약상 한국형 해양환경손해특별보상약관(KSCOPIC)제정에 관한 연구", 박사논문, 한국해양대학교 대학원, 2018.

김인현, 「해상법(제3판)」, 법문사, 2012.

김창현, "Special Compensation P&I Clause에 대한 검토", 「해상 · 보험법연구」 제1권, 해상 · 보험법연구회, 2005.

박세민, 「영국보험법과 고지의무」, 세창출판사, 2004.

박용섭, 「해상법론」, 형설출판사, 1998.

보험연수원 편저, 「해상보험이론」, 형설출판사, 1999.

손주찬, 「상법(하)」, 박영사, 2001.

이광호, "선박추정전손에 관한 연구", 박사학위논문, 한국해양대학교 대학원, 2002.

이기수 · 최병규 · 김인현, 「보험 · 해상법(제8판)」, 박영사, 2008.

이재복, 「선박보험약관론」, 보험연수원, 1999.

정영석, 「해사법규강의 제6판」, 텍스트북스, 2016.

정찬형, 「상법강의(하)」, 박영사, 2009.

최기문, 「상법학신론(하) 제15판」, 박영사, 2008.

양승규, 「제5판 보험법」, 삼지원, 2005.

양승규 · 한창희, 「해상보험법」, 삼지원, 2007.

박세민, "영국 및 한국해상보험법상 추정전손과 그 형식적 성립요건으로서의 보험위부에 대한 법적 고찰", 「한국해법학회지」, 제31권 제2호, 한국해법학회, 2009.

박정기, "해상보험 위부제도에 관한 연구: 상법에 나타난 위부제도 문제점과 개선방안을 중심으로", 박사학위논문, 명지대학교 대학원, 1989.

장덕조, "손해방지비용에 관한 연구", 「보험학회지」, 제76집, 한국보험학회, 2007.

전우현, "상법 제680조의 손해방지비용과 제720조 방어비용의 개념", 「보험법 연구」, 제4권, 보험법 연구회, 2002.

정경영, "선박보험에서 추정전손과 근저당권자의 지위", 「성균관법학」, 제15권 제1호, 성균관대학교 비교법연구소, 2003.

조병중, "해상보험 위부제도에 관한 연구: 위부제도 폐지론과 관련하여", 박사학위논문, 명지대학교 대학원, 1989.

최정식, "손해보험의 손해방지비용과 방어비용에 대한 검토", 「법학논총」, 제21집, 숭실대학교, 2009.

한창희, "영국해상보험법상 추정전손에 관한 연구", 박사학위논문, 서울대학교 대학원, 1993.

E.R Hardy Ivanmy, *General Principles of Insurance Law*, London(Butterworths, 1975).

E.R. Hardy Ivanmy, *Marine Insurance*, 4th Ed, London(Butterworths, 1985).

F.D Rose, "Marine Insurance: Law and Practice", London(LLP, 2004)

Michael J. Mustill and Jonathan C. B. Gilman, *Arnould's Law of Marine Insurance and Average*, 16th ed., London(Stevens & Sons, 1981).

Mocatta, Mustill and Boyd, *Scrutton on Charterparties and Bills of Lading*, 19th Ed, London(Stweet & Maxwell, 1984).

Nicholas Legh-John Birds, David Owen, *MacGilliveray on Insurance Law*, 10th Ed, London(Sweet and Max well, 2003).

Lord Donaldson of Lymington, "*The ISM Code: the road to discovery?*", London(Lloyd's Maritime and Commercial Law Quarterly), 1998

R. H. Brown, *Marine Insurance-Hull Practice*, 2nd ed., London(Witherby & Co., Ltd, 1993).

# 제 3 장

# 해운정책 분야

# 관행어업권에 대한 소고*

김 인 유

## Ⅰ. 서 론

우리 역사책을 들여다보면, 구석기 시대는 수렵과 채집, 신석기시대는 어로와 원시농경이 주가 되며, 청동기시대 이후에는 본격적인 농경생활로 접어든다고 기술하고 있다. 원시시대 이래 어업은 가장 보편적인 생업의 하나이었을 것이고, 권리 개념 성립 이전 단순히 자기가 살고 있는 마을 앞바다를 무대로 자연상태의 수산동식물을 채취·포획하는 어업은 우리 인류의 탄생과 더불어 자연스럽게 생겨난 생활양식이라 할 수 있다.

우리 민법에는 특수지역권(제302조)이라는 것이 있다. 이는 일정한 지역의 주민이 집합체의 관계로 일정한 토지(산림, 초원)에서 초목·야생물 및 토사의 채취, 방목 그 밖에 공동으로 수익하는 관습상의 권리가 예로부터 존재하고 있는 것을 말하며, 물권인 지역권에 관한 규정을 준용하고 있다. 이는 관행적으로 타인의 토지(국가, 법인, 개인)에서 일상생활에 필요한 땔감 등을 조달하는 등 전통적인 농경생활과도 밀접한 관련이 있어 보인다. 이와 비슷하게 어촌마을에서 벌어진 것이 바로 관행어업권이라 할 수 있다.

관행어업이란 지속적으로 마을 가까운 바다(지선어장)에 나가 맨손 혹은 낫, 호미, 삽 등 소규모의 생산도구를 가지고 생계유지 목적으로 이 어장을 이용해 온 것을 말한다고 할 수 있다. 이러한 어업의 관행이 단순한 예의적 또는 도덕적인 규범으로서 지켜질 뿐만 아니라 사회의 법적 확신을 갖춤으로써 많은 사람에 의하여 지켜질 정도로 된 것이라면 관행의 차원을 넘어 관습법으로

---

* 이 논문은 부산대학교「법학연구」제58권 제4호(2017. 11)에 게재된 논문을 수정·보완하여 작성한 것임.

서 물권인 어업권, 이른바 "관행어업권"이 되는 것이다.[1)]

관행어업권은 입어의 관행, 관행에 의한 입어권, 입어권 등의 표현을 쓰는 등 명확한 개념조차도 정립되지 않은 상태이며, 그 법적 성질 또한 논란이 되어 왔다. 즉 관행어업권은 관습법상의 물권으로 존재하다가 제정법상으로 수용되기에 이르지만, 그 관행적으로 행해져 왔다는 그 근원은 같다고 할 수 있다. 그런데 이러한 관습법상의 관행어업권을 수산업법에 수용하는 과정 즉, 1953년 제정된 수산업법에서 "공동어업의 어업권자는 종래의 관행에 의하여 그 어업장에서 어업하는 자의 입어를 거절할 수 없다"고 하는 규정 및 1990. 8. 1. 개정 수산업법(이하 개정 수산업이라 칭함)에서 "마을어업의 어업권자는 입어자에게 제38조에 따른 어장관리규약으로 정하는 바에 따라 해당 어장에 입어하는 것을 허용하여야 한다"는 규정을 두어,[2)] 그 법적 성질이 문제되었다. 또한 개정 수산업법에서는 입어·입어자라는 정의 규정을 두면서 일정한 요건을 요구하고 있고, 부칙 경과조치 규정에 따라 일정기간 내에 등록하지 않은 관행어업권은 더 이상 존재할 수 없는 것인지, 존재할 수 없다면 이에 대한 보상관계는 어떠한지에 대한 논란이 제기되었다.

1) 현행 수산업 제2조 정의 규정에 따르면 "입어(入漁)"란 입어자가 마을어업의 어장에서 수산동식물을 포획·채취하는 것을 말하며, "입어자"란 제47조(신고어업)에 따라 어업신고를 한 자로서 마을어업권이 설정되기 전부터 해당 수면에서 계속하여 수산동식물을 포획·채취하여 온 사실이 대다수 사람들에게 인정되는 자 중 대통령령으로 정하는 바에 따라 어업권원부에 등록된 자를 말한다고 정의하고 있다. 이에 비해 어업권은 어업면허를 받은 자가 어업권원부에 등록함으로써 어업권을 취득한다고 규정하고 있다. 그렇다면 종래 특정어장에서 오랫동안 계속하여 어업행위를 하는 이른바 입어의 관행이 있었고, 이 관행에 대해 대다수 사람들이 인정하여 법적 확신에 이르렀다고 볼 수 있어 입어의 관행은 관습법이 되었다고 볼 수 있고, 이러한 관습법상의 권리를 관행어업권이라 부른다. 다만 이러한 관습법을 수산업법에 편입시켜 일정한 요건하에 어업권을 부여하고 있다. 즉 신고어업은 어업권 대상이 아니고 어업권등록원부에의 등록절차도 없지만, 입어의 관행에 대해서는 어업권등록원부에 등록하도록 배려하는 특별규정(수산업법 제17조)이라고 이해해야한다. 관행어업권은 관습법상의 물권이지만, 수산업법상 일정한 요건을 갖추면 수산업법상의 물권인 어업권으로 인정받게 된다.

2) 입어자의 입어를 허용해야 하는 자를 마을어업의 어업권자로 규정한 취지는, 양식어업이나 정치망어업은 그 어업방법이나 어업시설의 내용상 어업권자 이외의 자의 입어행위와 공존할 수 없으므로 일단 이러한 어업권이 설정된 뒤에는 관행어업자라고 하더라도 더 이상 그 어장에서 입어하는 것을 허용할 수 없지만, 일정한 수면을 전용하면서 정착성 수산물을 채포하거나 정치망 이외의 어구를 사용하여 수산동식물을 채포하는 데 그치는 공동어업(현행 마을어업)에 있어서는 어업권자 이외의 자의 입어행위와 공존이 가능하므로 공동어업권자로 하여금 종전의 관행에 의한 입어자의 입어를 허용하도록 제한을 가함으로써 관행어업권자의 이익을 보호하고자 하기 위함이다(박장우, "관행에 의한 입어권의 고찰", 법조 404, 법조협회, 1990. 5, 55~56쪽).

따라서 이하에서는 관행어업권의 개념정립, 관행어업권의 법적 성질 및 관행어업권의 존폐론, 나아가 관행어업권 폐지에 따른 보상문제 등의 순으로 논의를 전개하고자 한다.

## II. 관행어업권 · 입어의 관행의 의의 및 법적 성질

### 1. 관행어업권의 의의

#### (1) 관행어업권, 입어의 관행, 입어의 개념

관행어업권의 용어와 관련하여, 연구자에 따라서 관행어업권, 입어의 관행, 관행에 의한 입어권, 입어권 등의 표현을 쓰고 있는데, 이는 1953년 제정된 수산업법 제40조 표제에서 "입어의 관행"이라는 표현 및 개정 수산업법 제40조 표제에서 "입어"라는 표현에서 연유한다고 보이며,[3] 이로 인해 학계는 물론이고 실무계에서도 명확한 구별없이 혼용하는 등 혼란이 초래되고 있어 명확한 개념정의가 필요하다.

관습법상의 관행어업권은 제정법에 수용하는 과정에서 두 가지 형태로 입법되었다. 즉 그 하나는 "마을어업"(종래 공동어업)이고, 다른 하나는 "입어의 관행"이다. 전자는 면허어업의 하나로서 시장·군수·구청장의 면허를 받아 어업원부에 등록함으로써 수산업법상 물권인 어업권을 취득하게 된다. 그런데 후자의 경우는 어촌계원이 아니어서 마을어업으로 포섭되지 못한 관행어업권자들을 위해 수산업법은 입어의 관행 조문을 별도로 설치하고 있는데, 이 또한 어업신고 및 어업권등록원부에의 등록을 요구하고 있었다. 여기까지만 본다면 관습법상의 관행어업권은 성문법상의 마을어업이나 입어의 관행으로 완

3) 물론 입어의 관행에 대해서는 일제 강점기 1911년에 공포된 어업령에서 규정한 이래 1929년 공포된 조선어업령에서도 관련규정을 두고 있었다(최종화·차철표, 한국의 수산법제, 도서출판 두남, 2012, 114쪽).

전히 대체되었다고 볼 수 있다. 그러나 현실적으로는 마을어업의 대상자이지만 어업신고 및 어업권원부에 등록을 하지 않고 종래처럼 어업에 종사하거나, 입어의 관행에 의해 어업권을 취득할 수 있는 자이지만, 역시 어업신고 및 어업권원부에 등록을 하지 않은 자[4]가 다수 존재하였기에 이들에게는 여전히 관행어업권이 있는 자들이다. 이런 의미에서 관행어업권은 수산업법상의 마을어업, 입어의 관행과는 구별되어야 하겠지만 그 뿌리는 같다고 할 수 있다.

그런데 관행어업권, 입어의 관행, 입어권 등의 용어 사용과 관련하여, 먼저 입어권이라는 표현의 사용에 대해서 검토한다. 즉 우리 수산업법 제2조에서 입어, 입어자라는 정의규정을 두고 있고, 일부 논문에서도 입어권이라는 표현을 쓰고 있지만, 이와는 전혀 다른 일본의 입어권[5]과 혼란을 초래할 염려가 있다. 일본의 입어권은 어업권을 전제로 하는 물권으로서 어업권자와의 계약에 의해서 설정되는 권리이지만,[6] 우리나라의 입어자는 "신고어업에 따라 어업신고를 한 자로서 마을어업권이 설정되기 전부터 해당 수면에서 계속하여 수산동식물을 포획·채취하여 온 사실이 대다수 사람들에게 인정되는 자 중 대통령령으로 정하는 바에 따라 어업권원부에 등록된 자를 말한다"(수산업법 제2조 제11호)고 하여 어업권을 전제로 하는 권리는 아니다.

우리의 경우 입어의 관행업자가 일정한 요건을 갖추면 다른 면허어업권자와 마찬가지로 독립한 어업권을 취득하게 되므로, 우리 법제상에는 없는 개념이고 또한 혼란을 초래할 수 있다는 점에서 일본 어업법상의 입어권이라는 용어를 사용하는 것은 적절하지 않다고 생각한다.

그렇다면 입어권이 아닌, 우리 수산업법상의 용어인 "입어"라는 표현을 사

4) 특히 입어의 관행에 대해서는 1953년 제정시부터 1990년 개정 전 까지는 어업신고 및 어업권원부에의 등록이 강제되지 않았다. 따라서 판례는 신고 및 등록하지 않은 이들에 대해서도 물권성 인정하였다.

5) 일본 어업법 제7조에서는 입어권의 정의를 규정하고 있는데, "이 법에서 입어권이란 설정행위에 근거하여 타인의 공동어업권 또는 지주식양식업, 해조류양식업, 수하식양식업(밧줄, 철사 및 기타 이와 유사한 것을 이용하여 물속에 드리워서 하는 수산동식물의 양식업을 말하여, 진주양식업을 제외한다), 가두리양식업(그물 가두리 및 기타 가두리를 사용하여 행하는 수산동물의 양식업을 말한다) 또는 제3종 구획어업인 패류양식업을 내용으로 하는 구획어업권에 속하는 어장에서 그 어업의 전부 또는 일부를 영위하는 권리를 말한다"고 규정하고 있다.

6) 예컨대, 물권자인 전세권자가 전세기간 내에 전전세권자와 계약으로 전전세권을 설정하는 경우를 상정하면 이해될 것이다.

용하면 될 것이다. 입어는 단순한 사실상의 개념이 아니라 법률상의 개념이다. 즉 "입어"란 입어자(어업신고를 한 자로서 마을어업권이 설정되기 전부터 해당 수면에서 계속하여 수산동식물을 포획·채취하여 온 사실이 대다수 사람들에게 인정되는 자 중 대통령령으로 정하는 바에 따라 어업권원부에 등록된 자)가 마을어업의 어장에서 수산동식물을 포획·채취하는 것을 말하는 것이다. 이는 마치 수목의 집단에 대해 「입목에 관한 법률」에 따라 보존등기를 마치면 이제는 더 이상 단순한 수목의 집단이 아니라 법률상의 개념인 "입목"이 되는 것과 마찬가지로 이해할 수 있다.[7)]

따라서 관습법상의 관행어업권과는 별도로 1990.8.1. 수산업법 개정 전에는 입어, 입어자에 대한 정의 규정이 없었기 때문에 "입어의 관행"이라는 표현이, 그리고 개정 수산업법 이후에는 "입어"라는 표현이 적절하다고 생각한다.

### (2) 관행어업권의 범위

관행어업권은 관습법상의 권리이다. 다만 이 관행어업권이 마을어업과 입어의 관행 및 입어라는 제도로 성문법상 수용됨으로써 그 개념상 혼란이 초래되었지만, 광의로는 이들을 포섭하는 개념이었다. 그러나 면허어업인 마을어업은 면허를 받고 어업권원부에 등록을 하면 수산업법상의 어업권이 되고, 입어의 관행 또한 어업신고 및 어업권원부에 등록하면 역시 수산업법상의 어업권으로 인정받게 되지만, 이러한 신고 및 등록에 소극적이었던 것이 지난 시절의 현실이었다. 그렇다면 관행어업권은 면허어업인 마을어업도 아니고, 어업신고 및 입어등록부에의 등록도 하지 않아 입어의 관행에도 해당되지 않는 이른바 협의의 관행어업권만을 의미한다고 이해해야 할 것이며[8)], 이하의 논의도 이를 전제로 한다.

7) "입목"이란 토지에 부착된 수목의 집단으로서 그 소유자가 이 법에 따라 소유권보존의 등기를 받은 것을 말한다(입목에 관한 법률 제2조 제1항 제1호).

8) 대법원 판례에서도 관행어업권이라는 표현을 쓰기는 하지만, 이에 대한 명확한 정의는 없다. 다만 1990년 수산업법 개정 이전까지, 마을어업 대상자로서 신고 및 등록을 하지 않거나, 입어의 관행에 해당하는 자로서 신고 및 등록을 하지 않은 경우를 말하는 것으로 이해된다.

## 2. 관행어업권의 법적 성질

마을어업이나 신고를 요하는 입어의 관행은 그 근원 내지 본질은 관행어업권이지만, 마을어업은 면허어업으로 분류하고, 입어의 관행은 신고어업으로 처리하고 있다. 특히 입어의 관행에 대해서는, 신고어업과 그 성질을 달리함에도 신고어업의 요건을 갖추라고 하여 마치 신고어업화한 것은 행정편의 목적은 별론으로 하더라도 그 본질상으로는 문제가 있어 보인다.

개정 수산업법 제2조에서는 입어 및 입어자에 대한 정의규정을 두고 있다. 이 정의규정 상 입어자가 되기 위해서는 ① 어업신고 ② 마을어업권이 설정되기 전부터 해당 수면에서 계속하여 수산동식물을 포획·채취하여 온 사실이 대다수 사람들에게 인정되는 자 ③ 어업권원부에 등록된 자이어야 한다.

그렇다면 개정 수산업법 시행 이전에(시행 이후에는 경과규정에 따라 관행어업권 모두 소멸) 어업신고를 하지 않고, 어업권원부에 등록도 하지 않았지만, "마을어업권이 설정되기 전부터 해당 수면에서 계속하여 수산동식물을 포획·채취하여 온 사실이 대다수 사람들에게 인정되는 자"는 과연 어떠한 법적 지위를 가지는가?

여기서 관습법이란 사회에서 스스로 발생하는 관행이 단순한 예의적 또는 도덕적인 규범으로서 지켜질 뿐만 아니라, 사회의 법적 확신이나 법적 인식으로 뒷받침됨으로써 많은 사람에 의하여 지켜질 정도가 되어야 하는 바, 관습법이 성립하려면 관행이 존재하고 있어야 하고 법공동체에서 그 관행을 법규범이라고 일반적으로 인식·승인하고 있어야 한다. 관행어업은 단순한 관행의 차원을 넘어 대다수의 사람들에게 일반적으로 시인될 정도에 이른 것이고[9] 전술한 수산업법 정의규정에서도 "마을어업권이 설정되기 전부터 해당 수면에서 계속하여 수산동식물을 포획·채취하여 온 사실이 대다수 사람들에게 인정되는 자" 즉 관행어업을 단순한 관행의 차원을 넘어 대다수 사람들에게 일반적으로 시인될 정도에 이른 것으로서 이미 관습법이 되었음을, 그리고 이들

9) 곽윤직·김재형, 민법총칙, 박영사, 2013, 22쪽; 양형우, 민법의 세계, 피앤씨미디어, 2016, 9쪽; 지원림, 민법강의, 홍문사, 2013, 11쪽.

의 존재를 시인하고 있음을 알 수 있다. 따라서 관행어업권은 관습법상의 물권인 어업권을 말하는 것으로 이해할 수 있다.

## 3. 입어의 관행의 법적 성질

### (1) 입어의 관행의 의의

수산업법 제정 때부터 1990. 8. 1. 수산업법 개정 전 수산업에 따르면, 어업권과 이를 목적으로 하는 권리의 설정, 보존, 이전, 변경, 소멸, 처분의 제한 또는 입어에 관한 사항은 어업권원부에 등록한다(§43 ①)고 규정하여 입어에 관한 사항도 등록하게 되어 있지만, 등록을 하든지 않든지 소정의 요건을 갖춘 관행어업을 해 왔다면 이를 입어의 관행으로 인정하였다. 또한 제8조·제11조·제12조·제13조 또는 제23조의 규정에 의한 어업(즉 면허어업, 허가어업, 신고어업) 이외의 어업을 하고자 하는 자는 지방장관에게 신고하여야 한다고 규정하고 있었지만(§23 ①), 입어의 관행은 위 규정에 따라 신고를 하지 않았더라도 입어의 관행으로 인정되었다. 다만 신고를 하면 손실보상액을 산정함에 있어서는 신고어업에 준하여 산정되었을 뿐이다.

그런데 1990.8.1. 수산업법이 개정되면서, 관행어업권자는 이전과는 달리 어업행위의 관행만으로는 안되고, 동법상의 어업의 신고 및 어업권원부에의 등록을 요구하고 있었다(제2조 제7호). 그리고 부칙 제11조에서 “이 법 시행당시 공동어업의 어장안에서 입어관행이 있는 것으로 인정되는 자로서 종전의 규정에 의하여 어업권원부에 입어자로 등록하지 아니한 자는 이 법 시행일부터 2년 이내에 제16조의 규정에 의하여 어업권원부에 등록을 한 경우에 한하여 입어자로 본다(제2항)”라는 입어자에 관한 경과조치를 두었다.

이와 같이 관행어업권을 수산업법에 수용하면서 그 법적 성질에 대한 명확한 규정 없이, 단지 어업신고 및 어업권원부에의 등록이라는 규정을 두고 있을 뿐이어서 그 법적 성질에 대한 논란이 제기되었다.

### (2) 법적 성질

관습법상의 물권인 관행어업권의 존재를 인정하면서도 다른 한편으로는 일정한 행정상의 목적을 달성하기 위하여 이러한 관행어업권을 성문법으로 수용할 필요성이 제기되었고, 이에 1953년 제정된 수산업법 제40조에서는 "공동어업의 어업권자는 종래의 관행에 의하여 그 어업장에서 어업하는 자의 입어를 거절할 수 없다"고 규정하는 한편, 개정 수산업법 제40조에서 "마을어업의 어업권자는 입어자에게 제38조에 따른 어장관리규약으로 정하는 바에 따라 해당 어장에 입어하는 것을 허용하여야 한다"라고 규정였지만, 정작 그 법적 성질에 대해서는 언급이 없었을 뿐 아니라 "입어를 거절할 수 없다", "입어하는 것을 허용하여야 한다"라고 하여 그 법적 성질이 무엇인지에 대한 논란이 제기되었다.

다만 입어의 관행에 대해 제정 수산업법이나 개정 수산업법 모두 신고 및 등록 규정이 있었지만, 전자의 경우에는 신고 및 등록이 강제되지 않았고, 후자의 경우에는 부칙에서 동법 시행 후 2년 이내에 신고 및 등록을 하도록 경과조치를 두었다. 따라서 주로 그 법적 성질이 문제가 되었던 것은 신고 및 등록이 강제되지 않았고 현실적으로도 신고 및 등록을 하지 않았던 개정 전 수산업법상 입어의 관행이라 할 수 있다. 이하에서는 그 법적 성질에 관한 학설 및 판례를 검토한다.

1) 학설

① 반사적 이익설

이 견해에 의하면 관행에 의한 입어를 거절할 수 없다고 하는 것은 공동어업권자에 대한 법규적 제한에 불과하고 어업권자와 입어자 사이의 직접적인 관계를 규정하는 것은 아니라는 것이다. 따라서 공동어업의 어업권자에 대한 하나의 법적 제한으로서 종래부터 그 어장에서 어업을 해온 자에 대해 그 어업을 거절할 수 없는 관계를 어업권자측에서 보아 입어권으로 규제하는 것이다. 입어를 할 수 있다는 것은 법적 규제의 반사적인 작용에 불과한 것으로 입어는 권리가 아니라 반사적 이익에 불과하다는 견해이다.[10]

10) 제길우·김용우, 한국수산법요론, 법문사, 1973, 120쪽.

② 권리설

이 견해에 의하면 관행에 의한 입어는 수산업법 제40조 제1항에 의해 보호되는 이익이므로 그 이익은 공동어업권을 가진 어업권자에 대하여 주장할 수 있고, 입어에 대한 제3자의 침해에 대해 물권적 청구권 중 방해의 배척을 할 수 있는 권리이다. 이러한 권리로 선택함이 관행에 의한 입어활동을 보호하는데 있어서는 합당한 것으로써 관행어업인에게 입어는 권리라는 견해이다.[11]

③ 제한물권설

공동어업권자에게 관행어업인의 입어를 수인하고 거절하지 못하도록 제한하고 있는데, 이는 제한물권과 같은 성질을 지니고 있다는 것이다. 이 견해에 의하면 관행어업권은 공동어업권에 대한 제한물권으로서 어디까지나 공동어업권을 전제로 하여 성립 및 소멸하는 타물권이므로 공동어업권이 존재하지 않으면 성립하지 않으며 공동어업권이 소멸하면 소멸된다는 것이다.[12] 우리의 경우 종래 관행으로 행해져 왔던 관행어업권을 성문법영역으로 끌어들인 제도로서 공동어업권의 존재를 전제로 하지 않는다. 판례도 또한 관행어업권은 당해 공유수면에 공동어업권이 설정되어 있는지를 불문하고 인정되는 것이라고 하고 있다.[13]

④ 독자적 물권설

이 견해에 의하면, 관행어업권은 입어의 관행에 의해 성립하므로 이를 굳이 공동어업권이 설정된 경우에만 한정할 필요가 없다는 것이다. 관행어업의 보호 목적은 지선수면에서 지속적으로 어업에 종사해 온 어업인들의 경제적 이익을 보호하기 위함이기 때문에 공동어업권자는 관행어업자의 입어를 거절할 수 없고 단지 양식어업, 정치어업 등의 다른 어업권자들의 권리에 의해서만

11) 한규설, “관행어업의 존재”, 수산연구 21호, 한국수산경영기술연구원, 2004.10, 48쪽; 양세식·배영길, 「수산업법론」, 수산경제연구원 BOOKS·블루엔노트, 2012, 197쪽.

12) 국내에서는 이 견해를 주장하는 학자는 보이지 않으며, 일본에서는 오래된 견해이지만, 연혁적 의미는 있으므로 인용한다. 石黑武重, 漁業法, 現代法學論集 第32卷, 1930, 463面 星四郎, 日本漁業法註解并二判例, 有斐閣, 1933, 65面(임종선, “비법인 사단으로서 어촌계에 대한 소고”, 경희법학 제47권 제3호, 경희대학교 법학연구소, 2012, 312쪽에서 재인용).

13) 대법원 2001. 9. 25. 선고 2000다16893 판결; 대법원 2001. 3. 13. 선고 99다57942 판결; 대법원 1995. 9. 15. 선고 94다55323 판결.

이를 거절할 수 있다는 것이다. 따라서 관행어업권은 공동어업권을 전제로 하는 물권이 아니라 공동어업권과 별도로 독자적인 물권이라는 것이다.[14)]

⑤ 배타성 없는 준물권설

이 견해에 의하면 관행어업권은 입어를 방해받지 아니할 소극적 내용의 권리이자 제3자에 대한 대세효를 가진 준물권적 권리라는 것이다. 즉 일정한 공유수면에서 제3자의 방해를 받지 않고 입어할 권리만을 가진다는 것이다. 공유수면에서 적극적인 권리를 가지지 못해서 타인이 입허하는 것을 배제하지 못할 뿐아니라 양식어업권 또는 정치어업권이 설정되면 공유수면 내에서 이들 어업권과 저촉되어 어업행위를 할 수 없다.[15)]

⑥ 특수지역권설

이 견해에 의하면, 관행어업은 어느 지역의 주민이 면허 등의 어업권을 가지지 않고 집합체로서 오랜 기간 동안 방해 없이 그들 어업인 이외의 타인의 권리에 속하는 일정한 범위의 수역에서 입어 내지 채취 등의 수익행위를 하는 권리인 특수한 지역권이라는 것이다.[16)] 이러한 관행어업은 마치 지역권에서 승역지의 이용자의 의무 중 지역권자의 행위를 용인하고 일정한 이용을 하지 아니할 부작위의무를 부담하는 것과 유사하다는 것이다.

2) 판례

구 수산업법 제40조(입어의 관행) 제1항은 "공동어업의 어업권자는 종래의 관행에 의하여 그 어업장에서 어업하는 자의 입어를 거절할 수 없다"고 규정함으로써 일정한 공유수면에서 공동어업권이 면허되기 전부터 오랫동안 관행에 따라 어업을 하여온 자는 공동어업권이 설정되더라도 계속 어업을 할 수 있다고 보호하고 있는 바, 이는 결국 일정한 공유수면에서의 관행에 따른 어업은 위 규정에 의하여 보호되는 이익으로서 그 이익은 공동어업권자에 대하여 주장하고 행사할 수 있을 뿐만 아니라 이를 다투는 제3자에 대하여는 그

14) 일본에서는, 金田禎之, 新編漁業詳解 三訂版, 成山堂書店, 2006, 209面 川島無宜, "慣行による入漁權", 法學協會雜誌, 第59卷 第11號, 1941, 1092面(임종선, 전게논문, 313쪽 재인용).

15) 김종기, "관행어업권 침해로 인한 손해배상 책임" 판례연구 제12집, 부산판례연구회, 2001. 6, 847쪽.

16) 서울민사지방법원 1993. 11. 19. 선고 91가합42192 판결.

배제를 청구하거나 그에 따른 손해배상을 청구할 수 있는 권리라고 해석하는 것이 관행에 따른 어업자를 보호하는데 있어 적절하다고 할 것이다.[17)]

이와 같은 관행에 따른 어업권은 물권인 양식어업권과 정치어업권이 설정되면 그 공유수면내에서는 이들 어업권과 저촉되므로 어업행위를 할 수 없게 되는 것이지만, 같은 물권인 공동어업권이 설정된 경우에는 양자가 권리의 내용상 양립할 수 있으므로 위 관행에 따른 어업권에 기하여 입어할 수 있다는 것을 규정한 것이라고 보아야 할 것이다.

따라서 대법원 판례에서 인정되고 있는 관행어업권(저자 주: 입어의 관행)은 물권에 유사한 권리로서 공동어업권의 설정유무와 관계없이 발생하는 것이고,[18)] 소멸 또한 공동어업권과 운명을 같이 하지 않는 이른바, 공동어업권과는 별개의 권리인 것이다.

### (3) 소결

입어의 관행에 따른 권리란 일정한 공유수면에 대한 공동어업권 설정 이전부터 어업의 면허 없이 그 공유수면에서 오랫동안 계속 수산동식물을 포획 또는 채취하여 옴으로써 그것이 대다수 사람들에게 일반적으로 시인될 정도에 이른 것을 말한다.[19)] 따라서 입어의 관행은 단순한 관행의 차원을 넘어 대다수의 사람들에게 일반적으로 시인될 정도에 이른 것이기에 하나의 관습법이 되었다고 볼 수 있다. 이러한 관습법상의 관행어업권을 성문법(수산업법)상에

17) 대법원 1989. 7. 11. 선고 88다카14250 판결(참고로 사실관계는 다음과 같다. 즉, 원고들은 전남 광양군 태금면 소재 태인도에 거주하면서 광양군 수협에 조합원으로 가입하여 위 수협이 면허받은 6개 해태(海苔, 김)양식어업권 어장에서 매년 9월부터 다음 해 4월까지 해태양식어업에 종사하는 한편 도촌, 장내, 용지 및 궁기의 어촌계를 이루어 해태양식을 하지 않는 5월부터 8월까지는 해태양식어업권이 설정된 수역과 아무런 어업권이 설정되지 아니한 수역 등 2,200만 평방미터에서 예전부터의 관행에 따라 특별한 면허나 허가 및 관할행정관청에의 신고 없이 간조시를 이용하여 패류 채취용 어구를 사용하여 자연산 패류를 채취하는 어업을 하여 왔던 바, 피고 포항종합제철주식회사는 광양제철소 등 공장부지 조성공사를 하게 되어 공유수면인 해면의 매립을 위해 이미 존재하는 어업권을 소멸시킬 필요가 있게 됨에 따라 면허어업권 등에 대하여는 보상하면서도 원고들의 어업에 관하여는 수산업법상의 어업에 해당되지 않는다는 이유로 그 보상에서 제외함으로써 소송에 이른 사안이다); 대법원 1963. 2. 28. 선고 62다882 판결.

18) 대법원 2001. 3. 13. 선고 99다57942 판결.

19) 대법원 2001. 3. 13. 선고 99다57942 판결.

수용하여 이를 제도화한 것이지만, 수산업법상의 물권인 어업권과는 제도의 목적상 다소 차이가 있음을 이해해야 한다.[20]

이러한 입어의 관행은 일정한 공유수면에서의 관행에 따른 어업은 공동어업권자에게 대하여 주장하고 행사할 수 있을 뿐만 아니라 이를 다투는 제3자에 대하여는 그 배제를 청구하거나 그에 따른 손해배상을 청구할 수 있는 권리라고 봐야 하므로 단순한 반사적 이익에 지나지 않는 것이 아니라 수산업이 인정하는 공동어업권과는 별개의 독립한 물권으로 보는 것이 타당하며, 판례도 같은 취지이다.[21]

그러나 개정 수산업법에서는 입어에 관한 사항에 대해 어업권원부에 등록을 해야만 수산업법상의 어업권을 인정하고 있고, 부칙에 경과조치에 따라 유예기간이 지나도록 등록하지 않으면 어업권을 인정하지 않는다. 결국 입어에 관한 사항에 대해 어업권원부에 등록한 경우라면 수산업법상의 물권인 어업권으로 봐야 하지만,[22][23] 등록없는 단순한 입어의 관행은 더 이상 독자적인 물권으로 인정받을 수는 없게 되었다. 개정 수산업법 시행 이후 판례도 이와 같은 취지이다.[24]

---

20) 어업권은 면허어업에 한하는데, 면허어업은 면허를 받아 일정한 수면을 구획 또는 점용하여 독점적으로 수산동식물을 포획·채취하거나 양식하는데 그 목적이 있는 반면, 관행어업의 보호목적은 지선수면에서 지속적으로 어업에 종사해 온 어업인들의 경제적 이익을 보호하기 위함에 있다.

21) 동지의 판결: 대법원 1963. 2. 28. 선고 62다882 판결; 대법원 1989. 7. 11. 선고 88다카14250 판결.

22) 다만 물권의 본질이 절대성, 배타적 내지는 독점성에 있다고는 하지만, 법의 목적상 제한은 가능하다. 따라서 수산업법에서도 입어권을 물권으로 인정하여 그 권리를 보호하면서도 다른 한편으로는 제한하고 있다. 판례에 따르면 관행어업권은 일정한 수면을 구획하여 그 수면의 바닥을 이용 또는 기타 시설을 하여 패류·해조류 등 수산동식물을 인위적으로 증식하는 양식어업이나 일정한 수면을 구획하는 어구를 정치하여 수산동물을 채포하는 정치어업에 관하여는 관행어업이 성립될 여지가 없고, 이러한 어업은 관행어업이 아니라 면허를 부여받은 어업권으로서 일정한 어업권원부에의 등록을 필요로 한다(대법원 2001. 12. 11. 선고 99다56697 판결).

23) 판례 또한 관행어업권은 공동어업권자에 대하여 주장하고 행사할 수 있을 뿐만 아니라 이를 다투는 제3자에 대하여도 그 배제를 청구하거나 그에 따른 손해배상을 청구할 수 있는 권리라고 하여 그 물권성을 인정하고 있다(대법원 2001. 3. 13. 선고 99다57942 판결).

24) "수산업법 제2조 제7호의 규정에 의한 입어자가 되기 위하여는 일정한 공유수면에서 계속적으로 수산동식물을 포획·채취하여 온 사실이 대다수 사람들에게 인정되는 것만으로는 부족하고 수산업법 제44조에 의하여 어업의 신고를 하고 공동어업의 어업권원부에 입어에 관한 사항을 등록할 것을 요한다"라고 판시하여 종래의 판례와는 다른 입장으로서 개정법에 보조를 맞추고 있다(대법원 1997. 10. 10. 선고 96다3838 판결; 대법원 2000. 5. 26. 선고 99다37382 판결).

## Ⅲ. 관행어업권의 존폐

### 1. 의의

개정 수산업법에 따라 종래 관행어업권자는 어업신고 및 어업권원부에 등록을 하여야 하고, 부칙 제11조에 따라 구 수산업법 시행일로부터 2년 이내에 어업권원부에 등록을 하도록 함으로써 그 기간 내에 등록하지 아니한 많은 관행어업권자의 관행어업권은 소멸하게 된다.

여기서 소멸하는 관행어업권은 관습법상의 관행어업권 및 수산업법상의 입어의 관행을 포함하는 것으로 보아야 하는가?

관행어업권과 관련한 개정 수산업법의 입법취지는, 공동어장내의 입어제도를 개선하여 생활근거지 인근 수면에서 어업을 하여 온 영세어민을 보호하고, 입어자의 대상을 명백히 하여 어업피해의 보상을 합리적으로 추진하는 등 입어와 관련된 분쟁과 민원을 해소하여 불법어업으로 인한 폐해를 방지하고 불법어업자의 무분별한 관행어업권 주장을 배제하여 어업질서를 확립하기 위한 것이라고 한다. 그러나 그 실질적인 배경은 관행어업권자를 종래의 대법원판례와 같은 태도로 보호하면, 그 범위가 불명확하고 따라서 대규모 간척사업 등 국가사업에 많은 차질을 초래하므로 관행어업권자를 명확히 정리하려고 하였던 것이라고 한다.[25] 이러한 입법취지를 고려한다면 소멸하는 관행어업권은 관습법상의 관행어업권 및 수산업법상의 입어의 관행을 모두 포함하는 개념으로 이해해야 할 것이지만, 이렇게 볼 경우, 관습법상으로 이미 성립한 관행어업권자의 보호가 문제될 수 있다.

이에 관행어업권자들은 부칙 제11조의 위헌성을 제기하기에 이르렀고, 대법원은 "1990. 8. 1. 수산업법 개정으로 입어의 관행에 관한 제40조가 개정되고 제2조 제7호에 입어 및 입어자의 정의 규정을 두는 한편, 입어자에 대한 경과조치로서 부칙 제11조를 두고 제81조 및 수산업법시행령(1991. 2. 18. 대통령령

25) 임종길, "맨손어업 활동을 하는 자의 법적 지위", 판례연구 제21집 제2호, 서울지방변호사회, 2007, 58쪽.

제13308호로 개정된 것) 제61, 62조에 신고어업자에 대한 손실보상 규정을 두게 되었는바, 이와 같은 개정은 구 수산업법의 문언상 명확하지 않던 입어의 관행 내지는 관행에 의한 입어자의 의미를 명확히 규정함으로써 해석상의 혼란을 막고 보상의 기준도 명확히 하기 위한 발전적인 입법 작용의 결과라 할 것이고, 그로 인하여 구 수산업법의 규정에 의한 입어자의 지위에 어떤 제한이 가하여졌다고 볼 수 없으니, 개정 수산업법 제2조 제7호, 부칙 제11조가 소급입법에 의한 재산권 박탈을 금지한 헌법 제13조 제2항, 공공필요에 의한 재산권의 수용·사용 또는 제한에 정당한 보상을 하도록 한 헌법 제23조 제3항, 국민의 자유와 권리를 제한할 경우에도 그 본질적 내용을 침해할 수 없다는 헌법 제37조 제2항에 위반된다고 볼 수 없다"라고 판시하였고,[26] 이에 관행어업권자들은 다시 헌법소원을 제기하였다.[27]

## 2. 헌법소원

### (1) 사건의 개요(97헌바76)

(가) 청구인(선정당사자) 홍○민과 그 선정자들(이하 "홍○민 등"이라 한다)은 인천 중구 ○○동에 거주하면서 같은 동 용수골 지선 간사지에서 상당기간 동안 계속하여 호미, 삽 등을 사용하여 자연산 굴, 바지락, 맛, 낙지, 게, 새우, 숭어, 망둥이 등 어패류와 해조류를 포획 또는 채취하여 왔고, 선정자 유관권 등 6인을 제외한 나머지 선정자들은 1991. 10. 31. 인천직할시 중구청장에게 어업의 종류 및 명칭을 맨손어업, 유효기간을 같은 날부터 1994. 10. 30.까지로 하여 구 수산업법(1990. 8. 1. 법률 제4252호로 전문개정되어 1995. 12. 30. 법률 제5131호로 개정되기 이전의 것, 이하 "구 수산업법"이라 한다) 제44조 소정의 어업신고를 하였으나 구 수산업법 부칙(1990. 8. 1. 법률 제4252호로 전문개정될 당시의 부칙, 이하 "구 수산업법 부칙"이라고 한다) 제11조 소정의 어업권

26) 대법원 1997. 10. 10. 선고 96다3838 판결.

27) 1999. 7. 22. 97헌바76, 98헌바50·51·52·54·55(병합) 전원재판부(내용이 실질적으로 동일한 여러 사건이 병합된 사안임).

원부 등록을 마치지 아니하였다.

(나) 5. 4. 인천직할시장으로부터 인천 중구 영종, 용유동 일대 간사지 46,524,354㎡의 매립을 승인받고, 청구외 한국공항공단에게 위 공유수면매립 승인에 관한 권리와 의무를 양도하였다. 이에 따라 한국공항공단은 1993. 4. 1. 경 위 공유수면매립공사에 착수하였고, 수도권신공항건설공단이 1994. 9. 1. 수도권신공항건설공단법 부칙 제5조에 의하여 한국공항공단의 권리와 의무를 포괄승계하였다.

(다) 한국공항공단은 위 매립공사에 착수하기 이전인 1993. 3. 6. 신고어업에 관한 손실에 대하여도 보상할 뜻을 공고하고 보상협의를 시도하였으나 홍○ 민 등이 보상에 불응한 채 인천지방법원에 손해배상청구의 소를 제기하였고, 위 공유수면매립공사의 시행으로 말미암아 위 용수골 지선의 어장은 조류가 없어지고 진흙이 침전되어 어패류 및 해조류 등이 모두 폐사함으로써 어장으로서의 기능이 상실되게 되었다.

(라) 홍성민 등은 1995. 7. 18. 위 손해배상청구의 소에서 원고패소판결(94가합3748)을 선고받고 서울고등법원에 항소하였으나 항소기각판결(95나30309)을 선고받았고, 이에 대하여 다시 상고한 후 대법원에 구 수산업법 제2조 제7호 등이 헌법에 위반된다는 이유로 위헌제청신청을 하였으나 1997. 10. 10. 상고기각판결(96다3838) 및 위헌제청신청기각결정(96카기43)을 선고받자 이 사건 헌법소원을 제기하였다

(2) 결정요지

① 소급입법은 새로운 입법으로 이미 종료된 사실관계 또는 법률관계에 작용케 하는 진정소급입법과 현재 진행중인 사실관계 또는 법률관계에 작용케 하는 부진정소급입법으로 나눌 수 있는바, 부진정소급입법은 원칙적으로 허용되지만 소급효를 요구하는 공익상의 사유와 신뢰보호의 요청 사이의 교량과정에서 신뢰보호의 관점이 입법자의 형성권에 제한을 가하게 되는데 반하여, 기존의 법에 의하여 형성되어 이미 굳어진 개인의 법적 지위를 사후입법을 통하여 박탈하는 것 등을 내용으로 하는 진정소급입법은 개인의 신뢰보호와 법

적 안정성을 내용으로 하는 법치국가원리에 의하여 특단의 사정이 없는 한 헌법적으로 허용되지 아니하는 것이 원칙이고, 다만 일반적으로 국민이 소급입법을 예상할 수 있었거나 법적 상태가 불확실하고 혼란스러워 보호할 만한 신뢰이익이 적은 경우와 소급입법에 의한 당사자의 손실이 없거나 아주 경미한 경우 그리고 신뢰보호의 요청에 우선하는 심히 중대한 공익상의 사유가 소급입법을 정당화하는 경우 등에는 예외적으로 진정소급입법이 허용된다.

② 이 사건 심판대상조항은 구 수산업법의 시행일 이전까지 존재하던 관행어업권에 관하여 규율하는바 없이 장래에 대하여 관행어업권의 행사방법에 관하여 규제할 뿐이므로 그 규정의 법적 효과가 시행일 이전의 시점에까지 미친다고 할 수 없다. 그리고 이 사건 심판대상조항은 종전의 수산업법에 의하여 인정되던 관행어업권을 일방적으로 박탈하는 것이 아니고, 일정한 기간 내에 등록만 하면 관행어업권을 인정하여 주는 것이므로 이를 가리켜 재산권을 소급적으로 박탈하는 규정이라고 할 수 없고, 다만 그 행사방법을 변경 내지 제한하는 규정이라고 할 것이다.

③ 이 사건 심판대상조항으로 인하여 청구인들이 침해받은 신뢰이익은 등록에 관계없이 인정받던 권리를 등록하여야 하는 정도이고, 관행어업권을 등록함에 있어서 어떤 요건이 추가된 것도 아니며, 일단 등록을 마치면 종전부터 보유하고 있던 관행어업권자로서의 지위를 더욱 공고히 유지할 수 있게 되므로 관행어업권자들에게 일정 기간 내에 관행어업권의 등록을 요구하는 것이 불가능하거나 기대하기 어려운 무리한 행위 또는 무익한 행위를 요구하는 것으로 보기 힘들다. 이에 반하여 구 수산업법 시행 당시 이미 전국연안의 수면이 공동어업으로 정리되어 있었으므로 새로이 관행어업권이 발생할 여지는 없고, 이 사건 심판대상조항은 종래에 존재하던 관행어업권자를 정리함으로써 관행어업권자의 지위를 공고히 하고 불법어업으로 인한 폐해를 방지하며 불법어업자의 무분별한 관행어업권 주장을 배제하여 어업질서를 확립하기 위하여 개정된 것이다. 따라서 이 사건 심판대상조항으로 인하여 관행어업권자들이 침해받은 신뢰이익이 이 사건 심판대상조항으로 달성하고자 하는 공익목적에 우선하여 보호되어야 할 정도로 중대한 것이라고 할 수 없으므로 이 사건 심판대상조항이 헌법상 신뢰보호의 원칙에 위배되는 것으로 볼 수 없다.

④ 이 사건 법률조항은 그 입법목적이 정당하고, 입법목적달성을 위하여 등록만을 하도록 요구하고 있으므로 그 방법도 적절하며, 종전의 관행어업권자들에게 구 수산업법 시행일로부터 2년 이내에 어업권원부에 등록을 하도록 함으로써 그 기간 내에 등록하지 아니한 관행어업권자의 관행어업권을 소멸하게 하는 것도 지나친 기본권 제한에 해당하지 아니한다. 또한 관행어업권자에게 관행어업권을 보존할 수 있는 충분한 시간과 기회를 부여한 후 관행어업권을 소멸시키는 것이어서 단순히 과거에 발생하였던 관행어업권을 무조건 소멸시키는 것과는 기본권의 침해에 있어서 차이가 있으므로 입법에 의하여 보호하려는 공공의 필요와 침해되는 기본권 사이의 균형성도 갖추었다.

(3) 헌법재판소 결정의 평가

① 개정 수산업법에 따르면, 종전과는 달리 관행어업권자도 어업신고를 하고 어업권원부에 등록해야 하며, 이를 입어자란 표현으로 대신하고 있다. 즉 면허어업과 같이 어업권원부에 등록해야 권리가 발생하게 되었다. 종래 관행어업은 관습법에 의하여 하나의 독립된 권리로서 인정되었기에 성립요건이나 대항요건으로서의 별도 공시는 불필요했고, 권리 성립의 여부는 당사자가 입증하기만 하면 되었다. 그러나 개정법에서는 신고 및 등록을 요구하고 있으며, 나아가 부칙에서 2년의 등록 유예기간[28]을 두어 이 기간 내에 등록하지 않으

28) 1990. 8. 1. 개정된 구 수산업법 시행 당시의 관행어업권자의 동법 시행 후 2년 동안의 법적 지위에 대해 대법원은 "1990. 8. 1. 법률 제4252호"로 전문 개정된 구 수산업법(1995. 12. 30. 법률 제5131호로 개정되기 전의 것)은 제2조 제7호에서 입어자의 정의 규정을 새로 두어 "입어자라 함은 제44조의 규정에 의하여 어업의 신고를 한 자로서 공동어업권이 설정되기 전부터 당해 수면에서 계속적으로 수산동식물을 포획·채취하여 온 사실이 대다수 사람들에게 인정되는 자 중 대통령령이 정하는 바에 의하여 어업권원부에 등록된 자를 말한다"라고 규정하고 있으므로, 같은 법 시행 후에 일정한 공유수면에서의 관행에 따른 어업을 권리로 새로 인정받기 위하여는 단순히 종전과 같이 당해 공유수면에서 계속적으로 수산동식물을 포획·채취하여 온 사실이 대다수 사람들에게 시인되는 것만으로는 부족하고, 같은 법 제44조에 의하여 어업의 신고를 하고 공동어업의 어업권원부에 입어에 관한 사항을 등록할 것을 요하게 된 것은 사실이나, 한편 같은 법 부칙 제11조 제2항은 "이 법 시행 당시 공동어업의 어장 안에서 입어 관행이 있는 것으로 인정되는 자로서 종전 규정에 의하여 어업권원부에 입어자로 등록하지 아니한 자는 이 법 시행일부터 2년 이내에 제16조의 규정에 의하여 어업권원부에 등록을 한 경우에 한하여 입어자로 본다"고 규정하여 종래의 관행어업권자의 지위에 대하여 경과규정을 따로 두고 있으므로, 종래의 관행어업권자는 같은 법 규정에도 불구하고 그 시행일로부터 2년 동안은 어업의 신고

면 기존의 관행어업권은 소멸한다고 규정하였다. 이 기간내에 등록한 관행어업권자는 한 명도 없었다고 한다.[29] 그 결과 종래의 관행어업권은 모두 소멸하게 되었다.

소급입법에 의한 권리박탈과 관련하여, 헌법재판소는 진정소급입법은 불허용이 원칙이고, 예외적으로 일반적으로 국민이 소급입법을 예상할 수 있었거나 법적 상태가 불확실하고 혼란스러워 보호할 만한 신뢰이익이 적은 경우와 소급입법에 의한 당사자의 손실이 없거나 아주 경미한 경우 그리고 신뢰보호의 요청에 우선하는 심히 중대한 공익상의 사유가 소급입법을 정당화하는 경우 등에는 진정소급입법이 허용된다고 한다. 헌재는 관행어업권의 소멸이 예외적 사유에 해당하는지의 여부는 판단하지 않고, 다만 그 행사방법을 변경 내지 제한하는 규정이므로 재산권을 소급적으로 박탈하는 규정이라고 할 수 없다고 한다.

관행어업권을 등록한 사례는 없었으므로 결과적으로는 관습법으로 확인된 관행상의 어업권, 즉 관행어업권은 모두 소멸하게 된 것이므로 소급입법에 의한 기득권 박탈의 다름 아닌 것이다.[30]

관행어업권의 등록제도로의 전환이 필요한 경우라도 등록기간내 홍보를 강화하여 등록하게 하고 등록실적이 부진한 경우라면 기간을 연장해서라도 이들의 기득권을 충분히 보호해 주어야 했기에, 경과규정에서 2년이라는 기간이 과연 충분한 기간이었는지도 의문이다. 이런 노력에도 불구하고 등록을 하지 않은 경우라면, 어업권의 행사를 할 수 없게 하거나 수산업법상 어업권으로서의 보호를 제한할 문제이지,[31] 소급입법을 통한 권리의 박탈의 결과를 초래해

나 어업권원부에의 등록 없이도 종전의 권리를 그대로 유지할 수 있으며, 어업권원부에 입어자로 등록하지 아니한 상태로 2년을 경과하면 그 때 비로소 같은 법에 의한 관행어업권으로 인정될 여지가 더 이상 없게 되어 그 권리가 소멸될 뿐이다"(대법원 2000. 5. 26. 선고 99다37382 판결).

29) 한규설, "관행어업자의 존재", 한국수산신보, 2000. 5. 15.

30) 물론 어업질서 재편 내지는 개혁을 위하여 기존의 권리를 소멸시키는 것이 불가능한 것은 아니다. 일본의 경우 1949년 신 어업법에서 구법에 의한 어업권을 모두 소멸시켰다. 다만 소멸되는 모든 권리에 대하여 보상을 마련하였다. 우리도 공익사업에 필요한 토지 등을 협의 또는 수용에 의하여 취득하거나 사용함에 따른 손실의 보상에 관한 사항을 규정하기 위하여 「공익사업을 위한 토지 등의 취득 및 보상에 관한 법률」이 잘 정비되어 있다.

31) 동지: 박윤흔, "관행어업권", 행정판례연구 제6집, 서울대학교출판부, 2001. 11, 217쪽(마치 호적에 출생신고를 하지 않고 있는 자를 사망자로 보는 것과 같은 우를 범하고 있다고 비판하고 있다).

서는 아니된다. 설령 어업질서 재편이 필요하여 소멸시키는 부득이한 경우라면 그에 상응하는 보상이 이루어져야 할 것이다.

## 3. 관행어업권의 전망

### (1) 관습법의 효력을 부인하기 위한 요건

오랜 기간 동안 사회 구성원들의 법적 확신에 의하여 뒷받침되고 유효하다고 인정해 온 관습법의 효력을 사회를 지배하는 기본적 이념이나 사회질서의 변화로 인하여 전체 법질서에 부합하지 않게 되었다는 등의 이유로 부정하게 되면, 기존의 관습법에 따라 수십 년간 형성된 과거의 법률관계에 대한 효력을 일시에 뒤흔드는 것이 되어 법적 안정성을 해할 위험이 있으므로, 관습법의 법적 규범으로서의 효력을 부정하기 위해서는 그 관습을 둘러싼 전체적인 법질서 체계와 함께 관습법의 효력을 인정한 대법원판례의 기초가 된 사회 구성원들의 인식·태도나 그 사회적·문화적 배경 등에 의미 있는 변화가 뚜렷하게 드러나야 하고, 그러한 사정이 명백하지 않다면 기존의 관습법에 대하여 법적 규범으로서의 효력을 유지할 수 없게 되었다고 단정하여서는 아니된다.[32)]

다만 사회의 거듭된 관행으로 생성된 사회생활규범으로서의 관습 내지 관습법이라고 할지라도, 헌법을 최상위 규범으로 하는 전체 법질서에 반하여 정당성과 합리성이 없거나 사회를 지배하는 기본적 이념이나 사회질서의 변화로 인하여 그러한 관습법을 적용하여야 할 시점에서 전체 법질서에 부합하지 않게 되었다면 이를 법적 규범으로 삼아 법원으로서의 효력을 인정할 수 없고,[33)] 사회의 거듭된 관행으로 생성된 사회생활규범이 관습법으로 승인되었다고 하더라도, 사회 구성원들이 그러한 관행의 법적 구속력에 대하여 확신을 갖지 않게 되었다면 그러한 관습법은 법적 규범으로서의 효력이 부정될 수밖

32) 대법원 2017. 1. 19. 선고 2013다17292 전원합의체 판결.

33) 대법원 2003. 7. 24. 선고 2001다48781 전원합의체 판결; 대법원 2005. 7. 21. 선고 2002다1178 전원합의체 판결.

에 없다.[34)]

### (2) 관행어업권의 부인 여부

오랜 세월 동안 지속되어 온 관습 또는 관행으로서 법적 규범으로 승인되어 왔고, 관행어업권에 관한 관습에 대하여 사회 구성원들의 법적 구속력에 대한 확신이 소멸하였다거나 그러한 관행이 본질적으로 변경되었다고 인정할 수 있는 자료(주로 법원의 판례)는, 적어도 개정 수산업법 시행 이전에는 쉽게 찾아볼 수 없으므로 개정 수산업법 시행일인 1991. 2. 2. 이전의 관행어업권은 유지되고 있다고 보아야 한다.

개정 수산업법 시행이후에도 마을어업권이 설정되기 전에 해당 수면에서 계속하여 수산동식물을 채취하는 입어의 관행은 있을 수 있지만, 이러한 입어의 관행에 대해 대다수 사람들에게 관행어업자임을 인정받기는 쉽지 않을 것이다. 왜냐하면 종래 법적 확신은 이러한 관행만으로 인정받을 수 있었지만, 개정 수산업법상으로는 이러한 관행만으로는 안되고 어업신고 및 어업권원부에 등록을 해야 한다는 사회적 인식이 확대되었기에 관습법의 성립요건인 법적 확신을 얻을 수 없어서 관습법상의 관행어업권이 인정될 여지는 거의 없어 보인다.

개정 수산업법 시행이후 판례도 "수산업법 제2조 제7호의 규정에 의한 입어자가 되기 위하여는 일정한 공유수면에서 계속적으로 수산동식물을 포획·채취하여 온 사실이 대다수 사람들에게 인정되는 것만으로는 부족하고 수산업법 제44조에 의하여 어업의 신고를 하고 공동어업의 어업권원부에 입어에 관한 사항을 등록할 것을 요한다"라고 판시하여[35)] 사회 구성원들의 법적 확신이 소멸하였거나 그러한 관행이 본질적으로 변경되었다고 인정할 만한 실증적인 자료를 제시하고 있다.

따라서 어업신고나 어업권원부에 등록없이 지선어장에 입어한 사실만으로 관행어업권을 인정하는 종전의 관습은 적어도 1991. 2. 2. 개정 수산업법이 시

34) 대법원 2005. 7. 21. 선고 2002다1178 전원합의체 판결.
35) 대법원 1997. 10. 10. 선고 96다3838 판결; 대법원 2000. 5. 26. 선고 99다37382 판결.

행될 무렵에는 법질서에 반하는 것[36]으로서 정당성과 합리성을 상실하였을 뿐 아니라 이러한 관습의 법적 구속력에 대하여 우리 사회 구성원들이 확신을 가지지 않게 됨에 따라 법적 규범으로서 효력을 상실하였다고 볼 수 있다.

결국 현행법상 입어의 관행은 신고어업에 편입되었다고 해야 할 것이며, 모든 관행 어업은 신고어업화되었다고 평가할 수 있다. 관행어업의 신고만 한 경우라도 신고어업에 준한 보상은 해 주지만, 등록까지 해야만 비로소 수산업법상의 물권인 "입어"의 권리를 취득하는 것이다.

### (3) 관행어업권의 지위 변화

1990. 8. 1. 수산업법이 개정되면서, 관행으로 어업에 종사한 자는 어업활동을 행사한 것만으로는 관행어업자의 지위를 인정받을 수 없고, 어업신고와 어업권원부에의 등록[37]을 하여야만 비로소 그 지위를 인정받게 되었다. 그렀다면 입어의 관행은 없어진 것인가?

입어의 관행이라는 수산업법상의 용어는 사라졌지만, 그 상황은 사실상 여전히 존재하며, 법적으로도 입어자의 정의규정에서 확인할 수 있다.

그런데 관행어업권은 관습법상 인정된 물권이고, 제정법으로 수용하는 과정에서 1953년 수산업법에서는 입어의 관행이라 하여 기존의 관행어업권을 입법화하였고, 개정 수산업법 시행 이전까지는 신고나 등록을 하지 않더라도 물권성을 인정받았다. 그러나 개정 수산업에서 신고 및 등록을 강제화하였다고 볼 수 있고, 등록하지 않는 관행어업권은 모두 소멸하는 것으로 정리하였다. 따라서 개정 수산업법에 따르면 종래 관행어업권자의 지위 박탈은 물론이고

36) 면허어업이나 허가어업의 경우 유효기간이 정해져 있지만, 관행어업권은 기간의 제한이 없기에 이를 무제한적으로 인정하는 것은 현행 수산업법의 취지에 반한다고 볼 수 있기 때문이다.

37) 등록의 의미와 관련하여, 수산업법 제17조에서는 "입어에 관한 사항은 어업권원부에 등록한다", 이 "등록은 등기에 갈음한다"고 규정하고 있다. 그리고 등록에 관한 사항은 어업등록령에 자세히 규정하고 있다. 이와 같이 수산업법에서는 "입어"(수목의 집단에 대해 등기하면 "입목"이라 하듯이, 관행어업에 대해 등록하면 "입어"라 함)에 관하여 물권성을 명문으로 표명하고 있지는 않지만, 등록을 하게 하고 있고, 등록은 등기와 같이 권리관계의 공시방법이기 때문에 등록을 하면 어업권과 마찬가지로 물권성을 인정하고 있다고 볼 수 있다. 다만, 입어의 본질은 관행어업이며, 관행에 의하여 발생하는 사법상의 권리로서, 행정처분으로서 권리가 설정되는 공동어업권과는 다른 측면이 있다.

앞으로도 이러한 관행어업권은 인정받을 수 없게 되었음을 부인할 수 없다.

다만 아쉬운 점은 종전의 관습법을 폐지하는 입법을 하는 경우에는 기득권을 보호하고 법적 안정성을 위해서라도 종전의 관습법으로 성립한 권리는 인정하되, 관습법을 폐지하는 입법 시행 후부터 적용한다는 경과조치를 두었어야 했다는 점이다. 예컨대 「장사 등에 관한 법률」(시행 2001. 1. 13. 법률 제6158호, 2000. 1. 12. 전부개정) 부칙 제3조 경과조치에서와 같이, 관습법상의 권리인 분묘기지권은 이 법 시행 후 최초로 설치되는 분묘부터 적용한다고 하는 명확한 규정을 두는 것이 논란을 종식시키는 방법이다.

## Ⅳ. 관행어업권 침해에 대한 보상

### 1. 어업권원부에 등록하지 않은 관행어업권과 보상

#### (1) 미등록 관행어업자의 보상 여부

1990. 8. 1. 개정 수산업법 부칙 제11조에서 “이 법 시행당시 공동어업의 어장안에서 입어관행이 있는 것으로 인정되는 자로서 종전의 규정에 의하여 어업권원부에 입어자로 등록하지 아니한 자는 이 법 시행일부터 2년 이내에 제16조의 규정에 의하여 어업권원부에 등록을 한 경우에 한하여 입어자로 본다”라는 경과규정을 두었다.

이 경과규정에 따라 2년 이내에 어업권원부에 등록을 하여야 입어자로 보게 됨으로써 종래처럼 어업권원부에 등록없는 관행어업권은 어떻게 되는가?

이에 대한 해석론으로서는 첫째, 관습법상의 관행어업권과 수산업법상의 입어의 관행을 별개로 보자는 것이다. 즉 관행어업권은 관습법에 의해 이미 성립한 물권이지만, 입어의 관행에 대해서는 등록을 하면 어업권자(입어자)로 보고, 등록을 하지 않으면 입어자로 보지 않겠다는 것이다. 따라서 2년 이내에 등록하지 않더라도 관행어업권은 존속하는 것이다. 다만, 개정 수산업법 시행

이후부터 새롭게 관행어업권은 성립할 수 없지만, 기존의 관행어업권은 그대로 존재한다고 보는 것이다.

둘째, 관습법상의 관행어업권이나 수산업법상의 입어의 관행을 구별하지 않고, 양자 모두 관행어업권으로 본다면 부칙 제11조에 따라 등록하지 않은 모든 관행어업권은 소멸하게 된다. 즉 관행어업에 대하여 어업권원부에 등록이라는 요건을 구비하지 않으면 그 권리를 인정하지 않겠다는 것이다.

전자로 해석한다면 부칙 제11조에도 불구하고 관행어업권은 여전히 존재하는 것이고 이렇게 보는 것이 타당하다고 보이지만, 개정 수산업법의 입어, 입어자의 정의 규정 및 부칙 제11조의 입법취지를 고려해보면 2년의 기간내에 등록 없는 관행어업권은 모두 정리하겠다는 취지이고, 대법원판례 및 헌법재판소결정도 같은 취지로 보인다.

일응 이해가 가지만, 이는 관행어업권의 소멸문제일 뿐이고, 권리 소멸에 따른 보상의 문제와는 별개이다. 따라서 관행어업권은 개정 수산업법 시행 이전에 이미 관습법상으로 성립된 권리이므로 소급입법에 의한 기득권 박탈의 결과를 초래해서는 안된다. 부칙 제11조 및 이에 대한 대법원판례 및 헌법재판소결정은 결과론적으로 관행어업권을 박탈하는 결과를 초래하므로 정당한 보상이 수반되어야 한다.

### (2) 등록은 효력요건인가 대항요건인가

민법상 부동산 물권변동에 있어서 “부동산에 관한 법률행위로 인한 물권의 득실변경은 등기하여야 그 효력이 생긴다”(민법 제186조)고 규정하고 있다. 수산업법상 면허어업의 경우 등록해야 하는 바, “어업권원부에 등록을 함으로써 어업권을 취득한다”라고 규정하여 등록이 어업권의 효력요건이 되는 것이다. 그러나 입어에 관한 사항의 등록은 조금 달리 해석해야 한다. 즉 관행어업권은 이미 관습법에 의해 성립한 권리이므로 등록 유무에도 불구하고 존재하고 있는 것이다. 다만 입어의 등록은 이미 존재하고 있는 입어의 권리를 전제로 이를 공시하는 것에 지나지 않으므로 권리의 존부를 확정하는 행정처분이 아니라 이 등록은 행정기관이 어업을 감시하는데 있어서 행정편의 및 이해관계를 가지는 제3자를 위한 것이므로 효력요건으로 볼 수는 없고 대항요건으로 보아야 한다. 이렇게 이해한다면 광의의 관행어업권 중 입어 등록하지 않은 이른바, 관습법상의 협의의 관행어업권은 그대로 남아 있는 것이다. 따라서 이에 대한 보상을 하지 않고, 2년 기간 경과 후 일괄해서 관행어업권을 소멸시키는 것은 문제가 있어 보인다.

## 2. 보상의 정도와 방법 등

### (1) 보상의 정도·방법

관행에 의한 어업권의 보상과 관련하여 대법원은, 관행어업권은 면허에 의하여 인정되는 어업권과 같이 일정한 공유수면을 전용하면서 그 수면에서 배타적으로 수산동식물을 채포 또는 채취할 수 있는 독점적인 권리라기보다는 단지 타인의 방해를 받지 않고 일정한 공유수면에 출입하면서 수산동식물을 채포 또는 채취할 수 있는 권리에 지나지 않는 것이므로, 그러한 권리의 소멸에 따른 손실을 평가함에 있어서 일정한 공유수면을 전용하면서 그 수면에서 배타적으로 수산동식물을 채포 또는 채취할 수 있는 독점적인 권리인 같은 법 제8조, 제24조에 의하여 공동어업 등의 면허에 의하여 인정되는 어업권이 취소되는 경우에 대한 보상 방식을 유추적용할 수는 없고, 오히려 이는 실질상 같은 법 제22조 소정의 신고어업의 형태와 유사한 것이라고 볼 수 있으므로 이와 같은 권리의 소멸에 따른 손실을 평가함에 있어서도 신고어업의 보상에 관한 규정을 유추적용함이 상당다고 한다.[38)]

물론 이는 입어의 관행에 대해서 어업신고 및 어업원부에의 등록을 행한 경우의 관행어업권에 대한 보상 방법에 관한 판례이지만, 관습법상의 관행어업권도 이 판례에 따라, 즉 신고어업의 보상에 관한 규정을 유추적용하면 될 것이다.

---

38) 대법원 1998. 4. 14. 선고 95다15032 판결; 대법원 2001. 9. 25. 선고 2000다16893 판결.

### (2) 관행어업권이 인정되는 어민의 자격요건 및 가동연한

구 수산업법(1990. 8. 1. 법률 제4252호로 개정되기 전의 것) 제40조 소정의 관행어업권은 원칙적으로 독립세대별로 인정되고 차남 이하 분가자나 외지로부터의 전입자에 대하여는 일정한 기간이 경과되어야 인정되며, 이 경우에도 그러한 어업을 계속할 수 있는 노동능력과 의사를 가진 자로서 20세부터 60세가 될 때까지의 자에 대하여만 인정된다.[39]

각 세대의 구성원이 자연산 패류를 채취하면 세대주가 이를 처분하여 생계에 충당하고 있으므로 세대원은 특단의 사정이 없는 한 세대주의 보조자이고 어업권자는 세대주가 될 뿐이다.[40][41] 판례는 가동연한을 어업을 계속할 수 있는 노동능력과 의사를 가진 자로서 20세부터 60세에 이르기까지의 자에 한하여 보상의 대상이 될 수 있다고 제한하고 있는데, 관행어업자 중에 70세 이상이 대부분인 해녀들을 생각하면 현실적이지 못하다.

## 3. 소결

개정 수산업법에 부칙 경과규정이 지나면 결과론적으로 종래 관행어업권자의 권리가 소멸하게 되는 것이므로 관행어업권자 및 어업신고는 하였지만 어업권원부에 등록은 하지 않은 경우, 그 구제책이 문제될 수 있다. 보상실무에서는 신고를 한 경우 신고어업권자로 인정 및 보상을 하고 있다. 판례 또한 신고어업의 형태와 유사한 것이라 하여 손실을 평가함에 있어서 신고어업의 보상에 관한 규정을 유추적용하고 있다.[42]고 판시하여 그나마 보상이 이루어질 수 있지만, 문제는 종래 관행어업권자로서 어업에 지속적으로 종사하고 있으

39) 대법원 1999. 6. 11. 선고 97다41028 판결; 대법원 2002. 1. 22. 선고 2000다2511 판결.

40) 대법원 1989. 7. 11. 선고 88다카14250 판결.

41) 한편 신고어업자는 원칙적으로 그 스스로 신고어업에 종사하여야 하나, 맨손어업을 대상으로 하는 신고어업은 그 일반적인 종사자 및 어업형태에 비추어 동일 세대 내에 있는 가족의 도움을 받아 영위할 수도 있다고 할 것이므로, 원심이 공무원으로 재직중에 있는 자에 대하여도 그들이 어장지역에 실제 거주하며 그들 세대의 구성원이 맨손어업에 종사하였다는 이유로 신고어업자로 인정한 것은 정당하다(대법원 2002. 1. 22. 선고 2000다2511 판결).

42) 대법원 1998. 4. 14. 선고 95다15032 판결.

면서, 신고 및 등록을 이행하지 않은 관행어업권자의 보호문제이다. 이미 관습법상으로 성립한 권리를 사후 입법을 통해 박탈하는 것은 법률불소급원칙에 반하지 않느냐의 문제가 있고, 반하지 않는다면 그 권리박탈에 따른 보상, 즉 신고어업에 준한 보상이 수반되어야 한다.

어업질서 재편 내지는 개혁을 위하여 기존의 권리를 소멸시키는 것이 불가능한 것은 아니다. 일본의 경우 1949년 신 어업법에서 구법에 의한 어업권을 모두 소멸시켰다고 한다. 다만 소멸되는 모든 권리에 대하여 보상이 마련되었다고 하는데 시사하는 바가 크다.

## V. 결 론

관행어업권이란 제정법 이전의 관행어업권은 물론이고 제정법상으로 수용한 이후에도 제정법상의 어업신고나 어업권원부에의 등록을 이행하지 않고서 종래처럼 마을 앞 어장에서 행하는 어업관행에 대해 법적 확신을 얻어서 사회에서 행하여지게 된 때 소급해서 관습법으로 존재하고 있었던 것이 된다. 특히 수산업법 제정을 통해 입어의 관행이라는 규정을 두었고, 개정 수산업법에서도 입어 및 입어자라는 규정을 두어 용어의 사용에 있어서 혼란이 초래되었고, 이에 대한 명확한 개념이 정립되지 않았다. 따라서 여기서는 1990년 수산업법 개정 전에는 입어 및 입어자에 대한 정의 규정이 없었기 때문에 "입어의 관행"이라는 표현을 쓰고, 그리고 개정법 이후에는 "입어"라는 표현이 적절하다고 그 개념을 정립하였다.

그런데 관습법상으로 인정된 물권인 관행어업권은 제정법으로 수용되는 과정에서, 특히 1953년 수산업법에서는 입어의 관행이라 하여 기존의 관행어업권을 입법화하였지만 정의 규정이 없었기에 그 법적 성질이 문제되었다. 이에 학설은 견해의 대립이 있었지만, 대체로 물권성을 인정하였고, 판례도 오랫동안 관행으로 어업에 종사해 왔다면 그것만으로 물권성을 인정하여 관행어업권을 널리 보호해 왔다. 다만 개정 수산업법 시행 이전까지는 신고나 등록을 하지 않더라도 물권성을 인정받았지만 개정 수산업에서 신고 및 등록을 강제화하였다고 볼 수 있고, 등록하지 않는 관행어업권은 모두 소멸하는 것으로 정리하였다. 따라서 개정 수산업법에 따르면 종래 관행어업권자의 지위 박탈은 물론이고 앞으로도 이러한 관행어업권은 인정받을 수 없게 되었다고 볼 수 있다.

문제는 이미 관습법상으로 성립한 권리를 사후 입법을 통해 박탈하는 것이 법률불소급원칙에 반하지 않느냐의 문제인데, 헌법재판소는 그 행사방법을 변경 내지 제한하는 규정이므로 재산권을 소급적으로 박탈하는 규정이라고 할 수 없다고 한다. 과연 그러한지는 의문이다. 2년의 기간내에 관행어업권을 등록한 사례는 없었고, 결과적으로는 관습법으로 확인된 관행상의 어업권, 즉 관행어업권은 모두 소멸하게 된 것이므로 소급입법에 의한 재산권 박탈의 결과를 초래한 것이다.

관행어업권의 등록제도로의 전환이 필요한 경우라도 등록기간내 홍보를 강화하여 등록하게 하고 등록실적이 부진한 경우라면 기간을 연장해서라도 이들의 재산권을 충분히 보호해 주어야 했기에, 경과규정에서 2년이라는 기간이 과연 충분한 기간이었는지도 의문이다.

또한 부칙에 따라 2년의 유예기간 내에 종래 입어의 관행을 등록하지 않은 경우, 이는 관행어업권의 소멸문제이지, 권리 소멸에 따른 보상의 문제와는 별개인 것이다. 부칙 제11조 및 이에 대한 대법원판례 및 헌법재판소결정은 결과론적으로 관행어업권을 박탈하는 결과를 초래하게 되었으므로 정당한 보상이 뒤따라야 하고, 그 보상의 범위나 방법은 신고어업에 준한 보상이면 족할 것이지만, 적절한 보상이 없는 것은 문제이다.

이러한 관행어업권의 폐지 및 보상문제의 논란은 부칙에 명확한 경과규정을 두지 않은 데에 기인한다. 즉 종전의 관습법을 폐지하는 입법을 하는 경우에는 기득권을 보호하고 법적 안정성을 위해서라도 종전의 관습법으로 성립한 권리는 인정하되, 관습법을 폐지하는 입법 시행 후부터 적용한다는 경과조치를 두었어야 한다는 점에서 아쉬움이 남는다.

# 참고문헌

## 1. 단행본

곽윤직 · 김재형, 민법총칙, 박영사, 2013.
양세식 · 배영길, 수산업법론, 수산경제연구원BOOKS · 블루엔노트, 2012.
양형우, 민법의 세계, 피앤씨미디어, 2016.
제길우 · 김용우, 한국수산법요론, 법문사, 1973.
지원림, 민법강의, 홍문사, 2013.
최종화 · 차철표, 한국의 수산법제, 도서출판 두남, 2012.

## 2. 논문

김종기, "관행어업권 침해로 인한 손해배상 책임"「판례연구」제12집, 부산판례연구회, 2001. 6.
박윤흔, "관행어업권", 행정판례연구 제6집, 서울대학교출판부, 2001. 11.
박장우, "관행에 의한 입어권의 고찰", 법조 404, 법조협회, 1990. 5.
임종길, "맨손어업 활동을 하는 자의 법적 지위", 판례연구 제21집 제2호, 서울 지방변호사회, 2007. 12.
임종선, "비법인 사단으로서 어촌계에 대한 소고", 경희법학 제47권 제3호, 경희대학교 법학연구소, 2012.
한규설, "관행어업의 존재", 수산연구 21호, 한국수산경영기술연구원, 2004. 10.
金田禎之, 新編漁業詳解 三訂版, 成山堂書店, 2006.
石黑武重, 漁業法, 現代法學論集 第32卷, 1930.
星四郎, 日本漁業法註解并二判例, 有斐閣, 1933.
川島無宜, "慣行による入漁權", 法學協會雜誌, 第59卷 第11號, 1941.

# 제도적 관점에서 본 BPA의 기능 확대 가능성과 부산항 관리운영 시스템의 개선방향*

정 영 석

## Ⅰ. 머리말

부산항만공사(이하 "BPA"라 부른다)는 부산항의 개발 및 관리·운영의 전문성과 효율성을 높임으로써 부산항을 경쟁력 있는 동북아 해운물류 중심기지로 육성하려는 목적으로 「항만공사법」에 근거하여 2004년 1월 16일 자본금 3조 2,976억 원을 정부가 현물출자하여 설립한 공기업으로서 우리나라 항만물류산업의 중추적 기능을 담당하고 있다.

BPA는 설립 후 부산항의 발전을 위하여 부산신항개발사업, 북항재개발사업, 신항배후단지 조성 등 부산항 발전의 중심에서 그 역할을 수행하면서 2017년에는 컨테이너물동량 2000만 TEU를 돌파하는 등 우리나라 최대의 항만은 물론 세계 2위의 환적항만에 자리매김하고 있다.[1]

2008년 세계적인 금융위기와 함께 시작된 해운불황의 장기화와 글로벌 정기선사들의 부실경영 등이 겹치면서 2016년에는 우리나라 최대의 정기선사인 한진해운이 도산하고 현대상선이 경영권과 재무구조 개편 작업을 통하여 조직이 축소되는 등, 부산항으로서는 물동량 유치에 큰 어려움에 부딪혔다(이하 "한진해운사태"라 한다). 이러한 난제에도 불구하고 2017년 말 부산항은 개항 이래 최초로 컨테이너 물동량 2천만 TEU 돌파, 세계 2대 환적항만(1위 싱가포

* 이 논문은 2018.1.11. BPA에서 개최된 『부산항의 질적 성장을 위한 BPA의 현주소 및 나아가야 할 방향』 포럼에서 필자가 발표한 "시장 선도를 위한 BPA의 역할과 나아갈 방향 : 법·제도 개선을 중심으로"를 대폭 수정하여 작성하였음.

1) 우예종, "부산항 2000만 TEU 달성 성과와 과제", 국제신문 2017. 12. 29.(금), 오피니언, 29쪽.

〈표 1〉 부산항 물동량 추이

* 01. 외내항 구분 화물처리실적

| 년도 | 총계 | 외항_소계 | 외항_입항 | 외항_출항 | 외항_입항 환적 | 외항_출항 환적 | 내항_연안 화물 |
|---|---|---|---|---|---|---|---|
| 1993 | 69,468,242 | 57,526,251 | 26,152,577 | 31,373,674 | 0 | 0 | 11,941,991 |
| 1994 | 81,680,460 | 67,960,869 | 33,397,436 | 34,563,433 | 0 | 0 | 13,719,591 |
| 1995 | 93,438,046 | 76,290,585 | 38,447,263 | 37,843,322 | 0 | 0 | 17,147,461 |
| 1996 | 97,597,612 | 80,154,961 | 40,721,666 | 39,433,295 | 0 | 0 | 17,442,651 |
| 1997 | 106,642,905 | 86,165,267 | 43,053,747 | 43,111,520 | 0 | 0 | 20,477,638 |
| 1998 | 96,432,544 | 81,778,430 | 32,135,685 | 49,642,745 | 0 | 0 | 14,654,114 |
| 1999 | 107,757,128 | 93,037,241 | 44,548,417 | 48,488,824 | 0 | 0 | 14,719,887 |
| 2000 | 117,228,960 | 101,899,084 | 54,744,694 | 47,154,390 | 0 | 0 | 15,329,876 |
| 2001 | 149,661,433 | 134,562,160 | 34,270,582 | 48,197,191 | 28,770,174 | 23,324,213 | 15,099,273 |
| 2002 | 165,676,590 | 150,260,099 | 40,677,266 | 50,498,667 | 37,179,952 | 21,904,214 | 15,416,491 |
| 2003 | 187,184,537 | 171,922,828 | 40,932,175 | 54,836,631 | 41,841,311 | 34,312,711 | 15,261,709 |
| 2004 | 215,032,399 | 201,075,748 | 43,048,407 | 61,599,600 | 47,173,410 | 49,254,331 | 13,956,651 |
| 2005 | 217,217,227 | 203,908,564 | 44,449,441 | 59,260,383 | 49,817,344 | 50,381,396 | 13,308,663 |
| 2006 | 229,938,598 | 217,875,692 | 48,789,770 | 61,667,085 | 55,978,531 | 51,440,306 | 12,062,906 |
| 2007 | 243,564,954 | 232,130,080 | 53,530,488 | 63,989,174 | 57,660,725 | 56,949,693 | 11,434,874 |
| 2008 | 241,683,032 | 229,903,909 | 53,695,815 | 65,320,175 | 55,697,628 | 55,190,291 | 11,779,123 |
| 2009 | 226,181,574 | 215,236,862 | 44,878,663 | 60,833,587 | 53,254,678 | 56,269,934 | 10,944,712 |
| 2010 | 262,070,473 | 250,439,273 | 52,895,210 | 73,354,839 | 62,419,556 | 61,769,668 | 11,631,200 |
| 2011 | 294,334,840 | 281,513,400 | 57,349,816 | 79,544,728 | 74,158,732 | 70,460,124 | 12,821,440 |
| 2012 | 312,040,800 | 298,689,919 | 55,542,491 | 81,320,611 | 81,771,342 | 80,055,475 | 13,350,881 |
| 2013 | 324,858,224 | 313,295,173 | 56,535,742 | 82,819,694 | 87,678,099 | 86,261,638 | 11,563,051 |
| 2014 | 346,640,071 | 335,411,304 | 61,915,347 | 84,423,889 | 95,070,594 | 94,001,474 | 11,228,767 |
| 2015 | 359,676,343 | 347,713,337 | 64,097,643 | 82,057,664 | 102,574,383 | 98,983,647 | 11,963,006 |
| 2016 | 362,369,364 | 349,708,191 | 64,234,176 | 87,493,729 | 99,726,472 | 98,253,814 | 12,661,173 |

출처: BPA 홈페이지, http://www.busanpa.com/kor/Contents.do?mCode=MN0931

르 항) 지위 확보, 전 세계 150여 개 국의 500여 항만과 네트워크 구축, 주당 정기서비스 531개 노선으로 전년 대비 13% 증가하는 등 개항이래 최대의 실적을 기록하고 있다. 부산항의 이러한 괄목할 만한 실적에는 부산항의 관리주체인 BPA의 역할이 지대했다는 점은 부인할 수 없다.

그러나 극심한 해운불황과 부산항을 모항으로 하는 국적정기선사의 도산 등 부산항의 안정적 성장에 여러 장애 요인을 경험하면서 해운산업 전반에 대한 BPA의 적극적 역할의 필요성이 부각되고, 싱가포르의 PSA와 같은 국내외 항만에 대한 직·간접 투자를 통한 글로벌항만기업으로서의 가능을 수행해야

한다는 주장이 대두하고 있다.[2)]

이 논문에서는 첫째, 2016년 한진해운 사태를 경험하면서 BPA에 요구되어 온 과제가 무엇인지를 먼저 고찰하고, 둘째, BPA의 법적 지위와 기능상의 한계는 무엇인지, 셋째, 주요 경쟁항만의 항만관리·운영 형태를 고찰하여 BPA와 유사한 기능을 하는 각국의 항만조직이 어떠한 태양으로 운영되고 있는지를 살펴보고, 마지막으로 BPA의 기능 확대가 가능한지의 여부에 대하여 검토하기로 한다.

## II. 2016년 한진해운 사태 이후 BPA에 요구되는 과제

부산항의 괄목할만한 실적에도 불구하고 한진해운사태를 계기로 다음과 같이 부산항의 관리운영상의 문제점과 BPA의 기능 확대에 대한 요구가 분출하게 되었다.

첫째, 항만개발 및 관리에 막대한 국가재정이 투입되어 있으나 부두운영회사(TOC)는 민간에 의해서만 운영될 뿐만 아니라, 부두운영회사의 지분 역시 외국계 자본이 다수를 차지하고 있다. 이에 따라 부산항의 비상시에도 국가나 BPA가 직접적으로 개입할 여지가 사실상 전무하여 항만의 공공기능이 사실상 상실되어 있다.[3)]

둘째, 한진해운 사태와 같은 국적해운사의 경영위기를 간접적으로나마 지원하기 위해서는 국적선사가 보유한 터미널 운영권의 전부 또는 일부를 BPA가 인수해야 할 필요성이 제기되었으나 현행 제도상의 여러 어려움으로 무산되는 등 BPA의 기능에 근본적인 한계가 노출되었다.[4)]

2) 정영석, "시장 선도를 위한 BPA의 역할과 나아갈 방향 : 법·제도 개선을 중심으로", 「부산항의 질적 성장을 위한 BPA의 현주소 및 나아가야 할 방향 Proceeding」, (2018.01.11.), 1쪽.

3) 부산 신항은 총사업비 19.3조원(재정 8.5조원/민자 10.8조원, 사업기간 1997－2025)이 투입되어 건설되었으나, 신항 5개 터미널 중 4개 터미널을 외국자본이 운영권을 장악하고 있다(위 <표 2> 참조).

4) 현대상선의 전용 터미널 확보 및 경영정상화를 위해 BPA가 2015년 말부터 현대상선터미널(HPNT)지분 인수 후 재 매각하려 하였으나 무산되고, PSA가 인수함에 따라 현대상선의 모항 전용 터미널 상실하게 되었다. 또 ㈜한진이 보유한 PSA터미널(PNIT) 지분 및 삼성그룹이 보유

〈표 2〉 부산신항 터미널별 최대주주 현황

| 터미널명 | PSA터미널 (PNIT) | 두바이포트월드 터미널(PNC) | 한진터미널 (HJNC) | PSA 터미널 (HPNT) | 비엔씨터미널 (BNCT) |
|---|---|---|---|---|---|
| 최대주주 (국적) | PSA 80% (싱가포르) | DPW 66% (UAE) | ㈜한진 63% (한국) | PSA 40%+1주 (싱가포르) | 맥쿼리 30% (호주) |

* BPA 지분보유 현황: 한진터미널 12.1%, 비엔씨터미널 9%
자료: 부산항만공사 내부자료, 용역사 각색

셋째, 우리나라는 항만의 소유는 국유이지만 항만운영의 효율화를 위하여 1990년대 이후 꾸준히 항만운영의 민영화(TOC)를 취해 왔다. 그러나 예외 없는 민영화 추진과 무계획적인 항만운영권의 허용, 운영사 난립 등으로 인하여 항만운영 효율성을 저해하고 있고, 운영사간의 지나친 경쟁으로 하역요금이 싱가포르, 일본, 중국의 절반 수준에 이르는 등 항만운영회사와 하역회사가 심각한 경영난에 부딪히고 있다. 이는 다시 BPA에 대한 항만사용료의 인하 요구 등으로 이어지고 있어서 항만관리권의 적절한 행사에 저해 요인이 되고 있다.[5)]

넷째, 부두 운영의 효율성을 고려하지 못하고 터미널 운영사를 선정함으로 인하여 부산신항의 터미널 운영사가 5개 이상으로 난립되어 있다. 이 때문에 터미널간의 연계운송 등에 있어서 대형 동맹선사는 터미널의 수용 능력 부족으로 하나의 터미널에서 처리 못하고 타 터미널에서 분산처리(연간 580TEU를 처리하는 2M은 PSA터미널과 한진터미널 이용)되고, 항만내에서의 환적 등에 있어서 비효율성 및 비용증가의 요인이 발생하는 등 부작용이 발생하고 있다.[6)]

이러한 개선작업 외에도 BPA는 부산항의 전술한 문제점을 해결하고 동북아 물류의 중추적 기능의 수행을 위해서는 다음과 같은 과제를 안고 있다.[7)]

한 두바이포트월드터미널(PNC) 지분을 BPA가 인수하려 하였으나, 이 역시 외국자본이 각각 추가 매입하게 되었다: BPA 내부자료.

5) 정영석, 앞의 발표문, 3쪽.

6) 문제를 해결하기 위해 BPA는 터미널 운영에 있어서 ① 터미널간 환적화물 운송(ITT) 효율화를 위한 전용도로 개설 및 공동배차 추진, ② 동맹별로 동일 터미널에서 화물 처리가능하도록 선석 조정, ③ 터미널별 독립 운영시스템을 단일운영시스템 구축으로 Open Port One Operator 기반 조성 등의 각종 개선작업을 추진하고 있다: 이상 BPA 내부자료.

7) 정영석, 앞의 발표문, 3~4쪽.

첫째, 국가경제에 심각한 영향이 미치는 부산항의 위기 관리시기에는 BPA가 항만운영사를 조정하고 개입할 수 있는 제도적 근거가 마련될 필요가 있다.

둘째, 수출입 의존도가 높은 우리나라의 경제구조, 남북분단으로 인한 군사적 위험의 상존 등으로 인하여 부산항의 공익성은 다른 어떤 나라보다 높게 평가된다는 점에서 일정 부분 BPA가 항만을 직접 운영하거나 지분 참여가 가능한 체제로의 전환도 검토되어야 한다.

셋째, 시급한 과제로는 하역료 저가 경쟁의 요인을 제거하여 일본, 중국의 절반 수준에 이른 하역료를 정상화하고 항만산업의 적정한 이윤추구와 양질의 고용여건을 마련할 수 있도록 하여야 한다.

넷째, 부두운영의 효율성을 제고하기 위한 BPA의 조정 기능을 강화할 수 있는 제도적 장치가 필요하다.

다섯째, 고부가가치를 창출할 수 있는 항만 비즈니스 모델을 개발하여 관련 업계 매출과 이익을 확대하고 고용이 확대될 수 있는 부산항의 항만산업의 선도모델을 개발을 주도할 수 있는 자율성이 제도적으로 마련되어야 한다.

이러한 과제를 해결하기 위해서는 BPA의 해운·항만·물류 사업의 메가트렌트 경향에 따른 사업 다각화 추진, 사업다각화시 자회사 설립을 통한 사업 자율성 확보 및 사업리스크 분산, 다양한 전략적/재무적 파트너십 체결, 항만 기능 다변화 요구 수용에 따른 해양신산업의 개발 등이 검토될 수 있다.

# Ⅲ. BPA의 법적 지위와 기능

## 1. 설립 근거와 법적 성질

BPA는 「항만공사법」에 근거하여 설립된 공공법인이다(항만공사법 제1조, 제2조, 제4조). 동법에 따른 공공법인이지만, 동법 제6조의 규정에 의하면 국가 또는 지방자치단체로부터 동산·부동산 및 항만시설관리권을 출자 받아서 이를 자산으로 운영되고, 국유재산으로 국가가 지분을 가지고 있고 정부가

〈표 3〉「국유재산법 시행령」 제67조의2에 따른 별표 1, 별표 2

| [별표 1] <개정 2016. 8. 31.><br>정부출자기업체의 범위(제2조 관련)<br><br>1. 「금융회사부실자산 등의 효율적 처리 및 한국자산관리공사의 설립에 관한 법률」에 따른 한국자산관리공사<br>2. 「한국농수산식품유통공사법」에 따른 한국농수산식품유통공사<br>3. 「대한무역투자진흥공사법」에 따른 대한무역투자진흥공사<br>4. 「대한석탄공사법」에 따른 대한석탄공사<br>4의2. 「방송광고판매대행 등에 관한 법률」에 따른 한국방송광고진흥공사<br>5. 「방송법」에 따른 한국방송공사<br>6. 「인천국제공항공사법」에 따른 인천국제공항공사<br>7. 주식회사 서울신문사<br>8. 「한국감정원법」에 따른 한국감정원<br>9. 「중소기업은행법」에 따른 중소기업은행<br>10. 「한국가스공사법」에 따른 한국가스공사<br>11. 「한국공항공사법」에 따른 한국공항공사<br>12. 「한국관광공사법」에 따른 한국관광공사<br>13. 「한국광물자원공사법」에 따른 한국광물자원공사<br>14. 「한국교육방송공사법」에 따른 한국교육방송공사<br>15. 「한국농어촌공사 및 농지관리기금법」에 따른 한국농어촌공사<br>16. 「한국도로공사법」에 따른 한국도로공사<br>17. 삭제 <2011.10.14><br>18. 「한국석유공사법」에 따른 한국석유공사<br>19. 「한국수자원공사법」에 따른 한국수자원공사<br>20. 「한국수출입은행법」에 따른 한국수출입은행<br>21. 「한국전력공사법」에 따른 한국전력공사<br>22. 「한국산업은행법」에 따른 한국산업은행<br>23. 「한국조폐공사법」에 따른 한국조폐공사<br>24. 「한국철도공사법」에 따른 한국철도공사<br>25. 「한국토지주택공사법」에 따른 한국토지주택공사<br>26. 「항만공사법」에 따른 항만공사<br>27. 「한국주택금융공사법」에 따른 한국주택금융공사 | [별표 2] <개정 2015. 10. 29.><br>정부배당대상기업의 범위(제67조의2 관련)<br><br>1. 별표 1에 따른 기업체<br>2. 88관광개발주식회사<br>3. 삭제 <2014. 12. 30.><br>4. 주식회사 대한송유관공사<br>5. 「주택도시기금법」에 따른 주택도시보증공사<br>6. 「집단에너지사업법」에 따른 한국지역난방공사<br>7. 코레일공항철도주식회사<br>8. 삭제 <2015.10.29.><br>9. 「한국투자공사법」에 따른 한국투자공사 |
|---|---|

BPA로부터 배당을 받는 정부출자기업이기 때문에 국가가 지분을 가진 상사법인과 유사한 성질의 법인이다(국유재산법 제65조의2, 동법 시행령 제67조의2, 별표 2, 별표 1 제26호).[8)]

또 BPA의 조직 및 운영에 대하여는 「항만공사법」과 「공공기관의 운영에 관한 법률」(이하 「공운법」이라 한다.) 제16조, 제22조 제1항, 제25조 제5항, 제31조 제6항, 제34조 제1항 제2호, 제35조, 제36조 제2항, 제38조, 제39조 및 제48조 제8항(이상 준용)을 근거법령으로 하고 있다. 특히 「공운법」의 일부 규정을 근거로 한 것은 BPA가 「국유재산법」상 국가 또는 지방자치단체가 전액출자한 정부출자기업으로서 동 법상 총괄청(기획재정부)이 주주로서의 역할을 하기 때문이다.

「공운법」은 공공기관을 공기업·준정부기관과 기타 공공기관으로 구분하여 지정하는데(공운법 제5조 제1항), 자체수입액이 총수입액의 2분의1이상인 기관을 공기업으로 지정하고, 준정부기관은 공기업이 아닌 공공기관 중에서 지정한다(공운법 제5조 제2항). 또 공기업은 자산규모가 2조원 이상이고 총수입액 중 자체수입액이 동법 시행령에서 정하는 기준(100분의 85) 이상인 공기업을 시장형 공기업, 그 외의 공기업을 준시장형 공기업으로 구분한다. 준정부기관은 기금관리형 준정부기관과 위탁집행형 준정부기관으로 구분한다(이상 공운법 제5조 제3항, 동법 시행령 제7조). 「공운법」의 기준에 따르면 BPA는 자산규모가 5,671,960,000천원(2017년 반기 기준, 출처 : 요약 연결재무상태표(K-IFRS))[9)]로서 시장형 공기업에 해당한다.

## 2. 사업의 근거

BPA의 사업근거는 「항만공사법」 제8조의 규정에 따른다. 동법 제8조의 규정은 제한적 열거사항으로 동법에 따르면 BPA는 다음과 같은 범위 내에서만 사업을 할 수 있다(동법 제8조 제1항 제1호 내지 제8호).

---

8) 정영석, 앞의 발표문, 4쪽.
9) http://www.alio.go.kr/popReportTerm.do?apbaId=C0072&reportFormRootNo=3120 2018.1.06. 검색.

①「항만법」 제2조 제5호에 따른 항만시설(외곽시설·임항교통시설 등 대통령령으로 정하는 항만시설은 제외한다)10)의 신설·개축·유지·보수 및 준설

10)「항만법」 제2조 제5호 "항만시설"이란 다음 각 목의 어느 하나에 해당하는 항만구역 안의 시설과, 다음 각 목의 어느 하나에 해당하는 항만구역 밖의 시설로서 해양수산부장관이 지정·고시한 것을 말한다.
가. 기본시설
(1) 항로·정박지·선유장(船留場)·선회장(旋回場) 등 수역시설(水域施設)
(2) 방파제·방사제(防砂堤)·파제제(波除堤)·방조제·도류제(導流堤)·갑문·호안 등 외곽시설
(3) 도로·교량·철도·궤도·운하 등 임항교통시설(臨港交通施設)
(4) 안벽(岸壁)·물양장(物揚場)·잔교(棧橋)·부잔교(浮棧橋)·돌핀·선착장·램프(ramp) 등 계류시설(繫留施設)
나. 기능시설
(1) 선박의 입항·출항을 위한 항로표지·신호·조명·항무통신(港務通信)에 관련된 시설 등 항행 보조시설
(2) 고정식 또는 이동식 하역장비, 화물 이송시설, 배관시설 등 하역시설
(3) 대합실, 여객승강용 시설, 소하물 취급소 등 여객이용시설
(4) 창고, 야적장, 컨테이너 장치장 및 컨테이너 조작장, 사일로, 저유시설(貯油施設), 가스저장시설, 화물터미널 등 화물의 유통시설과 판매시설
(5) 선박을 위한 연료공급시설과 급수시설, 얼음 생산 및 공급 시설 등 선박보급시설
(6) 항만의 관제(管制)·정보통신·홍보·보안에 관련된 시설
(7) 항만시설용 부지
(8)「어촌·어항법」 제2조 제5호 나목의 기능시설[제21조 제3호에 따른 어항구(漁港區)(이하 이 조에서 "어항구"라 한다)에 있는 것으로 한정한다]
(9)「어촌·어항법」 제2조 제5호 다목의 어항편익시설(어항구에 있는 것으로 한정한다)
(10) 방음벽·방진망(防塵網)·수림대(樹林帶) 등 공해방지시설
다. 지원시설
(1) 보관창고, 집배송장, 복합화물터미널, 정비고 등 배후유통시설
(2) 선박기자재, 선용품(船用品) 등을 보관·판매·전시 등을 하기 위한 시설
(3) 화물의 조립·가공·포장·제조 등을 위한 시설
(4) 공공서비스의 제공, 시설관리 등을 위한 항만 관련 업무용시설
(5) 항만시설을 사용하는 자(이하 "사용자"라 한다), 여객 등 항만을 이용하는 자 및 항만에서 일하는 자를 위한 휴게소·숙박시설·진료소·위락시설·연수장·주차장·차량통관장 등 후생복지시설과 편의제공시설
(6) 항만 관련 산업의 기술개발이나 벤처산업 지원 등을 위한 연구시설
(7) 신·재생에너지 관련 시설, 자원순환시설 및 기후변화 대응 방재시설 등 저탄소 항만의 건설을 위한 시설
(8) 그 밖에 항만기능을 지원하기 위한 시설로서 해양수산부령으로 정하는 것
라. 항만친수시설(港灣親水施設)
(1) 낚시터, 유람선, 낚시어선, 모터보트, 요트, 윈드서핑용 선박 등을 수용할 수 있는 해양레저용 시설
(2) 해양박물관, 어촌민속관, 해양유적지, 공연장, 학습장, 갯벌체험장 등 해양 문화·교육 시설
(3) 해양전망대, 산책로, 해안 녹지, 조경시설 등 해양공원시설
(4) 인공해변·인공습지 등 준설토를 재활용하여 조성한 인공시설
마. 주로 다목부터 라목까지의 시설과 일반업무시설·판매시설·주거시설 등 대통령령으로 정하는 시설이 모여 있는 항만배후단지

(浚渫) 등에 관한 공사의 시행 및 항만의 경비·보안·화물관리·여객터미널 등 항만의 관리·운영에 관한 사업

② 「항만법」 제2조 제7호에 따른 항만배후단지의 조성 및 관리·운영에 관한 사업

③ 「항만법」 제2조 제8호에 따른 항만재개발사업

④ 「마리나항만의 조성 및 관리 등에 관한 법률」 제2조 제2호에 따른 마리나항만시설의 조성사업

⑤ 「물류정책기본법」 제2조 제2호 나목에 따른 물류시설운영업

⑥ 항만의 조성 및 관리·운영과 관련하여 국가 또는 지방자치단체로부터 위탁받은 사업

⑦ 위의 ①, ②, ③, ④, ⑤ 및 ⑥에 따른 사업에 관한 조사·연구, 기술개발 및 인력양성에 관한 사업

⑧ 항만구역 외에서 항만이용자의 편의를 위한 근린생활시설 및 복리시설 등의 건설 및 운영에 관한 사업

⑨ 그 밖에 외국 항만의 조성 및 관리·운영 등 공사의 설립목적을 달성하기 위하여 필요한 것으로서 대통령령으로 정하는 사업[11)]

⑩ ①, ②, ③, ④, ⑤, ⑧ 및 ⑨에 따른 사업과 관련되는 부대사업의 직접시행이나 출자 또는 출연

이때 BPA가 위 ⑥에 따라 위탁받은 사업을 하는 데 드는 비용 등에 관하여 필요한 사항은 대통령령으로 정한다(동법 제8조 제2항). 또 공사가 ⑩에 따른 부대사업의 직접시행이나 출자 또는 출연을 하려는 경우에는 해양수산부장관의 승인을 받아야 한다(동법 제8조 제3항).

---

11) 「항만공사법 시행령」 제4조 제2항
법 제8조 제1항 제7호에서 "대통령령으로 정하는 사업"이란 다음 각 호의 어느 하나에 해당하는 사업을 말한다.
1. 외국 항만의 건설
2. 외국 항만의 관리 및 운영
3. 항만물류정보와 관련한 인프라의 구축 및 운영

또 출자에 관한 동법 제6조의 규정에서 “국가 또는 지방자치단체가 「국유재산법」 및 「공유재산 및 물품 관리법」에도 불구하고 공사의 사업에 필요한 동산·부동산 및 「항만법」 제16조에 따른 항만시설관리권(이하 “항만시설관리권”이라 한다)을 공사에 출자할 수 있다(동법 제6조 제1항 제1문)”라고 규정하고 있으나, 제3조 내지 제5조에서 공사가 현물로 출자받은 자산을 항만시설관리권으로 전환하여 출자하도록 규정하고 있다. 또 「항만법」 제16조에서 “항만시설을 유지·관리하고 그 항만시설의 사용자로부터 사용료를 받을 수 있는 권리를 항만시설관리권이라 정의하고 이를 해양수산부장관이 설정할 수 있다”고 규정함으로써 사실상 항만공사의 고유한 사업은 항만시설관리권의 행사, 즉 항만시설의 유지·관리 및 그 시설의 사용자로부터 사용료를 받는 것으로 제한된 것으로 해석된다.[12]

기타 「항만공사법」 제8조에서 규정한 사업 중 ① 항만시설의 신설·개축·유지·보수 및 준설(浚渫) 등에 관한 공사의 시행, ② 「항만법」 제2조 제7호에 따른 항만배후단지의 조성 및 관리, ③ 「항만법」 제2조 제8호에 따른 항만재개발사업, ④ 「마리나항만의 조성 및 관리 등에 관한 법률」 제2조 제2호에 따른 마리나항만시설의 조성사업, ⑤ 항만의 조성 및 관리·운영과 관련하여 국가 또는 지방자치단체로부터 위탁받은 사업 등의 주된 사업은 모두 「항만법」 제16조에서 규정한 항만시설관리권의 행사 범위 내에 속하기 때문에 해양수산부장관이 설정한 범위 내에서 항만관리권을 행사하는 것이 항만공사의 주된 사업이라고 할 수 있다. 기타 부대사업의 직접시행이나 출자 또는 출연을 할 수 있도록 규정하고 있으나(동법 제8조 제3항), 해양수산부장관의 승인을 받아야 하기 때문에 항만공사가 자율성을 가지고 수행할 수 있는 고유한 사업으로 보기는 어렵다.[13]

또 「항만법」은 항만의 소유를 예외없이 국유로 하고 있어서, 항만시설의 신설·개축·유지·보수·준설(浚渫) 등에 관한 공사는 해양수산부장관이 시행하는 것을 원칙으로 하고 있고(동법 제9조 제1항 제1문), 비관리청이 항만공사를 시행하려고 할 경우에는 해양수산부장관의 허가를 받도록 규정하고 있다

12) 정영석, 앞의 발표문, 7쪽.
13) 정영석, 앞의 발표문, 7쪽.

(동법 제9조 제2항). 따라서 「항만공사법」 제8조에서 항만공사의 시행을 사업범위로 규정하고 있다고 하더라도 「항만법」상 비관리청의 자격으로 항만공사의 허가를 득해야 하기 때문에 항만시설을 임대하고 이에 대한 사용료의 징수가 고유한 사업이라고 할 수 있다.[14)]

한편 「항만공사법」 제8조 제1호, 제2호에서 규정한 항만의 운영은 「항만법」 제30조에서 규정한 항만시설의 사용과 항만시설을 사용하여 수행하는 항만운송사업을 의미하는 것으로 해석된다. 이에 대하여 「항만운송사업법」은 항만운송사업에 대하여 등록요건을 모두 갖춘 경우에는 등록증을 발급하도록 규정하고 있기 때문에 타 법령에 의한 제한을 받지 않고 항만공사가 자율적으로 사업을 수행할 수 있는 것으로 해석된다(항만법 제30조, 항만운송사업법 제4조, 제5조).

## 3. 기능상의 한계

BPA는 「항만공사법」에 의하여 설립되고 운영되는 공공기관이다. 따라서 BPA는 「공운법」과 「항만공사법」에 근거하여 설립 및 운영되어야 하고, BPA의 사업범위는 「항만공사법」에 의하여 정하여 지지만, 「항만법」과 「항만운송사업법」에 의하여 제한된다.[15)]

첫째, 「공운법」과의 관계를 살펴보면, 항만공사는 항만시설관리권 등을 정부로부터 현물출자받아서 이를 자산으로 운영하고 있기 때문에 국가가 100% 지분을 가진 정부출자기업이다. 「공운법」의 분류에 따르면 시장형 공공기관으로 분류되기 때문에 국유재산의 총괄청에 의하여 「공운법」상의 규제와 감독을 받게 된다. 「공운법」상 BPA의 자율적 사업활동을 제한하는 규정은 다음과 같다.

① 공공기관에 대한 정부의 기능 조정권(공운법 제14조): 기획재정부장관은 주무기관의 장과 협의한 후 공공기관이 수행하는 기능의 적정성을 점검하고

14) 정영석, 앞의 발표문, 7쪽.
15) 정영석, 앞의 발표문, 8쪽.

기관통폐합·기능 재조정 및 민영화 등에 관한 계획을 수립

② 이사회 구성, 운영, 해임에 대한 규제(공운법 제17조~제23조)

③ 임원의 임면, 임기, 임원추천, 직무, 보수 등(공운법 제24조~제37조)

④ 예산 편성 및 운영, 회계에 관한 규정(공운법 제38조~제45조)

⑤ 경영평가에 관한 규정(공운법 제46조~제49조)

⑥ 기획재정부의 공공기관에 대한 감독(공운법 제51조)

⑦ 기재부의 공공기관 출자·출연행위에 대한 사전 협의권(공운법 제51조의 2)

둘째, 사업의 범위와 관련하여서는 「항만법」과 「항만운송사업법」의 제한을 받게 된다. 먼저 「항만법」은 항만의 국유를 원칙으로 항만공사를 국가가 시행하는 것을 원칙으로 하고 있기 때문에 「항만공사법」상 BPA가 항만시설관리권을 가지고 있고 이에 따라 항만시설의 신축·유지·보수가 가능하도록 되어 있어도 비관리청의 지위에서 해양수산부장관의 허가를 받아야 한다.

항만운영은 항만시설을 사용하여 항만하역사업 등을 수행하는 것으로 해석되고 「항만운송사업법」이 등록사항으로 규정하고 있으므로 법률상으로는 항만운영(tenminal operating)을 직접 수행하는 것은 제한이 없다. 다만, 부대사업의 직접시행이나 출자 또는 출연을 하려는 경우에는 해양수산부장관의 승인을 받아야 하기 때문에, 「항만공사법」 제6조의 출자가 항만시설관리권의 현물출자라는 점에서 항만시설 사용료 징수로 고유 사업범위를 좁게 해석할 경우에는 항만운영의 참여도 해양수산부장관의 승인을 받아야 할 것으로 해석된다.

셋째, 부산항을 중심으로 우리 항만산업과 해운산업의 지원자 역할을 위해서는 글로벌항만운영자로서 해외 항만의 개발·관리·운영 등에 직접 참여하거나 지분 참여 등의 요구가 있다. 「항만공사법」상의 사업범위에는 포함되지만, 해양수산부장관의 승인(항만공사법 제8조 제3항)과 「공운법」 제14조, 제51조의2에 의한 기획재정부장관의 사전협의권에 의한 제한을 받게 된다. 특히 「항만공사법」은 BPA에 대한 출자를 항만시설관리권을 현물출자하도록 규정하고 있어서 현금출자와는 다르다. 또 항만의 국유원칙으로 인하여 항만시설관리권은 사실상은 BPA에 항만시설에 대한 사용권만 부여한 것이지 처분권이 부여된 것이 아니라는 점에서 사실상 담보력에 한계가 있어서 항만사용료 수

입 이외에 투자 재원의 확보도 어렵기 때문에 해외 항만사업에 참여가 쉽지는 않다고 본다.[16)]

## Ⅳ. 주요 경쟁 항만의 항만관리·운영 행태

### 1. 싱가포르 항

싱가포르는 항만의 소유권은 국가가 가지고 있지만, 항만운영은 완전 민영화가 되어 있다. 항만을 국가가 소유하고 있기 때문에 싱가포르 해사항만청(Maritime and Port Authority of Singapore: 이하 'MPA'라 부른다)[17)]이 항만을 개발 및 관리하고 있다. 따라서 싱가포르는 MPA라는 정부기관이 직접 항만을 관리하는 체제로, 과거 우리나라의 해운항만청이 직접 항만관리권을 행사하던 것과 유사하다.

한편 舊 PSA(former Port of Singapore Authority)는 1863년 설립된 Tanjong Pagar Dock Company(민간 항만회사)가 1964년 싱가포르 항만국의 기능과 자산을 양수받아서 설립된 것이었다. 1996년 MPA가 설립되면서 1997년 의회법으로 기업화(PSA Corporation Ltd.)가 되었다. 2003년 12월 PSA Corporation Ltd.는 PSA International Pte Ltd.를 지주회사로 하는 PAS 기업집단(PSA Group of Companies)으로 재편되었다.[18)] 또 지주회사인 PSA International Pte Ltd.는

16) 「항만법」상으로는 항만시설관리권을 물권으로 규정하고(동법 제17조), 저당권의 설정·변경·소멸 및 처분이 가능하도록 규정하고 있다(동법 제18조, 제19조). 그러나 동법상의 처분권은 항만시설의 사용권의 처분에 제한되어 있고, 항만시설의 사용을 위해서는 「항만법」은 물론 타 법령에 의한 면허, 허가, 등록, 신고 등의 각종 요건을 취득하여야 하기 때문에 사실상의 담보력을 가지고 있다거나 처분권을 가지고 있다고 보기는 어렵다.

17) 싱가포르 해사항만청은 1996년 2월 2일 싱가포르 통신부장관 산하의 해사부(Marine Department), 국가해사국(National Maritime Board)와 舊 PSA(former PSA)의 규정부(Regulatory Department)를 통합하여 설립하였다. MPA는 싱가포르 해역에서 항만과 해양 서비스, 시설, 활동을 통제하고 관리한다. 여기에는 운영 효율성과 환경에 대한 규제를 통해 선박 운항 및 항행 안전과 보안이 포함된다.

18) http://singaporeport.blogspot.kr/2013/04/port-of-singapore-authority.html. 2018. 1. 7. 검색.

싱가포르에 본사를 둔 글로벌 투자회사인 TEMASEK[19]가 지분 전체를 보유하고 있는 기업이다.

따라서 현재 싱가포르 항은 정부기관인 MPA가 항만을 관리하고, 민간기업인 PSA Corporation Ltd. 항만운영을 하고 있는 항만운영자(TOC)이다. PSA가 글로벌 항만운영자(GTO)로 알려져 있는 것은 PSA Corporation Ltd.의 지주회사인 PSA International Pte Ltd.가 전 세계의 주요 항만의 터미널과 물류기업에 투자를 하여 운영권을 확보하기 때문이다. 형식적으로는 두 회사를 구분해서 보는 것이 합리적이다.[20]

[그림 1] 싱가포르의 항만관리구조와 PSA의 지배구조

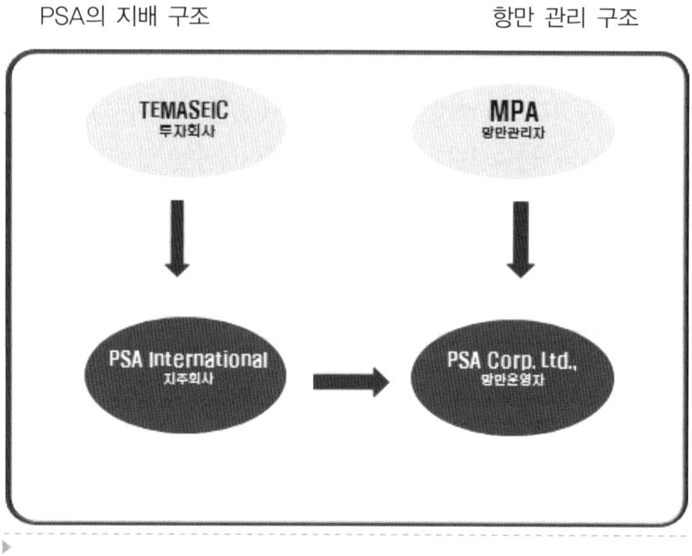


19) TEMASEK는 1974년 설립된 투자회사(investment company)로서 싱가포르에 본사를 두고 있다. 전세계에 11개의 사무실을 두고 있는 국제적 기업으로 주로 싱가포르와 아시아 지역에 투자하는 기업이다; http://www.temasek.com.sg/investorrelations/investorlibrary/temasekreview 2018. 1. 7. 검색.

20) 정영석, 앞의 발표문, 9~10쪽.

## 2. 상하이 항

항만은 국가가 소유·관리하고, 민간기업인 항만운영회사가 항만운영을 한다. 다만, 싱가포르 항의 경우 국유자산감독관리위원회가 각 항만운영회사의 지분을 50+1% 확보하고 있기 때문에 정부출자기업의 형태를 띠고 있어서 항만운영회사를 공익적 목적으로 통제가 가능한 구조로 되어 있다.[21)]

국유자산감독관리위원회는 국유재산에 대한 총괄청인 우리나라의 기획재정부와 같은 기능을 가진 것으로 보인다.

## 3. 로테르담 항만

로테르담 항은 항만관리권을 지방자치단체인 로테르담 시정부가 행사한다. 로테르담시 소속의 RMPM(Rotterdam Municipal Port Management)이 항만관리를 하다가 2004년 1월 1일부터 자본금 3조 유로로 설립된 공사형태의 Port of Rotterdam을 설립하여 항만관리권을 이관하였다. Port of Rotterdam은 로테르담항만 뿐만 아니라 공업지역(Rotterdam port and industrial zone)의 개발, 관리, 활용 등 연관 경제활동을 모두 관장하고 있다. 부두시설의 관리방식은 Land-lord(임대-관리) 형태를 취하고 있으며, 항만 시설은 임대계약에 의해 민간이 독자적으로 일괄 운영한다. 항만부지는 시정부 소유로 부지 조성후 민간에 임대하여 민간사업자가 장비 및 야드 조성 등 시설투자 후에 운영한다. 항만시설의 경우 민간 항만운영자(TOC)가 독자적으로 운영하며, 수역 시설은 항만당국이 관할한다.[22)]

프랑스도 이와 유사하게 항만이 관리·운영되고 있다.[23)]

---

21) 한국사회경제연구원, 「세계의 부산항 도약을 위한 사업전략 및 BPA 조직 발전 방향」(2017. 11. 21), 3쪽.

22) http://blog.daum.net/logisticspolicy/31. 2018. 1. 7.검색.

23) 정영석, 「세계의 항만」(세계해양문제연구소, 2001), 4~6쪽.

## 4. 일본의 항만

일본은 항만관리권을 지방자치단체인 지방정부가 행사한다. 항만에 따라 시정부에서 직접 항만관리권을 가지고 공영부두방식으로 항만을 운영한다.

고베항과 오사카항은 컨테이너부두를 과거 고베외무부두공단과 오사카외무부두공단에서 개발하여 관리하다가, 개발이 거의 종료된 시점에 고베(외무)부두공사와 오사카(외무)부두공사로 전환하여 선박회사에 전용부두를 임대하는 형태로 관리권을 행사해 왔다. 그러나, 2010년 케이힌지역과 한신지역의 5개 항만을 국제컨테이너전략항으로 육성한다는 일본 정부의 신 항만정책에 따라 기존의 고베항(외무)부두공사와 오사카항(외무)부두공사를 통합운영하게 되었다. 이 계획에 따라 2014년 양 부두공사가 각각 1 : 1로 출자하여 2014년 한신국제항만주식회사를 설립하여 양 항만을 통합관리하게 되었다. 고베항부두공사와 오사카항부두공사는 각각 안벽, 하역기계, 야드 등 자산을 보유하고 이를 한신국제항만주식회사에 임대하고, 터미널 관리업무와 영업 등은 한신국제항만주식회사로 이관된다. 터미널의 실제 운영은 부두를 임대한 선사나 터미널 운영사(TOC)에 의하여 이루어진다.[24]

## 5. 영국의 항만

런던항, 팰릭스토우 등 영국의 항만은 완전히 민영화되어 항만의 개발, 관리, 운영이 모두민간회사에 의하여 이루어진다. 따라서 항만의 수요에 따라 민간기업이 항만을 개발하고 소유 및 운영하고 있다.[25]

24) "확대경/고베 · 오사카 부두공사 통합 '한신국제항만회사' 새출발", 해양한국, 제490호, 2014. 6. 30.: http://www.monthlymaritimekorea.com/news/articleView.html?idxno=14473. 2018. 1. 7. 검색.
25) 유럽 항만의 관리권에 대하여는 [정영석, 「세계의 항만」, 4~6쪽] 참조.

# V. BPA의 기능 확대의 가능성과 방향

## 1. BPA의 기능확대의 요구와 부산항 관리운영제도 개선 방향

부산항은 개항 이래 우리나라 무역과 물류의 중추적 역할을 수행해 왔다. 우리나라 최초의 컨테이너전용부두인 제5부두(자성대부두)가 개장된 이래, 한국컨테이너부두공단으로부터 BPA로 이어지는 부산항의 개발·관리는 규모와 시설이라는 관점에서는 물론이고 항만관리 시스템 면에서도 이미 선진항만의 수준에 도달했다고 볼 수있다. 특히 재래부두의 정부직영(공용부두)에서 부산컨테이너부두운영공사(BCTOC)라는 공기업을 거쳐서 순수한 민간기업에 의한 부두운영(terminal operating)이 이루어지는 부두운영회사제도(TOC system)의 안착은 선진 항만국에 걸맞는 항만운영의 완전 민영화가 이루어졌다는 점에서 빠른 시간 내에 선진항만제도를 정착시킨 것으로 평가할 수 있다.

터미널 운영의 완전 민영화는 항만운영에 있어서 BPA를 비롯한 공공부문의 개입이 완전히 불가능한 구조를 만들어 놓았기 때문에 지난 2016년 한진해운 사태를 계기로 해운의 위기에 직면해서도 적극적 대처에 제도적 한계를 드러내는 등 항만의 공공성을 저해하는 요인으로 작용하게 되었다. 이 당시 항만운영사·국적 정기선사의 경영난에 따른 BPA의 항만운영사의 경영권 확보 또는 지분 참여 등에 대한 요구, 국적 정기선사가 보유한 해외항만의 운영권의 BPA 등의 요구가 있었다. 더 적극적으로는 부산항은 우리나라 물류의 전진기지일 뿐 아니라 세계적인 중심항만(hub port)이라는 점에서 해외항만의 개발·관리·운영에 참여함으로써 부산항의 세계적 항만네트워크 구축에 BPA가 적극적인 역할을 해야 하지 않느냐는 요구도 분출하게 되었다. 이러한 요구들은 BPA가 글로벌항만운영사(global port operating company)의 기능을 수행할 수 있는가 하는 것으로 자회사 설립 또는 지분참여 등도 포함하는 개념이다.

## 2. 현행 법제상의 BPA의 기능확대 가능성

첫째, 「항만공사법」은 제3조와 「공운법」 제3조에서 항만공사의 자율적 운영을 보장하도록 하고 있으나 이는 책임경영체제의 확립을 목적으로 한 것으로 「항만공사법」에서 위임된 사업의 범위내에서의 자율적 운영을 의미한다. 또 「항만공사법」상 항만시설관리권을 현물출자하여 BPA 등 항만공사를 설립하였기 때문에 동법 제8조에서 10가지의 사업범위를 규정하고는 있으나 실질적으로는 현물출자된 항만시설관리권을 행사하는 항만시설의 임대사업이 고유한 사업으로 해석된다.

둘째, 현행 「항만공사법」과 「공운법」의 해석상으로는 현물출자된 항만시설에 대한 관리 이외에 항만운영사의 설립 또는 기존 항만운영사의 지분확보 등을 포함한 그 밖의 사업에 대하여는 해양수산부의 승인 또는 기획재정부와의 협의를 거치도록 되어 있다(항만공사법 제8조 제3항, 공운법 제51조의2 제1항). 이는 사업영역의 무분별한 확대 등으로 인한 공기업의 부실 운영 등을 방지하고 고유한 사업의 충실한 수행을 목적으로 한 것이다. 따라서 국내외 항만운영사 지분 확보 등과 같은 적극적인 투자는 원천적으로 어렵게 되어 있다.

셋째, 2016년 한진해운 사태 등과 같은 해운·물류 산업에 비상사태 발생시 BPA의 항만운영사에 대한 개입권 행사 등이 가능하도록 「항만법」에 명시할 필요가 있다.

넷째, BPA의 기능을 현행의 항만관리권 행사(항만시설 임대사업자)에서 탈피하여 글로벌 항만운영사로의 기능전환을 위해서는 「항만공사법」상 항만공사의 목적과 사업범위를 항만운영과 해외항만운영 참여 등을 주된 사업으로 변경할 필요가 있다.

다섯째, 경영의 자율성 확보와 적극적 사업영역 확장을 위해서는 싱가포르의 항만관리운영형태를 참고하면, 중·장기적으로는 항만관리권은 중앙정부나 지방자치단체에서 행사하고 BPA를 지주회사와 항만운영사 등으로 분리하여 지주회사는 국내외 항만운영사의 설립 또는 지분 참여 등으로 사업을 다각화하고 항만운영사는 부산항의 운영에 참여하도록 조직을 개편할 필요가 있다.

또한 법인의 성격도 주식회사로 전환하는 것이 조직의 유연성과 경영책임성 강화에도 도움이 될 수 있을 것으로 본다.

여섯째, 현행 제도하에서 항만운영권의 확보, 해외항만운영권 확보, 항만운영사 지분 확보 등을 위해서는 해양수산부의 사업계획에 따라 정부 예산의 확보를 전제로 「항만공사법」 제8조 제1항 제4호의 규정에 따른 국가 또는 지방자치단체로부터의 위탁사업의 추진을 통하여 BPA의 공공성을 강화하는 것이 필요하다고 본다.

일곱째, 헌법개정시 항만관리권을 지방자치단체에 이양하고, 항만관리자인 부산시로부터 제기된 다양한 사업의 수행이 가능하도록 「항만공사법」 제8조 제1항 제4호를 개정하여 “항만의 조성 및 관리·운영, 항만운영사의 설립 및 지분 참여, 해외 항만운영사의 설립 및 지원 참여 등과 관련하여 국가 또는 지방자치단체로부터 위탁받은 사업”으로 개정하여 국가 또는 지방자치단체의 위탁사업으로 참여하는 것이 현실적인 대안이 될 수 있다.

### 3. 해외 항만관리운영조직으로부터의 시사점

완전히 민간이 항만을 개발하고 관리·운영하는 영국을 제외한 대부분의 국가는 국가가 항만을 소유하거나 지방자치단체가 항만을 소유하고 있다.

국가가 직접 항만관리권을 행사하고 항만운영만을 국영 또는 민간기업에 맡기는 중국·싱가포르, 항만소유권은 지방자치단체·항만관리권은 PA 또는 항만관리회사·항만운영은 항만운영회사가 각각 담당하는 로테르담이나 미국의 뉴욕·뉴저지, 항만소유권은 지방자치단체·항만운영권은 항만운영회사가 담당하는 일본 등으로 분류할 수 있다.

현재 부산항의 경우는 항만을 국가가 소유하고 항만관리권을 BPA가 행사하고 BPA로부터 임대한 부두를 항만운영회사가 운영하는 형태이다. 「항만공사법」에서 항만공사를 항만관리권을 위임받아서 행사하는 항만관리자로 규정하고 있으면서, 항만운영이나 기타 부대사업 또는 투자 등을 할 수 있도록 규정하고 있다는 점에서 다른 나라와는 전혀 다르게 제도화되어 있다. 「항만공사법」에서 항만공사의 사업영역을 항만관리자의 영역에서 더 나아가 항만운영자나 지주회사의 역할이 가능할 것 같이 규정하고 있기 때문에 BPA의 기능 확대가 논의되는 계기가 되었다고 본다. 그러나 세계 어느 항만에서도 항만관리자가 항만을 직접 운영하는 경우는 없고 항만의 개발·유지·보수와 임대사업을 통하여 해당 항만의 안정적 운영에 그 경영 목표가 정해져 있다고 볼 수 있다. 이런 관점에서 보면 우리나라 「항만공사법」은 항만공사의 기능을 애초부터 매우 애매하게 규정하고 있다.

## Ⅵ. 맺음말

항만운영의 가장 바람직한 모델로 꼽는 항만 중의 하나인 싱가포르는 민간기업인 PSA가 전체 항만을 운영하는 단일의 항만운영회사로서 그 효율성이 가장 돋보인다.[26] 또 로테르담 항의 경우에는 항만관리자로서의 역할에 충실하여 투자유치가 된 만큼 개발이 진행되고 주어진 권한의 범위 내에서 충실하게 항만을 관리하여 임대사업을 하고 항만운영자는 항만운영에만 집중한다는 점에서 각각 전문화된 경영이 이루어진다는 점이 장점이다.

반면, BPA는 「항만공사법」 제정 당시부터 항만관리자로서의 역할을 주된 임무로 한 것은 분명한데, 항만운영이나 부대사업, 투자 등이 가능하도록 개방적으로 입법을 함으로 인하여 그 역할이 모호하다. 이러한 모호함으로 인하여 자율적 운영의 보장이라는 「항만공사법」 제3조와 사업범위에 관한 제8조의 해석을 둘러싸고 BPA의 기능을 항만운영과 국내외 항만의 개발·운영 참여 등으로 확대해야한다는 요구가 지속적으로 제기되고 있다. 물론 부산항이 우리나라의 지역적 항만에 그치지 않고 국제적 중심항만에 속하기 때문에 항만산업과 해운산업의 발전을 위해서는 이러한 요구도 무시할 수 없는 현실이라고 본다. 그러나 항만공사는 공기업으로서 「공운법」의 적용대상이기 때문에 국유

26) 단일의 운영회사가 운영하기 때문에 싱가포르 항이 모두 하나의 항만으로 환적화물 등의 처리에 있어서 모든 화물이 단일의 항만 안에서 처리가 될 수 있다는 점과 단일의 운영 주체에 의하여 일사불란하게 운영된다는 점을 장점으로 볼 수 있다.

재산의 총괄청인 기획재정부의 감독을 받고 동법에서 위임된 범위 내에서 운영될 것을 요구받고 있다. 이러한 요구는 BPA의 기능을 제한한다기 보다는 BPA가 고유한 사업에 치중하고 국민으로부터 위임받은 국유재산을 손실 없이 잘 관리하고 운영하여 배당이라는 결실을 가져와야 한다는 당연한 요구라고 볼 수 있다. 또 해외 항만의 관리·운영 실태에서도 항만관리자가 항만을 직접 운영하는 예도 없고, 직접적으로 자회사 설립이나 지분 참여 등으로 사업 영역을 확장하는 예도 없어 보인다.

한진해운 사태를 계기로 BPA에 제시된 기능 확대의 요구는 우리 항만산업과 해운산업의 발전과 그 지원을 위해서는 항만운영의 공익성 확보, 국내외 항만운영사에 대한 투자, 자회사 지분확보 등을 누군가는 해야 한다는 요구라고 본다. 이중 BPA의 사업수익의 범위 내에서 부산항의 일정 부분에 대하여 공용부두 형식으로 직접 운영을 하는 것은 BPA의 역량강화, 수익 극대화 및 비상시 공익적 항만운영을 위해서는 긍정적인 검토가 필요하다고 본다. 다만, 해외 항만개발, 국내외 항만운영사의 설립 및 지분 참여 등의 투자 사업은 싱가포르의 PSA International Pte Ltd. 와 같은 지주회사의 설립을 통해서 별도로 추진되는 것이 바람직하다고 본다.

또 현재의 부산항의 관리·운영 구조는 해양수산부(항만소유자)→BPA(항만관리자)→항만운영사로 이어지는 복잡한 구조이다. 따라서 이를 단순화하여 해양수산부(항만소유자·관리자)→BPA·항만운영사로 단순화하고 BPA가 항만을 직접 운영하는 항만운영자로 전환하는 것도 검토할 만하다. 이때 BPA를 자본적으로 지배하는 지주회사가 BPA와 국내외 항만운영 또는 개발 사업에 참여하는 방안도 함께 검토해 볼 만하다.

## 참고문헌

곽규석·문성혁·박병인·백인흠, 「항만운영관리론」(박영사, 2009).

남기찬·권오경·김상열, 「항만물류계획론」(박영사, 2009).

문성혁, 「현대항만관리론」(다솜출판사, 2003).

이중우·이재완·정대득, 「항만개발계획」(박영사, 2009).

이철영, 「항만물류시스템」(효성출판사, 1998).

정영석, 「세계의 항만」(세계해양문제연구소, 2001).

______, 「해상운송론」(텍스트북스, 2013).

최재수, 「항만관리론」(한국해양대학교).

한국사회경제연구원, 「세계의 부산항 도약을 위한 사업전략 및 BPA 조직 발전 방향」(2017. 11. 21.).

"확대경/고베·오사카 부두공사 통합 '한신국제항만회사' 새출발", 해양한국, 제490호, 2014. 6. 30. : http://www.monthlymaritimekorea.com/news/articleView.html?idxno=14473. 2018. 1. 7. 검색.

http://blog.daum.net/logisticspolicy/31. 2018. 1. 7. 검색.

http://singaporeport.blogspot.kr/2013/04/port-of-singapore-authority.html. 2018. 1. 7. 검색.

http://www.alio.go.kr/popReportTerm.do?apbaId=C0072&reportFormRootNo=3120 2018. 1. 6. 검색.

http://www.temasek.com.sg/investorrelations/investorlibrary/temasekreview 2018. 1. 7. 검색.

# 찾아보기

## [국 문]

# [영 문]

[공저자 약력]

강 우 예

미국 인디애나 주립대학교 법학전문대학원 졸업(법학박사, 법학석사)
한국형사정책연구원 부연구위원
대법원 양형위원회 전문위원/대법원 양형연구회 운영위원
법심리학회: 법정 편집위원/Editorial Board Member in Psychology and Behavioral Science
현) 국립 한국해양대학교 국제대학 해사법학부 교수

김 인 유

한국해양대학교 대학원 졸업(법학박사)
부산광역시지방토지수용위원회 위원
한국국제사법학회·민사법의 이론과 실무학회 이사
현) 국립 한국해양대학교 국제대학 해사법학부 교수

김 철 수

동아대학교 대학원 법학과 졸업(법학박사)
일본 동경대학 법학부(객원연구원)
영국 Cardiff University(Visiting Professor)
현) 국립 한국해양대학교 국제대학 해사법학부 교수

이 용 희

경희대학교 대학원 법학과 졸업(법학박사)
Richardson School of Law, Univ. of Hawaii(Visiting Scholar)
Korean Expert, Special Arbitration of UNCLOS
국제해양법학회 회장
현) 국립 한국해양대학교 국제대학 해사법학부 교수

정 대

건국대학교 대학원 법학과 졸업(법학박사)
Southern Methodist University Law School(LL. M.)
School of Law, Univ. of California, Berkeley(Visiting Scholar)
한국해법학회·한국상사법학회·은행법학회 이사
현) 국립 한국해양대학교 국제대학 해사법학부 교수

정 영 석

한국해양대학교 대학원 졸업(법학박사)
법제처 법제자문관
부산지방법원 동부지원 국선변호감독위원
한국해운조합 자문교수
금융감독원 금융분쟁조정위원회 전문위원
Faculty of Law, University of British Columbia(Visiting Scholar)
2018 Albert Nelson Marquis Lifetime Achievement Award 수상
2018 Marquis Who's Who 등재
한국해법학회 부회장
현) 국립 한국해양대학교 국제대학 해사법학부 교수

지 상 규

한국해양대학교 대학원 졸업(법학박사)
공무원시험 · 계리사시험 · 손해사정인시험 출제위원
공공기관 법률자문위원
한국법학회 · 한국해사법학회 · 한국법학교수회 · 한국전자상거래학회 이사
현) 국립 한국해양대학교 국제대학 해사법학부 부교수

한 병 호

서울대학교 대학원 법학과 졸업(법학박사)
현) 국립 한국해양대학교 국제대학 해사법학부 교수

**바다를 둘러싼 법적 쟁점과 과제 Ⅱ**

초판인쇄 2018년 12월 26일
초판발행 2018년 12월 31일

지은이 강우예 · 김인유 · 김철수 · 이용희 ·
정 대 · 정영석 · 지상규 · 한병호
펴낸이 박노일

총괄기획 김중용 · 최준규
편 집 심성보 · 김인숙

펴낸곳 pnc publishing and culture 피앤씨미디어
경기도 고양시 일산동구 강송로 153 310-1501
등록 제396-2012-000203호
전 화 070)7550-3758 팩 스 02)718-8554
홈페이지 www.pncmedia.co.kr 이메일 pnc@pncmedia.co.kr
ISBN 979-11-5730-596-4 94360
979-11-5730-595-7 (세트)



정 가 25,000원